Jürgen Gehrepp
24-04-97

EDITION PAGE

Springer
Berlin
Heidelberg
New York
Barcelona
Budapest
Hongkong
London
Mailand
Paris
Santa Clara
Singapur
Tokio

Ulrich Schmitt ist seit 1981 bei der FOGRA Forschungsgesellschaft Druck e.V., München beschäftigt und seit 1989 als wissenschaftlicher Mitarbeiter und Projektleiter in der Abteilung Innovation und Vorstufe tätig.

Seine Erfahrungen im Computer Publishing dokumentieren sich in vielfältigen Veröffentlichungen zu den Gebieten DTP, Druckvorstufe und intelligente Informationssysteme sowie Beiträgen bei verschiedenen FOGRA Seminaren, Symposien und internationalen Konferenzen.

Zudem war Ulrich Schmitt maßgeblich beteiligt an der Entwicklung und Programmierung von digitalen Kontrollmitteln für den Vorstufenbereich, die heute von FOGRA und UGRA (Verein zur Förderung wissenschaftlicher Untersuchungen in der grafischen Industrie, St. Gallen) gemeinschaftlich vertrieben werden.

Ulrich Schmitt

Computer Publishing

Grundlagen und Anwendungen

Mit zahlreichen Abbildungen und Screenshots

 Springer

Ulrich Schmitt
Postfach 91
D-84413 Taufkirchen/Vils

Die Deutsche Bibliothek – CIP-Einheitsaufnahme

Schmitt, Ulrich: Computer publishing: Grundlagen und Anwendungen / Ulrich Schmitt. –
Berlin; Heidelberg; New York; Barcelona; Budapest; Hongkong; London; Mailand; Paris;
Santa Clara; Singapur; Tokio: Springer, 1997 (Edition Page).
ISBN 3-540-60316-6

ISBN 3-540-60316-6 Springer-Verlag Berlin Heidelberg New York

© Springer-Verlag Berlin Heidelberg 1997
Printed in Germany

Umschlaggestaltung: Künkel + Lopka Werbeagentur, Ilvesheim
Satz: PageMaker-Dateien vom Autor
SPIN: 10510201   33/3142 – 5 4 3 2 1 0 – Gedruckt auf säurefreiem Papier

Gewidmet meiner Familie

für

Linda und Ross,
Charlotte und Hartmut,
Günther und Inge.

Vorwort

Vor wenigen Jahren war die Herstellung von Publikationen und Veröffentlichungen eine so komplexe Angelegenheit, daß dazu Spezialisten und Experten mit vielfältigen Fähigkeiten notwendig waren. Zudem erforderte dies sehr viele unterschiedliche Arbeitsabläufe, welche meist nur an unterschiedlichen Orten auszuführen waren. Der sehr hohe organisatorische, administrative und technische Aufwand konnte nur durch eine deutlich ausgeprägte Arbeitsteilung und mit der Zielsetzung von höchster professioneller Qualität zu einem wirtschaftlichen Erfolg führen.

Computer haben hier vieles verändert. Einstmals getrennte Arbeitsbereiche wurden zu einem Computerarbeitsplatz verschmolzen. Klare Berufsqualifikationen und Ausbildungsformen wurden unter der Vorherrschaft von Computern eliminiert. Alles ist scheinbar möglich mit und an einem Computer. Jeder Computerbenutzer kann jetzt vieles selbst erledigen und nur die eigene Kreativität ist die Grenze der Möglichkeiten. Alte, so mühselig erlangte Fähigkeiten und Fertigkeiten sind nicht mehr gefragt, dafür modernes, neues Wissen. Doch welches Wissen ist das? Die Entwicklungen laufen immer schneller ab, und manchen Einsteiger verläßt bald der Mut. Angesichts des Umfangs und der Komplexität immer neuer Informationen ist Unterstützung dringend notwendig.

All dies ist eine Entwicklung, welche in den 70er Jahren begann, zunächst noch unbemerkt und nur beschränkt auf die USA. Eine Entwicklung, welche jedes Land dieser Welt erfassen sollte. Eine Entwicklung, die Beruf und Freizeit veränderte. Eine Entwicklung, die heute jeden Einzelnen, und hier nicht nur Schüler, Lehrlinge, Studenten, Lehrer und Ausbilder in kontinuierliche Aus- und Fortbildungsaktivitäten treibt. Es war in den 70er und den frühen 80er Jahren, als viele kleine Firmen einzelne Steinchen lostraten, welche gemeinschaftlich eine Lawine ins Rollen brachten. Es waren vor allem kleine Unternehmen, die einen APPLE-Computer zusammenschraubten, die den Aldus PageMaker entwickelten, die die Welt mit dem MS-DOS-Betriebssystem beglückten und das Adobe PostScript definierten. Zu ihnen gesellten sich dann weitere, die Lotus 1-2-3, Multiplan und Wordperfect schufen.

All diese Firmen und noch manche weitere lieferten die notwendigen Komponenten, um die seinerzeit noch bestehenden großen Computer-Rechenzentren durch einen Boom der „Personal Computer" (PC) in Bedrängnis zu bringen. Dieser PC-Boom leitete mit dem Erscheinen von preiswerten Laserdruckern, welche auch noch auf einem Schreibtisch Platz fanden, über in die DTP-Euphorie der späten 80er Jahre. Dies brachte dann zuerst manche firmeninterne Hausdruckerei und später auch immer mehr Druckbetriebe in große Schwierigkeiten. Zum erstenmal wurden komplette Seiten und ganze Dokumente an nur einem Ort und an nur einem Arbeitsplatz mit Text, Abbildungen, Tabellen und Zeichnungen erzeugt, zusammengestellt und ausgedruckt. Dies lief zudem im direkten Vergleich zum herkömmlichen Druckverfahren auch noch schneller, unbürokratischer und ohne lästiges Warten auf freie Kapazitäten in einer Druckerei ab.

Vernetzung von Computern, eine rapide Leistungssteigerung bei Prozessoren, immer neue Peripheriegeräte und ständig veränderte Anwendungsprogramme vermitteln den Eindruck, daß heute nahezu alles mit Computern möglich ist. Computer Publishing ist das Zeichen der Zeit. Die Materie ist unübersichtlich, Zusammenhänge sind kompliziert und erfordern scheinbar ein enormes Detailwissen. Eine Übersicht in diese verwirrend erscheinende Materie zu bringen, ist Ziel dieses Buches. Dabei soll Klarheit und Konzentration auf wesentliche Aspekte helfen, einen praxisorientierten Nutzen zu vermitteln.

Wer braucht dieses Buch?

Dieses Buch ist sowohl für Leser gedacht, die sich noch überhaupt nicht mit Computer Publishing auseinandergesetzt haben, als auch für all jene, die sich bisher nur mit einzelnen Aspekten, Teilbereichen oder mit speziellen Themen befaßt haben und nun einen Überblick suchen. Es richtet sich an Anwender von Programmen, die einen grundlegenden Einstieg in die vielfältigen Arbeitsabläufe bekommen möchten, und es wendet sich an Leser, welche konkrete praktische Beispiele wünschen.

Wie kann man am besten von diesem Buch profitieren?

Dieses Buch ist modular angelegt, d. h., man muß das Buch nicht von Anfang bis Ende lesen. Man kann Kapitel auslassen, überspringen oder in anderer Reihenfolge lesen. Wo immer es notwendig oder sinnvoll erschien, wurden Verweise auf weiterführende Literatur gegeben. Dadurch ist es möglich, jedes Thema individuell noch weiter zu vertiefen oder es bei der Einführung zu belassen. In den Kapiteln mit praktischen Beispielen wurde weitestgehend auf theoretische Hintergrundinformation verzichtet, nicht jedoch auf Querverweise auf die relevante Information, die in anderen Kapiteln zu finden ist. Man kann wohl am meisten durch individuelle Leserouten profitieren. Die notwendige, an eine starre Seiten- und Kapitelstruktur gebundene Form eines Druckproduktes, soll hier nur einen Anhaltspunkt für einen Lesepfad geben. Jeder Leser und jede Leserin kann sich davon lösen und eigene Wege erlesen.

Welche Vorkenntnisse sind nötig?

Das Buch ist darauf ausgelegt, möglichst keine Vorkenntnisse zu erfordern. Kenntnisse über einzelne Computer, Betriebssysteme, Anwendungsprogramme, Datenformate, digitale Medien, Netzwerke, Multimedia usw. sind nützlich, jedoch nicht notwendig. Dies gilt auch für alles, was mit der Druckvorstufe und den Druckverfahren zusammenhängt. Alle Begriffe und wesentlichen Methoden, Verfahren und Konzepte sind zumindest in einer grundlegenden Form dargestellt. Ein ergänzendes Glossar ist ebenfalls vorhanden, trotzdem können Vorkenntnisse nicht schaden und dürften den Lesefluß durchaus erhöhen.

Was ist das Ziel dieses Buches?

Hauptanliegen und Ziel dieses Buches ist es, möglichst umfassend den aktuellen Stand des Computer Publishing aufzuzeigen. Dazu werden heute relevante Grundlagen vorgestellt, die begleitet und vertieft werden durch exemplarische Beispiele mit praktischen Anwendungen von Computer-Publishing-Dokumenten und Arbeitsabläufen im Publishing. Da die Lesergruppen und die Leserinteressen sehr vielfältig sein können, versucht dieses Buch einen Schwerpunkt auf nachvollziehbare, praktische Beispiele zu legen. Diese Beispiele sind durchaus nicht immer mit der allerneusten Version von Betriebssystemen oder von Anwendungsprogrammen durchgeführt worden. Doch wer hat denn immer die neueste Version zur Verfügung. Muß man wirklich immer die neueste Version nutzen oder ist man mit einer noch vertrauten, aber etwas älteren Version eines Programmes besser dran? Ein Vielzahl von unterschiedlichen Programmen auch in älteren Versionen vorzustellen, geschah mit didaktischer Absicht. Es sollten die grundsätzlichen Aufgabenstellungen und Arbeitsabläufe im Computer Publishing im Zentrum der Aufmerksamkeit stehen. Deshalb ging es primär nicht um die Eigenheiten einzelner, spezifischer Programme, sondern um grundsätzliche Abläufe. Erst durch ein Fokussieren auf eine Aufgabenstellung und deren Umsetzung erweisen sich die vorher komplex erscheinenden Vorgänge als viel einfacher. Es dürfte dadurch für individuelle Variationen und aufgrund entsprechender Analogieschlüsse wesentlich leichter werden, eigene oder auch ganz anders geartete Aufgaben zu lösen.

Wie ist das Buch gegliedert?

Dieses Buch gliedert sich in insgesamt vier Bereiche und diese umfassen:
– Organisation und Arbeitsabläufe,
– allgemeine Grundlagen,
– Aspekte der kreativen Schaffensphase und
– Aspekte der Produktionsphase.
　　In **Kapitel 1** und **2** werden Organisation, Arbeitsabläufe und allgemeine Grundlagen zum Computer Publishing vorgestellt. Zu

den Grundlagen gehören sowohl historisch bedingte Bereiche wie z. B. Typographie, als auch aktuelle Gebiete, die z. B. bei Textverarbeitung, Strichzeichnung, Halbtonbild, Layout etc. wichtig sind.

In **Kapitel 3** werden wesentliche technische Aspekte von Hard- und Software in die Betrachtungen zum Computer Publishing einbezogen. Bei der Hardware sind dies Aspekte der Ein- und Ausgabegeräte wie z. B. Scanner, digitale Kameras, digitale Druckmaschinen und Filmbelichter und auch die Computer selbst. Bei der Software reicht das Spektrum von Betriebssystemen über Benutzeroberflächen bis hin zu relevanten Kategorien von Anwendungsprogrammen wie Textverarbeitung, Zeichnungs- und Bildbearbeitung, Autorensysteme und Mailprogramme.

In **Kapitel 4** werden wichtige Aspekte von Datenformaten, Farbräume, Color Management und digitale Kontrollmittel weiter vertieft.

In den **Kapiteln 5** und **6** werden praktische Beispiele aus der **kreativen Schaffensphase** gezeigt. Hierbei werden in jeweils einem Kapitel eine Betriebssystemkonfiguration (MS-DOS und Macintosh) vorgestellt. In jedem Kapitel wird ein einfaches und ein komplexeres Publishing-Dokument als Beispiel verwendet und in den Details seiner praktischen Umsetzung dargestellt.

Die Aspekte der **Produktionsphase** werden dann in den **Kapiteln 7** und **8** mit dem Publishing auf Papier (Kapitel 7), auf Datenträger und im Internet (Kapitel 8) fortgeführt. Auch hier werden praktische Arbeitsabläufe und Umsetzungen vorgestellt, wobei teilweise die Beispiele aus der kreativen Schaffensphase (also aus den Kapiteln 5 und 6) weiter verwendet werden.

Im **Anhang** finden sich ein **Abkürzungsverzeichnis**, ein **Gesamtverzeichnis** mit weiterführender Literatur sowie ein **Sachverzeichnis**.

Salvatorischer Hinweis

Der Leser und die Leserin seien an dieser Stelle darauf hingewiesen, daß alle in diesem Buch ausgeführten Arbeitsabläufe, Programmschritte usw. vom Autor gewissenhaft erprobt wurden. Diese Sorgfalt kann jedoch nicht verhindern, daß neue Programmversionen, unterschiedliche Installationen und Konfigurationen teilweise verändernde Auswirkungen auf Arbeitsabläufe haben. Darum muß jeder Leser und jede Leserin diese für individuelle Interessen wichtigen Details und Verfahrensabläufe an aktuellen Versionen nachvollziehen. Die vom Autor gezeigten Ausführungen können hierbei als Analogien dienen, können jedoch keine Garantien darstellen oder irgendwelche Haftungsgrundlagen gegenüber dem Verlag oder dem Autor sein.

Es sei hier auch angemerkt, daß alle Verweise auf weiterführende Literatur nicht immer und für jeden Interessenten geeignet sein mögen. Bibliotheken und der deutsche Buchhandel können hier eine sehr wirkungsvolle Hilfe für jeden Leser oder Leserin sein. Verweise auf Quellen, ergänzende und weiterführende Literatur unterlagen zudem der subjektiven Auswahl des Autors. Eine vollständige Auflistung von Literatur war nicht beabsichtigt, außerdem soll die Auflistung keinesfalls eine Wertung der Werke anderer Autoren darstellen.

Danksagung

An dieser Stelle möchte ich mich bei allen Personen, Firmen und Institutionen für die vielfältigen Formen der Unterstützung bedanken, ohne die dieses Buch in der vorliegenden Form nicht hätte fertiggestellt werden können. Mein besonderer Dank gilt hier Herrn Dr. habil. H.-J. Falge für die umfassende Unterstützung bei diesem Buchprojekt und für die bereitwillige Genehmigung, FOGRA-Publikationen in diesem Buch als exemplarische Beispiele zu benutzen. Weiterhin gilt mein Dank für die Nutzung von Texten, Abbildungen und Fotos

Herrn Dipl.-Phys. Andreas Paul (FOGRA, München),
Herrn Dipl.-Phys. Harald Pertler (FOGRA, München),
Ms. L.E. Elkins, RDH (L&R Research, St. John's).

Besonderen Dank möchte ich auch meinen Kollegen und Freunden *M. Brune, L. E. Elkins, K. Fuchsenthaler, W. Hergl, J. Hofstetter, R. Pietzsch, K. Traber und J. R. Wyth* für unermüdliche Unterstützung und für die zahlreichen Anregungen, Vorschläge, Ideen sowie für das umfangreiche Korrekturlesen des Manuskriptes aussprechen. Weiterhin möchte ich mich auch bei den Mitarbeitern des Springer-Verlages für die tatkräftige Unterstützung bei der Entstehung dieses Buches bedanken.

Für die Unterstützung mit Informationen, Material und Programmen gilt mein Dank den Firmen (in alphabetischer Reihenfolge): *Agfa-Gevaert, Köln; Bonsoft, Berlin; Caere GmbH, München; IRD Institut, Frankfurt; Koop&Scheer Software, Wuppertal; Linotype-Hell AG, Eschborn; Lotus Development GmbH, München; Micrografx GmbH, München; Novell, Köln; UGRA, St. Gallen.*

Inhaltsverzeichnis

Kapitel 1

Einführung ins Publishing

Computer findet man heute in nahezu jedem Lebensbereich. Vieles hat sich mit dem Einzug von Mikrochips und Computern ins tägliche Leben verändert. Computer beeinflussen mittlerweile unsere Gewohnheiten, z. B. wie wir Informationen erhalten, erfassen oder aufnehmen. Bücher, Zeitungen, Radio, Fernsehen, FAX und E-Mail sind nur einige der Trägermedien täglicher Information, und überall mischen Computer mit, sei es als Werkzeug zur Herstellung oder bei der Übermittlung und Verbreitung von Informationen.

Zu **Gutenbergs Zeiten** waren Druckereien die Lieferanten von Druckprodukten und damit indirekt die Lieferanten von Informationen. In der historischen Entwicklung haben sich die einstmals handwerklichen Druckbetriebe dem gesellschaftlichen Wandel angepaßt, und in der Zeit der Industrialisierung sind sie zu rationell arbeitenden Unternehmen geworden. So ist es heute kaum ein Wunder, daß der Einzug von Computern in viele Bereiche des täglichen Lebens sich auch auf die Druckindustrie auswirkt. Doch für die Druckindustrie ist der Computer nicht nur ein weiteres Hilfsmittel für die Produktion, also eine rein technische Veränderung von Arbeitsmethoden und Produktionsverfahren, sondern der Computer ist auch Trägermedium geworden. Die Auswirkungen sind hierdurch viel tiefgreifender und monumentaler, als jede vorherige technische Neuerung an Veränderungen für die Druckindustrie gebracht hat.

Die **Druckindustrie** ist heute Bestandteil einer allumfassenden Industrie der Informationserzeugung, Informationsvermittlung und Informationsverteilung geworden. Dieser Wandel hat der Druckindustrie das einstige Monopol der Informationsverbreitung genommen und sie zu einer integralen Komponente der schnell wachsenden, vielfältigen Informations- und Kommunikationsindustrie werden lassen.

1.1 Computer Publishing – was ist das?

Informationserzeugung und -verbreitung – das ist Publishing. Dabei ist etwas auszudrucken oder zu vervielfältigen allein noch nicht Publishing. Publishing umfaßt ein weites Feld an Aktivitäten, welches sich in vier Bereiche gliedern läßt.

Diese Bereiche sind das kreative Erstellen von Informationen (u. a. durch Autoren, Grafiker), das professionelle Aufbereiten (u. a. durch Lektoren, Setzer, Typographen), das industrielle Produzieren (u. a. durch Drucker und Buchbinder) und nicht zuletzt auch der kommerzielle Vertrieb (u. a. Verlage, Handel).

In diesem umfangreichen Gebiet des Publishing ist Papier als Träger der Information, wie beim Druck üblich, lediglich eines von vielen Trägermedien. Die Druckmaschine ist heute nur noch ein Produktionsmittel unter vielen, welche eine Ausgabe und eine Vervielfältigung der Informationen ermöglichen. Die heute noch übliche Filmmontage und Kopie sind nur noch eine mögliche Arbeitsmethode zum professionellen Aufbereiten von Informationen. Ein Scanner ist nur noch ein Arbeitsmittel zur Eingabe und zum Erfassen von Daten.

Publishing als ein Synonym für **Informationsverbreitung** hat heute den Begriff der „Schwarzen Kunst", wie er in früheren Jahrhunderten respektvoll verwendet wurde, verdrängt. Publishing erscheint aber heute fast genauso geheimnisvoll und nur für wenige Wissende zugänglich, da hier ja auch noch der Computer mit einbezogen worden ist. Beim Computer Publishing ist es heute schon wichtig zu wissen, ob eine Ausgabe auf Papier als Trägermedium oder auf einer CD-ROM erfolgen soll. Aktuelle Trends und technische Entwicklungen lassen diese Abgrenzung für Produktionsabläufe immer unbedeutender erscheinen. Auch für den Benutzer und den kreativ Schaffenden werden Abgrenzungen zwischen Entstehung, Produktion und Konsum von Publishing-Produkten immer unschärfer. Die Vorarbeiten von Erfassen, Gestalten und Redigieren werden heute nur noch mit dem Computer als Arbeitsmittel oder Werkzeug vorgenommen. Bei Nutzung und Konsum von Informationen ist der Computer im Gegensatz dazu heute noch nicht so viel im Einsatz, aber eine zunehmende Verbreitung ist absehbar (Multimedia und Internet).

Welcher Zusammenhang besteht zwischen Computer
Publishing und den anderen Publishing-Begriffen?

Die **Geschichte des Computer Publishing** kam ins Rollen, als
sich Personal Computer (PCs genannt) in den frühen 80er Jahren
auszubreiten begannen. Daß zu dieser Zeit auch kompakte, preiswerte Tischlaserdrucker mit guter Grafikfähigkeit am Markt verfügbar wurden, förderte den Wunsch nach der eigenen „Druckerei
auf dem Schreibtisch" (Desktop Publishing [1.1]). Schnell etwas
gedruckt zu bekommen sowie kurze Wege, weniger Instanzen, fle-
xibleres Bearbeiten, eine höhere Eigenständigkeit, all dies beglei-
tete und förderte diese Entwicklung. Schnell machte das Zauberwort DTP in Fachkreisen die Runde, und die Furcht vor dem
„papierlosen Büro" schwebte für längere Zeit drohend nicht nur
über der papiererzeugenden Industrie. Es kann ohne Zweifel kon-
statiert werden, daß sich heute papierbasierte und digitale Publikationen gegenseitig befruchteten und gefördert haben (u. a. bei Anwendungsprogrammen und den begleitenden Handbüchern, bei
papierbasierten und CD-ROM-basierten Katalogen). Firmenna-
men wie Xerox, Aldus, Adobe, Apple, Agfa u. v. a. m. sind auf das
engste mit den Innovationen dieser Entwicklungsphase verbunden.

In diesen Jahren sind vielfältige **Publishing-Begriffe** entstanden. Dies begründet sich teils in der stürmischen Entwick-
lungszeit und teils aufgrund der doch sehr verschiedenen Perspektiven, unter denen das Publishing betrachtet wurde. Ein Querschnitt dieser Begriffe und eine der möglichen Einordnungs-
formen soll hier vorgenommen werden (nähere Informationen sind
den Quellen sowie dem Glossar und Literaturverzeichnis zu entnehmen).

Durch Orientierung am Produkt entstanden Begriffe wie
– Business Publishing [1.5]
– Database Publishing [1.5]
– Electronic Technical Publishing (ETP) [1.2, 1.3]
– Multimedia Publishing [1.5]
– Office Publishing [1.3, 1.5]
– Optical Publishing [1.5]
– Technical Publishing [1.5]

Durch eine eher anwender- oder nutzerorientierte Sichtweise entstanden Begriffe wie
– Corporate Publishing (CP) [1.2, 1.3]
– Corporate Electronic Publishing (CEP) [1.2]
– Electronic Corporate Publishing (ECP) [1.3]
– Office Publishing [1.3, 1.5]

Eher an Technik und Methoden orientiert sind Begriffe wie
– Computer Aided Publishing (CAP) [1.2, 1.3]
– Computer Assisted Publishing (CAP) [1.2]
– Distributed Publishing [1.4]
– Desktop Publishing (DTP) [1.2]
– Integrated Publishing [1.3]
– Verteiltes Publizieren [1.4]

Eher an Vertrieb und am Vertriebsmedium orientiert entstanden Begriffe wie
– Electronic Publishing (EP) [1.2]
– Optical Publishing (OP) [1.3]
– Paper Publishing [1.3]
– Print Publishing [1.3]
– Tele Publishing [1.3]

Es wird nicht schwerfallen, noch weitere Begriffe aufzufinden und diese auch anders zuzuordnen. Verschiedene Autoren wählten andere Zuordnungen [1.1, 1.5], wie dem auch sei, was unzweifelhaft bleibt, ist die integrativ wirkende Kraft des Computer Publishing. **Computer Publishing** führt traditionelle und neuartige Methoden, Verfahren und Techniken verschmelzend zusammen. Woraus sich mittlerweile absehbar neue Märkte, neue Standards und veränderte Kommunikationsformen ergeben oder schon ergeben haben.

Computer Publishing ist heute das Publishing schlechthin. Es ist die Informationsverbreitung, es unterstützt den immensen Drang nach mehr Wissen, den Wunsch, mehr Informationen unmittelbar verfügbar zu haben. Es ist Motor und Vehikel, es ist die treibende Feder einer nach immer mehr Informationen dürstenden Gesellschaft. Wobei manch ein Autor wie Alvin Toffler [1.6] dies nicht nur für die Basis und den Übergang zu einer vielleicht etwas komplizierteren Informationsgesellschaft sieht, sondern hierbei auch schon Visionen von Computerdemokratien und Informationskriegen entwickelt.

Doch kehren wir von diesen eher visionären Ausflügen zurück zur alltäglichen Realität. In dieser ergeben sich dann Fragen wie z. B.: Was braucht man denn zum Computer Publishing und wie macht man nun Computer Publishing? Diese sehr einfach erscheinenden zwei Fragestellungen werden den restlichen Umfang dieses Buches in Anspruch nehmen, um Klarheit in einem komplexen Themenkreis durch eine übersichtliche Strukturierung zu ergeben.

1.2 Grundlagen zum Publishing – Einführung ins Publishing und in die unterschiedlichen Arten von Publikationen

Ausgangspunkt soll die Fragestellung sein „was und wie soll etwas im Computer Publishing gemacht werden". Dazu werden in 1.2.1 und 1.2.2 zuerst der Aufgabenbereich der Druckindustrie in bezug auf Dokumente und Publikationen vorgestellt. Beachtenswerte Fragen zum Publishing werden in 1.2.3 kurz angerissen, um dann in 1.2.4 den Arbeitsfluß (auch Workflow genannt) im Computer Publishing und im traditionellen Druck gegenüberzustellen. In 1.2.5 wird deutlicher dargestellt, in welcher Reihenfolge einzelne Arbeitsschritte, also das, „was" im Computer Publishing gemacht werden muß, abzuarbeiten sind.

1.2.1 Dokumente und Publikationen

Lassen wir uns leiten von einer Ausgangsfrage: „Was ist ein Dokument und welchen Bezug zwischen Dokumenten und Publikationen gibt es?"

Im beruflichen Alltag finden sich vielfältige Beispiele von **Dokumenten**. Sie dienen zum Informationsaustausch mit anderen Unternehmen, Firmen, Behörden und natürlichen Personen. Dokumente, welche „nur" zwischen Privatpersonen ausgetauscht werden, sind allgemein nicht als Gegenstand des Publishings zu betrachten und sollen hier nicht weiter berücksichtigt werden. Auch Dokumente, welche formlos und zwanglos zwischen Mitarbeitern von Unternehmen und Firmen ausgetauscht werden, z. B. Notizen, Gesprächsaufzeichnungen, Memoranden, sollen nicht miteinbezogen werden, hierbei handelt es sich zwar möglicherweise um Dokumente, aber kaum um **Publikationen**. Diese Eingrenzung soll jedoch nicht ausschließen, daß manch Leser oder Leserin für ähnliche Aufgabenstellungen nützliche Anregungen in diesem Buch finden kann.

Im deutschen Sprachgebrauch (nach Duden [1.7]) ist ein **Dokument** eine Urkunde oder ein Schriftstück, das als Beweis dient. Hiermit kann man dem Computer Publishing schon etwas näher kommen und dem, was im Computer Publishing erarbeitet, erzeugt und hergestellt wird. Wenden wir uns noch kurz der englischen Ursprungssprache zu, so finden wir in Webster New Universal Unabridged Dictionary [1.8], daß ein Dokument als „anything printed, written etc. relied upon to record or prove something" beschrieben wird. Zu deutsch handelt es sich um „alles was gedruckt, geschrieben etc. wurde, mit der Absicht etwas aufzuzeichnen oder nachzuweisen". Das trifft auf **Computer Publishing** bestens zu, es umfaßt alle Informationen, welche unter Benutzung eines Computers hergestellt, aufgezeichnet und verbreitet werden, auf welchem Trägermedium diese Informationen dann auch immer zum Benutzer gelangen.

1.2.2 Was umfaßt das Publishing?

Diese Frage zielt direkt darauf ab, mit welchen Arten von Publikationen man sich im Computer Publishing befaßt. Für eine realistische Beantwortung dieser Frage ist es sehr hilfreich, hier auf die Praxis der Druckindustrie einzugehen und auf die tatsächlich gedruckten Dokumente zurückzugreifen. Die Druckindustrie im allgemeinen und der Druckvorstufenbereich im speziellen sind gekennzeichnet durch vielfältigste Dokumentformen. Den jährlich veröffentlichten statistischen Unterlagen des Bundesverbandes Druck E.V. (BVD), Wiesbaden [1.9] kann man hierzu entnehmen, daß über 82% der **papierbasierten Publikationen** auf

– Werbedrucke,

– Zeitungen und Anzeigenblätter,

– Zeitschriften,

– Einzelformulare und Geschäftsvordrucke,

– Bücher und

– Kataloge

entfallen.

Der restliche Produktionsanteil verteilt sich auf Endlosformulare, Etiketten und Verpackungsdruck, Bilddrucke und Landkarten, Wandkalender und kartographische Erzeugnisse. Diese Produkte werden wegen ihren speziellen Anforderungen an Arbeitsabläufe, Qualität und Materialbeschaffenheit in diesem Buch nicht näher beleuchtet und sollen entsprechend unberücksichtigt bleiben.

Ein Schwerpunkt des **Publishing** zeigt sich im Bereich der Druckvorstufe, also in der professionellen Vorbereitung von Publishing-Produkten. Hier bilden sich immer stärker Geschäftsbereiche heraus, welche heute vom Computer ganz wesentlich beeinflußt werden (in Anlehnung an: Übersicht Geschäftsfelder Vorstufe [1.10], S. 6).

– TechDok (dies sind Technische Dokumentationen für Produkte, Güter und Dienstleistungen)

– Formulare (u. a. Einzelformulare und Direkt Mailings)

– Werbedrucke (Prospekte, Werbebroschüren etc.)

– Kataloge (u. a. Versenderkataloge sowie Kataloge für Güter und Dienstleistungen)

– Zeitungen (alle Tages-, Wochenzeitungen, Anzeigenblätter)

– Zeitschriften (alle Formen von Periodika sowie Fach-, Firmen- und Kundenzeitschriften)

– Bücher (Belletristik, Sach-, Fach- und Schulbücher, Lexika)

Die Frage „Was umfaßt das Publishing" zielt auch auf den Bereich ab, wie Computer Publishing denn betrieben wird. An diesem Punkt ist es unerläßlich, sich mit einer Kernfrage des Computer Publishing auseinanderzusetzen [1.11].
Diese Frage lautet:

> **Was soll auf**
>
> **welche Weise in**
>
> **welchem Umfang mit**
>
> **welchen Qualitätsanforderungen und mit**

**welchem Aufwand von wem
wie oft bearbeitet werden?**

Hierzu gehört gleichzeitig auch der Aspekt:

Mit wem müssen Arbeitsergebnisse und Informationen ausgetauscht werden?

Es muß eingestanden werden, daß sich die Beantwortung dieser Fragen immer nur nach ganz individuellen Gegebenheiten richten wird. Bei konkreten Aufgaben wird man sich viel Zeit nehmen müssen, um diese Fragestellungen grundlegend zu beantworten. Man wird ein Musterdokument für die jeweilige individuelle Problemstellung entwerfen, Kriterienkataloge aufstellen und dann auch noch ein Pflichtenheft erstellen müssen. Auch zur Erfassung eines strukturierten Arbeitsflusses wird man Zeit und Mittel aufwenden müssen. Perfekte oder ideale Lösungen werden an dieser Stelle für solche Situationen nicht direkt aufgezeigt werden können. Dies würde den Rahmen dieses Buches sprengen, trotzdem sollte es möglich sein, Anregungen zu übernehmen.

1.2.3 Was muß grundsätzlich beim Publishing beachtet werden?

In Anlehung an die im vorherigen Abschnitt aufgeworfenen Fragen soll in einer etwas allgemeineren Form der Inhalt der Fragestellung näher angerissen werden. Anschließend werden an Hand von Beispielen die Antworten aufgezeigt und der sich daraus ergebende Arbeitsfluß und die Produktionsabläufe gestaltet.

Was soll bearbeitet werden?

Diese Frage ist der **Kern des Computer Publishing**. Nur wenn man weiß, was hergestellt werden soll, also um welches Produkt es sich handelt, kann man sich mit Antworten auf die verbundenen Fragen befassen. Allgemein weisen Publishing-Produkte Abweichungen in bezug auf Arbeitsabläufe, Bearbeitungsstufen, Inhalt und Gestaltung, Qualitätsanforderungen usw. auf.

Bei einem Buch findet man als Bestandteile u. a. ISBN/CIP-Nummern, Impressum, Vorwort, Titelei, Verzeichnis, Text, Marginalien, Tabellen, Fußnoten, Verweise, Register u. v. a. m. Gegenüber einem Werbeblatt wird dies alles entfallen, da hier zumeist Abbildungen, kurze Texte und Überschriften den Hauptinhalt bilden. Bei einem Buch ist deshalb ein ganz anderer Arbeitsablauf in der kreativen Phase erforderlich als für ein Werbeblatt. Der Arbeitsaufwand und die Qualitätsanforderungen sind bei einem Buch wegen der längeren Nutzungsdauer ebenfalls anders als z. B. bei einem Werbeblatt. Ebenso unterscheiden sich die Auflage, die Zielgruppe und der Aktualisierungszyklus bei einem Buch und einem Werbeblatt.

Entsprechend ist die Frage „Was soll bearbeitet werden?" nicht nur für das eigentliche Produkt zu stellen, sondern zusätzlich auch immer noch aufzuschlüsseln, ob innerhalb der Kreativ-, der Produktions- oder der Vertriebsphase eine Tätigkeit vorzunehmen ist. Dies ist gegenüber der Sichtweise bei traditionellen oder herkömmlichen Druckprodukten schon ein gravierender Unterschied, da im Computer Publishing die Grenzen sehr stark verschwimmen können, und alles an einem Computer und von einer Person gemacht werden kann. Hier sind dann Auftrags- und Aufgabenbeschreibungen eine große Hilfe, z. B. auch in Form von Checklisten (Abb. 1-01). Zu der Fragestellung (dem „Was") kann auch eine **Auftragstasche** [1.13] [1.14] für eine Auftragsbearbeitung sehr nützlich sein. Die im Detail notwendigen Informationen können hier sehr stark variieren. Einige exemplarische Informationen sind in Abb. 1-01 für einen Belichtungsauftrag vorgestellt. Diese sind im oberen Abbildungsbereich als Informationen über Auftraggeber, Daten- und Dateikennungen, Beschreibung etc. für den jeweiligen Auftrag zu finden.

Auf welche Weise soll etwas bearbeitet werden?

Publishing-Produkte können sehr unterschiedlich gestaltet sein. Darüber hinaus können die gleichen Publishing-Produkte durchaus auf sehr unterschiedlichen Verfahrenswegen hergestellt werden. Dementsprechend bezieht sich diese Frage mehr auf die Tätigkeiten und Abläufe, die für die Erstellung des Dokumentes notwendig werden. Mit den Antworten nach den Verfahrens- und Arbeitsweisen wird die **Prozeßkette**, d. h. der **Arbeitsfluß** (auch

9

Workflow genannt), beschrieben. Hierbei macht es einen großen Unterschied, ob z. B. ein Buch nur aus Texten erstellt werden soll oder ob noch Geschäftsgrafiken, Fotos und Illustrationen hinzu kommen sollen. Für die Beschreibung des Workflow ist dann wichtig, alle Arbeitsschritte wie z. B. Textverarbeitung, Grafikerstellung, Scannen und Bildbearbeitung in deren direkten und indirekten Beziehungen zueinander mit Hilfe von Flußdiagrammen festzuhalten. Beispiele von praktischen Umsetzungen dieser Abläufe sind in den nachfolgenden Kapiteln mit Bildschirmdarstellungen für jedes Beispieldokument illustriert.

Die Fragestellung „Auf welche Weise" ist in dem schon verwendeten Beispiel des Belichtungsauftrages (Abb. 1-01) im Abbildungsbereich der **Auftragsbeschreibung** sowie in den Informationen über die angelieferten Daten enthalten. Es ist hier klar zu erkennen, daß bei angelieferten Textdaten eines bestimmten Textprogramms ein Erfassen nicht mehr notwendig ist. Es kann dann jedoch unter Umständen eine **Datenkonvertierung** zur Folge haben. Bei einem Belichtungsauftrag sollte schon ein fertiggestelltes Layout mit kompletter Auszeichnung vorhanden sein. Hier sind dann Dokumentdateien, Datenformate, mitgelieferte oder fehlende Schriften für den nachfolgenden Arbeitsablauf sehr wichtig. Auch bei einem reinen Druckauftrag kann sich ein Drucker bedingt durch den Umfang des Produkthaftungsgesetzes seiner Sorgfaltspflicht nicht mehr entziehen und muß auf Kontrollausdrucke beharren.

Mit welchem Umfang soll etwas bearbeitet werden?

Es ist zweifellos immer hilfreich, wenn Arbeitsabläufe durch Musterdokumente demonstriert werden. Im Computer Publishing können umfangreiche und komplexe Dokumente manchmal auf unerwartete Hemmnisse bei einzelnen Anwendungsprogrammen stoßen.

Bei der Fragestellung über den Umfang von Publishing-Aufgaben und -Dokumenten ist es jedoch unerläßlich, sich nicht nur auf einzelne Musterseiten zu verlassen. Für eine ernsthafte Auseinandersetzung mit dem Computer Publishing ist dies absolut wichtig. Sobald man den rein theoretischen Bereich dieser Fragestellung verläßt und es darum geht, daß man sein hart verdientes Geld in Publishing-Systeme investieren und nachher auch damit Gewinn erzielen will, dann muß man sich auch dieser Frage stellen. Unter diesem Aspekt wird unmittelbar verständlich, daß komplette **Musterdokumente** notwendig sind. Es hier auch leicht zu verstehen, daß für einzelne oder spezifische Aufgabenstellungen immer nur spezifische Lösungen zu finden sind, was dann auch nur individuell und sicherlich nicht im Rahmen eines allgemein gehaltenen

Auftrag: ______ Auftrag Nr.: ______ Datum: ______

Kunde: ______
Abt: ______
Straße: ______
PLZ: ______
Ort: ______
Tel: ______
Fax: ______

Auftragsart:
Beschreibung des Auftrages

______

Datenträger — Betriebssystem und Versionsnummer

Kennung	3 1/2	5 1/4	Wechsel-platte	MOD	CD	Kapazitäten	Apple	DOS	SUN	Next	Sonst.

Dateien

Datenträger Kennung	Verzeichnis-Ausdruck beigefügt	Dateientyp Text Bild	Datenformate Kompr. / Typ	Erzeugende Programme	Schriften

Ausdrucke auf S/W Drucker: ______ Farbdrucker: ______
Format: ______ Größe: ______ %

Prüfandrucke (digital Proof)

Format: ______ Größe ______ %
CMS Profile: ______

Filmbelichtung

Format: ______ Größe: ______ %
Auflösung: ______
Rasterverfahren: ______
Rasterweite: ______
Rasterpunktform: ______
Rasterwinkelung: ______

Farbseparation Euro-Farbsatz (CMYK): __
Sonderfarben : __
Spezialfarben : __

Abb. 1-01: Beispiel einer Checkliste zur Auftragsbeschreibung eines Belichtungsauftrages von einem Publishing-Dokument

Buches erfolgen kann. Es ist nachvollziehbar und klar einsichtig, daß zwischen Serienbriefen, einem Buchmanuskript, einem Werbetexte, einem Zeitungsbericht, einem Fachbuch, einer Aktennotiz etc. sowohl vom Umfang wie vom textlichen und bildlichen Inhalt große Unterschiede bestehen. Entsprechend sind hieran unterschiedliche Anforderungen sowohl an die Arbeitsmittel, an den Arbeitsfluß, die Arbeitsorganisation und die Qualitätssicherung zu richten.

Die Fragestellung „In welchem Umfang" ist in dem schon verwendeten Beispiel des Belichtungsauftrags (Abb. 1-01) ebenfalls im mittleren Abbildungsbereich aufzufinden und zeigt sich in den Informationen über die Art und den Umfang der angelieferten Daten. Andere Aufgabenstellungen können durchaus andere Checklisten [1.15], Formblätter [1.16] oder Auftragsblätter [1.14] erfordern.

Mit welchen Qualitätsanforderungen soll etwas bearbeitet werden?

In Verbindung mit dem vorgenannten Aspekt über den mengenmäßigen Umfang, d. h. der Anzahl an Text- und Bildseiten, ist es ebenfalls von großer Bedeutung, um welche Bearbeitungsstufe es sich bei dem jeweiligen Dokument handelt. In jeder Bearbeitungsstufe sind unterschiedliche Qualitätskriterien anzusetzen. Eine Rohfassung eines Textes mit Abbildungen muß noch nicht perfekt gestaltet sein, eine Druckvorlage hingegen schon. Darüber hinaus ist es wichtig, ob nur S/W-Darstellungen gewünscht werden. Sind Farben im Dokument enthalten, so sind Farbauszüge bzw. Separationsfilme erforderlich. Wenn Separationen notwendig sind, handelt es sich dann um normale Prozeßfarben oder müssen noch Sonderfarben berücksichtigt werden (z. B. spezielle Farbtöne oder Metalldruckfarben)? Dies alles hat durchaus gravierende Auswirkungen nicht nur auf die verwendeten Materialien sondern auch auf die Anforderungen an die Arbeitsmittel, an den Arbeitsfluß und die Arbeitsorganisation im Computer Publishing. So kann z. B. beim Einsatz von Metalldruckfarben oder Spezialfarben ein gewünschter direkter

Ausdruck eines Datenbestandes auf manchen digital angesteuerten Ausgabegeräten nicht möglich sèin.

Die Fragestellung „**Welche Qualität ist gefordert**" ist in dem verwendeten Beispiel des Belichtungsauftrags (Abb. 1-01) im oberen Abbildungsbereich bereits aus der jeweiligen Auftragsbeschreibung ersichtlich. Am Arbeitsablauf bzw. den Ausgabespezifikationen ist dies dann noch direkter abzulesen. Es hier klar zu erkennen, daß z. B. bei angelieferten Textdaten und bei einem schon fertiggestellten Layout mit kompletter Auszeichnung ganze vorbereitende Arbeitsstufen entfallen. Eine genaue Arbeitsbeschreibung (z. B. basierend auf Checklisten [1.14] [1.15] [1.17]) kann letztendlich viele unnötige Rückfragen und Rückversicherungen beim Auftraggeber vermeiden helfen. Dies ist bei einem Werbedruck genauso wichtig wie bei einer Bedienungsanleitung, bei einer Zeitschrift, bei einem Buch, bei einer Broschüre, bei einem Jahresbericht, bei einem Arzneimitteletikett, bei einer Arzneiverpackung oder einem Arzneibeipackzettel.

Mit welchem Aufwand soll etwas bearbeitet werden?

Der Aufwand, welcher für die Erstellung von einem Dokument betrieben werden soll (oder kann), wird in direkter Beziehung auch durch Umfang und Qualitätsanforderungen bestimmt. Weiterhin ist auch festzustellen, ob Anforderungen nach möglichst kurzfristiger, möglichst schneller oder sogar paralleler Bearbeitung (z. B. durch kooperative Bearbeitung in einem Netzwerk und von mehreren Bearbeitern) erfolgen soll.

Die Fragestellung „**Mit welchem Aufwand**" ist in unserem Beispiel (Abb. 1-01) an der Auftragsbeschreibung sowie an den Informationen über zu generierende Daten ablesbar. Es ist einsichtig, daß bei einem angelieferten Manuskript in Form eines Papierausdrucks und von nur geringem Umfang eine separate Erfassung in einem Texterfassungsprogramm wenig sinnvoll ist. Die anschließende Konvertierung der Daten in ein geeignetes Format, um dann in einem Layoutprogramm fertiggestellt zu werden, kann vielfältige Probleme und zusätzliche Arbeiten erzwingen. Hier kann eine Erfassung direkt im Layoutprogramm (bei entsprechender Funktionalität, Verfügbarkeit etc.) eventuell viel schneller ablaufen und entsprechend wirtschaftlicher sein.

Von wem soll etwas bearbeitet werden?

Die Frage, von wem die jeweiligen Bearbeitungen vorgenommen werden sollen, wirft die gesamte Problematik der Integration von Arbeitsabläufen an einen Computerarbeitsplatz auf. Waren früher klare Berufsbilder, Qualifikationen und Ausbildungsordnungen für alle Tätigkeiten im Druck und Publishing vorhanden, so sind heute alle Abgrenzungen verschwommen oder zumeist nicht klar definiert. Für das Computer Publishing bedeutet dies zur Zeit noch, daß in jedem Unternehmen eigene **Mitarbeiter-Qualifizierungen** durch Lehrgänge, Seminare und interne Fortbildung erfolgen. Für eine effiziente Bearbeitung von Publishing-Aufträgen ist es schon sehr wesentlich, daß Kenntnisse über die **Qualifikation** des jeweiligen Bearbeiters existieren. Solange neue Berufsbilder fehlen, können nur pragmatische Fortbildungen im betrieblichen Alltag weiterhelfen. Es hier sicherlich nachvollziehbar, daß nicht jeder Mitarbeiter jedes Gerät oder Anwendungsprogramm gleich gut und effizient nutzen kann. Somit ist bei dringenden, wichtigen, komplizierten oder anspruchsvollen Arbeiten immer wieder abzuwägen, wer welche Bearbeitung vornehmen kann.

Die Fragestellung „Von wem" kann in Checklisten berücksichtigt werden, z. B. im Arbeitsablauf bei allen einzelnen Arbeitsschritten. Arbeitsaufträge werden immer mit dem Ziel eines maximalen ökonomischen Nutzen erteilt, d. h., es wird eine möglichst effiziente Ausführung gefordert. Allgemein kann es nur sinnvoll sein, minimalistische Arbeitsausführungen anzustreben, d. h., mit einem Minimum an Bearbeitungsschritten, an Programmaufrufen, an Datenspeicherungen, an Dateikonvertierungen etc. eine Bearbeitung vorzunehmen. Dies leitet direkt über zu der Problemstellung von sich wiederholenden Auftragsarbeiten. Dies sollte dann ebenfalls berücksichtigt werden, wodurch ähnliche Arbeiten so geplant werden, daß hohe Auslastung der Mitarbeiter, optimaler Nutzen durch deren Qualifikation mit optimaler Ausnutzung vorhandener Hard- und Software zu kombinieren ist.

Wie oft soll etwas bearbeitet werden?

Wie schon angesprochen ist die Häufigkeit von z. B. täglich, wöchentlich oder monatlich **wiederkehrenden Aufträgen** und die
wiederholte Erstellung von gleichartigen Dokumenten von großer
Bedeutung u. a. für die allgemeine **Arbeitsorganisation** und
Arbeitsauslastung. Darüber hinaus berührt dieser Punkt auch
Aspekte der Archivierung, des Datenmanagements, der Mehrfachnutzung von Daten und der Datensicherheit. Dies alles kristalli-
siert sich in Fragen wie: Muß das gleiche Dokument regelmäßig
überarbeitet werden? Sind vielfältige Veränderungen notwendig?
Muß das Dokument lange Zeit zugreifbar sein? Die Antworten auf
diese Fragen sind Grundlage für Aktualisierung, Archivierung und
Sicherung von Dokumenten. Darüber hinaus ist die Antwort auch
entscheidend für eine mögliche Automatisierung, z. B. durch
Blind- oder Mustervorlagen bzw. durch sogenannte Schablonen
oder Templates. Komplizierte, sich wiederholende Abläufe können
eventuell noch rationeller durch Batch- und Scriptabläufe ausgeführt werden. Hier ist es dann u. a. auch möglich, Vorgaben von
Dateinamen und Arbeitsverzeichnissen, von verwendeten Grund-
schriften, Satzspiegeln, von Layoutstilen, von eingebundenen Logos u. v. a. m. automatisiert vorzunehmen. Dies spart allgemein
nicht nur viel Zeit, es reduziert auch mögliche Fehlerquellen und
bietet zudem ein einheitliches Erscheinungsbild einer Firma oder
Unternehmens (Corperate Design).

Die Fragestellung „Wie oft" ist in unserem Beispiel (Abb. 1-01)
in der Auftragsbeschreibung klar zu erkennen. Verweise auf schon
bestehende oder zu überarbeitende Datenbestände finden sich
dann auch im Arbeitsablauf wieder. Allgemein empfehlen sich
auch Anweisungen über Archivierung, Sicherung und Verfügbarkeit von Datenbeständen. Meistens sind hier sogar eigene und entsprechend gestaltete Rubriken unumgänglich.

Mit wem müssen erstellte Arbeitsergebnisse und Informationen ausgetauscht werden?

Der Austausch von Arbeitsergebnissen betrifft externe Kunden
oder kann auch betriebsintern mit dem Austausch von Daten wäh-

rend der Bearbeitung, z. B. über Netzwerke mittels Datenträger, erfolgen.

Die Fragestellung „Welcher Austausch" ist zudem eng verbunden mit den Fragestellungen „Von wem soll etwas bearbeitet werden" und „Wie oft soll etwas bearbeitet werden". Diese Fragen können und müssen immer gemeinsam berücksichtigt werden. Dies wird nachvollziehbar, wenn Wiederholungsaufträge anstehen oder wenn mehrere Mitarbeiter einzelne Arbeiten kooperativ ausführen müssen. Es berührt auch alle drei Fragestellungen, wenn z. B. große Datenmengen oder eine große Anzahl an Dateien verarbeitet werden. Ein Austausch von Daten per Disketten, Wechselplatten etc. kann dann nicht mehr sehr sinnvoll sein. Auch bestehende Netzwerke mit geringen Übertragungsraten oder mit zu hohem Datenverkehr können ein deutliches Hindernis für effektives Arbeiten sein. All dies muß frühzeitig für jede Auftragsarbeit ermittelt und berücksichtigt werden.

1.2.4 Wie sehen die Abläufe im Publishing aus?

Die Antworten auf die Fragestellungen des vorherigen Abschnittes konnten nur ganz allgemein gehalten sein. Zudem sind auch nur einige sehr zentrale Fragen angerissen worden. Den Ausführungen konnte man entnehmen, daß man bei der Benutzung von Computern schon auf sehr vieles achten muß. Doch wie sehen den nun die Arbeitsabläufe aus, die so komplex erscheinen? Je nach Publishing-Produkt gibt es in der Betriebspraxis sehr unterschiedliche Lösungen [1.4]. Bei den vielfältigen Umsetzungen und Darstellungsformen, die man den verschiedensten Literaturquellen [1.0] [1.2] [1.4][1.12] [1.13] entnehmen kann, muß man aufgrund der rasanten Entwicklungen im Computer Publishing schon sehr genau das jeweilige Publikationsjahr beachten.

Die Antwort auf die Frage läßt sich jedoch relativ einfach generalisieren. Dazu ist lediglich erforderlich, das Publishing in die Kreativ-, die Produktions- und die Vertriebsphase zu gliedern (Abb. 1-02). Dadurch lassen sich dann alle Variationen sowohl für das papierbasierte, für das rein digitale und für das an elektronischen Dokumenten orientierte Computer Publishing in klare Arbeitsabläufe strukturieren. Dies erleichtert es sehr, wenn neue Arbeitsbereiche entstehen und zugeordnet werden müssen. Mit den in den nachfolgenden Abbildungen vorgestellten Ablaufstrukturen dürfte es dann kein großes Problem sein, diese zu modifizieren, um individuelle Abweichungen einzufügen.

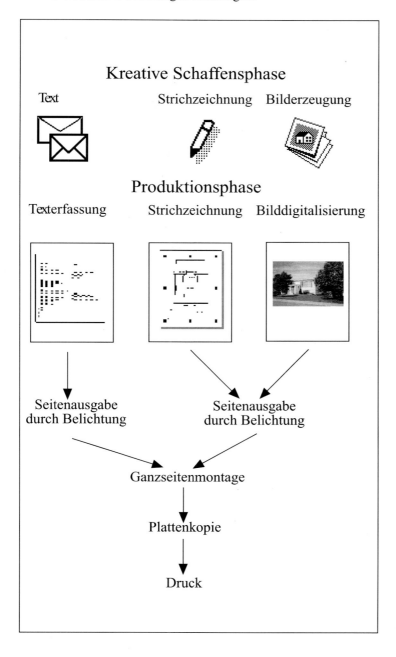

Abb. 1-02: Arbeitsfluß im traditionellen Publishing von Druckprodukten

Zuerst sollen die eher herkömmlichen und traditionellen Abläufe näher beschrieben werden (Abb. 1-02). Das Publishing umfaßte in früheren Zeiten in der **kreativen Schaffensphase** das Erkennen und Beschaffen von relevanten Informationen. Dies ist auch heute immer noch ein mühseliges Sammeln von Material. Das Ordnen, das Sichten und Auswählen sind hierbei die typischen, kreative Aktivitäten eines jeden Autors. Am Ende dieser Tätigkeit steht das Schreiben der Texte, in jenen Zeiten meist als handschriftliches oder getipptes Manuskript. Das Schreiben ging fast immer einher mit dem Entstehen von Tabellen, Grafiken, Zeichnungen und Fotos. Bereits in dieser kreativen Phase waren meistens mehrere Personen beteiligt. Der Abschluß dieser Phase, immer ein deutlich sichtbarer Schnittpunkt, war erreicht, wenn das fertiggestellte Manuskript an den Verlag oder Herausgeber versandt wurde. Die dem Lektorat und einem möglichen Redigieren folgenden Produktionsbearbeitungen berührten die beteiligten Autoren, Zeichner, Grafiker, Fotographen usw. im wesentlichen kaum noch, und so konnten sich diese nun unbelastet neuen kreativen Ideen und Aufgaben zuwenden.

Die **Produktionsphase** war gekennzeichnet durch die Freigabe des Manuskriptes für die Produktion. Es folgte damit der umittelbare Übergang in die Druckvorstufe. War in der kreativen Phase eine Gabelung von drei Zweigen üblich, so teilte sich die Druckvorstufe nur noch in den Zweig für **Satz** und in jenen für Bildreproduktion (Abb. 1-02). Hierbei kamen überwiegend vollelektronische, jedoch in sich geschlossene Produktionssysteme zum Einsatz. Im Satzbereich erfolgte zu den Zeiten von Photosatz zuerst eine Texterfassung an eigenen Erfassungsstationen. Hier wurden u. a. von Typographen und Layoutern die gestalterischen Arbeiten der Dokumentseiten durchgeführt wie z. B. das Layout, Schriftveränderungen oder Schriftvereinheitlichungen. Anschließend wurde der Text spaltenweise umbrochen und entweder als ganze Seite oder spaltenweise über einen hochauflösenden Filmbelichter ausgegeben. Das Ergebnis waren in der Regel kopierfähige Filme.

Bei dem anderen Zweig, der **Bildreproduktion**, wurde die Bildvorlage zunächst über eine Abtasteinheit (auch Scanner genannt) digitalisiert. Dem schlossen sich meist unmittelbar gezielte Korrektur- und Manipulationsvorgänge an den Bilddaten an. Dies

schloß eine optimale Skalierung mit ein. Vor der Plazierung des
Bildes in der Dokumentseite erfolgte dann noch die Separation
und Ausbelichtung auf hochauflösenden Filmbelichtern. Auch hier
war das Ergebnis in der Regel ein kopierfähiger Film.

Diese Filme, sowohl von Text- wie Bildbelichtungen, wurden
an die manuelle **Seitenmontage** weitergereicht. Wichtig war hierbei, daß das Filmmaterial genügend geschwärzt war, d. h. eine hohe optische Dichte in den schwarzen Bereichen aufwies und über
eine scharfe Kantenzeichnung verfügte.

Die aus den gefertigten Text- und Bildbestandteilen entstehenden Seiten oder Gesamtdokumente wurden noch mit weiteren
Elementen wie Schnittmarken, Druckkontrollstreifen, Kopierkon-
trollmittel versehen. Dieses Material wurde in den sich anschließenden Produktionsstufen, u. a. in manueller Druckbogenmontage, in der Druckplattenkopie und im eigentlichen Druckvorgang,
zu Druckbogen weiterverarbeitet (Abb. 1-02).

Waren alle Druckbogen erstellt und war die gesamte Auflage
gedruckt (Druckprodukte, wie z. B. ein Buch, bestehen in der Regel aus mehr als einem Druckbogen), so konnte das Binden und
die Druckweiterverarbeitung nach dem Trocknen der Druckbogen
vorgenommen werden. Hier waren vielfältige Arbeitsvorgänge nö-
tig, bis z. B. ein fertiges Buch entstanden war. Vom Buchbinder
ging das Produkt dann an den Verlag und in ein Lager, um anschließend für den Transport zum Handel und zum Konsumenten
bereitzuliegen (Abb. 1-02).

Für das **Computer Publishing** zeigen sich im **Arbeitsablauf**
(Abb. 1-03) einige Ähnlichkeiten mit dem tradionellen Arbeitsfluß
(Abb. 1-02). Die Gliederung in Kreativ-, Produktions- und Vertriebsphase ist beibehalten worden. Es wird jedoch deutlich, daß
jetzt wesentlich weniger physisch handhabbare Gegenstände wie
z. B. Seitenelemente, Kontrollmittel, Montagefilme, Druckplatten
in diesem Arbeitsfluß bewegt werden müssen. Die meisten Arbeitsvorgänge sind nur noch in eher „flüchtiger" Form als digitale
Datenbestände vorhanden. In diesem Workflow tritt noch ein weiterer Unterschied hinzu: Bei traditionellem Fotosatz und der Bildbearbeitung an Scannern handelte es sich meist um spezielle, in
sich geschlossene Gesamtsysteme. Beim Arbeitsfluß des Computer Publishing hingegen handelt es sich meist um beliebig konfigurierte Module. Hier sind nun Computer, Belichter, Scanner usw.

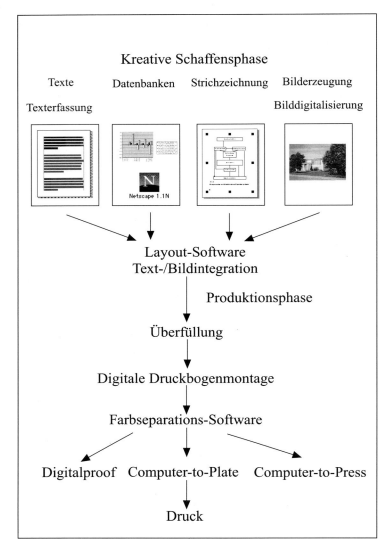

Kreative Schaffensphase

Texte   Datenbanken   Strichzeichnung   Bilderzeugung

Texterfassung   Bilddigitalisierung

Layout-Software
Text-/Bildintegration

Produktionsphase

Überfüllung

Digitale Druckbogenmontage

Farbseparations-Software

Digitalproof   Computer-to-Plate   Computer-to-Press

Druck

Abb. 1-03: Arbeitsfluß im Computer Publishing eines Druckproduktes

nahezu beliebig austauschbare Komponenten. Diese Komponenten oder Hardwaremodule können bei gleichen Spezifikationen von unterschiedlichen Herstellern beschafft worden sein und sind dadurch im Prinzip ohne Probleme in jede Form einer Produktionskette einbindbar. Das Kapitel 2 befaßt sich mit Aspekten der Hardware und Software in diesem modularen Arbeitsfluß.

In Abbildung 1-04 werden auch schon einige der **Schnittstellen** der modernen **Publishing-Systeme** sichtbar. Dabei wird sich später noch zeigen, daß es hier noch wesentlich mehr Schnittstellen sind, als die Abbildung zunächst zeigt. In der kreativen Schaffensphase sind mit nun vier Zweigen mehr Möglichkeiten des inhaltlichen Gestaltens entstanden. Dies bedeutet jedoch auch zum Teil schon eine Verlagerung von Tätigkeiten aus der Produktionsphase in die Kreativphase. Der Zweig der Flachbettscanner macht dies deutlich.

In der Produktionsphase haben sich Kombinationen aus manuellen und digitalen Arbeitsabläufen gebildet, welche durch zusätzliche Zweige (s. Abb. 1-03 und Abb. 1-04) deutlich werden. Auch in dieser Phase können immer noch Bildvorlagen in ein Publishing-Dokument eingebundenen werden. Hier kann dann ein Scanner eine Halbton- oder Strichbildvorlage abtasten, die zugehörige Scanner-Software erzeugt einen Bilddatenbestand. Die Daten können anschließend in einem Bildverarbeitungsprogramm übernommen und gezielt manipuliert werden. Von dort fließen die Bilddaten in einem Layoutprogramm mit den erfaßten Textbestandteilen in einer Seite zusammen. Weitere Texte, Grafiken und Bilder werden plaziert, bis die Seiten komplett sind. Diese Dokumentseiten werden dann z. B. über spezielle Separationsprogramme oder integrierte Programmkomponenten farbsepariert. Diese digitalen Abläufe können vielfältig unterbrochen und dadurch zu einer teildigitalen Prozeßkette werden. An diesen Schnittstellen entsteht jeweils eine physisch existierende Komponente und die Arbeitsabläufe gestalten sich weiter wie im traditionellen Arbeitsfluß (Abb. 1-02) gezeigt. Spätestens jedoch, wenn die Druckbogen erstellt werden, geht der Computer oder digitale Arbeitsfluß in den traditionellen Arbeitsfluß über.

Erweitert man den Arbeitsfluß aus Abbildung 1-04 zu einem volldigitalisierten Produktionsprozeß und nimmt alle digitalen Vertriebsmedien des Publishing hinzu, so ergeben sich noch zusätzliche Erweiterungen. Hier ist eine Ausgabe an einer digitalen Druckmaschine nicht das Ende der digitalen Prozeßkette. Im Produktionsprozeß ergeben sich Erweiterungen für die Herstellung von CD-ROM und Disketten als Offline-Trägermedien sowie für Online-Netzwerkdienste. Noch deutlicher sind dementsprechend die Veränderungen im Arbeitsfluß der Distributionsphase.

Was in diesen Darstellungen der Arbeitsflüsse nicht sehr deutlich sichtbar wird, sind die Anforderungen an die Tätigkeiten in jeder Arbeitsstufe und die Komplexität der Schnittstellen in die-

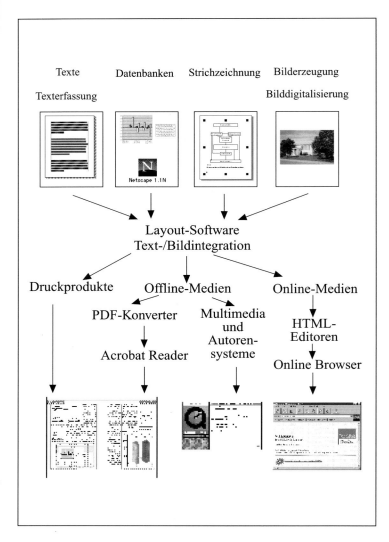

Abb. 1-04: Arbeitsfluß im Computer Publishing von beliebigen Produkten

sen Arbeitsabläufen. Diese Schnittstellen beziehen sich dabei nicht nur auf die Geräte und deren Kabelverbindungen. Sie beziehen sich auch auf Daten, Dateiformate, Datenträger, Arbeitsausführungen, Informationsweitergabe zwischen den Arbeitsschritten u. a. m. Die meisten Komponenten des digitalen Produktionsablaufes sind durch offengelegte und dokumentierte Schnittstellen verbunden. Für den einzelnen Anwender können aber gerade an diesen Schnittstellen Probleme entstehen. Deswegen soll im nachfolgenden Abschnitt der digitale Arbeitsfluß des Computer Publishing in weiterer Detailtiefe vorgestellt werden.

1.2.5 Workflow im Computer Publishing

Nachdem die allgemeinen Formen des Workflow im Publishing vorgestellt worden sind, soll nun die Betrachtung des digitalen Workflows weiter vertieft werden. Computer Publishing kreist im Prinzip immer um die Frage:

Was soll bearbeitet werden und wie soll dies erfolgen?

Um einen **Workflow** oder Arbeitsablauf aufstellen zu können, muß man für jede einzelne Produktkategorie deren spezifische Ablaufphasen untersuchen, Handlungsabläufe aufschlüsseln und Arbeitsschritte zuordnen. Da dies nun in jedem Einzelfall und für jedes Produkt zu Unterschieden oder Abweichungen sowohl in der Kreativ-, der Produktions- wie auch der Vertriebsphase führt, kann an dieser Stelle nur eine Generalisierung im Workflow vorgenommen werden. Mit Hilfe dieser Generalisierung ist es dann erheblich leichter, einzelne oder spezielle Variationen und Besonderheiten bei Publishing-Produkten nachzuvollziehen und zu erkennen. Beispiele von praktischen Umsetzungen, welche in späteren Kapiteln vorgestellt werden, decken fast das gesamte Spektrum des papierbasierten Computer Publishing ab.

In der frühen Entwicklungsphase des Computer Publishing (in der Zeit des DTP) hat man Arbeitsabläufe noch nach den Gesichtspunkten traditioneller Arbeitsplätze strukturiert (Abb. 1-05 in Anlehnung an [1.0]). Zwangsläufig ergaben sich Zweige für die Bilddigitalisierung per Scanner, Datenanlieferung von Text und Zahlenmaterial per Brief oder Diskette, welche letztendlich in einen zentralen Knoten bei einem leistungsstarken Computer endeten. Von diesem Computer gab es dann entsprechende Zweige, die zur Ausgabe auf einem Laserdrucker und Filmbelichter führten.

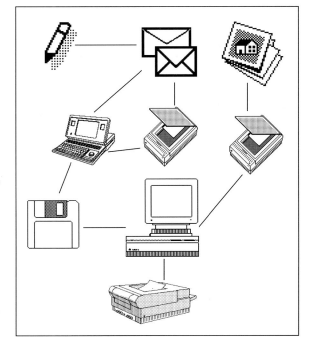

Abb. 1-05: Typischer Arbeitsfluß im DTP (Desktop Publishing)

23

Für eine Betrachtung des **Workflows** ist es jedoch wesentlich sinnvoller, sich von einer Orientierung an einen Arbeitsplatz oder an der verwendeten Gerätekonfiguration zu lösen und sich den Tätigkeiten und deren Merkmalen zuzuwenden. Aufgrund der immer weiter fortschreitenden Vernetzung von Computern und einer fast unbergrenzten Verfügbarkeit von Anwendungsprogrammen in diesen Netzwerken ist eine Trennung nach Geräten oder Arbeitsplätzen nicht mehr sinnvoll. Nahezu an jedem Computerarbeitsplatz können alle Arbeiten eines Workflows initiiert, konzipiert oder durchgeführt werden. Neben der Orientierung an den Tätigkeiten ist es sinnvoll, eine weitere Strukturierung der Entstehungs- bzw. Kreativphase und der Produktionsphase vorzunehmen.

Abb. 1-06: Workflow der Kreativphase

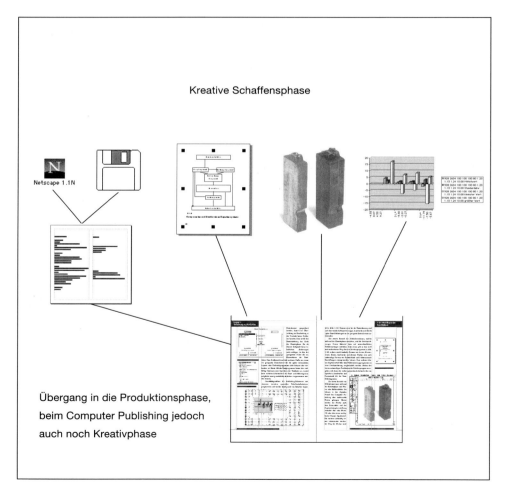

Kreative Schaffensphase

Netscape 1.1N

Übergang in die Produktionsphase, beim Computer Publishing jedoch auch noch Kreativphase

1.2.6 Workflow in der Kreativphase

Der Workflow in der Kreativ- oder Entstehungsphase von Publishing-Produkten weist zwischen papierbasierten Druckprodukten und digitalen Publishing-Produkten nur wenige Unterschiede auf. Es geht in der Kreativphase um die Textentstehung, um das Erzeugen von Bildinformationen in Form von Fotografien und um die Entstehung von Geschäftsgrafiken und Strichzeichnungen.

Abb. 1-07: Text-erfassung

Der Workflow beginnt allgemein mit der Konzeption dessen, was entstehen soll. Nach Erstellung eines Feinkonzepts ist der Zeitpunkt erreicht, an dem ein konkreter Arbeitsablauf meist mit der **Auftragsübergabe**, d. h. mit der Übergabe der Unterlagen und Informationen für den Arbeitsauftrag, beginnt. Was jetzt folgt, ist ein Erfassen von handschriftlichen Vorlagen und Texten, welche auf dem Postweg, per FAX etc. übermittelt, geschaffen und gesammelt wurden (Abb. 1-07). Diese Arbeiten werden üblicherweise begleitet von Abspeicherungen jeweiliger Zwischenergebnisse. Abspeicherungen erfolgen tatsächlich so häufig während des gesamten Schaffensprozesses (sinnvollerweise nach jedem wichtigen Arbeitsschritt), daß diese Aktivität in der nachfolgenden Beschreibung nicht mehr weiter erwähnt wird, sondern als selbstverständliche Handlung vorausgesetzt wird. Dies gilt auch für ein wiederholtes oder häufigeres Ausdrucken von Zwischenergebnissen, z. B. zur Vorlage bei Mitautoren, Mitarbeitern oder zur Korrekturprüfung. Die Phase der **Texterfassung** kann ergänzt werden durch **Datenübernahme**, d. h. Übernahme von Textdaten per Diskette, auf Wechselplatten und immer häufiger auch per E-Mail oder per elektronischem FAX-Mail (Abb. 1-08). Die grundlegende und üblicherweise eher kreative Phase der Texterfassung und -erstellung wird beendet, wenn ein zufriedenstellendes Ergebnis vorliegt.

Netscape 1.1N

Abb. 1-08: Datenübernahme auf verschiedenen Wegen

Dieser Punkt kann als ein wesentlicher Markstein (Milestone) betrachtet werden und ist der Punkt, an welchem eine eventuell notwendige **Datenkonvertierung** in Betracht gezogen werden muß (Abb. 1-09). Die erfaßten oder elektronisch übermittelten Texte müssen nun in einem Datenformat gespeichert werden, damit eine Übertragung zur Bearbeitung in der Druckvorstufe keine Probleme bereitet. Dies ist für die Textentstehung das Ende der Kreativphase. Da ab diesem Zeitpunkt keine inhaltlichen Änderungen mehr erfolgen, ist dies der geeignetste Punkt für ein Konver-

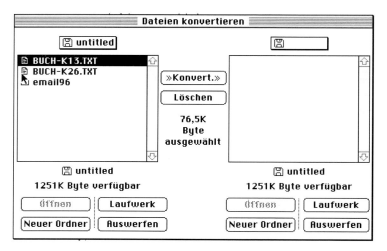

Abb. 1-09: Datenkonvertierung

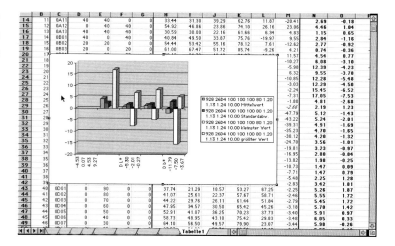

Abb. 1-10: Auswahlfenster mit Export- und Importformaten

tieren der Textdaten. Eine Problematik entsteht an dieser Stelle nur, wenn ein passendes Datenformat für die später verwendeten Layout- oder Umbruchprogramme nicht bekannt oder vorhanden ist. Heute übliche Textprogramme bieten hier vielfältige Optionen zum Speichern der Textdaten an, wodurch beim nächsten Arbeitsschritt der Text- und Bildintegration möglichst wenig zusätzliche Arbeiten vorgenommen werden müssen.

Geschäftsgrafiken für Publishing-Dokumente entstammen meistens speziellen Tabellenkalkulationsprogrammen und werden häufig auch von **Tabellen** begleitet (Abb. 1-11). Genauso wie bei der Texterfassung sind auch hier wiederholt Speicherungen, Aus-

Abb. 1-11: Geschäftsgrafik in einem Tabellenblatt

drucke und für die spätere Text-Bild-Integration die geeigneten Datenformate anzuwenden.

Der zweite Bereich für Bildinformationen, die während der Kreativphase entstehen, sind die **Strichzeichnungen**. Dieses Material kann auf unterschiedlichen Verfahrenswegen zustande kommen. Zum einen gibt es den wohl weit verbreitesten Weg über ein Zeichenprogramm (Abb. 1-12), wobei sowohl einfache Formen wie Linien, Kurven, Ovale, Kreise, Rechtecke und diverse Flächen als auch aufwendige Formen wie Farbverläufe und 3-dimensionale Darstellungen erzeugt werden können. Zum anderen können digitalisierte Bilder über Vektorisierungsprogramme zu einer Strichzeichnung umgewandelt werden. Neben den hierzu notwendigen Funktionen der Zeichenprogramme ergeben sich dann die vorher genannten Arbeitsschritte von Speichern, Ausdrucken und Formatwahl für die Text- und Bildintegration.

Der dritte Bereich von Bildinformationen während der Kreativphase sind **Photos** oder **Halbtonbilder**. Sie können in den digitalen Prozeß des Computer Publishing über traditionelle Photos gelangen. Hierzu werden die Photos nach dem Entwickeln und

Abb. 1-12: Strichzeichnung

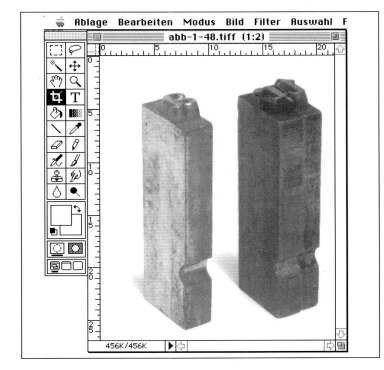

Abb. 1-13: Digitales Photo in einem Bildbearbeitungsprogramm

27

der Papierabzugherstellung entweder über eine Photo CD oder über einen verfügbaren Scanner digitalisiert. Ein weiterer zukünftig immer interessanter werdender Weg für Photos wird über eine digitale Kamera führen (Abb. 1-13).

1.2.7 Workflow in der Produktionsphase für papierbasierte Publishing-Produkte

In der **Produktionsphase** eines Publishing-Produktes besteht der Arbeitsschwerpunkt auf der Input-Seite in der Text-Bildintegration. Dies ist jener Bereich, in welchem es zwischen der Kreativ- und der Produktionsphase zu starken Überschneidungen kommen kann. Diese Überschneidungen entstehen dadurch, daß diese Tätigkeiten heute an den meisten Computern ausgeführt werden können. Das hat zur Folge, daß diese Arbeiten immer seltener von Spezialisten der Produktionsphase und immer häufiger von den jeweiligen Autoren selbst vorgenommen werden.

Bei der Text-Bild-Integration ist einer der ersten Arbeitsschritte die **Standardseite** für das Publishing-Dokument zu erstellen. Dies beinhaltet vielfältige Einzelaufgaben wie eine Festlegung von Papiergröße, von Formatlage (hoch oder quer), des Satzspiegels (Abb. 1-14), der Spaltenanzahl, der Spaltenbreiten, der Standardpositionierung von Seitenelementen (Logos, Kopf- und Fußzeilen etc.) und manches andere mehr. Allgemein gilt hier die Faustregel, daß die Form eines Publishing-Produktes immer bestimmt wird durch dessen Verwendung, d. h., Publishing-Produkte werden in Form, Gestaltung und Inhalt vom späteren Leser und Konsumenten bestimmt und nicht von der technischen Umsetzbarkeit oder den Rahmenbedingungen einer maschinellen Ausstattung. Unter Berücksichtigung dieses Aspektes muß es im Anfang der Produktionsphase auch schon zu Festlegungen der späteren **Druckformate** kommen, d. h., es werden Festlegungen von Seiten- und Druckformat kombiniert mit Schriftarten, Schriftgrad, Schriftfarbe, Auszeichnungen, Einzug, Zeilen- und Wortabstände etc., welche auch bei unterschiedlichen Ausgabegeräten korrekt verwendet werden. Sinnvollerweise läßt sich diese Problematik wesentlich vereinfachen, wenn bereits vorhandene Stilvorlagen und Textvorlagen früherer, gleichartiger Arbeiten ausgewählt wer-

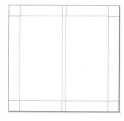

Abb. 1-14: Satzspiegel einer Publikation

den. Eine Verwendung von Vorlagen sollte jedoch keinesfalls in blindem Vertrauen erfolgen, sondern erst nach genauer Prüfung auf korrekte Version, Parametereinstellungen und Eignung für den Anwendungsfall. Aufgrund der Komplexität der Aufgabe bei der Text-Bild-Integration werden gerade Fehler bei den Parametereinstellungen vom Seiten- und Druckformat nicht schon während der Bearbeitung am Bildschirm erkannt, sondern treten erst beim Ausdruck in Erscheinung.

Nach diesen vorbereitenden Arbeiten als nächstes die Texte und Bilder aus den unterschiedlichsten Ursprungsquellen in das Dokument einzufügen (Abb. 1-15). Diese Arbeitsschritte sind in Abhängigkeit von Umfang und Anzahl der Texte und Bildinformationen als sich wiederholende Arbeitsschritte auszuführen. Hierbei kann es neben einem mehrfachen **Einfügen von Grafiken** auch zum mehrfachen Einfügen bzw. **Importieren von Text** kommen, dies gilt besonders, wenn verschiedene Quellen und Autoren beteiligt sind. Es folgt hierauf ein erster Textumbruch, d. h., den eingebundenen Texten werden Stilvorlagen, Spalten- und Seitenformate zugeordnet. Bei dieser Arbeit ist es sinnvoll, bereits die Aussparungen für einzubindende Bilder und Grafiken vorzunehmen. Der Import von Bildern und Grafiken aus separat gespeicher-

Abb. 1-15: Satzspiegel und Texteinlauf

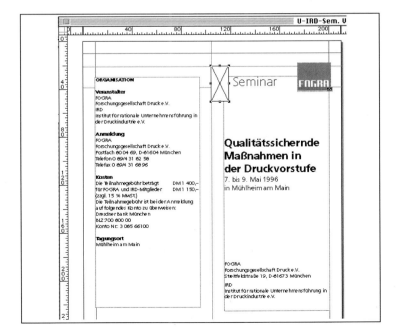

Abb. 1-16: Text-vor-Bild-Arbeitsweise

ten Bild- und Grafikdateien erfolgt meist unmittelbar als nächster Arbeitsschritt (Abb. 1-16). Bilder werden über Import- oder Linkfunktionen in die jeweiligen Dokumentseiten integriert, dies entspricht im Ablauf der **Text-vor-Bild-Arbeitsweise**, was bei Büchern, Berichten etc. durchaus üblich ist. Für Zeitschriften, Magazine, Fotobücher usw. liegt der Schwerpunkt eindeutig bei der Bildinformation, d. h., der Flächenanteil von Bildinformationen liegt über dem Flächenanteil an Textinformationen und dies in der Mehrzahl aller Dokumentseiten. Daher ist es wesentlich sinnvoller, nach der **Bild-vor-Text-Arbeitsweise** vorzugehen. In diesem Fall erfolgt zuerst die Integration und das Positionieren der Abbildungen, anschließend wird der Text auf den dann noch verbleibenden Raum verteilt (Abb. 1-17).

Die ersten Arbeitsergebnisse, welche am Computerbildschirm ein zufriedenstellendes Ergebnis zeigen, werden dann ausgedruckt. Es ist dies ein Zwischenergebnis, das zur visuellen Prüfung auf Standrichtigkeit, auf Dokument-Vollständigkeit und zum Korrekturlesen auf mögliche Fehler verwendet wird. Korrekturen können durch-

Abb. 1-17: Layout bei Bild-vor-Text-Arbeitsweise

aus einen größeren Umfang annehmen, da die Vorstellung, daß bei Übernahme von elektronisch übermittelten Daten keine Tipp- oder Orthographiefehler mehr vorkommen, durchaus trügerisch sein kann. Entsprechend sind sogenannte Hauskorrekturen notwendig. **Hauskorrekturen** stehen im Gegensatz zu den Autorenkorrekturen und werden in einem Vorstufen- oder Druckbetrieb durchgeführt. Diese Korrekturen sollen nur technische, orthographische und typographische Fehler umfassen, können jedoch auch noch inhaltliche Änderungen bewirken. In dieser Phase sind Korrekturen inhaltlicher Art jedoch meist wegen des verbundenen Zeitaufwandes und Materialverbrauchs recht kostenträchtig.

Allgemein gibt es vielfältige **Einflußfaktoren**, welche auf den Arbeitsablauf und die Arbeitsvorgänge in dieser Phase wirksam werden. Wichtiger Einflußfaktor ist die **Satzart**, d. h. die Einteilung in Fließtext, Tabellen oder Formulare. Weiterhin sind als wichtige Faktoren zu berücksichtigen die Anzahl der Dateien und Dateiformate, die Anzahl der zu verwendenden Stilvorlagen und Druckformate, die Anzahl der Spalten auf einer Seite und die Anzahl der zu verwendenden Farben (d. h. ist es ein einfarbiger oder mehrfarbiger Druck mit normalem 4-Farbsatz oder mit Schmuck- und Sonderfarben). Auch die Anzahl an Illustrationen und die Anzahl vorhandener digitaler Vorlagen und deren Datenformate beeinflussen den Arbeitsumfang.

1.2.8 Arbeitsablauf an einem Scanner

Schon in der Kreativphase können digitale Halbtonbilder (z. B. auf PhotoCDs) erzeugt und dann mit Bildbearbeitungsprogrammen verarbeitet werden. Wegen der heute noch sehr hohen Qualitätsanforderungen an Druckprodukte und den damit verbundenen hohen Kosten leistungsfähiger Geräte (Scanner und digitale Kameras) werden diese Arbeitsvorgänge zur Zeit noch in der Produktionsphase durchgeführt. Es ist jedoch absehbar, daß sich auch diese Arbeitsstufe, und dies gilt besonders bei Verfügbarkeit leistungsstarker, preisgünstiger Geräte, in die Kreativphase des Computer Publishing verlagern wird.

Dem heute üblichen Workflow folgend, sollen deswegen die grundlegenden Arbeitsschritte an dieser Stelle vorgestellt werden.

Diese Arbeitsabläufe weisen bei einfarbigen bzw. schwarzweißen sowie bei mehrfarbigen Vorlagen viele Gemeinsamkeiten auf, so daß eine detaillierte Trennung hier nicht vorgenommen werden muß.

Nach Übergabe der Unterlagen und Informationen für den Arbeitsauftrag ist ein **Beurteilen der Vorlage** ein erster Schritt. Wichtig ist hier ein Bestimmen des Vergrößerungsfaktors, Festlegen von Parametern der Gradationskurve sowie ein Überprüfen auf Mängel an der Vorlage. Danach kann der Scanner und dessen Peripherie aktiviert und die notwendigen Programme gestartet werden. Bei Flachbettscannern werden die Vorlagen mit der kürzeren Seite parallel zur Abtastrichtung aufgelegt. Bei Trommelscannern werden die Vorlagen entsprechend eingepaßt und fixiert. Hier kann eine geschickte Plazierung der Vorlagen den Zeitaufwand für die Scanvorgänge deutlich reduzieren. In einem ersten **Pre-Scan** wird in einer groben Auflösung die gesamte Auflagefläche abgetastet (Abb. 1-18). Hieran wird der schon vorher bestimmte Bildausschnitt exakt positioniert. Zusätzlich sollten noch, bei vorher ermittelten densitometrischen Daten der Vorlage, eventuell erforderliche Scankalibrierungen und Scannerjustierungen vorgenommen werden. Dann folgt ein Aufziehen eines Scanrahmens innerhalb

Abb. 1-18: Pre-Scan
Fenster

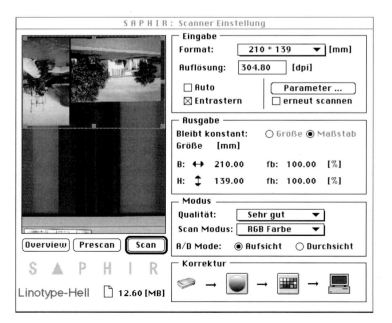

des Pre-Scanbildes. Weiterhin sollten hier noch die Einstellung von Abbildungsmaßstab, die Scanauflösung bzw. der Vergrößerungsfaktor, die Rasterweite sowie eine Voreinstellung der Gradationskurve variiert werden

Nach all diesen Einstellungen kann dann ein **Fein-Scan** durchgeführt werden, dessen Ergebnis anhand der Bildschirmdarstellung geprüft wird. Bei Eignung kann ein Speichern der Daten folgen, ansonsten ist der Scan zu wiederholen. Eine Wiederholung ist dann mit geänderten Parametern, korrigiertem Ausschnitt etc. so lange vorzunehmen, bis das Scanergebnis den Vorstellungen oder den Kundenanforderungen entspricht. Wiederholungen von Scans und die damit verbundenen Kosten sind durch eine präzise Arbeitsvorbeitung leicht zu vermeiden.

Es kann nun eine **Bildbearbeitung** mit dem gespeicherten Scanergebnis vorgenommen werden. Hierzu kann das Bild z. B. mittels Gradationsveränderungen, Retuschen und Spezialeffekten so verändert und bearbeitet werden, wie dies für einen Arbeitsauftrag erforderlich ist (Abb. 1-19). An einem Scanner und in der nachfolgenden Bildbearbeitung gibt es eine Vielzahl von Einfluß-

Abb. 1-19: Scanergebnis und Bildbearbeitung

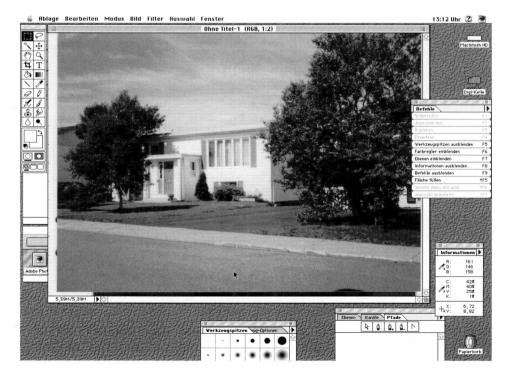

33

größen, die eine Variation der Arbeitsabläufe und Arbeitsvorgänge hervorrufen können. Diese Einflußgrößen betreffen vor allem die jeweiligen Qualitätsanforderungen des Kunden oder Auftraggebers sowie die Vorlagenqualität. Bei der Vorlagenqualität gibt es allgemein zwei Qualitätsstufen, welche geeignete Vorlagen kennzeichnen, diese sind reprogerecht und reprofähig. Reprogerecht ist eine Vorlage, die einen Kontrastumfang mit einem Dichtewert von 2.0 aufweist, dabei gut zeichnende Lichter und Tiefen besitzt sowie sauber und ohne Beschädigungen ist. Als reprofähig wird eine Vorlage mit geringerem Kontrastumfang bezeichnet, die zusätzlich eventuell leicht beschädigt oder leicht verschmutzt ist.

1.2.9 Workflow zur Druckvorbereitung

Nachdem ein Publishing-Dokument zusammengestellt ist, folgt im Arbeitsablauf die Vorbereitung zum Druck, dies umfaßt digitale Montage, Trapping (Überfüllung und Unterfüllung von Farben) und ein Ausschießen für die jeweiligen Druckbogenformate.

Die **Text-Bild-Integration** entspricht im wesentlichen der **digitalen Montage**, wenn während der Text- und Bildintegration und der Auszeichnung alle Einstellungen der Druckfarben, Rasterungsformen (Punktform, Winkelung etc.), Schneidmarken, Kontrollstreifen usw. vorgenommen wurden. In dieser Phase der Produktionsvorbereitung sind bei mehrfarbigem Druck noch Maßnahmen für ein geeignetes **Trapping** durchzuführen. Es handelt sich hierbei um ein Über- und Unterfüllen von Farbflächen, damit im späteren Druck keine weißen Linien entstehen. Über- und Unterfüllungen können in einigen Anwendungsprogrammen direkt eingesetzt werden. In anderen Fällen ist dies nicht möglich, dann sind spezielle Anwendungsprogramme zu aktivieren. Für ein gutes Druckergebnis eines Dokumentes ist dieser Arbeitsschritt unumgänglich und wird an kritischen Elementen der Druckseiten z. B. in Bildbereichen, an Konturen etc. durchgeführt. Es sollen hierdurch die sogenannten Blitzer durch Passerabweichungen bei Montage und Druck vermieden werden.

Nach Speichern der Ergebnisse wird als nächstes ein spezielles Anwendungsprogramm für **Ausschießschemata** aktiviert oder eventuell vorhandene Zusatzfunktionen von integrierten Programmen genutzt. Es gibt eine Vielzahl von Ausschießschemata, diese richten sich u. a. nach dem Seiten- und Druckbogenformat oder der buchbinderischen Druckweiterverarbeitung. Um hierbei das richtige Ausschießschema auszuwählen, werden spezielle Programme eingesetzt, sie erleichtern heute diese komplizierte Tätigkeit ganz wesentlich (Abb. 1-20). Kontrollausdrucke vom **Druckbogenstand** nach dem Ausschießen und von Hand ausgeführte Faltungen zeigen schnell, ob alle Dokumentseiten in geeigneter Weise und Reihenfolge plaziert sind. Optimierung von Bogenausnutzung, Reduzierung von Nachbearbeitungen wie Beschnitt etc. können effizient und schnell durchgespielt werden. Darüber hinaus können in diesem Bearbeitungsschritt auch eine Vielzahl von Kontrollelementen angewählt (digitale Druckkontrollstreifen, Passermarken und -kreuze, Dublierfelder etc.) und in einen Druckbogen an den freien Bogenrändern plaziert werden.

Nach einem Speichern der Ergebnisse können diese durch einen Prüfdruck (Proof) kontrolliert werden und in der Filmbelichtung die Filme für die Druckplattenbelichtung erzeugt oder direkt an eine digitale Druckmaschine weitergeleitet werden.

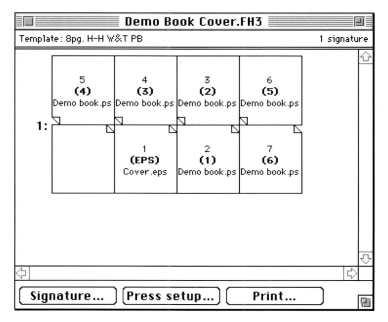

Abb. 1-20:

Ausschießen mit Aldus PressWise

1.2.10 Arbeitsablauf beim PostScript-Filmbelichter

Mit genauen Vorgaben bzw. Unterlagen und Informationen für den Arbeitsauftrag sieht ein Ablauf allgemein zuerst ein Übernehmen der Dateien vor. Dieses erfordert zumindest einen direkten Zugriff auf die Dateien (via Netzwerk auf Server oder direkt auf Datenträger). Die Dateien des Dokumentes sollten dann auf verwendete Schriften geprüft werden, deren Existenz und legale Verfügbarkeit sichergestellt sein müssen. Bei manchen Belichtern sind diese Schriften in bestimmten Verzeichnissen, Laufwerken etc. bereitzuhalten und entsprechend vorher dorthin zu laden (Abb. 1-21).

Abb. 1-21: Ersatz von fehlenden Schriften

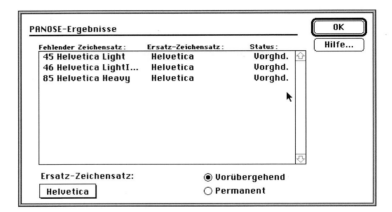

Zur **Qualitätssicherung** und für eine störungsfreie Belichtungsausführung sind gelegentlich manuelle und externe Belichtervorbereitungen durchzuführen. Dies betrifft z. B. den standardmäßigen Kassettenwechsel, aber auch ein Auswechseln des Rollenmaterials bei Sonder- und Spezialaufträgen. Weitere Vorbereitungen beziehen sich auf manuell wie auch digital vorzunehmende Einstellungen für den Belichterauftrag wie z. B. Materialvorschub, Zählerstand prüfen, Verändern von Auflösungseinstellungen und Belichterkalibrationen (Abb. 1-22).

Sind die Dokumentdateien geladen, so sollte hier auch die korrekte Wahl der Belichtertreiber und deren Einstellung geprüft werden. Sind vorher **Kontrollausdrucke** z. B. auf Laserdruckern gemacht worden, dann kann es schnell vorkommen, daß die Einstellungen für die Dateien nicht für den Belichter passen. Ein Überprüfen betrifft hier vor allem die richtigen Treiber und

Abb. 1-22: Foto des
Filmbelichters
SelectSet Avantra
(Foto: Agfa Presse-
dienst)

Versionswahl, die Seitenformate und Formatlage. Darüber hinaus
können in den Auswahlfenstern Hilfsmarkierungen und Passer-
zeichen, die Rasterweite, die Bildart, die Druckkennlinie, die
Beschichtungsseite des Films, die Rasterwinkelungen und die
Rasterformen eingestellt werden (Abb. 1-23).

Bevor die Ausgabe möglich ist, sind noch die Anzahl der Seiten und die Farben bei einer Separation anzuwählen. Ist der Belichter im Netzwerk verfügbar, so kann durch ein Anwählen die

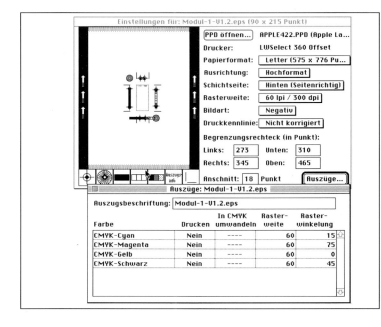

Abb. 1-23: Fenster für
die Farbseparation
(noch mit Einstellung
für einen Laserdrucker)

37

Belichtung ausgelöst werden. Nach dem Belichtungsvorgang, d. h. nach Übertragung des Dokumentes im Netz, dem Belichten des Filmmaterials durch einen Laser und dem abschließenden Filmvorschub, folgt das Entwickeln. Dazu wird die Materialkassette aus dem Belichter entnommen, das Fotomaterial im Entwicklungslabor in der Entwicklungsmaschine eingeführt und nach der Entwicklung einem Auffangkorb entnommen. Eine Belichtungskontrolle, bei welcher auf Ausgabequalität und Richtigkeit sowie u. a. auch auf Kernschwärzung geprüft wird, und ein Zuschneiden auf das richtige Format beenden diesen Arbeitsbereich.

1.2.11 Arbeitsablauf bei anderen Ausgabegeräten

Der Arbeitsablauf beim **digitalen Plattenbelichter**, bei digitalen Proofsystemen und bei **digitalen Druckmaschinen** ähneln sehr stark dem Ablauf bei einem PostScript-Filmbelichter. Da ein digitaler Plattenbelichter im Prinzip nur ein anderes Ausgabegerät darstellt, jedoch die gleichen Ursprungsdaten des Dokumentes verwendet, ist die Analogie der Arbeitsabläufe zwangsläufig. Manuelle und gerätetypspezifische Justierungen, Kalibrierungen und Kontrollvorgänge sind im Grundprinzip der Geräte verwurzelt, variieren jedoch nur unwesentlich den digitalen Arbeitsablauf, d. h. die Anwahl von Druckertreibern, der Dateien, der Rasterung etc. (Abb. 1-24).

Abb. 1-24: Digitale Druckmaschine Agfa Chromapress (Foto: Agfa Pressedienst)

Bei den nicht-papierbasierten also digitalen oder elektronischen Publishing-Produkten ist der Workflow in der Kreativphase identisch mit jenem für papierbasierte Produkte, solange es sich um Text, Grafiken und Bilder handelt. Digitale Publishing-Produkte des Bereiches **Multimedia** erfordern zusätzlich noch Ton- und Videosequenzen. Konzeptionen, Drehbücher und Entwürfe von Szenen für Ton- und Videosequenzen sind heute allgemein in der Kreativphase anzusiedeln und werden dort als Texte und Grafiken erzeugt, deren Realisierung erfolgt dann jedoch in der Produktionsphase und unter Einsatz von Spezialisten wie Sprechern, Schauspielern usw., um eine professionelle Qualität zu erreichen.

Für die **Text-Bild-Integration** ergeben sich für diesen Bereich andere Werkzeuge, wobei es sich je nach dem entstehenden Produkt um Text- und Grafikeditoren sowie um **Hypertext- und Autorensysteme** handeln kann. Sollen Texte für elektronisches und papierbasiertes Publishing mehrfach genutzt werden, so ist eine klare Abgrenzung zwischen der Kreativ- und der Produktionsphase vorzunehmen. Rohtexte der Kreativphase können ohne wesentliche Probleme in beiden Produktionsphasen genutzt und integriert werden. Aufbereitete Text- und Bildvorlagen aus der Produktionsphase für papierbasiertes Publishing bereiten bei fast allen elektronischen Produkten Probleme. Die Ursache der Probleme liegt in den Unterschieden der Benutzerschnittstelle, d. h. im Format von Bildschirm und Druckprodukt. Auf einer Seite, respektive einer aufgeschlagenen Doppelseite eines gedruckten Produktes, können wesentlich mehr Informationen plaziert und vor den Augen der Leser ausgebreitet werden, als dies mit den besten Computermonitoren möglich ist. Folglich müssen Texte und Grafiken benutzerfreundlich und bildschirmgerecht aufbereitet werden, d. h., Texte müssen sequentiert und umformatiert, Grafiken müssen farblich aufbereitet werden (Abb. 1-25). Bei diesen Arbeitsabläufen sind Tätigkeiten von Text- und Bildimport bzw. Konvertierung, Plazierung und Textauszeichnung vorzunehmen. Begrenzende Parameter sind die Bildschirmfläche und die Leistungs- sowie Speicherkapazitäten des Trägermediums (z. B. Online-Netzwerke, Disketten oder CD-ROM).

Sind die Datenmengen bei Text- und Strichzeichnungen zumeist noch von geringem Umfang, so steigt die Datenmenge bei

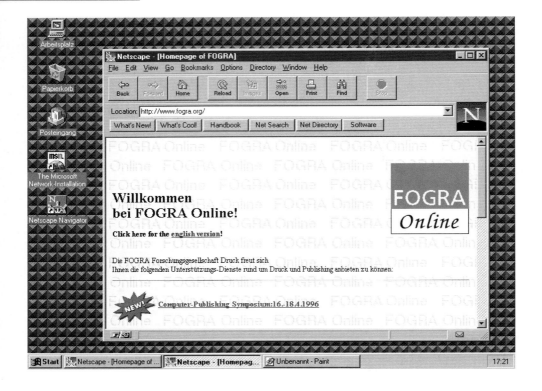

Abb. 1-25: Internet
Homepage unter
Windows 95

digitalen Fotos und Halbtonbildern rapide an. Neben den auch beim papierbasierten Publishing üblichen Arbeitsschritten, wie z. B. der Bildbearbeitung, kommen hier noch Tätigkeiten wie Datenkompression, Reduzieren der Auflösung und Farbtiefe sowie Anpassung des Bildausschnittes an den Bildschirmbereich hinzu.

Ton, Animation und Videosequenzen sind ein wesentlicher Aspekt, wodurch sich **digitale Publishing-Produkte** von papierbasierten Publishing-Produkten unterscheiden und heute eine hohe Aufmerksamkeit erhalten. Ton, Animation und Videosequenzen erfordern zumeist hohe Speicherkapazitäten auf dem jeweiligen Datenträger. Um mehr Informationen auf einem Datenträger unterzubringen, werden die Datenmengen mittels Kompressionsverfahren verkleinert, was beim Dekomprimieren zu entsprechend längeren Rechenzeiten führen kann. Diese Aspekte sind schon bei Beginn der Produktionsphase zu berücksichtigen, um Kompromisse und entsprechende aufwendige Arbeitsschritte vorab zu vermeiden.

Die **Tondigitalisierung** ist sowohl mit Videokarten als auch mit speziellen Soundkarten möglich, weitere Quellen von Tonmaterial sind u. a. herkömmliche Aufnahmen auf Tonband, CD und Videoband. Wegen des hohen Speicherbedarfs von Tonsequenzen werden in der Praxis z. Z. nur wenige und relativ kurze Tonaufnahmen verwendet. Der Workflow sieht hier eine Aufzeichnung von Text durch professionelle Sprecher oder die Beschaffung von lizenzierten Musikstücken vor. Diese Tonsequenzen werden mit Hilfe spezieller Anwendungsprogramme von analogen Trägern wie Tonbändern digitalisiert und gespeichert (Abb. 1-26). Anschließend können diese digitalisierten Sequenzen bis in den Bruchteilbereich von Sekunden zugeschnitten und bearbeitet werden. Für einen effizienten Einsatz von Speicherplatz und für einen optimalen Nutzen in der Anwendung ist eine mehrfache Nutzung gleicher Sequenzen üblich. Hierbei ist ein sehr gutes Timing der Sequenzen notwendig. So aufbereiteter und gespeicherter Ton kann dann anschließend über Multimedia und Autorensysteme mit den jeweiligen Text- und Bildinformationen kombiniert werden.

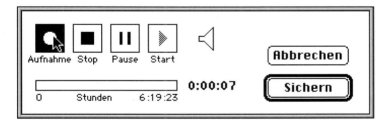

Abb. 1-26:
Digitalisierung von Ton

Ein weiterer Schritt stellt die **Videodigitalisierung** dar. Auch hier sind hohe Anforderungen an den Speicherbedarf zu berücksichtigen. Ähnlich wie bei Tonaufnahmen wird auch hier analoggespeichertes, lizenziertes Material auf Videobändern (üblich sind S-VHS, Hi8- und BetaCam Bänder) mit speziellen Videokarten digitalisiert und auf Datenträgern gespeichert. Genauso wie bei den Tonaufnahmen werden auch mit speziellen Anwendungsprogrammen Sequenzen präzise im Timing und im Schnitt bearbeitet. Der hohe Speicherplatzbedarf zwingt bereits während der Bearbeitung zur Datenkompression, zur extensiven Reduktion des Bildausschnittes (bei Echtzeitabläufen sind gelegentlich nur zentimetergroße Ausschnittdarstellungen möglich) und zur Reduzierung der Bildwiederholfrequenzen. Die Arbeitsergebnisse werden dann mit

den Texten, Standbildern und Tonsequenzen in eigenen Bild-
schirmausschnitten dargestellt (Abb. 1-27).

Bei **Animationen** entfallen Bilddigitalisierungen zumeist,
da es sich um zwei- und dreidimensionale Bildfolgen handelt,
die vorwiegend am Computer als digitale Datenbestände erzeugt wurden. Gegenüber den
Zeichenprogrammen ergeben
sich weitere Arbeitsschritte,
z. B. beim Morphing. Unter
Morphing versteht man einen
bruchlosen Übergang von einem Bild in ein anderes Bild,
ohne daß dazu die jeweiligen
Zwischenstufen noch selbst
generiert werden müssen.

Zu einem ablauffähigen
Programm werden Bild, Text,
Ton und Videoinformationen z. B. in einem Autorensystem zu-
sammengeführt. Dabei werden die jeweiligen Sequenzen zu
Akteuren, die auf einer Bühne (dem Bildschirm) entsprechend
den Drehbuchanweisungen erscheinen (Abb. 1-28).

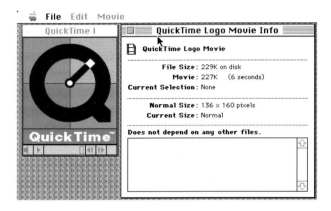

Abb. 1-27: Quicktime
Movies
Abb. 1-28: Drehbuch,
Akteurliste und
Bildfenster in einem
Autorensystem

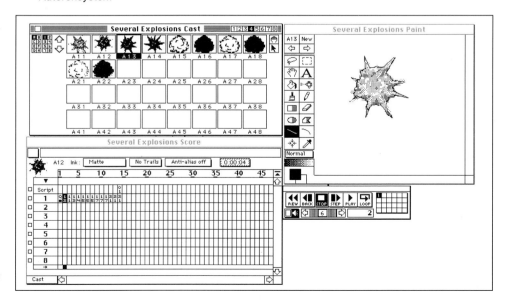

Kapitel 2

Grundwissen für das Computer Publishing

Im vorausgegangenen Kapitel über den Workflow beim Computer Publishing wurde deutlich, daß die herkömmliche Trennung nach Berufsbereichen und Arbeitsplätzen nicht mehr uneingeschränkt anwendbar ist. Eine Strukturierung oder Aufteilung in einen kreativen und einen produktiven Schaffensprozeß macht die aktuellen Probleme, welche durch deren Verschmelzung entstanden sind, wesentlich deutlicher. Es ist heute unübersehbar, daß vielfältige Tätigkeiten, die einstmals der Produktion zugeordnet waren, nun von den Schaffenden der Kreativphase übernommen werden. Es ist zwischen der Kreativ- und Produktionsphase eine diffuse Grauzone entstanden, in welcher auf der einen Seite kreativ Tätige die komplexen Aufgaben der Produktionsphase mitübernehmen und ob der Probleme manchmal verzweifeln. Auf der anderen Seite geben Produktionsbetriebe im Rahmen von Produktionszeitreduzierung, Kosteneinsparung oder auch Personalabbau gerne eigene Aufgabenstellungen an die kreativ Schaffenden ab. Um diese neuen Aufgaben und Tätigkeiten jedoch erfolgreich und effizient ausführen zu können, ist es besonders für die Autoren, Zeichner, Designer etc. wichtig, ein gutes Grundwissen über Methoden, Zusammenhänge und Techniken der Produktionsphase zu haben. Dieser Abschnitt wendet sich deshalb etwas detaillierter dieser kritischen Zone zwischen kreativer und produktionsorientierter Schaffensphase zu. Beide Phasen, die **Kreativ-** wie die **Produktionsphase**, haben unterschiedliche Zielsetzungen und Aufgaben zu lösen, beide benötigen aber eine einheitliche Schnittstelle, um mit möglichst geringem Reibungsverlust die Ziele zu erreichen. Dies wird umso schwieriger, je vielfältiger die Publishing-Produkte und -Dokumente werden. Die vielen Zwischenformen mit ihren unterschiedlichen Ausprägungen sind in der nachfolgenden Darstellung jeweils indirekt mit abgedeckt worden.

2.1 Was ist wichtig beim Arbeiten mit Text?

Einer der Hauptaspekte beim Computer Publishing ist das kreative Erstellen von Texten. Für diesen Aufgabenbereich sind vielfältige, eigenständige Anwendungsprogramme und Texteditoren wie auch integrierte Programme mit Textfunktionen z. B. in Grafik- und Layoutprogrammen verfügbar (Näheres in Kap. 3.3). Für den einzelnen Anwendungsfall ist die Auswahl eines geeigneten Textverarbeitungsprogramms an den Aufgabenstellungen und dem Workflow zu orientieren. Grundsätzlich kann Text mit allen verfügbaren Werkzeugen eingegeben bzw. bearbeitet werden. Dies ist jedoch nicht immer mit jedem Programm wirtschaftlich und bei **Dateiaustausch** gelegentlich auch technisch nicht sinnvoll. In vielen einfachen Fällen, z. B. bei kleineren Textkorrekturen, einzelnen Änderungen oder bei nur sehr kurzen Textabschnitten, kann sich der Einsatz eines eigenen komplexen Textverarbeitungsprogramms erübrigen. In jedenm Fall sind jedoch Programmfunktionalitäten, Dateiaustausch, **Datenübertragung** und die geforderte Aufgabenstellung gut miteinander abzustimmen.

Das Arbeiten mit Text umfaßt in den meisten Fällen das Eingeben von Text, d. h. entweder das Einfügen von Text in bereits vorhandenen Text, ein Überschreiben von vorhandenem Text oder den Beginn eines neuen Textes. Dafür sind alle Textprogramme mit Schreibzeichen und Einfügemarken ausgestattet (Abb. 2-01). Diese Funktionen des Eingebens von Text weichen heute bei den einzelnen Programmen nicht mehr wesentlich voneinander ab.

Textverarbeitungsprogramme bieten häufig neben dem Textmodus auch einen Layoutmodus an. Der **Textmodus** ist dabei die reine Bildschirmanzeige des Textes ohne eingefügte Grafiken (Abb. 2-02). Gelegentlich erfolgt dies auch noch ohne Darstellung der tatsächlich verwendeten Schrift, Formatierungen und Schriftauszeichnungen. Der **Layoutmodus** orientiert sich hingegen an dem Erscheinungsbild des späteren Ausdrucks (**WYSIWYG** = What You See Is What You Get). Dabei werden Schriften und Grafiken entsprechend den Möglichkeiten der Bildschirmauflösung

Abb. 2-01: Cursor und Schreibmarke im Text

Beispiele der Ausgestaltung und Benutzeroberfläche einzelner Programme siehe Kapitel 3

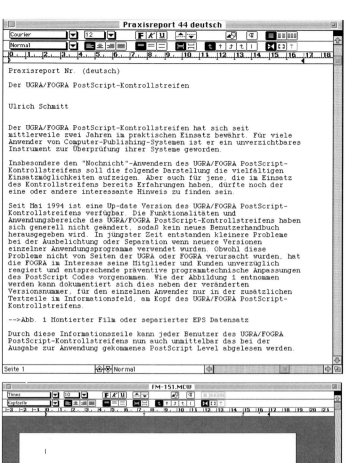

Praxisreport 44 deutsch

Courier | 12 | | Normal

Praxisreport Nr. (deutsch)

Der UGRA/FOGRA PostScript-Kontrollstreifen

Ulrich Schmitt

Der UGRA/FOGRA PostScript-Kontrollstreifen hat sich seit mittlerweile zwei Jahren im praktischen Einsatz bewährt. Für viele Anwender von Computer-Publishing-Systemen ist er ein unverzichtbares Instrument zur Überprüfung ihrer Systeme geworden.

Insbesondere den "Nochnicht"-Anwendern des UGRA/FOGRA PostScript-Kontrollstreifens soll die folgende Darstellung die vielfältigen Einsatzmöglichkeiten aufzeigen. Aber auch für jene, die im Einsatz des Kontrollstreifens bereits Erfahrungen haben, dürfte noch der eine oder andere interessante Hinweis zu finden sein.

Seit Mai 1994 ist eine Up-date Version des UGRA/FOGRA PostScript-Kontrollstreifens verfügbar. Die Funktionalitäten und Anwendungsbereiche des UGRA/FOGRA PostScript-Kontrollstreifens haben sich generell nicht geändert, sodaß kein neues Benutzerhandbuch herausgegeben wird. In jüngster Zeit entstanden kleinere Probleme bei der Ausbelichtung oder Separation wenn neuere Versionen einzelner Anwendungsprogramme verwendet wurden. Obwohl diese Probleme von Seiten der UGRA oder FOGRA verursacht wurden, hat die FOGRA im Interesse seine Mitglieder und Kunden unverzüglich reagiert und entsprechende präventive programmtechnische Anpassungen des PostScript Codes vorgenommen. Wie der Abbildung 1 entnommen werden kann dokumentiert sich dies neben der veränderten Versionsnummer, für den einzelnen Anwender nur in der zusätzlichen Textzeile im Informationsfeld, am Kopf des UGRA/FOGRA PostScript-Kontrollstreifens.

-->Abb. 1 Montierter Film oder separierter EPS Datensatz

Durch diese Informationszeile kann jeder Benutzer des UGRA/FOGRA PostScript-Kontrollstreifens nun auch unmittelbar das bei der Ausgabe zur Anwendung gekommene PostScript Level abgelesen werden.

Seite 1 | Normal

Abb. 2-02: Arbeitsfenster im Textmodus

Abb. 2-03: Fenster im Layoutmodus

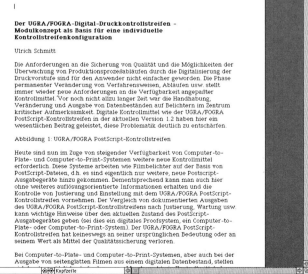

FM-151.MCW

Times | 10 | | Kopfzeile

Der UGRA/FOGRA-Digital-Druckkontrollstreifen - Modulkonzept als Basis für eine individuelle Kontrollstreifenkonfiguration

Ulrich Schmitt

Die Anforderungen an die Sicherung von Qualität und die Möglichkeiten der Überwachung von Produktionsprozeßabläufen durch die Digitalisierung der Druckvorstufe sind für den Anwender nicht einfacher geworden. Die Phase permanenter Veränderung von Verfahrensweisen, Abläufen usw. stellt immer wieder neue Anforderungen an die Verfügbarkeit angepaßter Kontrollmittel. Vor noch nicht allzu langer Zeit war die Handhabung, Veränderung und Ausgabe von Datenbeständen auf Belichtern im Zentrum kritischer Aufmerksamkeit. Digitale Kontrollmittel wie der UGRA/FOGRA PostScript-Kontrollstreifen in der aktuellen Version 1.2 haben hier ein wesentlichen Beitrag geleistet, diese Problematik deutlich zu entschärfen.

Abbildung 1: UGRA/FOGRA PostScript-Kontrollstreifen

Heute sind nun im Zuge von steigender Verfügbarkeit von Computer-to-Plate- und Computer-to-Print-Systemen weitere neue Kontrollmittel erforderlich. Diese Systeme arbeiten wie Filmbelichter auf der Basis von PostScript-Dateien, d.h. es sind eigentlich nur weitere, neue Postscript-Ausgabegeräte hinzu gekommen. Dementsprechend kann man auch hier ohne weiteres auflösungsorientierte Informationen erhalten und die Kontrolle von Justierung und Einstellung mit dem UGRA/FOGRA PostScript-Kontrollstreifen vornehmen. Der Vergleich von dokumentierten Ausgaben des UGRA/FOGRA PostScript-Kontrollstreifens nach Justierung, Wartung usw. kann wichtige Hinweise über den aktuellen Zustand des PostScript-Ausgabegerätes geben (sei dies ein digitales Proofsystem, ein Computer-to-Plate- oder Computer-to-Print-System). Der UGRA/FOGRA PostScript-Kontrollstreifen hat keineswegs an seiner ursprünglichen Bedeutung oder an seinem Wert als Mittel zur Qualitätssicherung verloren.

Bei Computer-to-Plate- und Computer-to-Print-Systemen, aber auch bei der Ausgabe von seitenglatten Filmen aus einem digitalen Datenbestand, stellen

Seite 1 | Kopfzeile

```
Extras
Rechtschreibung...   ⌘L
Thesaurus...
Silbentrennung...    ⇧F15
Statistik...         ⌥F15

Numerieren...        ⌘F15
Absteigend sortieren
Berechnen            ⌘0
Neuer Seitenumbruch

Einstellungen...
Befehle...           ⌘⇧⌥0
```

Abb. 2-04: Rechtschreibprüfung

```
Einfügen
Seitenwechsel          ⇧⌥
Abschnittswechsel      ⌘⌥
Tabelle...
Fußnote...             ⌘E

Datum
Symbol...

Eintrag Index
Index...
Eintrag Inhaltsverzeichnis
Inhaltsverzeichnis...

Positionsrahmen...
Datei...
Grafik...

Objekt...
```

Abb. 2-05: Textimport

```
Einfügen
Seitenwechsel          ⇧⌥
Abschnittswechsel      ⌘⌥
Tabelle...
Fußnote...             ⌘E

Datum
Symbol...

Eintrag Index
Index...
Eintrag Inhaltsverzeichnis
Inhaltsverzeichnis...

Positionsrahmen...
Datei...
Grafik...

Objekt...
```

Abb. 2-06: Bildimport

und dem Maßstab der Seitendarstellung z. B. vergrößert oder verkleinert dargestellt (Abb. 2-03).

Im allgemeinen werden in Textverarbeitungsprogrammen Funktionen wie „Suchen", „Nächstes suchen", „Ersetzen", „Suchen und Ersetzen" und „Rechtschreibung" zur Verfügung gestellt. Mit diesen Funktionen lassen sich Texte und Textabschnitte nach bestimmten Begriffen sowie falsch geschriebenen Wörtern absuchen (Abb. 2-04) und korrigieren.

Des weiteren werden in Textverarbeitungsprogrammen Funktionen wie **„Einfügen von Texten"** angeboten (Abb. 2-05). Damit lassen sich ganze Texte oder auch nur einzelne Textabschnitte aus anderen Dateien im Textmodus in den bestehenden Text einfügen und anzeigen. Mit der Funktion „Einfügen" lassen sich auch Grafiken in einen bestehenden Text einfügen (Abb. 2-06), was jedoch nur angewendet werden sollte, wenn es sich hier schon um die endgültige Layoutbearbeitung handelt. Vielfach können die Grafikelemente nur als eingebundene Grafiken eingefügt werden, da Textverarbeitungsprogramme vielfach keine unabhängigen Grafiken bearbeiten können. Dann wird die Position der Grafiken im Textmodus mit Hilfe einer Markierung sichtbar und kenntlich gemacht. Beim Wechsel in den Layoutmodus erscheint dann die eigentliche Grafik wieder am Bildschirm.

Ergänzend zu diesem Abschnitt empfiehlt es sich, die DIN-Normensammlung des Beuth Verlages „Regeln zum Maschinenschreiben" [2.3] und Publikation und Dokumentation 1 [2.4] sowie die Normen für Veröffentlichungen in Wissenschaft, Technik, Wirtschaft und Verwaltung DIN 1422 ff [2.5], für Postanschriften DIN/ISO 11180 [2.6] und Geschäftsbrief DIN 676 [2.7] zu beachten. Für Korrekturen in Texten gilt die DIN 16511 [2.8] und bei Abkürzungen sollte die DIN 1502 [2.9] eingehalten werden. Weiterhin sollte man sich für die Titelangaben bei Zitaten [2.10] und Begriffen [2.11] bzw. Begriffsystemen [2.12] an den Vorgaben von Normen orientieren.

2.2 Wichtiges beim Konvertieren von Dateien

Aufwendige gestalterische Formatierungen, Schriftauswahlen, Seitenumbruch und druckreife Aufbereitung von Publishing-Dokumenten sind in der Bearbeitungsstufe der Texteingabe und kreativen Textschaffung höchst problematische Themenbereiche. Dies liegt an der Übertragung auf andere Betriebssysteme und der Übertragung und Verwendung in anderen Anwendungsprogrammen. Ein Blick in die Hilfefunktionen zum Thema Datenaustausch, Import- und Exportdatenformate bzw. in die mitgelieferten Dateien der jeweiligen Anwendungsprogramme verdeutlicht, welche Probleme hier entstehen können (Abb. 2-07).

Eine **Datenübernahme** von DOS zu Mac bzw. Mac zu DOS ist heute grundsätzlich kein wesentliches Problem mehr, da mit Einführung der FDHD-Superdrive-Laufwerke bei Apple-Computern die hardwareseitige Voraussetzung zum Lesen von DOS-Disketten erfüllt sind (Abb. 2-08). Mit dem System 7.5 steht durch „PC Exchange" (Abb. 2-09) beim Apple-Computer eine Systemerweiterung zur Verfügung, welche einen Austausch von Disketten und Wechselplatten zwischen der DOS- und Mac-Systemwelt zuläßt. Ohne PC Exchange würde beim Apple-Computer eine DOS-Diskette die Fehlermeldung „Volume initialisieren?" (Abb. 2-10) und beim DOS-Computer eine Mac-Diskette die Fehlermeldung „Der Datenträger ... nicht formatiert" (Abb. 2-11) bringen. Dieses

Konvertierer-Information

Abb. 2-07: Datei mit Konvertierungs-informationen für Word (Macintosh)

Abb. 2-08: DOS-Diskette als Mac-Ikon

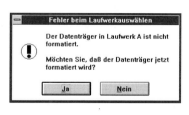

Abb. 2-09: Parametereinstellung in PC Exchange

Abb. 2-11: Fehlermeldung am DOS-Computer bei Mac-Disketten

Abb. 2-10: Fehlermeldung am Apple Computer ohne PC Exchange

Abb. 2-12: Formatieren einer Diskette

Problem läßt sich heute auf der Seite von Apple-Computern leicht umgehen, indem neue Disketten gleich als DOS-Disketten formatiert werden (Abb. 2-12). Ist die Systemerweiterung PC-Exchange im Systemordner und dort im Ordner Systemerweiterungen enthalten, wird diese automatisch bei Rechnerstart aktiviert und ist unter dem Apfelmenü in den Kontrollfeldern (Abb. 2-13) auffindbar. Wird eine DOS-Diskette eingelegt, so erscheint diese Diskette mit einem eigenen Symbol am Bildschirm (Abb. 2-08).

Wenn es in einem Arbeitsablauf notwendig ist, daß häufig Daten und Dateien zwischen der DOS- und Mac-Systemwelt ausgetauscht werden müssen, so ist bei der **Namensgebung der Dateien** die „8.3-Regel" der DOS-Welt zu beachten. In der Systemwelt von Apple-Computern können Dateien eine Namenslänge von bis zu 31 Buchstaben haben, wobei Kennungen des Dateityps (z. B. „TXT" für reinen Text) im Namen nicht notwendig sind. Dateitypkennungen werden in dieser Systemwelt, verbunden mit dem Ikon und der Bildschirmdarstellung, in der „Resource Fork" einer Datei verwaltet. In der DOS-Welt ist diese Trennung zwischen den Daten und der Kennung einer Datei nicht vorgesehen, demzufolge sind die 3 letzten Buchstaben eines Dateinamens als **Dateitypkennung** vorgesehen und erklärt die „8.3-Regel" als 8 Buchstaben für den Dateinamen, einen Punkt als Trennzeichen und 3 Buchstaben für den Dateityp (Abb. 2-14).

Abb. 2-13: Kontrollfelder im Systemordner

Abb. 2-14: Namensgebung von Dateien beim MacOS und MS/DOS

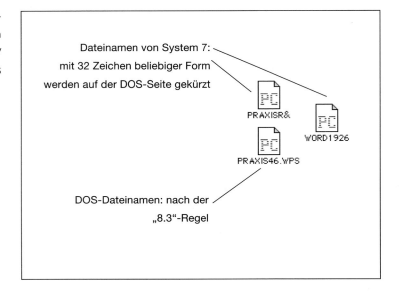

Dateinamen von System 7: mit 32 Zeichen beliebiger Form werden auf der DOS-Seite gekürzt

PRAXISR&

WORD1926

PRAXIS46.WPS

DOS-Dateinamen: nach der „8.3"-Regel

Beim Übertragen von Dateien von der DOS-Welt in einen Apple-Computer wird die **Dateikennung** der DOS-Welt meist ignoriert. Apple-Computer benötigen die **Resource Fork**, die in diesem Fall nicht existiert, aus diesem Grund wird dann ein einfaches Bildschirm-Ikon vom Betriebssystem erzeugt (Abb. 2-14). Mit dem Hilfsprogramm „ResEdit" kann man bei solchen Dateien die fehlenden Dateiinformationen von Hand anlegen und eine Ressource Fork für die Datei erzeugen (Abb. 2-15). Über den Menüpunkt „Get Info for..." (Abb. 2-16) erhält man Zugang zum Fenster „Information über" bzw. „Info for..." (Abb. 2-17) und kann hier die Kennung des Dateityps (Type) und des erzeugenden Programms (Creator) einfügen. Sollte man die richtigen Abkürzungen von einem Programm nicht kennen, so ist es eine schnelle Hilfe, wenn man eine Mac-seitig erzeugte Datei dieses Programms mit „Open..." in ResEdit öffnet. Im Informationsfenster findet man dann die korrekten Abkürzungen und braucht diese nur zu übertragen.

Es kann festgestellt werden, daß im allgemeinen der Datenaustausch zwischen unterschiedlichen Systemwelten, d. h. nicht nur zwischen DOS und Mac, sondern auch mit den diversen UNIX-verwandten bzw. -basierten Systemwelten, am besten funktioniert, wenn auf beiden Seiten identische Programme oder Programmversionen eingesetzt werden. Es ist hier mit wesentlich geringeren Problemen zu rechnen, da die jeweils geeigneten, programminternen **Datenkonverter** automatisch aktiviert werden, welche dann die Umsetzung von der Formatierung und Zeichen-

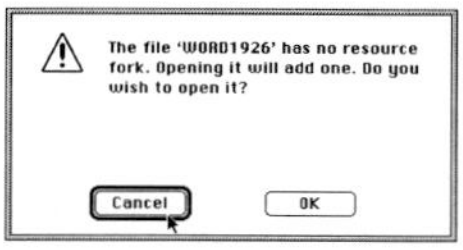

Abb. 2-15: Für Datei
Resource Fork anlegen

Abb. 2-16: ResEdit
Menüpunkt „Get Info.."

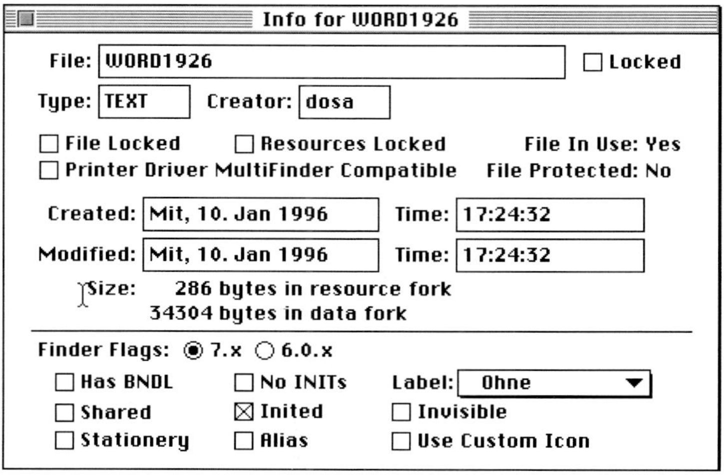

Abb. 2-17: ResEdit
Informationsfenster

49

setzung übernehmen. Ein Dateiaustausch, der gleichzeitig zwischen zwei verschiedenen Systemwelten und zwei unterschiedlichen Anwendungsprogrammen vorgenommen wird, weist hingegen in der Regel größere Probleme auf.

Bei einem Austausch zwischen unterschiedlichen Anwendungsprogrammmen stehen heute eine Vielzahl Datenformate zur Verfügung (s. Kapitel 4.1 Datenformate). Allgemein werden beim Austausch von Textdateien zwischen unterschiedlichen Textverarbeitungsprogrammen, z. B. zwischen Wordperfect oder Ami Pro (beide DOS) und Word (Mac) meist das **ASCII-Textforma**t (ASCII steht für American Standard Code for Information Interchange) verwendet. Bei den Zeichensätzen stehen 256 Zeichen zur Verfügung und davon sind die ersten 128 Zeichen einheitlich normiert worden. Bei einem Austausch zwischen Anwendungsprogrammen und Systemwelten besteht durch diese Normierung für das große und kleine Alphabet sowie die Zahlen eine einheitliche Verwendung der Zeichen. Die 128 nicht normierten Zeichen sind in den Systemwelten (MS-DOS, Windows, Mac, UNIX) entsprechend den nationalen Gegebenheiten (z. B. deutsche Umlaute, skandinavische und französische Sonderzeichen) sowie in einzelnen Anwendungsprogrammen (z. B. MS-Word und Lotus 1-2-3) meist unterschiedlich definiert.

Allgemein kann bei einer Übertragung auf andere Betriebssysteme die gestalterische Formatierungsarbeit zunichte gemacht werden, wenn z. B. die verwendete Schriftart nicht im gleichen Schriftschnitt und in gleicher Laufweite verfügbar ist. Die praktische Erfahrung hat hier gezeigt, daß besonders in der kreativen Schaffensphase, beim reinen Erfassen von Texten und bei einem absehbaren Zusammenführen von Textpassagen aus unterschiedlichen Quellen (z. B. Datenbanken, E-Mail, Tabellenkalkulation) nur mit reinem Fließtext ohne jegliche Auszeichnungen gearbeitet werden sollte. Auch wenn von unterschiedlichen Textverarbeitungsprogrammen oder unterschiedlichen Programmversionen Texte zusammengeführt werden sollen, ist dieser minimale Ansatz sinnvoll, damit man keine unnötige Zeit für Experimente aufwenden muß.

ASCII-Importfilter werden von Textverarbeitungs-, Layout- und auch Grafikprogrammen angeboten. Reine ASCII-Textdateien weisen jedoch keine Formatierungsmerkmale auf (es sei denn, die-

Abb. 2-18: Automatische Konvertierung eines Textes

se enthalten Druckformatmarken wie z. B. Zeilenendzeichen). Einige Hersteller von Programmen haben der Problematik von Textimport Rechnung getragen und beim Import von fremden Textdaten eine automatische Erkennung und Konvertierung vorgesehen, wobei gelegentlich auch das Layout beibehalten (Abb. 2-18) wird.

Trotz dieser schon verbesserten Funktionalität von Textverarbeitungsprogrammen ist es im allgemeinen sehr empfehlenswert, den Text als reinen Fließtext (früher auch als **Rauhtext** bezeichnet) zu erstellen. Entsprechend sollten nur Absätze und keinesfalls alle Zeilen eines Textes mit einem Wagenrücklauf bzw. Zeilenendzeichen (Return) abschließen. Dies ist besonders wichtig bei einem Import in Layoutprogramme, da manche Layoutprogramme einzelne Absätze durch Wagenrückläufe voneinander abgrenzen. Würde jede Zeile mit einem Zeilenendzeichen versehen sein, so würde jede Zeile dann als neuer Absatz angesehen werden.

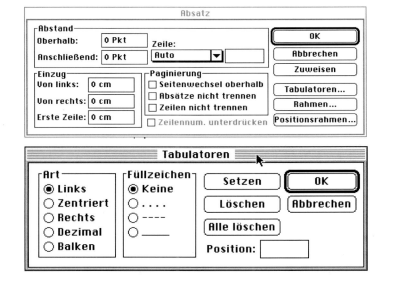

Abb. 2-19: Parameter-Einstellungen im Absatzauswahlfenster

Abb. 2-20: Tabulatorenfenster

51

Einzelne **Formatierungen** lassen sich nicht ganz vermeiden, um auch während der Texterfassung oder Erstellung nicht die Übersicht zu verlieren. **Einzüge** und **Tabulatoren** sind hierbei ein wichtiges Mittel (Abb. 2-19 und Abb. 2-20). Sie können im allgemeinen als Teil einer Standardvorgabe, eines Druckformats oder für eine Reihe von markierten Absätzen in Textverarbeitungsprogrammen festgelegt werden. Die Positionen der verschiedenen Einzüge bzw. Tabulatoren werden zumeist auf einem Lineal grafisch dargestellt. Bei der Textformatierung werden Einzüge häufig in Verbindung mit Tabulatoren eingesetzt. Der linke Rand und der Einzug der ersten Zeile kann gelegentlich auch über eigene Funktionen und Auswahlfenster festgelegt werden (Abb. 2-19). Achtung: Bei manchen Textverarbeitungsprogrammen können den Tabulatoren auch Füllzeichen zugewiesen werden, wie z. B. eine Folge von Punkten, Bindestrichen oder Unterstreichzeichen. In manchen Programmen ist es auch möglich, ein selbsterstelltes Muster einem **Füllzeichen** zuzuweisen. Derartige Füllzeichen können bei einer übersichtlichen Gestaltung von Tabellen, Indizes, Inhaltsverzeichnissen, Registern etc. sehr nützlich sein, jedoch kann ein Konvertieren von Dateien mit solchen Füllzeichen auf andere Betriebssysteme oder in andere Programme Probleme bereiten. Deswegen ist bei Füllzeichen und deren Anwendung in Dateien etwas Vorsicht geboten, um unnötige Mehrarbeit zu vermeiden.

Zum Abschnitt 2.2 ist es hilfreich, wenn man ergänzende Literatur zu den vielfältigen Datenformaten zur Hand hat. Umfangreiches Detailwissen vermitteln u. a. Born [2.13], [2.14] und Lipp [2.15].

2.3 Was ist wichtig beim Arbeiten mit umfangreichen Dokumenten?

Umfangreiche Dokumente sind im allgemeinen Bücher, Berichte etc. Für das Computer Publishing ergeben sich einige weitere Aspekte, die über den Rahmen des einfachen Arbeitens mit Text bzw. der Texterfassung hinaus gehen. Entsprechend werden hierzu von verschiedenen Texterfassungsprogrammen spezielle Funktionen angeboten, die den Autor oder Bearbeiter unterstützen.

Arbeiten an einem umfangreichen Publishing-Dokument, welches dann auch noch aus einer größeren Anzahl von Dateien besteht, lassen sich im allgemeinen wesentlich schneller und einheitlicher gestalten, wenn man **Standardseiten und Mustervorlagen** angelegt hat.

In **Standardseiten** befinden sich dann die allgemeinen Festlegungen für bestimmte Seitenformate (A4 etc.), Absatzausrichtung, Schriftwahl etc., die für eine jeweilige Dokumentkategorie benötigt werden (Näheres s. 2.4. Schrift und Typographie sowie 2.10. Seitenlayout). Informationen über die aktuellen Einstellungen der verwendeten Seitenparameter befinden sich im allgemeinen im oberen Bildschirmbereich z. B. unterhalb der Menüleiste (Abb. 2-21). **Mustervorlagen** in Textverarbeitungsprogrammen sind in ähnlicher Weise aufgebaut und enthalten meist nur Elemente wie Kopfzeilen, Seitennummern und Fußzeilen. In Layoutprogrammen kommen dann noch auf jeder Seite wiederkehrende Textpassagen, Logos, Signets, Zeichnungen hinzu oder was sonst auf allen Seiten in einem Dokument benötigt wird. Standardseiten und Mustervorlagen sind nicht nur sehr nützlich bei umfangreichen Dokumenten, sondern können auch eine mögliche Basis für einen **standardisierten Datenaustausch** bilden. Um einen problemlosen Datenaustausch sicherzustellen, kann man nach erfolgreicher Erprobung eines Dokumentaustausches diese zu einer Mustervorlage umwandeln und dabei nur solche Formatierungen und Elemente zulassen, welche diesen Austausch nicht behindern. Informationen über den Seitenaufbau erhält man z. B. bei Word 5.0 (Mac Version) über den Menüpunkt „Seite einrichten" (Abb. 2-22) und dem Schaltknopf „Dokument" im selben Auswahlfenster (Abb. 2-23).

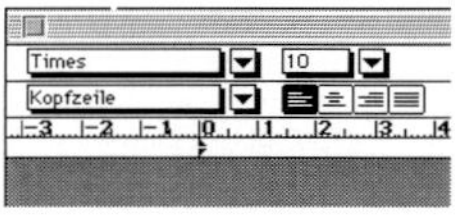

Umfangreiche Dokumente erfordern eine **Gliederung**, dies erfolgt zumeist in Form von Überschriften für die Hauptbestandteile. In leistungsfähigen Textverarbeitungsprogrammen ist eine

Abb. 2-21: Seitenparameter in der oberen Ikonleiste

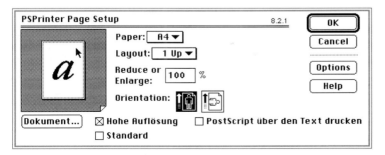

Abb. 2-22: Seiteneinstellung für DIN A4, senkrechte Position, ohne Verkleinerung

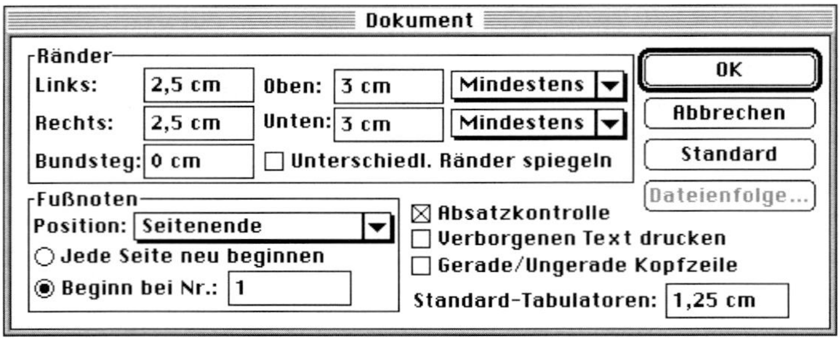

Dokument

Ränder

Links: 2,5 cm   Oben: 3 cm   Mindestens ▼

Rechts: 2,5 cm   Unten: 3 cm   Mindestens ▼

Bundsteg: 0 cm   ☐ Unterschiedl. Ränder spiegeln

Fußnoten
Position: Seitenende ▼
○ Jede Seite neu beginnen
● Beginn bei Nr.: 1

☒ Absatzkontrolle
☐ Verborgenen Text drucken
☐ Gerade/Ungerade Kopfzeile
Standard-Tabulatoren: 1,25 cm

OK   Abbrechen   Standard   Dateienfolge...

Abb. 2-23: Standardseitenformat in einem Textprogramm

Gliederung zumeist nur eine andere Art der Dokumentansicht und als ein anderer oder weiterer Modus in Ergänzung zum Text- und Layoutmodus angeboten.

Ist ein **Gliederungsmodus** vorhanden, so schaltet man dazu um, wenn die Überschriften sowie die Struktur eines Dokuments erstellt, eingesehen oder neu geordnet werden soll. Ein Überarbeiten eines Dokuments kann hierdurch unter Umständen viel leichter vorgenommen werden, was besonders in Kombination mit anderen Ansichtsarten nützlich ist. Das Bearbeiten der textlichen Details in Kombination von Textmodus und einem Überarbeiten der Dokumentstruktur in der Gliederungsansicht kann den Arbeitsaufwand reduzieren und die Ausführung sehr vereinfachen. Manche Aufgaben sind im Gliederungsmodus sehr leicht auszuführen wie z. B. ein effizientes Verschieben von Textteilen oder auch ein schneller Durchlauf durch ein umfangreiches Dokument, da in einem solchen Fall nur die Hauptüberschriften angezeigt werden. Auch das Erstellen eines Inhaltsverzeichnisses kann unter Ausnutzen der schon vorhandenen Überschriften in Verbindung mit einem automatischen Formatieren in einem umfangreichen Dokument sehr effizient ausgeführt werden.

In umfangreichen Dokumenten ebenfalls üblich sind **Fußnoten und Endnoten**. Dies sind Erklärungen, Bemerkungen oder Verweise zum Inhalt eines Dokuments. Sowohl Fußnoten als auch

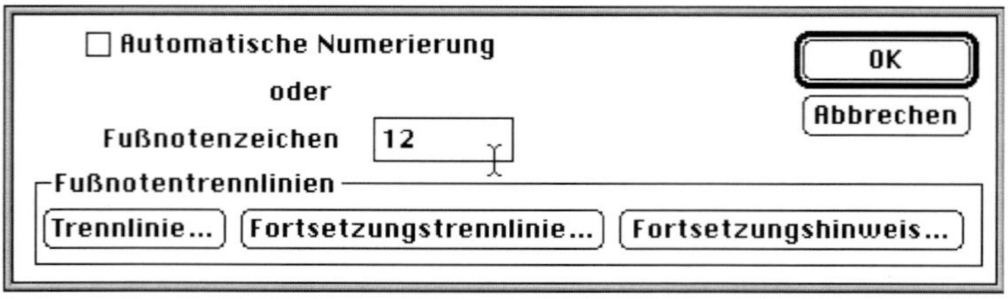

Einfügen

Seitenwechsel   ⇧~
Abschnittswechsel   ⌘~
Tabelle...
Fußnote...   ⌘E

Datum
Symbol...

Eintrag Index
Index...
Eintrag Inhaltsverzeichnis
Inhaltsverzeichnis...

Positionsrahmen...
Datei...
Grafik...

Objekt...

Abb. 2-24: Einfügen von Fußnoten

Abb. 2-25: Beispiel für ein Fußnotenfenster

☐ Automatische Numerierung

oder

Fußnotenzeichen   12

Fußnotentrennlinien

(Trennlinie...) (Fortsetzungstrennlinie...) (Fortsetzungshinweis...)

OK   Abbrechen

54

Endnoten können in dem gleichen Dokument erscheinen, wobei diese Funktion meist über einen eigenen Menüpunkt erreichbar ist (Abb. 2-24 und Abb. 2-25). Es ist zum Beispiel durchaus sinnvoll, Fußnoten zu verwenden, um darin detaillierte Kommentare unterzubringen und Endnoten für Quellenverweise zu benutzen. Es handelt sich im Prinzip um ein und dieselbe Sache, eine begriffliche Unterscheidung ist jedoch ratsam, um zwischen Fußnoten am Ende einer Seite bzw. in den Marginalien (also im Rand einer Seite) und Fußnoten am Ende eines Abschnitts, Kapitels oder eines Dokuments zu unterscheiden.

Üblicherweise besteht eine Fuß- oder Endnote aus zwei zusammengehörenden, verknüpften Elementen (Abb. 2-26): dem Fuß-/Endnotenzeichen sowie dem Fuß-/Endnotentext, auf welchen das Zeichen verweist. Textverarbeitungsprogramme bieten im allgemeinen Funktionen an, durch welche sich Fuß-/Endnoten automatisch numerieren lassen. Hierbei können oft statt Zahlen auch benutzerdefinierte, eigene Zeichen verwendet werden. Diese automatischen Fußnotennumerierungen aktualisieren den Bestand, sobald eine Fußnote bzw. Endnote hinzugefügt, gelöscht oder verschoben worden ist. Texte können in beliebiger Weise hinzugefügt und genau wie normaler Text formatiert werden (Abb. 2-26).

Querverweise sind Hinweise des Autors auf andere Stellen im gleichen oder in einem anderen Dokument (z. B. in Form von „siehe Tabelle 1 auf Seite 126"). Bei großen Dokumenten können

Abb. 2-26: Geteilter Bildschirm mit Text- und Fußnotenfenster

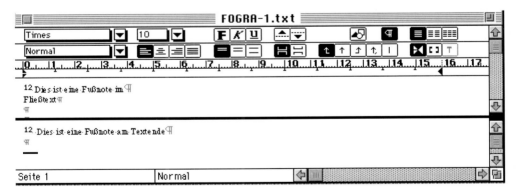

sich derartige Punkte besonders während der kreativen Schaffensphase häufiger ändern. Leistungsfähige Textverarbeitungs- und auch manche Layoutprogramme bieten hier die Möglichkeit, solche Änderungen der Querverweise automatisch zu aktualisieren, ohne daß diese neu eingegeben werden müssen. Da es keine einheitliche Handhabung gibt, sind hierbei entsprechende Konventionen der Programme zu beachten.

Eine weitere, wichtige und nützliche Funktion ist ein automatisches Aktualisieren von Beschriftungen, z. B. an Tabellen, Grafiken oder markiertem Text (z. B. „Abbildung 1: Workflow in Computer Publishing"). Textverarbeitungsprogramme die Funktionen für Querverweise unterstützen, lassen es meist auch zu, daß diese Funktion zum Aktualisieren von Beschriftungen benutzt werden. In solchen Fällen ist ein Löschen, Verschieben oder Hinzufügen von einem neuen Eintrag ziemlich problemlos, da die Zahlen in der Beschriftung automatisch aktualisiert werden.

Für den Bearbeiter, der tief in der kreativen Schaffensphase steckt, ist es oft sehr wichtig, daß bei großen Dokumenten ein Erstellen von **Index, Inhaltsverzeichnis** oder ein Verzeichnis für Dokumentelemente wie z. B. Diagrammen, Zeichnungen, Abbildungen oder Tabellen unterstützt wird. Von Hand ausgeführt ist dies eine langwierige und mühselige Arbeit, die, wenn nachträgliche Änderungen notwendig werden, häufig zu einer Quelle ärgerlicher Fehler in einem Dokument wird. Im allgemeinen erfolgt das programmunterstützte Erstellen von Indexen und Verzeichnissen in mehreren Arbeitsschritten und mittels eigener Menüpunkte (Abb. 2-27). Die gewünschten Einträge müssen markiert oder eingegeben sein. Des weiteren ist ein Darstellungsformat auszuwählen (z. B. für Gliederungs- oder Schachtelungstiefe). Abschließend

Abb. 2-27: Auswahlfenster Index erstellen

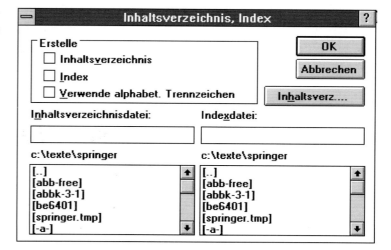

ist dann das Generieren vom Index oder Verzeichnis selbst noch auszulösen.

Wenn in einem umfangreichen Dokument ein **Index, ein Inhaltsverzeichnis** oder ähnliche andere Verzeichnisse einzufügen sind, so zeigen praktische Erfahrungen, daß man diese als abschließenden und **letzten Arbeitsschritt** der kreativen Schaffensphase durchführt. Dadurch stellt man sicher, daß die Verzeichnisse tatsächlich dem letzten Stand entsprechen und nicht auf dem Stand von veralteten Zwischenversionen des Dokumententextes geblieben sind.

In verschiedenen Textverarbeitungsprogrammen gibt es hilfreiche Funktionen, welche Buch-, Verleger- oder Zentraldokumentfunktionen genannt werden. Durch solche Funktionen kann ein Verwalten von umfangreichen Dokumenten wesentlich erleichtert werden, da die Hauptarbeit bei der einheitlichen Gestaltung von einem Gesamtdokumenten durch automatisierte Abläufe übernommen wird. Hierdurch muß man beim Erstellen von umfangreichen Dokumenten die Dateien nicht durch Kopier- oder Importfunktionen einzeln zusammenführen oder einfügen. Ein solches Buch- oder Zentraldokument ist auf verschiedene Unterdokumente verteilt. Dadurch ist es dann möglich, entweder das gesamte **Zentraldokument** oder gegebenenfalls auch nur ein einzelnes Unterdokument zu bearbeiten. Erleichtert wird u. a. auch, die korrekten Dateinamen zu verwenden oder deren richtigen Ablageorte aufzufinden. Dies wird besonders wichtig, wenn z. B. ein Benutzer ein Zentraldokument sowie dessen Unterdokumente erstellt und diese dann auf einen Server oder Zentralrechner ablegt, damit andere Benutzer dieses Dokument weiterbearbeiten können. Diese Benutzer müssen dann nur wissen, wie das Zentraldokument heißt oder wo es gespeichert ist, und schon kann an einem beliebigen Unterdokument gearbeitet werden, indem das Zentraldokument geöffnet und das jeweils erforderliche Unterdokument ausgewählt wird. Grundsätzlich wird in den Buch- oder Zentraldokumentfunktionen ein Gliederungsmodus angeboten, der für das gesamte Dokument wirksam ist. Dies ermöglicht, daß ein Editieren, Ergänzen, Erweitern oder Modifizieren eine konsistente Auswirkung auf alle Unterdokumente hat. Natürlich werden auch Text- und Layoutmodi angeboten.

Vorteile ergeben sich durch die Zentraldokumentfunktionen vor allem wenn:

– eine bestimmte Stelle schnell erreicht werden soll,

– die Dokumentstruktur häufiger umgestalten werden muß,

– letzte Änderungen an einem Dokument eingesehen werden sollen, ohne dazu mehrere Einzeldokumente öffnen zu müssen,

– Querverweise zwischen verschiedenen Unterdokumenten erstellt werden müssen,

– Indexe, Inhaltsverzeichnisse und ähnliche Listen für umfangreiche Dokumente erstellt werden sollen,

– ein Gesamtdokument gedruckt werden soll, ohne dazu mehrere Dokumente einzeln öffnen zu müssen.

Bei einem späteren Export für eine Nachbearbeitung in anderen Programmen muß man jedoch schon vorher abklären, ob die geeigneten Datenformate vorhanden sind. Es ist nichts unangenehmer, als wenn ein wunderbar strukturiertes Publishing-Dokument erstellt wurde, was dann aber nicht in andere Programme oder auf andere Systeme zur weiteren Bearbeitung übernommen werden kann.

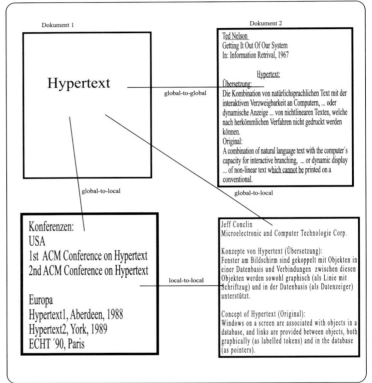

Abb. 2-28: Hypertext und Linkverbindungen sind die Basis von HTML (s. Kap. 3.5.7 Metasprachen-orientierte Datenformate)

Immer häufiger erscheinen leistungsstarke Textverarbeitungsprogramme mit sogenannten Hypertexteigenschaften. **Hypertext** in Textverarbeitungsprogrammen ist die Möglichkeit der Verknüpfung von unterschiedlichen Texten und Dokumenten über Verknüpfungspunkte (Abb. 2-28). Bei einem Aktivieren des Verknüpfungspunktes wird das verbundene Dokument oder eine Textstelle in einem eigenen Fenster geöffnet und ist entsprechend zugänglich.

Eine **Hypertextfunktion** kann auch für Anmerkungen nützlich sein, wenn mehrere Bearbeiter an einem Publishing-Dokument tätig sind und dabei miteinander Anmerkungen sowie Korrekturen bei einer redaktionellen Überarbeitung austauschen müssen. Im allgemeinen werden Anmerkungen in Publishing-Dokumenten genutzt, wenn bei der redaktionellen Überarbeitung eines Dokuments am Text selbst keine direkten Änderungen vorgenommen werden sollen, sondern lediglich der jeweilige Bearbeiter, Lektor oder Leser eigene Gedanken in Form von Kommentaren hinzufügt. Diese Anmerkungen kann der Autor zumeist in einem separaten Anmerkungsausschnitt oder Fenster wiederfinden und gegebenenfalls für eine Modifikation des Dokumenttextes nutzen. Das eigentliche Dokument zeigt dann nicht ausdruckende Anmerkungszeichen, welche die Verbindung zum sogenannten verborgenen Text herstellen. Dies kann aus speziellen Kennzeichnungen des Erstellers bestehen, die sinnvollerweise fortlaufend numeriert werden, falls vom gleichen Bearbeiter mehrfache Anmerkungen existieren.

Verschiedene Anwendungsprogramme bieten auch sogenannte **Korrekturmarken** an. Diese unterscheiden sich von Anmerkungen dadurch, daß diese Änderungen direkt am Dokument vorgenommen werden und diese Änderungen sofort sichtbar sein sollen. Es besteht meist auch die Möglichkeit, die Änderungen erst später zu übernehmen oder auch rückgängig zu machen. Wobei sich die Änderungen jederzeit zusätzlich nach Bearbeiter, Datum und Uhrzeit auswählen und überprüfen lassen.

Ergänzend zum Abschnitt 2.3 empfehlen sich eine Vielzahl programmspezifischer Büchern, und der Leser kann hier für fast jedes Textverarbeitungs- und Layoutprogramm geeignete aktuelle Quellen im Buchhandel erfragen. Für korrekte Schreibweisen und Rechtschreibungen sei auf den Duden in 10 Bänden verwiesen [2.16].

2.4 Was ist wichtig bei Schrift und Typographie?

Bisher wurden nur einige allgemein wichtige Aspekte zum Arbeiten mit Text und bei umfangreichen Dokumenten vorgestellt. Doch sobald man als Autor, Sachbearbeiter etc. die ersten Textdateien für ein Publishing-Dokument erstellt hat, ergibt sich schnell die

Fuß (heute bedeutungslos, gelegentlich mit der Kegelgröße gleichgesetzt)

Anguß oder Fußrille (heute bedeutungslos)

Dickte (heute Schriftbreite)

Schulterhöhe (heute bedeutungslos)

Kegelgröße oder -stärke (heute als Schriftgröße, Schriftgrad verwendet)

Signatur (heute bedeutungslos)

Punzenweite oder Punzen (seltener gebraucht)

Schriftlinie (heute auch als Schriftgrundlinie bekannt)

Schriftbild (heute noch genauso bekannt)

Kopf (heute bedeutungslos)

Fleisch (heute weniger üblich)

Notwendigkeit, sich auch mit der Gestalt von Schrift (Schrift hier im Sinne von Buchstaben und Worten) zu befassen. Das Gestalten bzw. die Gestalt von Schrift ist die **Schriftsetzerkunst** (griechisch **Typographie**). Kenntnisse darüber sind in allen Arbeitsbereichen des Computer Publishing sehr wichtig und in ihrer Bedeutung nicht zu unterschätzen. Sie sind wichtig, da durch Anwenden schon grundlegender typographischer Regeln das Ziel eines Publishing-Dokumentes – die Wissensvermittlung und die Informationsverbreitung – z. B. durch Übersichtlichkeit und gute Lesbarkeit er-

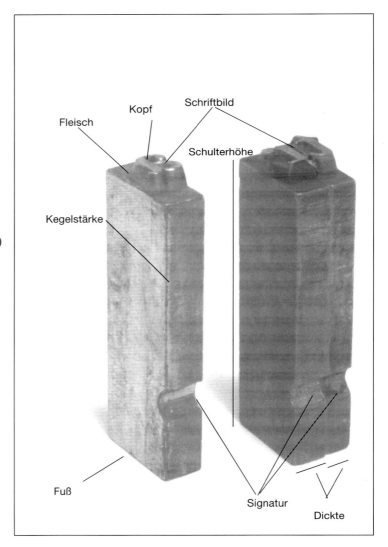

Abb. 2-29: Bleilettern aus dem Buchdruck

reicht wird. Es muß hierbei auch deutlich gemacht werden, daß gute Typographie eine Kunst ist. Der Einsatz von Schrift ist nicht nur Ausdruck von individuellem Geschmack, sondern beinhaltet auch ein hohes Maß an handwerklicher Kunstfertigkeit. Dementsprechend sollen die Ausführungen dieses Abschnittes zum einen in die herkömmliche und heute übliche Terminologie einführen und des weiteren auch Anregungen geben zu individueller Kreativität und Stilentwicklung. Aus diesem Grund ist in diesem Abschnitt ganz bewußt der Schwerpunkt auf den Buchstaben und das Schriftzeichen als Grundelement der Schrift gelegt worden. Erst danach folgt das Wort als kleinste Einheit einer Zeile. Die anderen übergeordneten Ordnungselemente einer Seite wie Spalten und Absätze, Überschriften, Umrahmungen, Satzspiegel usw. sollen erst im Abschnitt 2.10 „Was ist wichtig bei Seitengestaltung ...“ vorgestellt werden.

Schriftzeichen umfassen nicht nur Buchstaben, sondern alle Zeichen, die gedruckt werden können. Sie wurden früher als **Lettern** (lat. littera für Buchstabe) oder **Typen** (griechisch für Buchstabe) bezeichnet.

Die in Metall gegossenen Druckbuchstaben (Abb. 2-29) gehören in der Zeit des Computer Publishing der Vergangenheit an. Viele Begriffe aus dieser Zeit des Buchdruckes haben ihre Bedeutung im Computer Publishing verloren, doch manche Begriffe haben die Zeit der Veränderungen überlebt.

2.4.1 Grundbegriffe und Schriftmaße

Die **Schriftgrundlinie** ist eine gedachte Linie, auf welcher die meisten Buchstaben des großen Alphabetes (Versalien oder Majuskeln genannt) und des kleinen Alphabetes (Gemeine oder Minuskeln genannt) stehen (Abb. 2-30). Die Mittellänge, auch als x-Höhe bezeichnet, ist die Höhe der Kleinbuchstaben ohne Ober- und Unterlängen. (Abb. 2-30). Neben dem „x“ gehören hierzu die Buchstaben „a,c,e,m,n,o,r,s,u,v,w,x und z. Die **Oberlänge** ist der Teil der Kleinbuchstaben b, d, f, h, l und t, welcher über die Höhe des Kleinbuchstabens „x“ hinausgeht (Abb. 2-30). Die **Unterlänge** ist jener Teil der Buchstaben g, j, p, q, y und manchmal auch des J, der bis unter die Schriftgrundlinie reicht (in Abb. 2-30 am „g“ ge-

Abb. 2-30: Grundbegriffe der Schriftzeichen

zeigt). Die **Versalhöhe** ist die Höhe der Großbuchstaben und wird von der Schriftgrundlinie aus gemessen. Es ist hierbei zu beachten, daß die Versalhöhe durchaus von der Oberlinie abweichen kann (Abb. 2-30 wie „b", „t"und „f" zeigen). Die Kegelgröße wird heute im Computer Publishing meist **Schriftgröße** genannt und bestimmt sich aus dem größeren Wert von Oberlänge oder Versalhöhe plus der Unterlänge sowie dem Hinzurechnen eines minimalen Zuschlags (auch Fleisch genannt). Die Kegelgröße war bei den Lettern des Buchdrucks die maximale Höhe der Schriftzeile. Der Zuschlag oberhalb und unterhalb eine Schriftzeichens (also das Fleisch von zwei aufeinanderstoßenden Zeilen) zusammen ergibt den minimalen Zeilenabstand (Durchschuß).

In Anwendungsprogrammen sind Schriftgrößen beliebig wählbar (Abb. 2-31) und können auch bei einem einzelnen Zeichen frei variiert werden. Dabei können die Zeilenabstände durch automatische Einstellungen festgelegt werden. Der Benutzer kann jedoch auch eigene Zeilenabstände für aufeinander folgende Textzeilen, für Absätze oder ganze Seiten bestimmen. Anwendungsprogramme bieten zusätzlich eine Wahlmöglichkeit zwischen absolutem und relativem **Zeilenabstand** an. Beim absoluten Zeilenabstand werden meist feste Berechnungsgrundlagen angewendet;

Abb. 2-31: Schriftfestlegungen in Layoutprogrammen

Schriftfestlegung		OK
Schriftart: Helv		**A**bbrechen
Schriftgrad: 24 Point		
Zeilenabstand: Autom. Point		**O**ptionen...
Breite: Normal Prozent		
Zei**c**henlage: Normal	Bu**c**hstabenart: Normal	
Lauf**w**eite: Normal	Fa**r**be: Schwarz	
Schriftschnitt: ☒ **N**ormal ☐ **K**ursiv ☐ **N**egativ ☐ **F**ett ☐ **U**nterstrichen ☐ **D**urchgestrichen		

Vorbreite

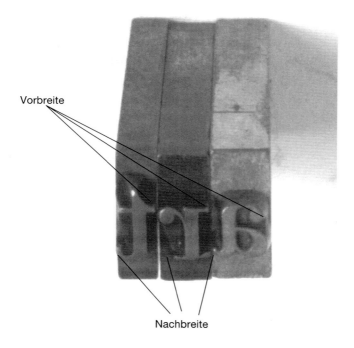

Nachbreite

Abb. 2-32: Bleisatz-lettern mit unterschied-licher Dickte (Typen-breite)

beispielsweise werden zwei Drittel der Schriftgröße oberhalb und ein Drittel unterhalb der Schriftgrundlinie gelegt. Bei relativem Zeilenabstand wird eine Berechnung auf der Basis des größten Schriftzeichens oder jenes Zeichens mit der größten Oberlänge verwendet. Zusätzlich gibt es bei Anwendungsprogrammen auch noch die Möglichkeit, den Zeilenabstand mit Vorgabe von Punkt-größen bzw. Points direkt oder mittels Prozenteingaben in Relation zur Schriftgröße (z. B. 120% des Schriftgrades) festzulegen.

Unter **Dickte** versteht man die Standardbreite eines Schrift-zeichens (Abb. 2-32). Der freie Abstand vor einem Schriftzeichen wird Vorbreite und der freie Abstand nach einem Schriftzeichen wird Nachbreite genannt. Bei normalen Schriftarten weisen alle Schriftzeichen eine unterschiedliche Breite auf. Schriftarten, bei denen alle Schriftzeichen die gleiche Breite aufweisen, werden als dicktengleiche Schriften bezeichnet (z. B. die Schreibmaschinen-schrift Courier). In Publishing-Programmen ist es allgemein mög-lich, die Buchstabenbreite wie auch die Buchstabenabstände mit Punkt- bzw. Point-Angaben oder mit Prozentwerten individuell festzulegen. In manchen Anwendungsprogrammen bestehen viel-fältige Einstelloptionen; hierdurch können Buchstabenabstände

Abb. 2-33: Serifen,
Punzen und Haarlinien
im Computer
Publishing

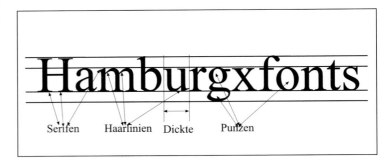

Serifen   Haarlinien   Dickte   Punzen

Abb. 2-34: Serifen,
Punzen und Haarlinien
in Bleilettern

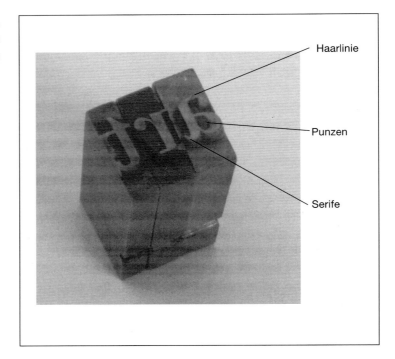

Haarlinie

Punzen

Serife

(auch **Laufweiten** genannt) u. a. für einzelne Buchstabenpaare (Ligaturen), für große Textbereiche und bestimmte Schriftgrößen vorgenommen werden.

Weitere heute noch gebräuchliche Fachausdrücke sind Haarlinie, Serife und Punzen. Eine **Haarlinie** ist ein dünner Strich, wie er an Serifenschriften zu finden ist. Eine **Serife**, auch Endstrich genannt, ist eine Linie, die den Hauptstrich eines Buchstaben abschließt. Die Ausführung variiert beliebig (Abb. 2-33 und Abb. 2-34). **Punzen** sind jene Flächen eines Buchstabens, die von dem Buchstabenverlauf vollständig oder teilweise umschlossen werden.

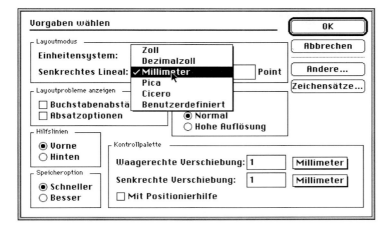

Abb. 2-35: Einstellung
von Schriftgrößen

(Abb. 2-33 und Abb. 2-34) Diese haben normalerweise die gleiche Farbe wie das Papier bzw. die übrige Umgebung des Buchstabens.

Beim Computer Publishing können heute alle Maßangaben von Schriften in typographischen Maßeinheiten (wie **Pica**, Punkten etc.), in anglo-amerikanischen Maßangaben (wie **Points** etc.) oder auch in Millimetern vorkommen (Abb. 2-35).

Bei der Benutzung von Maßangaben für Schriftgrößen ist im Computer Publishing allgemein und beim Austausch von Daten (mit eingebundenen Schriftauszeichnungen) zwischen Anwendungsprogrammen im besonderen große Sorgfalt und einige Vorsicht zu wahren. Unliebsame Überraschungen können besonders dann entstehen, wenn unterschiedliche oder gar veraltete Maßeinheiten in Programmen verwendet werden. Ein Austausch zwischen Computern oder Anwendungsprogrammen kann manchmal die geleistete Arbeit zunichte machen.

Probleme verursachen zum einen alte Maßeinheiten wie der alte **Didot-Punkt**, welcher früher auf 0.376 mm festgelegt war (heute 0.375 mm). Demzufolge entsprach das alte Cicero (12 * 0.376 =) 4.512 mm, heute hingegen mißt es 4.5 mm. Weitere Probleme entstehen zum anderen durch anglo-amerikanische Maßeinheiten wie z. B.:

1 anglo-amerikanische Pica = 12 Points .... = 4,217 mm
1 Point.. = 0,351 mm

65

Gebräuchlich waren im Buchdruck und Fotosatz die typographischen Maßeinheiten (DIN 16507):		Im Computer Publishing heute übliche Maßeinheiten:	
		1 Zoll	= 6 Pica
1 Konkordanz	= 4 Cicero	1 Zoll	= 72 Punkt
1 Cicero	=12 Didot-Punkte	1 Pica	=12 Punkt
1 Korpus	=10 Didot-Punkte		
1 Borgis	= 9 Didot-Punkte	1 Pica	= 4,217 mm
1 Petit	= 8 Didot-Punkte	1 Cicero	= 4,512 mm(alt)
1 Kolonel	= 7 Didot-Punkte	1 Cicero	= 4,5mm(neu)
1 Nonpareille	= 6 Didot-Punkte	1 Didot-Punkt	= 0,375 mm
1 Perl	= 5 Didot-Punkte	1 Punkt	= 0.353 mm
1 Diamant	= 4 Didot-Punkte	1 Point	= 0,351 mm

2.4.2 Von Schriftschnitt und Schriftfamilien

Nachdem nun die wichtigsten Charakteristika für das **Schriftbild** einzelner **Schriftzeichen** vorgestellt wurden, soll noch auf verschiedene Schriftarten näher eingegangen werden. Eine Schriftart wird charakterisiert durch den Schriftschnitt und der Zugehörigkeit zu einer Schriftfamilie. In früherer Zeit waren auch noch die verfügbaren Schriftgrößen (man sprach dann von der **Schriftgarnitur**) sehr wesentlich. Heute können in Anwendungsprogrammen fast beliebige Schriftgrößen erzeugt werden, wodurch der Begriff der Schriftgarnitur nicht mehr wichtig erscheint. Da jedoch eine Schrift, die auf dem Bildschirm ausreichend gut abgebildet wird, nicht immer an einem Ausgabegerät verfügbar sein muß oder nicht die gewünschte Qualität aufweisen muß, sollte man dieser Thematik spätestens bei den Vorbereitungen zum Druck (s. Kapitel 7) große Aufmerksamkeit widmen.

Schriftschnitte wurden nach der **Breite** des Schriftbildes (z. B. enge, schmale, normale, breite und extrabreite Schriftschnitte) oder nach der **Stärke** des Schriftbildes (z. B. normal, halbfett und fette Schriftschnitte) eingeteilt. Bei den Schriften in Anwendungsprogrammen findet sich die Breite des Schriftbildes wieder in Bezeichnungen wie z. B. Condensed (eng), Narrow (schmal). Die Stärke des Schriftbildes zeigt sich in Bezeichnungen wie z. B. Bold (fett), Extrabold (extrafett), Light (licht oder konturiert).

Sämtliche von einer Schrift herausgegebenen Schriftschnitte bilden die **Schriftfamilie**. Üblicherweise wird die Schrift mit Namen (z. B. Helvetica) bezeichnet und ebenso der Schnitt (z. B. Helvetica, Helvetica Narrow, Helvetica Bold). Abbildung 2-36 zeigt ein Beispiel von installierten Schriften in einem Anwendungsprogramm.

Abb. 2-36: Auszug aus der Helvetica-Schriftfamilie an einem Mac

In Anwendungsprogrammen wird üblicherweise eine Standardschrift vorgegeben und diese sollte bei einem neu zu erstellenden Dokument gleich am Anfang richtig eingestellt sein. Soll diese vorgegebene Schriftart später für einzelne Bereiche oder ein gesamtes Dokument geändert werden, so ist dies durch Markieren des Bereiches und anschließende Anwahl der gewünschten Schriftart über entsprechende Programmfunktionen möglich. Hierbei ist jedoch zu berücksichtigen, daß nur korrekt installierte und lizensierte Schriften einwandfreie Ausgabeergebnisse sicherstellen können. Bei notwendigem Datenaustausch gilt dies für jeden an diesem Austausch beteiligten Computerarbeitsplatz.

Bei einem Austausch zwischen verschiedenen Systemwelten (z. B. DOS, Windows, Mac, UNIX) ist es ganz wichtig, daß man möglicht nur Adobe Typ-2-Schriften einsetzt, wenn Dokumente mit Textauszeichnungen und Schriften weitergegeben werden sollen. Die Adobe Typ-2-Schriften sind in nahezu allen Systemwelten mit identischen Namen und mit gleichem Aufbau und Laufweiten verfügbar. Werden andere Schriften wie z. B. Schriften mit Städtenamen (Chicago, New York, Geneva etc.) verwendet, so ist zu beachten, daß diese Schriften zum einen in anderen Systemwelten in gleicher Form eventuell nicht zur Verfügung stehen und dort ersetzt werden müssen. Zum anderen handelt es sich bei diesen Schriften meist um bildschirmoptimierte Schriften (Auflösung ca. 75 bis 100 dpi), deren Druckergebnisse an hochqualitativen Ausgabegeräten (Belichterauflösung 2400 bis 3600 dpi) entsprechend schlechter ausfallen. Bei den häufig verwendeten TrueType-Schriften (Helvetica, Times, Arial etc.) ist ebenfalls große Vorsicht

DPI (Dots Per Inch) ist eine anglo-amerikanische Maßangabe für Punkte pro 2,54 cm.

67

angebracht, da diese Schriften schon bei Betriebssystem-Updates ihre Laufweiten geringfügig ändern können. Laufweitenänderungen haben einen deutlichen Einfluß auf das Layout eines Dokumentes und können dadurch zu einem komplett neuen Umbruch führen.

Man kann die **Schriftfamilien** entsprechend ihrer historischen Entwicklung oder nach DIN 16518 klassifizieren [2.1]. Im Computer Publishing ist die historische Klassifikation eher weniger wichtig, weswegen an dieser Stelle die Einsatzbereiche der Schriftarten sich an den Schriftklassen der DIN 16518 ausrichten.

2.4.3 Serifen-Schriften

Die Serifen-Schriften bestehen aus fünf Schriftgruppen, der venezianischen und französischen Renaissance-Antiqua, der Barock-Antiqua, der Klassizistischen Antiqua und der Serifenbetonten Linear-Antiqua.

Die **venezianische Renaissance-Antiqua** ist eine Serifen-Schrift, welche zurück geht auf die Breitfeder-Schrift des 15. Jahrhunderts. Die venezianische Renaissance-Antiqua ist gekennzeichnet durch geringe Unterschiede in der Strichstärke und durch einen ausgeglichenen Übergang der Serifen in die Grundstriche. Der Querstrich des Kleinbuchstabens „e" liegt schräg. In der Ausdruckskraft wurde diese Schrift als zeitlos, edel, monumental und gemessen eingestuft [2.2]. Der Einsatz der Renaissance-Antiqua ist besonders durch die zeitlose, würdige und in sich ruhende Abgeklärtheit noch heute in den vielfältigsten Druckprodukten wiederzufinden, u. a. in Sach- und Fachbüchern, Zeitschriften, Broschüren, Geschäftsberichten, klassischer Literatur und Romanen. Vertreter dieser Schrift sind im Computer Publishing seltener anzutreffen.

Die **französische Renaissance-Antiqua** gleicht in Eigenschaften und Herkunft der venezianischen Renaissance-Antiqua, weist gegenüber dieser jedoch deutliche Unterschiede in der Strichdicke bei den Buchstaben auf. Der Querstrich des Kleinbuchstabens „e" liegt waagerecht. In der Ausdruckskraft wurde diese Schrift im wesentlichen als zeitlos und edel eingestuft [2.2]. Typische Vertreter sind u. a.

Bookman Light (10pt)

Bookman Light (18pt)

Bookman Light (24pt)

Times (10pt)

Times (18pt)

Times (24pt)

Die Grund- oder Brotschrift in dem vorliegenden Buch, d. h. die Schrift für den textlichen Inhalt, ist die Times in 10 pt.

Die **Barock-Antiqua** ist eine Schrift, deren Ausprägung unter dem Einfluß des Kupferstiches steht, d. h., es gibt deutliche Unterschiede in den Strichstärken der Buchstaben und die Serifen sind wenig ausgerundet. In der Ausdruckskraft wird diese Schriftgruppe als erhaben, herb und klar angesehen [2.2]. Eingesetzt wird diese Schriftgruppe heute noch für Zeitungen, Zeitschriften, Taschenbücher und die Bibel.

Ein typischer Vertreter ist u. a.

Garamond Light Narrow (10pt)

Garamond Light Narrow (18pt)

Garamond Light Narrow (24pt)

Die **Klassizistische Antiqua** ist mit den Kupferstecher-Schriften verwandt und weist entsprechend waagerechte Serifen auf. Die Grund- und Haarstriche unterscheiden sich in deutlichster Form. In der Ausdruckskraft wurde diese Schrift als aristokratisch, elegant und feingeistig eingestuft [2.2], heute sieht man die Schriftgruppe eher als klar, edel und spannungsbetont an. So findet man diese Schrift u. a. in Katalogen, Urkunden, Sachbüchern und Magazinen wieder.

Ein typischer Vertreter ist u. a.

Lucida Bright (10pt)

Lucida Bright (18pt)

Lucida Bright (24pt)

Bei der **serifenbetonten Linear-Antiqua** sind Haar- und Grundstriche sowie die Serifen in einheitlicher Strichstärke. Dieses optisch einheitliche Erscheinungsbild ist mit dem Begriff „linear" namensgebend geworden. In der Ausdruckskraft wird diese Schrift als ornamental, dekorativ oder auch als kraftvoll-geschmeidig beurteilt [2.2]. Einsatzbereiche dieser Schriften finden sich allgemein im technischen Bereich und speziell bei technischen Dokumentationen wie Gebrauchsanweisungen, Handbüchern und Verpackungen.

Ein typischer Vertreter ist u. a.

Lubalin Graph Book (18pt)

Lubalin Graph Book (18pt)

Lubalin Graph Book (24pt)

2.4.4 Serifenlose Schriften

Zu den serifenlosen Schriften (auch Grotesk-Schriften genannt) gehören die serifenlose Linear-Antiqua und als zweite Gruppe alle Antiqua-Varianten, welche keine der bisher genannten Gruppen zugeordnet werden können.

Bekannte Grotesk-Schriften im Blei und Fotosatz waren:
Akzidenz-Grotesk, Frutiger, Folio, Helvetica, Univers und Optima.

Die **serifenlose Linear-Antiqua** und die Antiqua-Varianten sind auch unter dem Begriff Sans-Serif-Schriften bekannt geworden. Das Wort „sans" kommt aus dem Französischen und bedeutet „ohne". Schriften vom Typ Sans Serif reichen zurück bis in das antike Griechenland. Dort wurden Inschriften in griechischen Großbuchstaben mit geometrischer Gestalt und ohne Serifen vorgenommen. Die Wiederbelebung dieser Schrift begann Anfang des 19. Jahrhundert zur Zeit der industriellen Revolution. In dieser Zeit wurde die Ausdruckkraft der Schrift in der Betonung von klaren Linien und einheitlicher Einfachheit gesehen. Die neutral und nüchtern wirkende Form des Buchstabenbildes ermöglicht einen fast unbegrenzten Einsatz als Textschrift u. a. in Formblättern, Kalendern, Statistiken, Werbeblättern und Forschungsberichten.

Im Computer Publishing werden eine Vielzahl von serifenlosen Antiqua-Schriften angeboten und eingesetzt. Typische Vertreter sind hiebei u. a.

Im vorliegenden Buch ist eine serifenlose Schrift aus der Schriftfamilie der Helvetica für Überschriften, Randtext, Bildtitel etc. verwendet worden.

Helvetica Regular (10pt)

Helvetica Regular (18pt)

Helvetica Regular (24pt)

Helvetica Black (10pt)

Helvetica Black (18pt)

Helvetica Black (24pt)

Geneva (10pt)

Geneva (18pt)

Geneva (24pt)

Frutiger Bold (10pt)

Frutiger Bold (18pt)

Frutiger Bold (24pt)

Avant Garde Book (18pt)

Avant Garde Book (18pt)

Avant Garde Book (24pt)

Monaco (10pt)

Monaco (18pt)

Monaco (24pt)

2.4.5 Handschreibschriften

Handschreibschriften stellen die 8. und 9. Gruppe der DIN 16518 mit der Schreibschrift und der handschriftlichen Antiqua dar.

Die **Schreibschrift** beinhaltet alle Schriften, deren Ursprung in den „lateinischen" Schul-, Kanzlei- und Künstlerschriften zu finden ist. Diese an der Handschrift orientierten Schriftformen können je nach verwendetem Schreibwerkzeug (Breitfeder, Spitzfeder, Rundfeder oder Pinsel) einen sehr individuellen Eindruck erwecken. In der Zeit des Bleisatzes verursachten diese Schriften durch ihren buchstabenverbindenden Schreibfluß enorme Schwierigkeiten, besonders wegen der Vor- und Nachbreiten der Zeichen. Mit Aufkommen von Fotosatz hatten diese Schwierigkeiten ein Ende. Die Ausdruckskraft der Schrift wird als graziös, elegant oder weltmännisch beschrieben [2.2]. Wegen des eleganten Eindruckes erfreuen sich diese Schriften einer großen Beliebheit bei Drucksachen aus dem privaten Anwendungsbereich (z. B. Briefköpfe und Einladungen). Ein typischer Vertreter dieser Schrift ist

die englische Schreibschrift Swing Bold (10pt)

die englische Schreibschrift Swing Bold (18pt)

Schreibschrift Swing Bold (24pt)

Der Gruppe der **handschriftlichen Antiqua** werden alle Antiqua-Schriften zugeordnet, die einen handschriftlichen Charakter haben. Die Ausdruckskraft dieser Schriften wird als phantasievoll, munter, originell oder lebendig bezeichnet [2.2]. Ein Vertreter ist hier

Zapf Chancery (10pt)

Zapf Chancery (18pt)

Zapf Chancery (24pt)

2.4.6 Gebrochene Schriften

Zur Gruppe der gebrochenen Schriften gehören die Schriften Gotisch, Rundgotisch, Schwabacher und Fraktur. Allen Schriftvarianten gemeinsam ist deren Ursprung in der Frühzeit der geschnittenen Schriften des 15. Jahrhunderts, welche sich an den gotischen Manuskriptschriften orientierten. Die Ausdruckkraft der Schriften reicht in deren Beurteilung von holzschnittmäßig, derb, bäuerlich (Schwabacher) über schmückend (Fraktur) bis feierlich, sakral (Gotisch). Diese Schriften sind häufig schwierig zu lesen und eignen sich deswegen nur als Schlagzeilenschriften, für Urkunden etc. Ein typischer Vertreter ist u. a.

𝔒𝔩𝔡 𝔈𝔫𝔤𝔩𝔦𝔰𝔥 𝔗𝔢𝔵𝔱 (10pt)

𝔒𝔩𝔡 𝔈𝔫𝔤𝔩𝔦𝔰𝔥 𝔗𝔢𝔵𝔱 (18pt)

𝔒𝔩𝔡 𝔈𝔫𝔤𝔩𝔦𝔰𝔥 𝔗𝔢𝔵𝔱 (24pt)

2.4.7 Fremde und Symbol-Schriften

Bei den fremden Schriften in der letzten Gruppe der DIN 16518 handelt es sich um alle Schriften, die nicht römischen Ursprungs sind. Typische Vertreter dieser Schriften sind die vielfältigen Symbolschriften.

MT Extra:

Zapf Dingbats:

ZEAL:

SYMBOL:

ασαδφδγηφκλου

Eine Schriftgruppe, welche in der DIN 16518 nicht gesondert erscheint, bilden die industriellen Schriften, Es handelt sich hierbei um dicktengleiche Maschinenschriften (z. B. Schreibmaschinenschrift) und eher futuristische Computerschriften. Schriftarten, bei denen alle Schriftzeichen die gleiche Breite aufweisen, werden als **dicktengleiche Schriften** bezeichnet. Ein typischer Vertreter dieser Schriften ist u. a.

Courier (10pt)

Courier (18pt)

Courier (24pt)

Gebräuchliche englischsprachige Schriftnamen und deren deutschsprachiges Synonym:

light	–	mager
medium	–	halbfett
bold	–	fett
italic	–	kursiv
condensed	–	schmal
extended	–	breit

Der Begriff **Schriftschnitt** stammt noch aus der Zeit als das Schriftbild manuell geschnitten werden mußte. Auch im Computer Publishing ist der Begriff des Schriftschnittes gebräuchlich und stellt die Variationsmöglichkeiten des Schriftbildes einer Schriftfamilie dar. Einen Ausschnitt der Schriftschnitte einer Schrift sind in Abb. 2-37 dargestellt. Welche Schriften und Schriftschnitte an einem Computer für ein Publishing-Dokument eingesetzt werden können, hängt zum einen davon ab, welche Schriften an dem Computer installiert wurden und zum anderen davon, welche Schriften das Ausgabegerät in welcher Form darstellen kann. Die Abbildung der Schriftschnitte ergab sich aus den in einem Auswahlfenster angebotenen, installierten und tatsächlich verfügbaren Schriftschnitten (Abb. 2-38). In verschiedenen Anwendungsprogrammen ist es nun auch möglich, einen Schriftschnitt innerhalb einer Schrift selbst einzustellen (Abb. 2-39). Welche **Probleme programmspezifische Auszeichnungen** aufwerfen können, demonstriert die Fett-Auszeichnung (Abb.2-40) z. B. bei Helvetica Black und Helvetica Compressed. Die Helvetica Black zeigte am Bildschirm nahezu die gleiche Darstellung bei normaler und fetter Auszeichnung. Diese bei normaler Bildschirmeinstellung nur geringen visuellen Unterschiede erschweren u. a. ein schnelles Auffinden solcher Auszeichnungen und Passagen bei Korrekturen. Bei

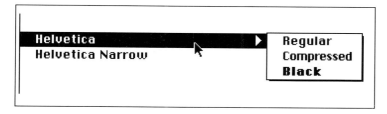

Abb. 2-37: Schriftarten im Auswahlfenster als Screenshot

Helvetica Regular 14 pt

Helvetica Regular 24pt

Helvetica Compressed 14 pt

Helvetica Compressed 24pt

Helvetica Black 14 pt

Helvetica Black 24pt

Abb. 2-38: Schriftfonts der Helvetica

Abb. 2-39: Fenster für die Einstellung vom Schriftschnitten

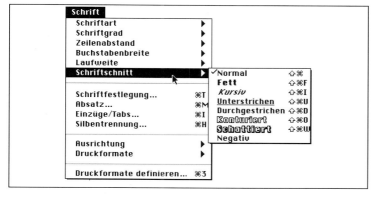

Helvetica Black 14 pt (normal)

Helvetica Black 24pt

Helvetica Black 14 pt (fett)

Helvetica Black 24pt

Helvetica Compressed 14 pt (normal)

Helvetica Compressed 24pt

Helvetica Compressed 14 pt (fett)

Helvetica Compressed 24pt

Abb. 2-40: Auszeichnung bei Schriften

der Helvetica Compressed war der Text am Bildschirm noch lesbar, während der Ausdruck in der Fett-Auszeichnung nur noch mit Mühe lesbar ist.

Es ist das Anliegen der Typographie, eine möglichst gute Lesbarkeit und damit eine optimale Lesefreundlichkeit für einen Text zu erreichen. Dies hat zur Folge, daß nicht nur Schriftart und Schriftschnitte von Bedeutung sind, sondern bei einer Schrift auch das Wort und die **Wortabstände** mit in die Betrachtung einbezogen werden müssen. Sind Wortabstände zu groß oder zu klein, so ist dies für die Lesbarkeit eher hinderlich. In einem Text mit fest vorbestimmter Zeilen- bzw. Spaltenbreite (wie in dieser Textspalte) ist es verhältnismäßig schwer, einen optimalen Wortabstand einzuhalten, da die Zeilenbreite nur durch ein Variieren der Wortzwischenräume eingehalten werden kann. Optimale Wortabstände können nur bei auslaufenden Zeilenenden (wie z. B. im Text in der Randspalte dieses Buches geschehen) eingehalten werden. Allgemein wird heute für Wortabstände die Regel propagiert, die für einen Wortabstand den Innenraumabstand des kleinen „n" der verwendeten Schrift verlangt.

Beim Wortabstand muß jedoch auch auf optische Gesichtspunkte geachtet werden, und diese verlangen bei Buchstaben wie „V", „W" und „T" nach einer **Unterschneidung** (auch **Kerning** genannt). Ein Unterschneiden bedeutet hierbei, daß das nachfolgende kleinere Zeichen (und dies gilt auch bei Wortabständen für das vorausgehende kleinere Zeichen) an das größere Zeichen herangerückt wird, so daß die entstandene Lücke geschlossen wird. Diese Abstandsverkürzung kann speziell für einzelne Buchstabenpaare (diese werden dann **Ligaturen** genannt) vorgenommen werden oder generell über die Laufweite einer Schrift erfolgen. In Abbildung 2-41 wird die Problematik einer generellen Unterschneidung mit unterschiedlichen Laufweiten sehr deutlich, da hier durch die gewünschte Verkürzung des Abstandes zwischen „n","w" und „e" die unerwünschte Verschmelzung von „r" und „n" zu einem „m" die Folge ist.

An diesem einfachen Beispiel wird deutlich, wie auch anscheinende Nebensächlichkeiten im Bild einer Schrift sehr wesentlich zu deren Lesefreundlichkeit beitragen.

Zum Abschnitt 2.4 wird auf verschiedene Werke von Luidl [2.17], [2.18], Baumann und Klein [2.19], Siemoneit [2.20], Gulbins

Fernweh
Fernweh
Fernweh
Fernweh
Fernweh

Abb. 2-41: „Fernweh" in 5 verschiedenen Zeichenabständen

und Kahrmann [2.21] sowie die reich illustrierten Bände von Novum Press und Novum Gebrauchsgrafik [2.22], [2.23] verwiesen. Wichtige DIN Normen sind hier u. a. für Schriften 16518 [2.24], Typographische Maß 16507 [2.25] und Typographische Begriffe 16507 Teil 2 [2.26].

2.5 Was ist wichtig bei Geschäftsgrafiken?

Arbeiten mit **Geschäftsgrafiken** bestehen meist aus zwei Arbeitsbereichen. Zuerst erfolgt ein Erfassen der Daten in Tabellenform sowie deren Bearbeitung und eventuelles Berechnen von weiteren Daten innerhalb des Kalkulationsblattes. Des weiteren erfolgt dann eine grafische Aufbereitung der Tabellendaten in Diagrammform.

Der erste Arbeitsschritt, das Erstellen der **Tabellenblätter** und die Eingabe von Daten, kann meist mit Hilfe von automatischer Formatierung und Formatvorlagen für unterschiedliche Tabellen in den Programmen erfolgen. Ob eine manuelle und eigen-

Abb. 2-42: Arbeitsfenster eines Kalkulationsprogramms

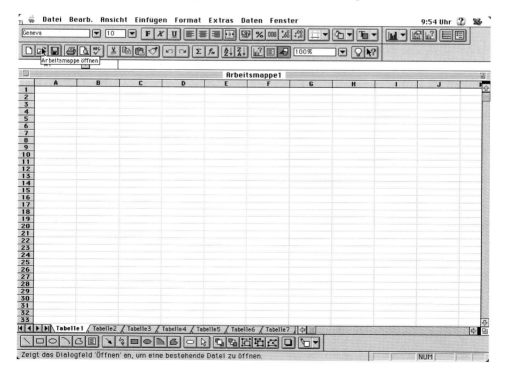

generierte Formatvorlage oder eine Standardformatvorlage genutzt wird, hängt von der jeweiligen Aufgabenstellung ab. Allgemein weisen die Kalkulationsprogramme ein Arbeitsfenster mit einer Menüleiste, Ikonleisten und der Tabellenfläche von meist mehreren hintereinanderliegende Blättern auf (Abb. 2-42). In dieser Arbeitsphase sind für das kreative Schaffen vor allem Tätigkeiten in Verbindung mit den Arbeitsblättern wichtig, wie z. B. das Festlegen von Bereichen und der Position der Daten, dem Stil der Daten sowie Umfang bzw. der Anzahl von Spalten und Zellen, der Spaltenformate und -breite, der Zellenformate etc. Des weiteren betreffen wichtige Einstellungen das Arbeitsfenster, wie z. B. Anzeige des aktuellen Arbeitsblattfensters und der Art sowie Position geöffneter Fenster. Weitere Aspekte beziehen sich auf die Datenerfassung, d. h. eine manuelle Datenerfassung über Tastatur, per Datenbankauswertung, durch meßtechnische und automatische Erfassung oder Bearbeitung von Daten aus verschiedenen Dateiquellen (durch Kopieren, Versetzen, Verknüpfungen und Import von Daten). Für all diese Punkte gelten kaum Einschränkungen, da es sich hier meist um kreative Vorarbeiten handelt.

Sind **Tabellen** in Textverarbeitungs- oder Layoutprogramme zu übernehmen, so gelten hier nahezu die gleichen Empfehlungen, wie sie schon für den Import von Text ausgeführt wurden. Gleiches gilt auch für Ausführung über Dateigenerierung, dem Organisieren der Dateien, der Verwaltung von Daten und dem Übertragen (Speichern und Laden) von Textdaten. Kompatibilität der Datenformate, der Datenträger und der Zeichensätze sind bei einem Austausch sicherzustellen. Im Falle unklarer Übertragungswege ist auch hier auf den ASCII-Zeichensatz, als den kleinsten gemeinsamen Nenner beim Datenaustausch zurückzugreifen. Konverterprogramme können genauso wie bei Texten den Inhalt von Tabellen übertragen helfen.

Tabellen bestehen allgemein aus einzelnen Teilen wie Überschrift, Kopf, Fuß und Tabellenlegende, die zumeist durch Linien optisch gegliedert sein sollten. Falls Tabellen nur einfarbig ausgegegeben werden sollen, so sind farbige Hinterlegungen zu vermeiden, da diese in Graustufen gewandelt werden und dies meist zu ungewünschten Effekten wie z. B. zu einer Rasterung führt. Wenn Tabellen in Layoutprogramme übernommen werden sollen, ist es ähnlich wie bei Textimporten meist arbeitseffizienter,

Schriftauszeichnungen, farbliche Hinterlegungen und farbliche Hervorhebungen (z. B. von Linien, Mustern etc.) in dem jeweiligen Layoutprogramm vorzunehmen. Probleme der Konvertierung von Schriften und Schriftzeichen können analog zu den Textimporten entstehen und behoben werden.

Sollen **Tabellen** in Publishing-Produkte integriert werden, so gelten hier für die **Schriftauszeichnung** die Regeln der Typographie für den Tabellensatz. Darüber hinaus ist zu beachten, daß Linien nur sparsam eingesetzt werden und nur zusammengehörende Bereiche zusammenfaßt werden. Für eine gute Lesbarkeit von Tabellen eignen sich besonders serifenlose Schriften, wobei Schriftgrad und Schriftart mit der im Text verwendeten Schrift harmonieren sollten. Der Schriftgrad innerhalb einer Tabelle kann einige Schriftgrade kleiner als die Textschrift sein, sollte jedoch eine Größe von 6 bis 8 Punkt nicht unterschreiten. Sind Tabellen vertikal auszurichten, so sollte die Schrift immer von unten nach oben verlaufen. Erfordert eine Tabelle ein Verteilen über mehrere Seiten, so muß der Tabellenkopf und die zugehörige Legende auf jeder Seite erscheinen. Die Ausrichtung von Tabellen sollte in einem Dokument grundsätzlich einheitlich sein (d. h. entweder linksbündig oder zentriert oder rechtsbündig).

Abb. 2-43: Beispiel für verfügbare Diagrammarten

Geschäftsgrafiken sind allgemein anschauliche Darstellungen einer Tabelle, weswegen das Erstellen von **Diagrammen** der zweite wichtige Arbeitsschritt bei der Benutzung von Kalkulationsprogrammen ist. Je nach Kalkulationsprogramm stehen vielfältige Diagrammarten zur Auswahl (Abb. 2-43). Ob nun Tortendiagramme (Abb. 2-44), Schichtdiagramme (Abb. 2-45), 3-dimensionale Balkendiagramme (Abb. 2-46) oder andere Diagrammformen geeignet sind, wird einzig von Inhalt und Art der Daten sowie von der Zielsetzung der Aussage bestimmt. Keinesfalls vergessen werden sollte hierbei, daß die Beschriftungen von X- und Y-Achsen sowie alle anderen Beschriftungen in lesbarer Größe erfolgen. Besonders wenn nach Import in Layoutprogramme eine Verkleinerung des

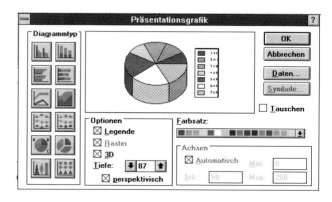

Abb. 2-44: Tortendiagramme

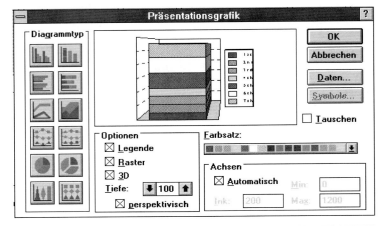

Abb. 2-45: Schichtdiagramme

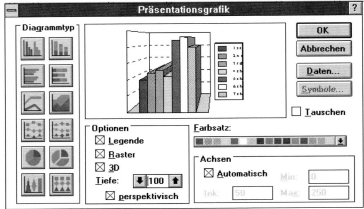

Abb. 2-46: 3-D Balkendiagramme

Diagramms erfolgen soll, ist schon bei der Erstellung des Diagramms die Auswirkung des Verkleinerungsfaktors auf Schriftgrößen und Linienstärken zu berücksichtigen.

Wichtig bei der Erstellung von Diagrammen ist weiterhin, daß deren Ausgabeform berücksichtigt wird, d. h. ob eine Dia-Präsentation, eine digitale Bildschirm-Präsentation oder ein Druck erfolgen soll. Bei einer Druckausgabe sind einheitlich gefärbte Hinterlegungen, welche in einem Dia oder am Bildschirm sehr gut zur Wirkung kommen, meist uneinheitlich im Farbton, weisen unerwünschte Strukturen auf oder sind ungünstig gerastert. Farbige Schriften, Linien oder Flächen, welche nicht in den Druckprozeßfarben (Cyan, Magenta, Gelb und Schwarz) gewählt wurden, sondern aus Misch- oder Sonderfarben zusammengesetzt sind, können im Farbdruck unscharf werden oder verloren gehen. Ursache ist hier meist die Rasterung und Farbseparation, wobei die Farben in kleinste Druckpunkte für die jeweiligen Anteile der Prozeßfarben zerlegt werden.

Für eine Druckausgabe empfiehlt es sich, nur die **Grundfarben** zu verwenden, die Linienstärken (entsprechend der Auflösung des Ausgabegerätes) nicht zu dünn zu wählen und flächige Hinterlegungen eher in einem Layoutprogramm vorzunehmen. Wichtig ist auch, daß die Farbe Schwarz nicht aus den Buntfarben zusammengestzt ist sondern aus der Druckprozeßfarbe Schwarz besteht. Für den Import und die Datenkonvertierung gelten die gleichen Grundsätze wie für Textimport bei den Diagrammbeschriftungen und wie beim Bildimport für den Diagramminhalt.

2.6 Was ist wichtig beim Arbeiten mit Strichzeichnungen?

Zum Zeichnen von Linien und Formen werden im Allgemeinen Zeichen- und Illustrationsprogramme verwendet. Diese Zeichnungen umfassen meistens einfachste Form wie Geraden, freien Linien und Formen, Kurven, Ovale und Kreise, Rechtecke und Quadrate. Im Unterschied zu Geschäftsgrafiken basieren diese Zeichnungen nicht auf tabellarischen Daten, wodurch hier im Gegensatz zu den Geschäftsgrafiken ein einstufiger Arbeitsablauf besteht. Allgemein sind Strichzeichnungen als **Vektorgrafiken** aufgebaut, d. h., sie bestehen aus Koordinatenangaben und Zeichenkommandos (z. B. für eine einfache Linie: „50 50 moveto 100 100 lineto"). Dadurch ist der Datenbestand einer Datei relativ kompakt in seiner Struktur und gleichzeitig relativ unempfindlich gegenüber Vergrößerungen oder Verkleinerungen, da dies mit Skalierungskommandos nahezu für jede Zeichnungsgröße erfolgen kann. Grenzen der Vergößerungen sind lediglich das Bogenformat und bei Verkleinerungen das Auflösungsvermögen des Ausgabegerätes.

Bei Text- und Kalkulationsprogrammen sind Menü- und einige Ikonleisten die wesentlichen Zugangsmittel zur Funktionalität und zu den Werkzeugen der Programme. Bei Zeichenprogrammen kommen je nach Anwendungsprogramm eine Vielzahl von **Werkzeugfenstern** hinzu. Diese Werkzeugfenster sind ein Spiegelbild der Leistungsfähigkeit und des Funktionsumfangs der Zeichenprogramme (Abb. 2-47). Übliche Werkzeugfenster sind hier die Funktionspalette, ein typografisches Fenster für Schrifteinstellungen, Fenster für Elementausrichtungen, Ebenen und für Farbfunktionen. Diese Fenster können üblicherweise je nach Bildschirmgröße und individuellen Arbeitsgewohnheiten offengehalten und am Bildschirm frei plaziert werden. Einstellungen der Werkzeugfenster sind meist über eigene Menüpunkte möglich (Abb. 2-48).

Insgesamt bestehen bei **Strichzeichnungen** ähnliche **Anforderungen** wie bei Diagrammen von Geschäftsgrafiken, d. h., Linienstärken, farbige Hinterlegungen etc. müssen sich am Ausgabegerät (Bildschirm, Farbdrucker oder Druckmaschine) orientieren. Hierbei muß man auch etwas Aufmerksamkeit dem Aufbau von Zeichnungen widmen. So sollten diese mindestens einen Bildtitel, Beschriftungen, Indizes und Zeichnungsnummern in ausreichender Schriftgröße enthalten. Dies ist ein wichtiger Aspekt, wenn Zeichnungen in Layoutprogrammen aus Gründen der Plazierung nachträglich verkleinert werden.

Abb. 2-47: Arbeitsfläche bei einem Zeichenprogramm

Für die Erstellung der vielfältigen Formen und Ausprägungen von Strichzeichnungen sind in der kreativen Schaffensphase relativ

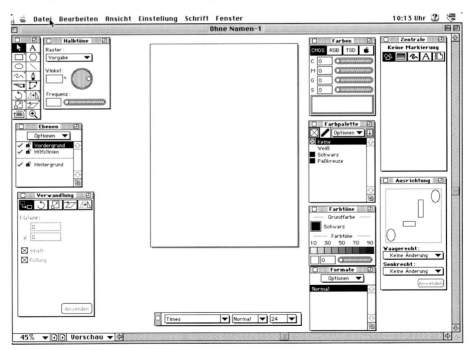

wenige Einschränkungen zu beachten, wichtige Anregungen bieten hierzu die Normen DIN 108 Teil 2, DIN 461 und DIN 6776. Je nach der Funktionalität des einzelnen Anwendungsprogramms können Zeichnungen u. a. auch durch Abpausen von Vorlagen, durch Ersetzen von Grafik- und Textelementen, durch Einbinden von externen Grafiken oder durch Bearbeiten von Grafikelementen entstehen. Heute verfügbare Zeichenprogramme können Zeichnungen auch in einzelne Ebenen auflösen, wodurch Grafikelemente in nahezu unbeschränkter Weise bearbeitet werden können. Bei der Verwendung von komplexen Grafikelementen, die über eine Vielzahl von Ebenen verteilt sind, sollte man jedoch berücksichtigen, daß bei der späteren Ausgabe der Zeichnung z. B. als belichteter Film alle Vektordaten im RIP (Raster Image Processors) eines Belichters in Bildpunkte aufgelöst werden. Diese Auflösung in Bildpunkte muß dann für jedes einzelne Grafikelement und bei einer Farbseparation für jeden Farbauszug durchgeführt werden. Das heißt im Falle komplexer Zeichnungen mit vielschichtigen Überlagerungen ist mit entsprechend langen RIP-Zeiten und in Folge davon mit langen Belichtungszeiten zu rechnen. Die Lösung ist hier Einfachheit, d. h. mit möglichst wenigen Ebenen und wenigen Überlagerungen zu arbeiten.

Abb. 2-48: Auswahlmenü für die Werkzeuge

Zeichenprogramme bieten meist mehrere **Farbräume** und **Farbsätze** für die farbliche Gestaltung an (Abb. 2-49). Sollen Zeichnungen später nur digital genutzt werden (z. B. auf Datenträger als Bildschirmdarstellungen), ist der RGB-Farbraum (s. Abschnitt über Farbsysteme in Kap. 4.1) durchaus angebracht. Soll hingegen ein Druckprodukt entstehen, so ist nur der CMYK-Farbraum geeignet. Die Wahl des richtigen Farbraumes muß sich an dem Ausgabegerät orientieren, wenn kein Color Management System genutzt werden kann (s. Abschnitt über CMS in Kap. 4.2). Allgemein unterscheiden Zeichenprogramme nach Skalen- bzw. Palettenfarben und nach Schmuckfarben. **Skalen- oder Palettenfarben** sind die Grundfarben des jeweiligen Farbraumes (Abb. 2-49). In eigenen Auswahlfenstern können diese Farben und deren Zusammensetzung

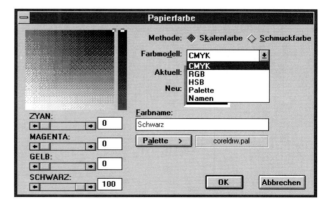

Abb. 2-49: Einstellen von Skalen- und Palettenfarben

aus den jeweiligen Grundfarben genau eingestellt werden. Häufig verwendete Farbmischungen können hier definiert und mit einem eigenen Namen versehen werden. **Schmuckfarben** (in Programmen auch als Vollton-, Echt-, Sonder-, Spezial- oder Spot-Farben bezeichnet) sind zusätzliche Farben, die zu den Grundfarben hinzugefügt werden und im Falles des Druckprozesses als weitere Farben gedruckt werden müssen. Bei einer Farbseparation werden Schmuckfarben als Filmauszug zusätzlich zu den **CMYK-Auszügen** erstellt. Zeichenprogramme bieten auch hierfür vielfältige Erweiterungen an u. a.

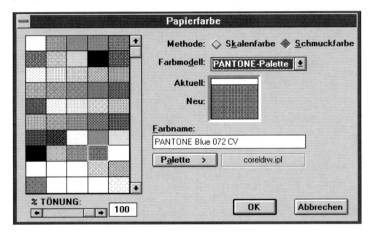

Abb. 2-50: Einstellen von Schmuck- und Sonderfarben

mit den Farbsätzen von Pantone (Abb. 2-50), Focoltone oder HKS. Bei einer Schmuckfarbe ist jedoch größte Vorsicht angebracht, wenn diese nicht als eigene Farbe verwendet werden kann, sondern letztendlich in eine CMYK-Farbe umgerechnet werden muß. Hier können große Abweichungen zwischen dem gewünschten und dem erzielten Ergebnis entstehen. Die Ursache hierfür liegt in dem Faktum, daß die Sonderfarben wie z. B. die Pantone-Farben aus eigenen Pigmenten aufgebaut sind, welche in dieser Farbe nur in den wenigsten Fällen von dem standardisierten Euro-Farbsatz reproduziert werden können. Vergleiche zwischen verschiedenen Pantone-Farbtafeln und deren CMYK-Farbwerten in Anwendungsprogrammen haben bei identischen Farbnummern teilweise deutlich abweichende CMYK-Werte aufgezeigt. Aus diesen Gründen ist von der Verwendung von Schmuckfarben in einem CMYK-Farbsatz wegen der zu erwartenden Probleme eher abzuraten.

Sollen **Schmuckfarben** in einem Druck verwendet werden und will man sich dabei die Option des wahlweisen zusätzlichen Farbsatzes offenhalten, so ist es in diesem Fall wesentlich unproblematischer, eine Schmuckfarbe von vor herein als **CMYK-Farbe** zu definieren und mit einem Farbnamen zu versehen. Bei der späteren Farbseparation kann man sich dann entweder nur den CMYK-Farbsatz oder durch Anwahl des Schmuckfarbnamens diesen Farbsatz zusätzlich ausgeben lassen. Hierbei sei darauf hingewiesen, daß die in einer Zeichnung definierten und dann letztlich nicht benutzten Schmuckfarben unbedingt gelöscht werden müssen, bevor die Zeichnung weitergegeben oder farbsepariert wird. Falls eine unbenutzte Sonderfarbe nicht entfernt wird, kann bei einem Zeichnungsimport diese Schmuckfarbe in der Farbpalette z. B. eines Layoutprogramms erscheinen und bei den üblichen Se-parationseinstellungen „Volltonfarbauszüge - Alle Farben" (Abb. 2-51) zur Ausgabe von leeren Filmseiten führen.

Zum Abschnitt 2.5 und dem Abschnitt 2.6 sollte unbedingt größte Aufmerksamkeit den Normen für Linien [2.27], Normschriften für Zeichnungen [2.28], [2.29], Maßeintragungen in Zeichnungen [2.30], graphische Darstellung in Koodinatensystemen [2.31], Einheiten [2.32], mathematische Zeichen [2.33], Vektoren [2.34], Formelzeichen [2.35], der Vielzahl an physikalischen und elektrischen Größen, für Gleichungen und Meßtechnik [2.36], [2.37], [2.38], [2.39], [2.40], [2.41], [2.42], [2.43] und dem Formelsatz [2.44] gewidmet werden. Bei Zeichnungen und Symbolen z. B. für technische Handbücher sind zusätzlich noch die Normen für Bildzeichen [2.45], [2.46] von Bedeutung.

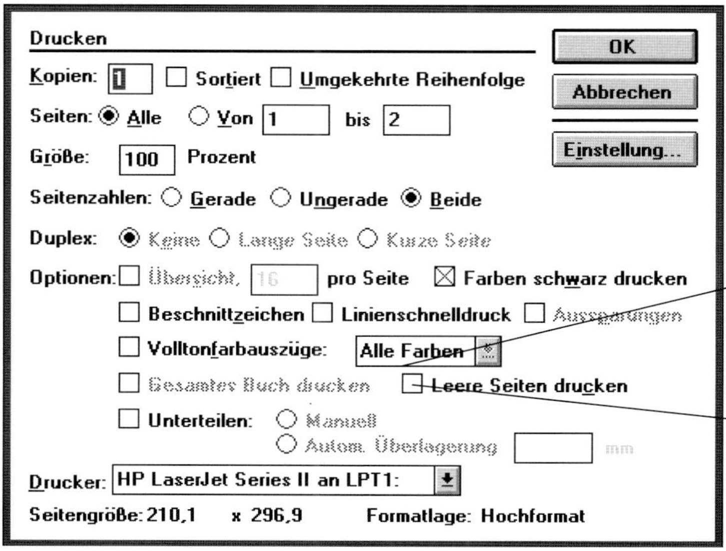

Abb. 2-51: Druckfenster mit Einstellmöglichkeiten für Farbauszüge

Problem „alle Farben" drucken

Lösung leere Seiten vermeiden

2.7 Was ist wichtig beim Scannen?

Zu Handscanner, Flachbettscanner und Hochleistungs- trommelscanner Näheres in Kapitel 3.1

Umrechnung von Auflösungen und Punktgrößen:

300 dpi = 0,084666 mm
400 dpi = 0,063500 mm
800 dpi = 0,031750 mm
1600 dpi =0,015875 mm
2400 dpi =0,010583 mm
3600 dpi =0,007055 mm
4800 dpi =0,005292 mm

Wichtig beim Scannen (unabhängig vom Konstruktionsprinzip des Scanners) sind die Auflösung, die Datentiefe, sowie bis zu einem gewissen Grad auch die Schnittstelle und die Treiber eines jeweiligen Scanners.

Die **Auflösung eines Scanners** gibt an, bis zu welcher Detailfeinheit eine Vorlage von einem Scanner noch erkannt werden kann. Die Maßeinheit hierfür sind dpi (dots per inch = Punkte pro 2,54 cm). Das Spektrum reicht hierbei von ca 150 dpi bei einfachen Handscannern über 300 dpi bei einfachen Flachbettscannern bis hinzu 6400 dpi bei Hochleistungstrommelscannern (Tabelle 2.1).

Tabelle 2.1

Monitore	75	–	96	dpi
Tintenstrahl- und Thermotransferdrucker (z. B. digitale Proofsysteme) ca.	50	–	300	dpi
Laserdrucker	300	–	800	dpi
digitale Druckmaschinen	800	–	1600	dpi
digitale Filmbelichter........................	800	–	4600	dpi

Allgemein kann festgestellt werden, das eine höhere Auflösung bzw. höhere Wiedergabequalität bei der Ausgabe eines Bildes direkt proportional mit einer höheren Abtastungfrequenz und hierdurch mit mehr Bildpunkten einhergeht. Je stärker ein Bild vergrößert werden soll, umso höher muß auch die Abtastauflösung sein, da ansonsten schon bei geringfügiger Vergrößerung z. B. eine saubere Kreislinie in eine unschöne Treppe verändert wird. Um für die spätere Bildbearbeitung und anschließende Ausgabe eine genügende Auflösungsreserve zu haben, empfiehlt es sich daß man die doppelte Anzahl an dpi bei der Scanauflösung verwenden, wie das spätere Ausgabegerät bereitstellen kann. Soll nur ein Ausschnitt einer Vorlage gescant werden, so ist zu beachten, daß der Vergrößerungsfaktor des Ausschnittes die Grundlage zur Ermittelung des Vergrößerungsfaktors sein muß.

Eine vereinfachte Berechnung lautet hier:

$$\text{Scanauflösung} = \frac{\text{gewünschte}}{\text{Bildauflösung}} * \frac{\text{gewünschte Größe}}{\text{Größe der Vorlage}}$$

Scanner digitalisieren die Helligkeitsinformationen der CCD-Elemente (Charge Coupled Device) und die Datentiefe ist die Maßzahl dafür, wieviele Helligkeitsstufen darstellbar sind. Bei einem Schwarzweiß-Strichbild kann dies für einen Bildpunkt mit nur einem **Bit** (**B**inary dig**it** 0 = weiß, 1 = schwarz) dargestellt werden. Bei einem Schwarzweiß-Halbtonbild sind schon mehr Daten notwendig, welche die unterschiedlichen Helligkeitsstufen als Grauwerte repräsentieren. Hier ist die Datentiefe 8 Bit = 1 Byte, womit der jeweilige Scanner dann 256 Graustufen darstellen kann. Bei einem Farbbild sind entsprechend 8 Bit pro Bildpunkt und pro Farbe notwendig. Das ergibt für jede Farbe 256 Grau- bzw. Farbstufen. Entsprechend ist bei einem RGB-Bildpunkt dann die Datentiefe 24 Bit.

Dynamik in der Bilddarstellung ist ein weiterer Aspekt, der auch mit der Datentiefe zusammenhängt. Verschiedene Scanner tasten ein Bild mit einer wesentlich höheren Datentiefe ab, z. B. mit 12 oder mehr Bit. Diese Programme werten die Dynamik des Bildes aus, z. B. nach maximaler Spreizung, und speichern dann diesen optimierten Bereich als 8-Bit-Daten-Information des Bildes in einer Datei ab.

Bildformat, Auflösung und **Datentiefe** sind bestimmende Größen für den Dateiumfang eines Bildes. Der Dateiumfang in KBytes errechnet sich aus:

Bh = Bildformathöhe
Bb = Bildformatbreite
DPI = Scanauflösung
DT = Datentiefe

$$\frac{Bh * DPI}{2,54} * \frac{Bb*DPI}{2,54} * DT * \frac{1}{8*1024}$$

Beispiel:
Farbbild 10 x 15 cm mit einer Ausgabeauflösung von 300 dpi (Farbkopierer) und einer Scanauflösung von 600 dpi:
Speicherbedarf SW-Bitmap-Bild (1 Bit/Bildpunkt): **1022 KBytes**
(10*600/2,54)*(15*600/2,54)*1*1/8192 = 2362,2 * 3543,3 / 8192
Speicherbedarf SW-Halbtonbild (8 Bit/Bildpunkt): **8174 KBytes**
(10*600/2,54)*(15*600/2,54)*8*1/8192 = 2362,2 * 3543,3 / 1024
Speicherbedarf RGB-Farbbild (24 Bit/Bildpunkt): **24521 KBytes**
(10*600/2,54)*(15*600/2,54)*24*1/8192 = 2362,2 * 3543,3 * 3 / 1024

Beispiel:

Speicherbedarf eines Farbbildes bei unterschiedlichen Scanauflösungen (ohne Datenkompression):

Tabelle 2.2

Auflösung	Bildformat	Datentiefe	Speicherbedarf
300 dpi	10x15 cm	24 Bit	6,13 MByte
600 dpi	10x15 cm	24 Bit	24,52 MByte
1200 dpi	10x15 cm	24 Bit	98,09 MByte
2400 dpi	10x15 cm	24 Bit	392,34 MByte
3600 dpi	10x15 cm	24 Bit	1569,38 MByte

Wie die Tabelle 2.2 zeigt, kann eine hohe Scanauflösung beträchtliche Datenbestände verursachen und erfordert deshalb eine wohlüberlegte Daten- und Dateiverwaltung.

Der **Arbeitsablauf beim Scannen** ist abhängig vom verwendeten Anwendungsprogramm und verläuft allgemein über 4 Arbeitsschritte. Zuerst werden die Bildvorlagen (Dia, Negativfilm oder Papierauflichtvorlage bzw. Fotoabzug) von Staubpartikeln gereinigt und im Flachbettscanner aufgelegt (Abb. 2-52) bzw. bei einem Trommelscanner entsprechend fixiert. Es folgt dann ein Aktivieren der Scanner-Software und die erste Abtastung der Vorlagefläche (Abb 2-53 bei einer Aufsichtsvorlage und Abb. 2-54 bei gerahmten Diavor-

Abb. 2-52: Flachbettscanner
(Foto: Agfa Pressedienst)

Abb. 2-53: Overview-Scan einer Papier- bzw. Aufsichtsvorlage

Kennungs-Ikon für Scanart (hier für Auflichtvorlagen)

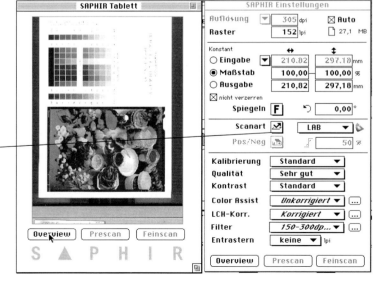

lagen). Entsprechend der Vorlagenart ist dabei jeweils die Scanart einzustellen (Abb. 2-55).

Aus der gesamten Vorlagefläche wird der gewünschte Bildausschnitt mit dem Mauszeiger als Rechteckfläche aufgezogen und der Pre-Scan ausgelöst. Das Ergebnis des Pre-Scans wird noch am Bildschirm mit der Anwendungssoftware entsprechend den jeweiligen Vorgaben und Zielsetzungen beurteilt z. B. hinsichtlich eines eventuell auftretenden Farbstichs, und gegebenenfalls über Korrekturen angepaßt. Es folgt der Fein-Scan und gegebenenfalls ein weiteres Justieren, Anpassen und Korrigieren des Bildergebnisses (Abb. 2-56). Nach einem eventuell wiederholten Scanvorgang und dem anschließenden Speichern der Bilddaten einschließlich aller Scanmodifikationen können mit ergänzenden Bildverarbeitungsprogrammen weitere Arbeitsschritte

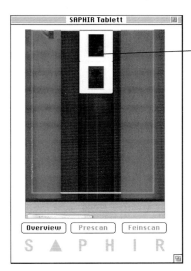

Abb. 2-54: Overview-Scan von Diarahmen

Abb. 2-55: Einstellung der Scanart für Diarahmen

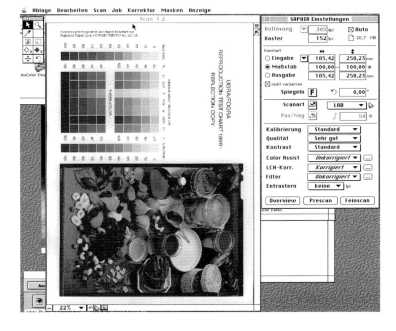

Abb. 2-56: Scanergebnis vor weiteren Kalibrationen und Anpassungen

folgen. Heutige Scanner-Software ist in ihrer Funktionalität normalerweise so umfangreich ausgestattet, daß eine ergänzende Bildbearbeitung nur noch für den Einsatz von Spezialeffekten notwendig ist. Zum Abschnitt 2.7 empfiehlt e s sich Näheres aus Büchern für Bildbearbeitungsprogrammen zu entnehmen. Hier können u. a. Gradl [2.47], Dayton und Davis [2.48] sowie Welsch und Stercken-Sorrenti [2.49] und Baumann [2.50] nützlich sein.

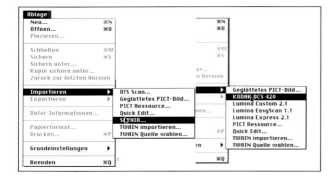

Abb. 2-57: Importfunktion in Photoshop und je nach verfügbarer Hardware

2.8 Was ist wichtig beim Arbeiten mit Halbton- und Bitmap-Bildern?

Halbton- und Bitmap-Bilder sind im Gegensatz zu den vektororientierten Strichzeichnungen auf einzelne Bildpunkte aufgebaut und sind in der Regel mit Scannern entstanden. Wie schon ausgeführt, können solche Bilddatenbestände mit spezieller Scanner-Software hergestellt werden. **Bildbearbeitungsprogramme** wie Photoshop, Photostyler oder Picture Publisher unterstützen jedoch auch den Scanvorgang direkt durch Importfunktionen (Abb. 2-57) sowohl für Scanner wie auch für digitale Kameras. Bei digitalen Kameras wird dabei das

Abb. 2-58: Preview eines Photos in einer digitalen Kamera

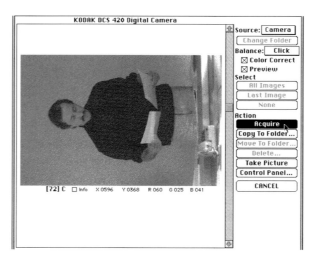

jeweilige Bildmaterial aus dem internen Speicher der Kamera auf den jeweiligen Computer übertragen. Während das Bild sich noch im Kameraspeicher befindet, können schon Anpassungen in bezug auf Lichtquelle, Auflösung und Farbstich etc. vorgenommen werden (Abb. 2-58). Liegt das Bild als Datei im Computer vor, erfolgen alle weiteren Bearbeitungen entsprechend der Funktionalität des Bildbearbeitungsprogramms.

Ein direktes Scannen und anschließender Import ist mit Bildbearbeitungsprogrammen ebenfalls möglich, dabei ist der gleiche Menüpunkt jedoch ein entsprechend anderes Gerät anzuwählen (Abb. 2-57). Scanner-spezifische Software wird von Photoshop als Plug-in gesehen und entsprechend aktiviert (im Falle von Abb. 2-59 war dies die Scanner-Software von Linotype-

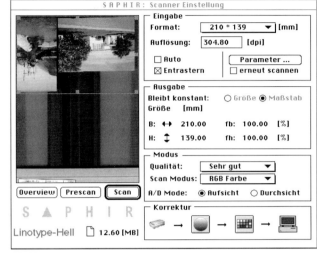

Abb. 2-59: Pre-Scan und Scaneinstellungen für Saphir Scanner

Hell). Es wird nun zuerst die Vorlagenart eingestellt (Durchsicht oder Auflicht) sowie mit Hilfe eines ersten Pre-Scans (Abb. 2-59) der Bildausschnitt bestimmt und dann zumeist ohne Korrekturen oder Anpassungen der Fein-Scan durchgeführt. Anschließend werden im Bildbearbeitungsprogramm alle Korrekturen, Bildveränderungen und Anpassungen ausgeführt (Abb. 2-60).

Abb. 2-60: Abgeschlossener Fein-Scan in Photoshop

Bildkorrekturen betreffen meist nicht direkt den Import von Scannerdaten, sondern die Farbraumtransformation sowie Anpassungen der Gradationskurve. Die Abbildungen 2-61, 2-62 und 2-63 zeigen sehr deutliche Veränderungen der Gradationskurve und deren Auswirkung auf das jeweils dazugehörige Bild (Abb. 2-64 Tonwertkorrektur).

Bildbearbeitung umfaßt neben der Retusche von Bildbereichen, also dem Entfernen, Überdecken und Verändern von Bildteilen, auch das Verbessern von Bildbereichen. Zum Verbessern eines normal gescannten Bildes oder Bildausschnittes (Abb. 2-65) gehört u. a. ein Schärfen (Abb. 2-66), starkes Schärfen (Abb. 2-67) oder Weichzeichnen (Abb. 2-68).

Abb. 2-61: Scanbild in Graustufen und ohne Tonwertkorrektur oder Gradationsanpassung

Abb. 2-62: Scanbild in Graustufen mit automatischer Gradationsanpassung

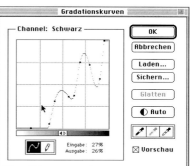

Abb. 2-63: Scanbild in Graustufen mit Gradationsanpassung für verfremdende Bildeffekte

Abb. 2-64: Scanbild mit automatischer Tonwertkorrektur (gleiche Bildwirkung wie nach Gradationsanpassung in Abb. 2-62)

Abb. 2-65: Scanbild ohne Anpassungen

Abb. 2-66: Scanbild nach Schärfen

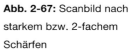

Abb. 2-67: Scanbild nach starkem bzw. 2-fachem Schärfen

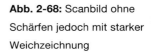

Abb. 2-68: Scanbild ohne Schärfen jedoch mit starker Weichzeichnung

Bei Bildbearbeitungsprogrammen ohne gestaffelte **Schärfeoperationen** (wie z. B. leicht und stark Schärfen) kann man sich durch mehrfaches Schärfen behelfen. Eine ausreichende Bildschärfung hat man erzielt, wenn sich am Bildschirm in dunklen Bildbereichen erste helle Flecke und Punkte bemerkbar machen. Solche kleinen hellen Flecken sind im Druckbild (bedingt durch Tonwertzunahme und Punktverbreiterung) meist nicht zu sehen, solange man nicht zu stark geschärft hat und dadurch die hellen Punkte zu groß wurden. Üblicherweise wird ein Bildschärfen oder Weichzeichnen als letzter Schritt der Änderungen ausgeführt und sollte allgemein zumindest nach der Retusche erfolgen. Da während der Bildbearbeitung nicht alle Bearbeitungen auf Anhieb immer den gewünschten Erfolg oder Effekt aufweisen, ist es durchaus sinnvoll, nicht mit den originalen Scandaten, sondern mit einer Kopie die Bearbeitungen durchzuführen. Durch Rückgriff auf die originalen Daten können dann ungewünschte Effekte aufgehoben werden.

Bei Farbbildern können während der Retusche auch die Farben in einzelne Farbebenen aufgeteilt und dann jede einzelne **Farbebene** bearbeitet werden. Im Originaldatenbestand eines Scanners handelt es sich meist um den RGB-Farbraum, dies dokumentiert sich in den Abb. 2-69 bis Abb. 2-71 (Abb. 2-69 zeigt den Rotanteil, Abb. 2-70 den Grünanteil und Abb 2-71 den Blauanteil eines Bildausschnittes).

Nach einer Farbraumtransformation in den CMYK-Farbraum einer Druckmaschine stehen dann entsprechend vier Farbebenen (Abb. 2-72 bis 2-75) zur Bearbeitung bereit.

Abb. 2-69: Rotanteil eines RGB-Bildes

Abb. 2-70: Grünanteil eines RGB-Bildes

Abb. 2-71: Blauanteil eines RGB-Bildes

Abb. 2-72: Cyananteil eines CMYK-Bildes

Abb. 2-73: Magentaanteil eines CMYK-Bildes

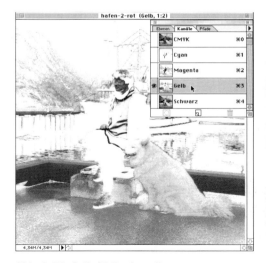

Abb. 2-74: Gelb (Yellow)anteil eines CYMK-Bildes

Abb. 2-75: Schwarz (Black)- anteil eines CMYK-Bildes

Abb. 2-76: Menüpunkte zu verfügbaren Filteroperationen eines Bildbearbeitungsprogramms

Ein weiterer wesentlicher Bereich der Bildbearbeitungsprogramme sind die Filteroperationen, die zumeist in einer großen Anzahl unterschiedlicher Funktionen verfügbar sind (Abb. 2-76). Die Abbildungen 2-77 bis 2-83 zeigen einige Beispiele von Filtereffekten anhand des gleichen Ausgangsbildes. Zum Abschnitt 2.8 empfiehlt es sich, Näheres aus Büchern für Bildbearbeitungsprogramme zu entnehmen. Auch hier können u. a. Gradl [2.47], Dayton und Davis [2.48] sowie Welsch und Stercken-Sorrenti [2.49] und Baumann [2.50] nützlich sein.

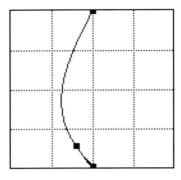

Abb. 2-77: Filtereffekt Verbiegen

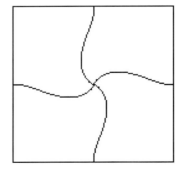

Abb. 2-78: Filtereffekt Strudel

Abb. 2-79: Filtereffekt Distorsion

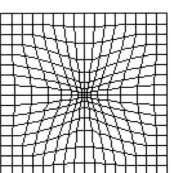

 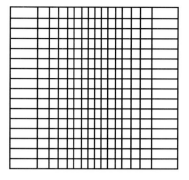

Abb. 2-80: Filtereffekt Wölben

 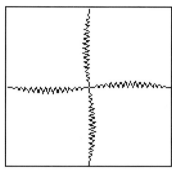

Abb. 2-81: Filtereffekt Wellen

 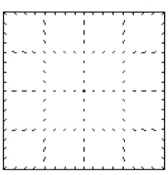

Abb. 2-82: Filtereffekt Weichzeichnen

Abb. 2-83: Filtereffekt Konturenbilden

99

2.9 Wichtiges zum Datenumfang und zur Datenkompression

Photoshop 3.0
Photoshop 2.0
Amiga IFF
BMP
CompuServe GIF
EPS
Filmstreifen
JPEG
MacPaint
PCX
PICT Datei
PICT Ressource
PIXAR
PixelPaint
Raw
Scitex CT
Targa
✓ TIFF

Abb. 2-84: Bilddatenformate

Abb. 2-85: Dateigröße bei verschiedenen Formaten und Kompressionen

Abb. 2-86: EPS-Datei mit Datenkompression nach JPEG-Verfahren bei geringster Bildqualität (Bildformat 1:1)

Datenkompression und **Datenreduktion** ist der wesentliche Aspekt, wenn das Berarbeitungsergebnis gespeichert werden muß. Bildbearbeitungsprogramme bieten im allgemeinen eine größere Anzahl an Datenformaten zum Speichern der Ergebnisse an (Abb. 2-84), wobei für einzelne Datenformate (TIFF- und EPS-Format) auch Datenkompressionen möglich sind. Wie sich die Wahl des Datenformates und eine eventuelle Kompression auf die Bildqualität und den Dateiumfang auswirken kann, verdeutlichen die Abbildungen 2-85 bis 2-92.

🗋 400dpi s/w TIFF o. LZW	7,5 MB	Adobe Photoshop™...
🗋 400dpi s/w PICT 8BIT	6,7 MB	Adobe Photoshop™...
🗋 400dpi s/w GIF	4,8 MB	Adobe Photoshop™...
🗋 400dpi s/w TIFF + LZW	3 MB	Adobe Photoshop™...
🗋 400dpi s/w EPS max	1,4 MB	Adobe Photoshop™...
🗋 400dpi s/w PICT 4Bit	1,4 MB	Adobe Photoshop™...
🗋 400dpi s/w JPEG MAX Q	1 MB	Adobe Photoshop™...
🗋 400dpi s/w PICT 8BIT m...	560 K	Adobe Photoshop™...
🗋 400dpi s/w EPS low qual	416 K	Adobe Photoshop™...
🗋 400dpi s/w PICT 2BIT	416 K	Adobe Photoshop™...
🗋 400dpi s/w JPEG low qua	272 K	Adobe Photoshop™...

Abb. 2-87: EPS-Datei mit Datenkompression nach JPEG-Verfahren bei maximaler Bildqualität (Bildformat 1:1)

Abb. 2-88: TIFF-Datei mit Datenkompression nach LZW-Verfahren (Bildformat 1:1)

Abb. 2-89: PICT-Datei
mit 8-Bit Datentiefe
und mit JPEG-
Kompression in
mittlerer Qualität
(Bildformat 1:1)

Abb. 2-90: PICT-Datei
mit 2-Bit Datentiefe
(Bildformat 1:1)

Abb. 2-91: PICT-Datei
mit 4-Bit Datentiefe
(Bildformat 1:1)

Abb. 2-92: PICT-Datei
mit 8-Bit Datentiefe
(Bildformat 1:1)

2.10 Was ist wichtig bei Seitengestaltung, Layout und Text-Bild-Integration?

Das **Layout**, gelegentlich auch als **Satzspiegel** bezeichnet, legt fest, welche Positionen Texte, Grafiken und Bilder auf einer Seite einnehmen und vor allem welche Maße und Abstände vorzusehen sind. Zudem beinhaltet ein Layout auch Seitengestaltungselemente wie z. B. Seitennummern, die üblicherweise nicht zum Satzspiegel zu zählen sind.

Wie schon bei Schrift und Typographie (Kapitel 2.4) angesprochen, ist die gestalterische Ausformung eines Publishing-Dokumentes z. B. bei Wahl der Schrift zu einem hohen Grad Geschmackssache. Für den Bereich Seitengestaltung und Layout von Publishing-Dokumenten, deren Gestaltung und Design, gibt es genauso wenig universelle oder unumstößlich geltende Gestaltungsrichtlinien oder Vorschriften. Es gibt jedoch für einzelne Dokumentarten und Anwendungen Empfehlungen und Richtlinien, welche in abgewandelter und angepaßter Form durchaus auf viele Anwendungen übertragen werden können. Grundlegendes Ziel eines Dokument-Designs oder einer **Dokumentgestaltung** ist es einen Inhalt oder eine Aussage einem Publikum oder einer Zielgruppe unmißverständlich näherzubringen. Das Design muß sich deswegen immer an zwei Punkten orientieren: das Publikum anzusprechen, d. h. Aufmerksamkeit zu erregen, und die Aussage verständlich zu machen. An diesen Aspekten müssen sich alle kreativen Ideen für die inhaltliche Gestaltung von Text und Grafik orientieren.

Bevor aber an eine gestalterische Ausformung eines Publishing-Dokumentes gegangen werden kann, muß das **inhaltliche Material** vollständig zusammengetragen sein, d. h., alle Texte, Tabellen oder Textpassagen sowie alle Illustrationen und Bilder müssen vorliegen. Das bedeutet, daß so lange wie der Autor oder eine Autorengruppe den kreativen Schaffensprozeß über inhaltliche Struktur, Abläufe, Anordnung und Darstellung nicht vollendet haben, mit dem Layout kaum sinnvoll begonnen werden kann. Erst wenn alles Material vorliegt und der inhaltliche Ablauf sowie die strukturellen Informationen vorhanden sind, kann nach Aspekten der Leserzielgruppe eine Gestaltung begonnen werden. Im Interesse einer guten Aufnahme beim Publikum ist dann durch konsequente Anwendung eines einheitlichen Stils, einer Balance und Ausgeglichenheit zwischen Text- und Bildinformationen sowie eines einheitlichen Gesamteindruckes das Dokument zu entwerfen.

Für die Vorbereitung von Layout und Gestaltung gibt es verschiedene Hilfsmittel. Ein **Entwurfsraster** bzw. **Entwurfsblatt** (Abb. 2-93 in Anlehnung an [2.21]) ist eines der wichtigsten Werkzeuge, welches für das Seitenlayout einer Publikation genutzt werden kann. Es beinhaltet in der Regel Hilfslinien in vertikaler und horizontaler Ausrichtung, die bei späterem Druck der Publikation nicht erscheinen. Hier werden auch Spaltenmarkierungen, ihre Weite und die Abstände mitgeführt. Anhand eines Entwurfsrasters ist es relativ schnell möglich, Textpassagen und Bildinhalte in deren Positionen zu bestimmen. Dies wird besonders wichtig bei spaltenübergreifenden Bildinformationen und bei bildumfließenden Textpassagen.

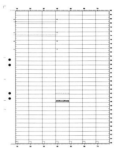

Abb. 2-93: Entwurfsblatt für Vordrucke

Entwurfsraster und **Satzspiegel** hängen ganz wesentlich vom **Seitenformat** bzw. vom Papier- oder Bogenformat ab, diese legen meist die Grenzen des Satzspiegels fest. Allgemein ist zu berücksichtigen, daß Umschlag und Innenteil einer Publikation durchaus einen unterschiedlichen Satzspiegel aufweisen können (Abb. 2-94 und Abb. 2-95). Der Satzspiegel ist die Fläche, die bedruckt werden kann und ist somit die Grundlage für ein einheitliches Erscheinungsbild einer Publikation. Zusätzlich zu den Stegen, Rändern

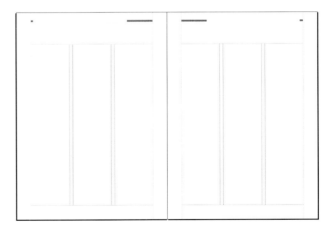

Abb. 2-94: Satzspiegel für das Titelblatt eines Praxisreports

Abb. 2-95: Satzspiegel für den Innenteil eines Praxisreports

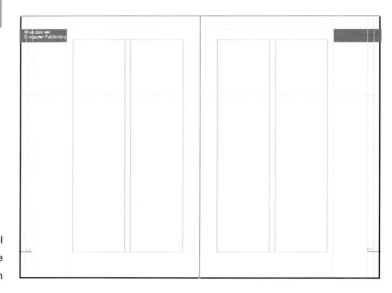

Abb. 2-96: Satzspiegel für das vorliegende Buch

und Spalteneinteilungen werden hier Form, Abstände und Plazierungen von Kapitelüberschriften, Untertitel, Fließtext, Seitennumerierungen usw. festgelegt. (Abb. 2-94, Abb. 2-95, Abb. 2-96 und Abb. 2-97).

Abb. 2-97: Satzspiegel für ein Faltblatt

2.10.1 Seitenorientierung und Ränder

Welches Seitenformat gewählt wird, hängt im einzelnen Fall vom Einsatzweck ab, allgemein werden die DIN-A-Formate und der „Goldene Schnitt" empfohlen. Der **Goldene Schnitt** basiert auf dem 5:8-Verhältnis (5 Längeneinheiten in der Seitenbreite und 8 Längeneinheiten in der Höhe), während die DIN-A-Formate auf der 5:7-Proportion basieren. Für die Festlegung des Satzspiegels innerhalb eines Seitenformates gibt es drei übliche Methoden: durch Aufteilung der Stegbreiten im Verhältnis von 2:3:4:5 (Abb. 2-98), durch die 9er-Regel (Abb. 2-99) und durch das Diagonalenverfahren (Abb. 2-100).

Bei der **Stegbreiten-Methode** (Abb. 2-98) wird 5/6 der Seitenbreite für die Druckfläche reserviert und das verbleibende 1/6 wird mit 2/36 für den Innen- bzw. Bundsteg und zu 4/36 für den Außensteg genutzt. In der Seitenhöhe werden dann für den Kopfsteg 3/36 und für den Fußsteg 5/36 der Seitenhöhe verwendet. Im

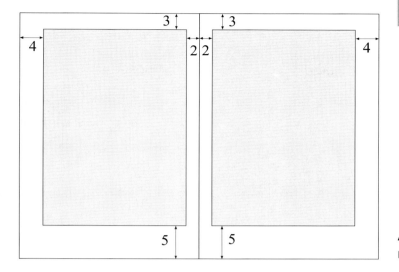

Abb. 2-98: Stegbreiten-Methode

Uhrzeigersinn betrachtet, ergibt sich hieraus ein Rand um die Druckfläche von 2/36, 3/36, 4/36 und 5/36 (daher 2:3:4:5-Proportion).

Bei der **9er-Regel** (Abb. 2-99) wird das Seitenformat sowohl vertikal wie horizontal in 9 gleichgroße Streifen geteilt. In dieses entstandene Gitternetz legt man nun den Satzspiegel hinein und läßt 1/9 Abstand für Innen- und Kopfsteg sowie 2/9 Abstand für Außen- und Fußsteg.

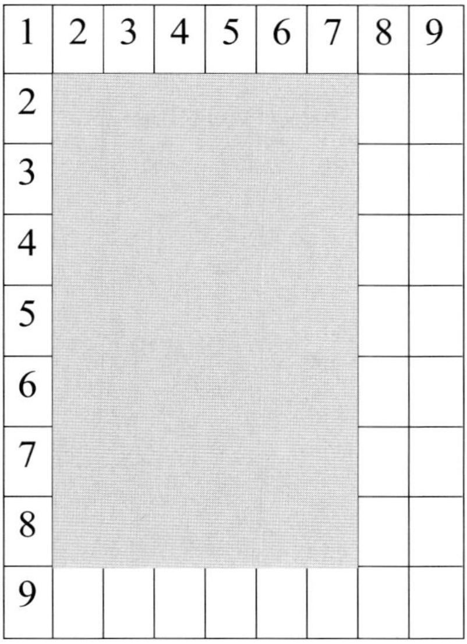

Abb. 2-99: 9er Regel

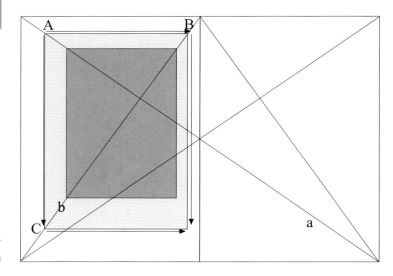

Abb. 2-100: Diagonal-
verfahren

Beim **Diagonalenverfahren** (Abb. 2-101) zieht man zwei diagonale Linien über die beiden Seiten und über jede einzelne Seite. Man kann nun einen beliebigen Satzspiegel auf diesen Seiten einrichten, indem man auf der Linie a einen Ausgangspunkt bestimmt (hier A in Abb. 2-100). Vom Punkt A zieht man nun eine vertikale Verbindung zum unteren Seitenrand und erhält den Schnittpunkt C. Eine horizontale Linie liefert den Punkt B. Mit je einer weiteren horizontalen und vertikalen Linie vollendet man den Rahmen des Satzspiegels. Das dunklere Rechteck ergibt einen anderen Satzspiegel, indem der Ausgangspunkt anders gewählt wird. Wird das spätere Publishing-Dokument noch gebunden, z. B. durch Klebebindung, Klammerheftung oder Spiralheftung, so sind dem Seitenformat noch **Zuschläge** für den Rand zum Binden hinzuzufügen.

Abb. 2-101: Seite mit
und ohne Bindesteg

In den verschiedenen Programmen sind Seitenformate und Satzspiegel über Funktionen bzw. Menüpunkte wie „Seite einrichten" einzustellen (Abb. 2-102). Beginnt man mit dem Entwurf eines Publishing-Dokumentes so ist auch zu entscheiden, ob die Seitenausrichtung ein Hoch- oder ein Querformat (Abb. 2-103) sein soll. Entsprechend sind entweder die Regeln für Seitenränder oder individuelle Parametereinstellungen anzuwenden.

```
Datei einrichten                          [    OK    ]
   Seitengröße: [ A4 ]                     [ Abbrechen ]
   Abmessungen: [ 210 ]  x  [ 297 ]  mm
                                           [ Numerieren... ]
   Formatlage: ⦿ Hoch   ◯ Quer
     Optionen: ☒ Zweiseitig
               ☒ Doppelseite
               ☐ Neue Seitennumerierung
   Seitenanzahl: [ 1 ]        Erste Seite: [ 1 ]
   ┌ Ränder ──────────────────────────────────────┐
   │   Bund [ 25    ] mm      Außen [ 20 ]  mm     │
   │   Kopf [ 20 ]  mm          Fuß [ 20 ]  mm     │
   └───────────────────────────────────────────────┘
   Reindruckerauflösung: [ 300 ] ▷ dpi
```

Abb. 2-102: Auswahlfenster „Seite einrichten"

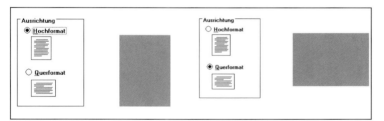

Abb. 2-103: Auswahl von Hoch- und Querformat in Programmen

Neben der Entscheidung über Seitenformat, Satzspiegel und Stege ist die Festlegung der **Spalten** in einer Seite ein weiterer wichtiger Aspekt. Die Auswirkung von mehreren Spalten bei gleichen Stegeinstellungen auf die linke und rechte Seite im Hoch- und Querformat zeigen die Abbildungen 2-104 bis 2-106. Wichtig bei der Entscheidung für die Anzahl der Spalten ist, daß der Abstand der Spalten eine Breite von 2 Zeichen der verwendeten Schrift haben sollte. Zudem sollte eine Zeile (gezählt über alle Spalten einer Seite) bei der jeweiligen Schriftart und Schriftgröße ca. 55 bis 65 Zeichen aufweisen, da dies allgemein als gute Lesbarkeit angesehen wird.

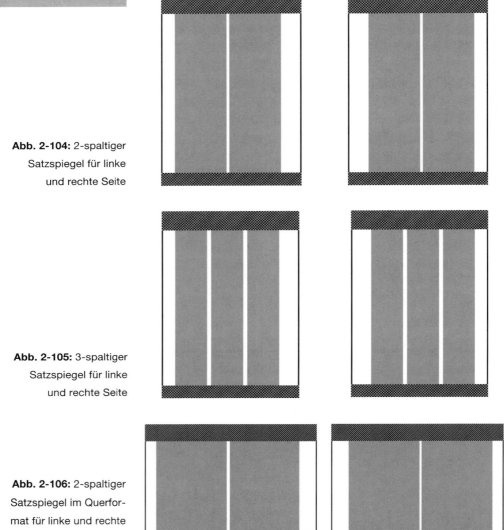

Abb. 2-104: 2-spaltiger Satzspiegel für linke und rechte Seite

Abb. 2-105: 3-spaltiger Satzspiegel für linke und rechte Seite

Abb. 2-106: 2-spaltiger Satzspiegel im Querformat für linke und rechte Seite

Marginalien sind Randspalten, die für Anmerkungen zum Text, kleine Abbildungen und Hinweise genutzt werden können. In technischen Dokumentationen werden Marginalien gerne verwendet, um den direkten Zugriff auf ergänzende Informationen zu erleichtern, den Lesefluß im Text nicht zu unterbrechen und die Seite aufzulockern. Je nach individueller Nutzung beträgt die Breite von Marginalien etwa 1/4 bis 1/3 des Satzspiegels. Die Wahl der Marginalien steht meist im direkten Zusammenhang mit der Entscheidung von Spaltenanzahl und Spaltenbreite und ist entsprechend frühzeitig zu treffen. Soll z. B. eine Marginalie von 1/3 des Satzspiegels verwendet werden, so ergibt sich in den Anwendungsprogrammen zumeist eine 3-spaltige Einstellung (Abb. 2-105, wobei dann zwei Spalten für den Textfluß (in 1- oder 2-spaltiger Textbreite) verwendet werden können.

2.10.2 Rahmen und Linien

Ein Hervorheben von bestimmten Informationen ist gelegentlich nützlich und kann für das gesamte Layout schon im Satzspiegel oder für einzelne Abschnitte und Textpassagen berücksichtigt werden. Man kann dies durch **Linien** erreichen und dadurch Passagen von anderen Abschnitten trennen. Auch ein **Rahmen** um einen Absatz kann einen ähnlichen Effekt von Abgrenzung oder Zusammenfassung erzielen.

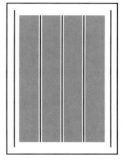

Mögliche Variationen sind lediglich begrenzt durch die Zielsetzung der Publikation und dem individuellen Geschmack. Allgemein verwendet werden Linien zwischen Spalten und in den Stegen (Abb. 2-107) sowie auch Linien im Kopf oder im Fuß einer Seite. Zudem können Linien auch als Rahmen in unterschiedlichem Abstand zum Druckbereich eingesetzt werden (Abb. 2-108 und Abb. 2-109).

Abb. 2-107: Senkrechte Linien als Abgrenzung zwischen Spalten

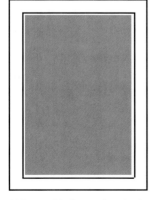

Abb. 2-108: Satzspiegel mit engem Rahmen

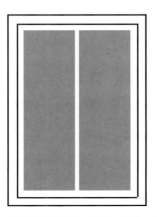

Abb. 2-109: 2-spaltiger Satzspiegel mit weitem Rahmen

2.10.3 Kolumnentitel

Kolumnentitel stehen am oberen oder unteren Ende einer Seite oder einer Spalte. In Textverarbeitungsprogrammen werden diese über die Fuß- und Kopfzeilen-Textfunktionen erreicht und in Layoutprogrammen entsprechend auf der Standardseite plaziert. Bei Seitenlayout und Satzspiegel sind die Bereiche für Kolumnentitel, Titel- und Untertitel etc. frühzeitig festzulegen, wobei zu beachten ist, daß die Kolumnentitel ein Teil des Satzspiegels sind und demzufolge nicht in den Stegen erscheinen sollten. Werden in Programmen die Fuß- und Kopfzeilenfunktionen verwendet, so kann es zu einem Plazieren von Kolumnentiteln in den Stegen kommen (Abb. 2-110 und 2-111). Hier können individuelle Abweichungen von allgemeinen Regeln durchaus interessante Effekte erzielen und gelegentlich sehr erwünscht sein (Abb. 2-111).

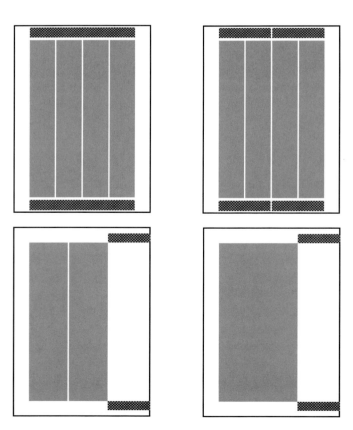

Abb. 2-110: Kolumnentitel über mehrere Spalten

Abb. 2-111: Kolumnentitel und Beschriftungen in den Marginalien

2.10.4 Formatierung von Absätzen

Die Ausrichtung von Absätzen unterscheidet sich nach der Form, in der die einzelnen Zeilen in einem Absatz ausgerichtet sind. Allgemein unterscheidet man nach
– Blocksatz (Abb. 2-112),
– mittelzentrierter Blocksatz (Abb. 2-113),
– linksbündiger Flattersatz (Abb. 2-114),
– rechtsbündiger Flattersatz (Abb. 2-115).

Beim **Blocksatz** (Abb. 2-112), gelegentlich auch justierter Blocksatz genannt, schließen die Zeilen jeweils links- und rechtsbündig ab. Insgesamt strahlt der Blocksatz auf den Leser immer eine gewisse einheitliche und ausgewogene Ruhe aus, dies kann für viele Publishing-Dokumente durchaus erwünscht sein. Es ist jedoch zu beachten, daß dies über lange Passagen hinweg angewendet, gegebenenfalls vom Leser eine deutliche höhere Konzentration abverlangt.

Abb. 2-112: Blocksatz

Beim **mittelzentrierten Blocksatz** (Abb. 2-113) sind die Zeilen an der Mittelachse der Seite oder der Spalte ausgerichtet. Bei jedem Zeilenwechsel werden hier vom Leser starke Augensprünge verlangt, was aufmerksamkeitserregende Wirkung haben kann. Verwendet wird diese Formatierung im wesentlichen für wichtige Einschübe und kurze prägnante Textpassagen, für Bildunterschriften sowie Titelzeilen und Überschriften.

Abb. 2-113: Mittel-
zentrierter Blocksatz

Beim **linksbündigen Flattersatz** (Abb. 2-114) laufen die Zeilen je nach Worttrennung am rechten Rand frei aus. Optimale Worttrennung führt zu einem leicht wellenartig verlaufenden Absatzrand und im ungünstigsten Fall zum sogenannten Rauhsatz

Beim **rechtsbündigen Flattersatz** (Abb. 2-115) werden die Zeilen am rechten Rand fest ausgerichtet und bilden am linken Rand einen freien Auslauf. Dies ist für den Christlich Europäischen Kulturkreis eher eine Spielart und verhältnismäßig schwer lesbar, weil das Auge in ungewohnter Weise jeden Zeilenanfang neu suchen muß. In anderen Kulturkreisen, z. B. bei arabischen Schriftzeichen, ist die Leserichtung von rechts nach links verlaufend, und dann ist diese Form der Absatzformatierung unabdingbar.

Eine besondere Position nimmt der **Formsatz** oder **Kontursatz** ein (Abb. 2-116), weil sich hier innerhalb des Textes eine Ab-

Abb. 2-114: Linksbündiger Flattersatz

113

Abb. 2-115: Rechts-
bündiger Flattersatz

Abb. 2-116: Kontur-
satz

bildung oder ein beliebiges grafisches Element befindet, ohne daß dabei eine klare Trennung von Text und Bild in eigenen Spalten erfolgt. Der Text umfließt die Abbildung, wodurch der Lesefluß unterbrochen wird. Dies kann beabsichtigt sein, wenn die Aufmerksamkeit des Lesers in die Abbildung umgelenkt werden soll, um dadurch beispielsweise den Text besser zu verdeutlichen.

Es ist jedoch zu beachten, daß die Satzarten bzw. Absatzformatierungen nicht beliebig miteinander kombiniert werden sollten. Im Interesse eines ungehinderten Leseflusses und eines einheitlichen Erscheinungsbildes sollten nur
– Blocksatz und mittelzentrierter Blocksatz,
– linksbündiger und rechtsbündiger Flattersatz,
– linksbündiger Flattersatz und linksbündiger Formsatz sowie
– blockjustierter Formsatz und Blocksatz
miteinander kombiniert werden.

2.10.5 Umbruch von Absätzen

Die Gestaltung von Absätzen kann man ohne formelle Einschränkungen vornehmen, d. h. jeder Absatz wird in der tatsächlichen Länge und Anzahl von Zeile vorgenommen, welche sich aufgrund des Seiten oder Spaltenformates ergeben. Dies führt zu beliebig gestalteten Absätzen auf einer Seite oder in einer Spalte. Nun gibt es bei solch undefinierten Umbrüchen sehr oft die berüchtigten und wenig beliebten **Schusterjungen** und **Hurenkinder**, die man meist unter allen Umständen vermeiden will. Schusterjungen sind dabei erste Zeilen eines neuen Absatzes, welche noch auf der vorherigen Seite oder Spalte erscheinen (Abb. 2-117). Bei Hurenkindern handelt es sich um die letzte Zeile eines Absatzes, die nicht mehr auf der eigentlichen Seite, sondern einsam auf der nachfolgenden Seite erscheint (Abb. 2-118).

Schusterjungen und Hurenkinder lassen sich im allgemeinen vermeiden, indem man entweder automatisch vor jedem nicht komplett auf einer Seite/Spalte plazierbaren Absatz oder nach jedem gerade noch auf einer Seite/Spalte plazierbaren Absatz einen Seiten- oder Spaltenumbruch durchführt. Bei automatisierter Umsetzung (z. B. durch Anwendungsprogramme) ist darauf zu achten, daß derartige Regeln nicht zu starr umgesetzt werden. Es könnte

 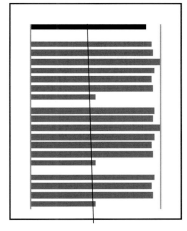

Abb. 2-117: Schusterjunge   **Abb. 2-118:** Hurenkind

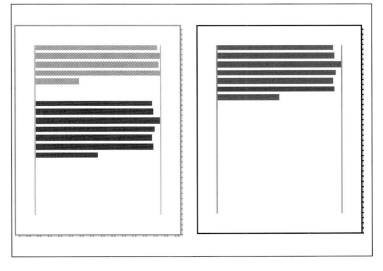

Abb. 2-119: Unerwünschte Absatzaufteilung

sonst zu dem Effekt führen, daß bei relativ kurzen Absätzen nur ein Absatz pro Seite oder Spalte erscheint (Abb. 2-119).

Zum Abschnitt 2.10 empfehlen sich ähnliche schon zu Abschnitt 2.2 genannte Werke von Luidl [2.17], [2.18], Baumann und Klein [2.19], Siemoneit [2.20], Gulbins und Kahrmann [2.21].

Kapitel 3

Technische Grundlagen zu Hard- und Software im Computer Publishing

I n vorausgegangenen Abschnitten dieses Buches sind vielfältige grundlegende Aspekte des Computer Publishing zu Dokumenten, zum Workflow und zu den Grundlagen vorgestellt worden. Bei der Entwicklung des Computer Publishing hat man sich zuerst, wie bei technischen Neuerungen häufig der Fall, sehr intensiv mit den technischen Details und technischen Problemstellungen dieser Entwicklung befaßt. Diesem Trend der frühen 80er und 90er Jahre folgend, waren dies hauptsächlich Fragen nach **technischen Problemstellungen**, wie z. B.

– Welchen Scanner soll man verwenden?
– Was ist bei Abtastung und Auflösung zu beachten?
– Welche Art von Computer braucht man?
– Welche RAM-Dimensionierung und Festplattenkapazität werden gebraucht?
– Welche Prozessortypen und welche Prozessorgeschwindigkeit sind notwendig?
– Welche Verbindungen zwischen den einzelnen Komponenten gibt es oder sind erforderlich?
– Welche Ausgabegeräte kann man verwenden?
– Wie gut ist die Ausgabequalität?
– Welches Betriebssystem braucht man oder kann man überhaupt verwenden?
– Welche Anwendungsprogramme sind am Markt verfügbar?

Diese technische Aspekte standen im Zentrum der Aufmerksamkeit und überlagerten während dieser Entwicklungsphase fast alle anderen Bereiche des Computer Publishing. Heute sind diese technischen Probleme nicht mehr von ganz so herausragender Bedeutung und sind nur noch als ein Teilbereich im Computer Publishing anzusehen. Die Komplexität von einzelnen Aspekten darf jedoch nicht unterschätzt werden und soll deshalb in einer kurzgefaßten Übersicht, aufgegliedert in die wichtigsten und grundlegendsten technischen Hintergründe, vorgestellt werden. Ziel ist es hierbei, die wesentlichen Informationen so zu kombinieren, daß daraus ein repräsentativer Querschnitt entsteht, welcher eine individuelle Vertiefung mit Hilfe aufgeführter Literaturhinweise ermöglicht.

Die Gliederung dieses Abschnittes orientiert sich hierbei ganz eng an den im Kapitel 1.2 vorgestellten Workflow bei Publishing-Dokumenten. Betrachtet man die Prozeßkette und die vielfältigen Komponenten des Computer Publishing, so kann man in einem ersten Ansatz diese grob in zwei Bereiche gliedern: in den Bereich der **Geräte** (engl. Hardware) und den Bereich der **Programme** (engl. Software).

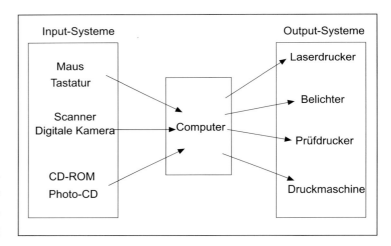

Abb. 3-01: Organisationsstruktur der Hardware im Computer Publishing

Die **Hardware** (siehe Kapitel 3.1) muß man weiter aufschlüsseln in Geräte für die Eingabe (engl. Input), in Rechner (engl. Computer) sowie in Geräte für die Ausgabe (engl. Output) (Abb. 3-01).

Bei der **Software** kann man eine weitere Unterteilung nach Betriebssystemen (siehe Abschnitt 3.2), Benutzeroberflächen (siehe Abschnitt 3.3) und Anwendungsprogrammen (siehe Abschnitt 3.4) vornehmen (Abb. 3-02).

Die Verbindung zwischen den Komponenten (der Hardware und der Software) oder wenn man so will der Rohstoff des Computer Publishing sind die **Daten** bzw. **Dateien** (siehe Abschnitt 3.5). Dateien und Daten sind die dynamische Komponente des

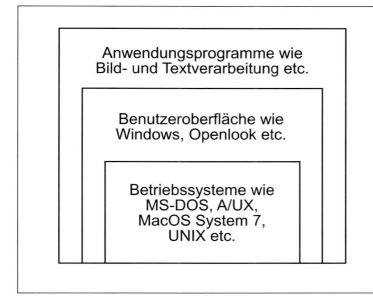

Anwendungsprogramme wie
Bild- und Textverarbeitung etc.

Benutzeroberfläche wie
Windows, Openlook etc.

Betriebssysteme wie
MS-DOS, A/UX,
MacOS System 7,
UNIX etc.

Abb. 3-02: Beziehung zwischen den Softwarekomponenten

Computer Publishing und der Schlüssel zu allem was erstellt, bearbeitet und letztendlich als Produkt kommerziell weitergegeben wird. Hierbei hat man es dann u. a. mit den Aspekten von Datei- und Datenformaten, von **Color Management** (siehe Abschnitt 4.2) und **Farbräumen** aber auch mit **Rasterverfahren** (siehe Abschnitt 4.1) zu tun. Was dann letztlich einmündet in den Bereich von Qualitätssicherung (siehe Abschnitt 4.4), Standardisierung und **digitalen Kontrollmitteln** (siehe Abschnitt 4.4 bis 4.6).

3.1 Hardware

Hardware ist allgemein alles, was man mit der Hand anfassen kann. **Hardware** ist nicht nur der Computer, sondern zur Hardware gehören auch Scanner, externe Speichermedien, Drucker, Belichter, digitale Druckmaschinen u.v.a.m., was für Computer Publishing gebraucht wird. Der Computer steht als Bindeglied zwischen Input- und Output-Systemen im Zentrum des Workflows von Computer Publishing. Dessen Leistungsfähigkeit entscheidet ganz wesentlich darüber, was beim Computer Publishing bearbeitet werden kann, wie einfach und schnell dies geschieht und welche Probleme entstehen können.

Ganz allgemein läßt sich im Bereich des Computer Publishing die Hardware als jene Ebene einordnen, die sich durch alle Arbeitsstufen im Workflow des Computer Publishing zieht. Betrachtet man diese Ebene, so erkennt man die Fülle von technischen Detailaspekten nicht unmittelbar („wenn alles verkabelt ist, dann funktioniert das schon irgendwie"), sobald man jedoch eine Komponente herausgreift, sieht man sich einer technischen Informationsfülle gegenübergestellt.

Daher ist es notwendig und hilfreich, den Bereich der Hardware noch etwas genauer und detaillierter zu strukturieren. Die Abbildung 3-03 zeigt die Zusammenhänge von **Hardwarekomponenten** mit den überlagerten Ebenen von Betriebssystemen, Anwendungsprogrammen, Datenformaten und dem Anwender. All diese Ebenen müssen miteinander kombiniert werden, um ein funktionsfähiges Ganzes zu ergeben. Die unterste Ebene, und das Fundament, bildet die Hardware, mit Computern im Zentrum. Allgemein und aktuelle Informationen zu dem sich ständig verändernden Stand bei Computern finden sich in Computer-Zeitschriften wie z. B. c´t - magazin für computertechnik, MacWorld oder PC-Magazin und in vielfältigen Fachbüchern zu speziellen Aspekten u. a. in [3.1], [3.2], [3.3].

Abb. 3-03: Struktur der Komponenten im Computer Publishing

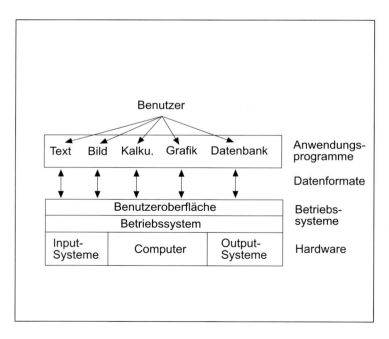

3.1.1 Eingabesysteme und Scanner

Es gibt Eingabesysteme, welche direkt mit einem Computer verbunden sind. Hierbei handelt es sich um die einfach zu handhabenden und technisch relativ unkomplizierten **Eingabesysteme** wie Tastatur, Maus, Eingabegriffel und Digitalisierungsbretter. In der kreativen Schaffensphase sind dies die durchaus gängigen Arbeitsgeräte. Der aktuelle technische Stand ist soweit fortgeschritten, daß diese Geräte heute problemlos funktionieren und kaum noch größerer Erklärung bedürfen.

Für den produktiven Bereich des Computer Publishing kommt den Scannern als weitaus komplexere Eingabesysteme eine größere Bedeutung zu. Mit **Scannern** werden Bildinformationen und Seiteninhalte von Strichzeichnungen und Halbtonbildern digital erzeugt. Neben dem Scanner sind Photo CD und digitale Kameras weitere Eingabemedien, die auf ähnlichen technischen Verfahren aufbauen, wie dies bei Scannern der Fall ist.

Heute sind Hand-, Flachbett- und Trommelscanner im Einsatz. **Handscanner** erzeugen Bildvorlagen in nur mäßiger Qualität, sind jedoch in der Lage, auch auf nicht planen Unterlagen, wie z. B. aus einem Buch heraus, eine Bilddatei zu erzeugen. Handscanner finden ihren Einsatz im mobilen Bereich, z. B. zusammen mit Laptop- und Notebook-Computern, sowie im Heimgebrauch und wenn keine großen Qualitätsanforderungen gestellt werden. Das Abtasten der Vorlage entspricht in etwa der Gerätebreite und erfolgt durch manuelle Handbewegung über die Vorlage. Diese manuelle Bewegung ist neben der Abtastauflösung das Hindernis zu qualitativ guten Ergebnissen.

Um qualitativ zufriedenstellende Ergebnisse für einen Einsatz im Computer Publishing zu erreichen, ist schon ein Flachbettscanner erforderlich. Dabei liegt beim **Flachbettscanner** vom Prinzip her die gleiche Technik zugrunde wie beim Handscanner. Nur befindet sich hier eine Vorlage auf eine Glasplatte und die Abtasteinheit bewegt sich mechanisch gesteuert unter der Glasplatte über die Vorlage (Abb. 3-04). Dabei strahlt eine starke Lichtquelle, welche meist aus LEDs (Light Emission Diodes) besteht, die Vorlage an, und das reflektierte Licht wird von CCDs (Charge Couple Device) aufgefangen. Diese Ladungsdaten der CCDs werden dann über einen Wandler in elektrische Signale umgewandelt,

Abb. 3-04:
Flachbettscanner
(Foto: Agfa
Pressedienst)

welche dann einen Bildpunkt repräsentieren. Das zeilenweise Abtasten führt schließlich zum digitalen Bild der Vorlage. Bei Schwarzweiß-Scannern findet man nur eine CCD-Zeile, um eine Vorlage abzutasten (üblich für Handscanner).

Bei Farbscannern kann diese Bauweise ebenfalls vorkommen, z. B. bei preiswerten Farbscannern für den Heimgebrauch. Hier wird eine Farbvorlage im sogenannten „Three Pass"-Verfahren dreimal abgetastet. Dabei wird dann über ein motorisches Filterrad bei jedem Scanvorgang ein jeweils anderer Filter vor die CCD-Zeile gesetzt. Das Bild wird dabei als RGB-Datei (Rot, Grün, Blau s. Abschnitt über Farbsysteme in Kap. 4.1) erzeugt. Da die drei Abtastvorgänge immer wieder am gleichen Startpunkt beginnen müssen, was hohe Anforderungen an die Präzision der Mechanik stellt, kann es bei diesem Verfahren oft Probleme geben durch Versatz in den Datenbeständen von Rot, Grün und Blau. Ein Versatz macht sich u. a. durch Bildunschärfen und Farbverschiebungen bemerkbar. Diese Probleme werden vermieden bei sogenannten Single-Pass-Scannern. Hier wird eine wesentlich bessere Bildqualität erreicht, da die Abtastung mit drei CCD-Zeilen (jeweils eine Zeile mit einem festen Filter für Rot, Grün und Blau) gleichzeitig erfolgt. Dadurch wird bei einem einheitlichen Startpunkt für alle drei Farben ein Versatz verhindert, und zudem bewirkt es noch einen beschleunigten Scanvorgang.

Im hochqualitativen High-End-Bereich herrschen die Trommelscanner (gelegentlich auch als Walzen- oder Rundbettscanner bezeichnet) vor. **Trommelscanner** haben einen festmontierten Abtastkopf, und die Vorlage wird auf einer transparenten Trommel befestigt. Diese Methode führt aufgrund der auf der Trommel zu montierenden Vorlage zu Einschränkungen bei der Eignung von Vorlagen. Diese dürfen keine zusammengeklebte Teile sein (können sich ablösen und im Scanner hängen bleiben) und müssen flexibel sein (sonst paßt die Vorlage nicht auf die Trommel, z. B. gerahmte Dias).

Die Konstruktionsvielfalt von Scannern macht schon deutlich, daß es ein universelles Aufgabengebiet für Scanner kaum gibt. Welcher Scanner für einen Einsatz im Computer Publishing letztendlich geeignet ist, hängt nicht nur von den Anforderungen aufgrund der Vorlagen, den Leistungsdaten des Scanners und der Ausgabegerät-Auflösung ab. Der Einsatz wird auch ganz wesentlich bestimmt von den zu verwendenden Anwendungsprogrammen (Bildbearbeitung, OCR- bzw. Zeichenerkennung, Vektorisierungsprogramme usw.) und den Anforderungen von den Datenformaten (TIFF, TWAIN, EPSF, Color Management etc.).

Literatur und detaillierte Informationen zu Scannern gibt es heute in einer größeren Anzahl. Empfehlenswert sind vor allem wegen der Checklisten für Eingaben, Verarbeitung und Ausgabe von Scannern u. a. [3.4] [3.5]. Theoretische wie auch praktisch ausgerichtete Grundlagen und Hintergrundinformationen zu Scannern geben u. a. [3.1] [3.6].

123

3.1.2 Digitale Fotografie und Photo CD

Heute wird die digitale **Photo CD** als weiteres Eingabemedium beim Computer Publishing zunehmend wichtiger. Aufgrund der günstigen Kosten, der hohen Bildqualität, der Einsparung von Scannern und der großen Verbreitung von CD-Laufwerken wurde die Photo CD für professionelle wie auch für private Anwender immer attraktiver. Unter Berücksichtigung von Arbeitszeitaufwand und Investitionskosten z. B. für Scanner weist die Photo CD heute in manchem Anwendungsbereich (Umstellen von kleineren herkömmlichen Bildarchiven auf individuelle digitale Bildarchive) einen großen wirtschaftlichen Vorteil auf.

Abb. 3-05:
Digitale Kamera Agfa
Studiocam
(Foto: Agfa Presse-
dienst)

Die professionelle **digitale Fotografie** ist wegen der hohen Anschaffungskosten und einiger noch technisch bedingter Beschränkungen beim Einsatz der Kameras heute noch eher weniger verbreitet. Ein Trend zum professionellen Einsatz von digitaler Fotografie u. a. unter Studiobedingungen und bei schneller Verfügbarkeit von digitalen Bildern ist deutlich erkennbar (Abb. 3-05) und wird mit sinkenden Preisen für die Kamera sicherlich zunehmen.

Allgemeine Informationen zur Photo CD bieten u. a. [3.7] [3.8] und [3.9]. Zum Umfeld der digitalen Fotografie finden sich weiterführende und tiefergehende Informationen u. a. in [3.10], [3.11], [3.12]. In [3.11] und [3.12] sind zudem noch aktuelle Marktinformationen zu digitalen Kameras enthalten.

3.1.3 Rechner und Speichermedien

Ohne Frage benötigt man Rechner und Speichermedien, um die Ergebnisse der Eingabegeräte zu speichern und bearbeiten. Für die meisten Personen, die mit einem Computer arbeiten, ist das ein Kasten (auch Zentraleinheit genannt) an dem Tastatur, Maus, Monitor und die externen Geräte (auch über Netzwerke) angeschlossen sind. Mit dem „Innen drin" ist man selten befaßt. Plug-and-play (Anschließen und Loslegen) ist eine Wunschvorstellung mit der man heute als Anwender der Koppelung und Verbindung zwischen den Hardwarekomponenten gegenübersteht. Einheitliche Kabeleingänge und Schnittstellen an Computern, z. B. durch die SCSI-Schnittstelle, ermöglichen dies.

Die **Zentraleinheit** (Central Processing Unit oder CPU genannt) und der Mikroprozessor sind der Kernbereich eines Computers. Deren Taktfrequenzen in MHz (also der Anzahl der ausgeführten Befehle pro Zeiteinheit) sowie jeweilige Befehlswortbreite (gemessen in Bit) stellen einen Maßstab für die Leistungsstärke eines Mikroprozessors dar. Ein Bit ist eine BInäreinheiT, bestehend aus 0 oder 1, und 8 Bit ergeben die nächst größere Einheit von einem Byte. Für einfache Textverarbeitung, einfache Tabellenkalkulation und Strichzeichnungen genügen schon weniger leistungsstarke Computer. Hingegen sind bei aufwendigen Kalkulationen, Datenbankbearbeitungen und bei Bildbearbeitung leistungsstarke Prozessoren (kenntlich u. a. an hohen Taktfrequenzen und großer Befehlswortbreite) notwendig.

Für eine schnelle Ausführung von Anwendungsprogrammen und Dateibearbeitung ist auch die Größe des **Arbeitsspeicher** (RAM auch Random Access Memory) von Bedeutung. Die maximale Größe des Arbeitsspeichers in einem Computer ist ausschlaggebend dafür, welche Programme auf dem Computer generell ablaufen können (z. B. Bildbearbeitung oder Layoutprogramme) und in welchem Umfang Dateien bearbeitet werden können (z. B. ein oder mehrere Farbbilder). Der Umfang der zu bearbeitenden Dateien ist das Maß für den Bedarf an Arbeitsspeicher. Werden z. B. nur Textdateien (ohne Bilder) bearbeitet, so genügen je nach Anwendungsprogramm und Betriebssystem schon wenige MByte Arbeitsspeicher. Sollen hingegen gescannte Farbbilder verändert werden, dann können unter Umständen bereits 64 oder 128 MByte Arbeitsspeicher zuwenig sein.

Zum **internen Arbeitsspeicher** gehört auch noch der ROM-Speicher (Read Only Memory) und der Cache-Speicher. Der ROM-Speicher enthält alle Programmteile, welche zum Betrieb des Mikroprozessors benötigt werden. Der Speicherinhalt ist als Bestandteil des Prozessors meist fest eingebrannt und kann nicht gelöscht werden.

Der **Cache-Speicher**, auch Pufferspeicher genannt, befindet sich zwischen Prozessor und RAM. Da heutige Prozessoren eine sehr hohe Taktfrequenz besitzen, die teilweise weit über jener der RAM-Bausteine liegt, wird ein Cache-Speicher verwendet, um diese Geschwindigkeitsdifferenzen auszugleichen. Der Cache-Speicher besteht aus sehr schnellen (und entsprechend teuren) RAM-Bausteinen. Aktuelle Prozessoren wie der INTEL Pentium oder Motorola 68040 verfügen über einen im Prozessor integrierten Cache-Speicher, was noch schnellere Zugriffe als bei einem zwischengeschalteten Baustein erlaubt.

Neben den internen Speichern sind natürlich auch die externen Speicher wichtig. **Externe Speicher** sind **Datenträger**, auf welchen sich Programme und Daten befinden, die dauerhaft gespeichert oder gesichert werden sollen, die im begrenzten internen Speicher keinen Platz finden oder die als Eingabemedium verwendet werden. Die Abbildung 3-06 zeigt ein externes und ein internes Festplattenlaufwerk im mechanisch geöffneten und nicht mehr

Abb. 3-06: Geöffnete
Harddisklaufwerke aus
IBM AT-PC

funktionsfähigen Zustand. Sehr gut sichtbar sind hier die beschichteten Plattenspeicher und die Schreibköpfe, mit welchen die Daten auf die Platten geschrieben werden.

Bei **externen Speichermedie**n ist die Speicherkapazität ein ganz wesentliches Maß für deren Einsatz. Hat man zum Beispiel 6.4 GByte Daten zu speichern (das entspricht etwa 3577 SW gescannten, unkomprimierten DIN-A4-Seiten oder 149 farbig gescannten, unkomprimierten DIN-A4-Seiten) dann macht folgender Vergleich der Speichermedien deutlich, welche Auswirkung die Wahl eines Speichermediums haben kann.

6.4 GByte, das entspricht 6553,6 MB (-> 1024*6.4), benötigen
4551 Disketten im 1.44 MB HD-Format oder
148 SyQuest Wechselplatten im 44 MByte-Format oder
11 MOD (Magneto Optical Discs) im 600 MByte-Format
oder
3 Streamer-Bänder im 2 GByte Format.

Neben den Kosten, die in diesem Beispiel von heute ca. 15 000 DM (bei HD-Disketten) bis ca. 800 DM (bei Streamer Bändern) reichen, ist der Lagerungsbedarf von 2 m Stapelhöhe (HD-Disketten) bis hin zu 6 cm Stapelhöhe (Streamer Bänder) und die Alterungsbeständigkeit von 5 Jahren (Disketten, Wechselplatten und Bänder) bis zu 20 Jahren (MODs) bei der Auswahl von erheblicher Bedeutung. Weitere Aspekte der externen Speichermedien wie Schnittstellen, Übertragungsraten, Speicherungs- oder Schreibgeschwindigkeiten sowie Anbindung an Geräte oder Netzwerke können in einzelnen Fällen auch sehr wichtig sein. Für eine individuelle Anwendung sind die anfallenden Datenmengen und Dateiformate mit geeigneten Speichermedien und erforderlichen Archivierungszeiten gezielt abzustimmen.

Den neuesten Stand der Technik zu Rechnern und Speichermedien sowie weiterführende Informationen findet man in Zeitschriften wie z. B. c´t - magazin für computertechnik vom Heise Verlag, Mac World, Mac Welt oder PC-Welt, während allgemeine und weiterführende grundlegende Detailinformationen u. a. in [3.1], [3.13], [3.14] zu finden sind. Als weiterführende Literatur zu CD-ROM sei u. a. auf [3.14], [3.15], [3.16] und [3.17] verwiesen.

Abb. 3-07: Digitale
Druckmaschine
(Foto: Agfa
Pressedienst)

3.1.4 Digitale Ausgabesysteme

Für das Computer Publishing sind die Ausgabegeräte das dritte wichtige Standbein neben Eingabegeräten und dem Computer mit seiner unmittelbaren Peripherie.

Der Bereich Ausgabegeräte umfaßt eine relativ große Vielfalt an unterschiedlichen Gerätetypen. Dieser Bereich läßt sich z. B.

nach Verwendungszweck und Trägermaterial der Ausgabe gruppieren. Dies ergibt dann zum einen die papierbasierten Ausgabegeräte, wie z. B. **Laserdrucker** (schwarzweiß und farbig), die digitalen **Prüfdrucksysteme** und die **digitalen Druckmaschinen** (Abb. 3-07), sowie als weiterer Bereich die Film- und Fotoausgabesysteme wie Film- und Diabelichter und als dritten Bereich die digitalen Plattenbelichter (Abb. 3-08).

Zum Thema papierbasierte Ausgabesysteme gibt es eine Vielzahl von Publikationen, für welche [3.18], [3.19], [3.20] und [3.21] nur als exemplarische Beispiele dienen sollen. Aktuelle Marktübersichten zu Filmbelichtern finden sich u. a. in [3.22] und

Abb. 3-08: Digitaler Filmbelichter (Foto: Agfa Pressedienst)

[3.23], während u. a. in [3.24] aktuelle Entwicklungen und in [3.1] technische Hintergründe vorgestellt werden.

Eine sehr gute und allgemein verständliche Übersicht zum Themenbereich der digitalen Plattenbelichter und digitalen Druckmaschinen findet sich in [3.25] und [3.26].

Speziell zum Thema digitale Prüfdrucksysteme findet man detaillierte Informationen in Fachinformationen, Arbeitspapieren und Forschungsberichten [3.26], [3.27].

3.2 Betriebssysteme

Ganz allgemein ist ein Betriebssystem die softwaremäßige Grundlage für einen Computer und das Bindeglied zwischen den verschiedenen Hardware- bzw. Gerätekomponenten, so daß diese funktionieren und benutzbar werden. Zum Betriebssystem gehört auch jene **Software** (durch Treiberprogramme), welche die elementarste Kommunikation zwischen Benutzer und Computer über Bildschirm, Maus und Tastatur ermöglicht. Darüber hinaus steuert es den Datenaustausch (Laden, Speichern) mit den angeschlosse-

Abb. 3-09: Daten- und Speicherformate bezüglich der Softwarekomponenten

Anwendungsprogramme
spez. Daten- und Speicherformate z.B. TIFF, PS, EPS,
TXT, WK2, PIC, PICT, PCX etc.

Benutzeroberfläche
spez. Datenaustauschformen
OLE, DDE, DLL,
Acrobat, OpenDoc etc.

Betriebssysteme
spezifische Speicherformen und Medien
(DD-, HD-Diskette,
CD-ROM, WORM etc.)

nen Geräten, z. B. mit Festplatten und Druckern, und es organisiert alles, was zu tun hat mit der Arbeitsausführung von Programmen und angeschlossenen Geräten (u. a. Ein- und Ausgabeoperationen). Die Verwaltung von Arbeitsspeichern stellt eine weitere Aufgabe für das Betriebssystem dar.

Aus den genannten Aufgaben des Betriebssystems ergibt sich eine Einordnung der Betriebssysteme als Bindeglied zwischen den Hard- und Softwarekomponenten, d. h. zwischen den Speichermedien und der Benutzeroberfläche eines Computers (Abb. 3-09).

3.2.1 Was ist wichtig an Betriebssystemen?

Direkt mit einem Betriebssystem kommt man heute als normaler Anwender, d. h. Anwender ohne umfangreiche Informatikvorbildung, kaum noch in Berührung. Fundierte Kenntnisse über Betriebssysteme, deren interne Strukturen, Systembefehle und deren Funktionsumfang werden erforderlich, wenn Netzwerkanbindungen und Server installiert oder Programmierung von Programmen vorgenommen werden müssen. Detaillierte Kenntnisse sind besonders bei den klassischen zeichenbasierten Betriebssystemen (Abb. 3-10) wie **MS-DOS** und

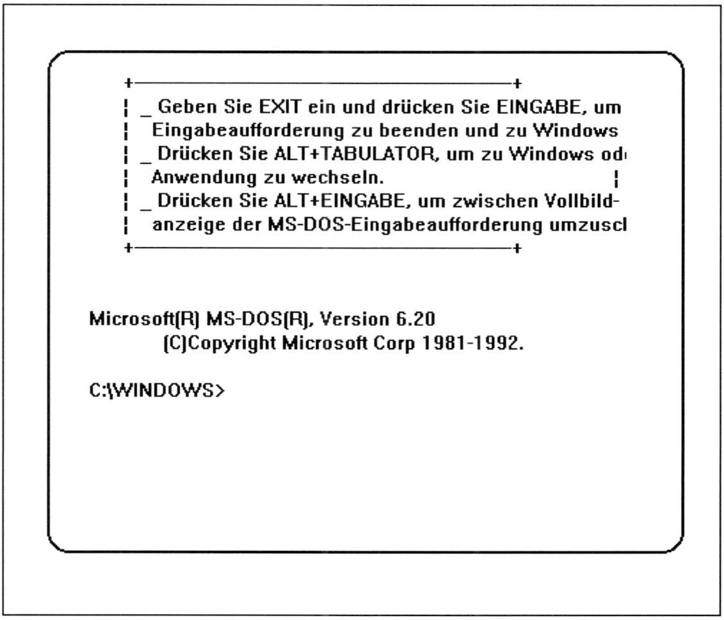

```
+----------------------------------------+
| _ Geben Sie EXIT ein und drücken Sie EINGABE, um
|   Eingabeaufforderung zu beenden und zu Windows
| _ Drücken Sie ALT+TABULATOR, um zu Windows od
|   Anwendung zu wechseln.                    |
| _ Drücken Sie ALT+EINGABE, um zwischen Vollbild-
|   anzeige der MS-DOS-Eingabeaufforderung umzusc
+----------------------------------------+


Microsoft(R) MS-DOS(R), Version 6.20
       (C)Copyright Microsoft Corp 1981-1992.

C:\WINDOWS>
```

Abb. 3-10: MS-DOS Betriebssystemebene mit zeichenorientierter Benutzeroberfläche

UNIX notwendig, z. B., wenn hier Änderungen von Systemkonfigurationen oder Hardware-Erweiterungen vorgenommen werden sollen.

Für das Computer Publishing und für die Anwender von Programmen im Computer Publishing sind im allgemeinen nur die Verfügbarkeit von Anwendungsprogrammen für einzelne Betriebssysteme von Bedeutung. Allgemein ist das beste und geeignetste Betriebssystem für einen Anwender im Computer Publishing jenes Betriebssystem, mit welchem ein Anwender nicht direkt in Berührung kommt.

Indirekt kommen Anwender immer dann mit dem Betriebssystem in Berührung, wenn z. B. eine Diskette in ein Laufwerk geschoben wird und vom Anwender der Disketteninhalt abgefragt und vom Betriebssystem am Bildschirm dargestellt wird. Deshalb soll nachfolgend die Dateiverwaltung bei unterschiedlichen Betriebssystemen etwas näher vorgestellt werden.

3.2.2 Dateiverwaltung im MS-DOS-Betriebssystem

Anwendungsprogramme unter dem MS-DOS-Betriebssystem greifen bei der Dateispeicherung auf Funktionen vom **MS-DOS** zu. Diese Funktionen ähneln im verwendeten Konzept denjenigen für UNIX-Betriebssysteme, zeigen jedoch deutlich Abweichungen gegenüber dem MacOS.

Die physische **Speicherung von Daten** wird beim MS-DOS in Form von Sektoren auf einem Datenträger (Diskette, Festplatte etc.) vorgenommen. Die Sektoren können grundsätzlich von unterschiedlicher Größe sein (128, 256, 512 Bytes usw.), müssen jedoch auf einem verwendeten **Datenträger** (z. B. einer Diskette oder Wechselplatte) einheitlich sein. Die einzelnen Sektoren sind numeriert und werden mittels Zeigerwerte (Pointer) verwaltet. Diese Zeiger werden in einer Belegungstabelle, FAT genannt (File Allocation Table), registriert. Jeder Zeiger hat dabei eine Doppelfunktion, zum einen weist er auf den ersten physischen Sektor (also den Anfang einer Datei), und zum anderen verweist er auf das Directory und dient damit der logischen Verwaltung. Das Directory ist das Verzeichnis der **Dateinamen** und der **Dateitypen**. Die Belegungstabelle und das Directory befinden sich üblicherweise auf der ersten Spur einer Diskette bzw. eines Datenträgers (gegebenenfalls auf beiden Schreibseiten). Aufgrund dieser physischen Form der Speicherung der FAT ist unter MS-DOS die Ver-

Datenträger in Laufwerk C ist MS-DOS_6
Datenträgernummer: 1804-3638
Verzeichnis von C:\DOS

```
.             <DIR>        30.04.94  15:34
..            <DIR>        30.04.94  15:34
DBLSPACE BIN      64.246 30.09.93   6:20
ATTRIB   EXE      11.263 30.09.93   6:20
CHKDSK   EXE      12.572 30.09.93   6:20
COUNTRY  SYS      19.555 30.09.93   6:20
DEBUG    EXE      15.945 30.09.93   6:20
DOSSETUP INI       3.088 30.09.93   6:20
EDIT     COM         429 30.09.93   6:20
EXPAND   EXE      16.365 30.09.93   6:20
FDISK    EXE      29.736 30.09.93   6:20
FORMAT   COM      23.382 30.09.93   6:20
HELP     HLP     343.858 30.09.93   6:20
INFO     TXT      70.348 30.09.93   6:20
KEYB     COM      15.871 30.09.93   6:20
KEYBOARD SYS      34.607 30.09.93   6:20
LOADFIX  COM       1.273 30.09.93   6:20
```

Abb. 3-11: Dateiverzeichnis auf Betriebssystemebene bei MS-DOS

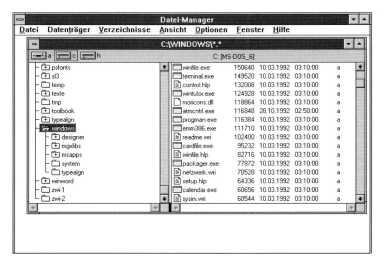

Abb. 3-12: Dateiverzeichnis im Dateimanager von Windows 3.1

waltung von Dateinamen auf maximal acht Buchstaben limitiert. Zusätzlich sind lediglich noch drei Buchstaben für den jeweiligen Dateityp möglich. Die physische Speicherung von Daten und deren logische Verwaltung in Dateien und Sektoren, wird durch einzelne DOS-Programmbefehle wie „Copy", „Format" etc. vorgenommen. Ein übergeordnetes und eigenständiges Dateiverwaltungsprogramm für dieses Betriebssystem wurde erst mit der Benutzeroberfläche MS-DOS/Windows (dort Dateimanager genannt) eingeführt. Der Fortschritt im Benutzerkomfort wird beim Vergleich der Abbildungen 3-11 und 3-12 deutlich.

3.2.3 Dateiverwaltung beim MacOS

Durch die enge Verbindung von Benutzeroberfläche und Betriebssystem (Näheres noch in Kapitel 3.3) bei den Rechnern der Firma Apple [3.30] besitzt das Betriebssystem eine etwas komplexere Struktur, als dies z. B. bei MS-DOS und Windows der Fall ist [3.28] [3.29].

Bei Apple Macintosh-Rechnern sind viele notwendige und nützliche Routinen schon hardwaremäßig im ROM sowie im **MacOS** integriert. Diese Routinen sind dabei entweder zu Packages oder als Manager zusammengefaßt. Auf die physische Organisation, wie den direkten Zugriff auf einzelne Sektoren eines Datenträger,s hat ein Anwender keinen und ein Programmierer nur einen eingeschränkten Einfluß. Für die logische Organisation von Daten und Dateien stehen für die verschiedensten Aufgaben ca. 25 Manager zur Verfügung [3.31] [3.32], dieses sind u. a.

– *Event Manager* für die Überwachung der Benutzereingaben und Ausführung von Aktionen,
– *Quick Draw* für die Grafik Bildschirmausgabe,
– *Font Manager* für die Verwaltung von Zeichensätzen,
– *Device Manager* für die Steuerung des Datenverkehrs zwischen Anwendungsprogrammen und Geräten,
– *Window Manager* für die Verwaltung der Bildschirmfenster,
– *Resourcen Manager* für die Verwaltung der Bildschirmrepräsentation von Dateien, Programmen etc.und
– *File Manager* für die Verwaltung von Dateien.

Diese verschiedenen Manager sind allgemein nur für Programmierer bei Entwicklungen als Programmwerkzeuge von Bedeutung. Für einen normalen Anwender und bei der Ausführungen von Speicheroperationen in Anwendungsprogrammen ist jedoch nur der **File Manager** [3.32] wichtig. Allgemein sind die Aufgaben des File Managers wie folgt zu beschreiben:

– Erzeugen neuer Dateien (Files)
– Öffnen und Schließen von Dateien unter gleichem Namen
– Speichern bestehender Dateien unter anderem Namen
– Erzeugen, Öffnen und Lesen ausgewählter Dateien
– Speichern der Daten in ausführbaren Dateien

Eine **Datei** ist dabei ganz allgemein eine geordnete Sequenz von Bytes, die mit einem Namen, in einem Verzeichnis (auch Katalog oder Volume genannt) gespeichert wird. Dateien des MacOS sind in zwei Zweige (engl.: forks) geteilt und weisen spezifische Eigenschaften bezüglich Namen, Identifikation, Dateiordnung, Dateigröße und Zugriffscharakteristik auf. Die zwei Zweige der Dateien werden als Resource Fork und Data Fork bezeichnet (Abb. 3-13), wobei die **Resource Fork** alle Angaben zu den Eigenschaften der Datei enthält. Allgemein befinden sich hier typische Anga-

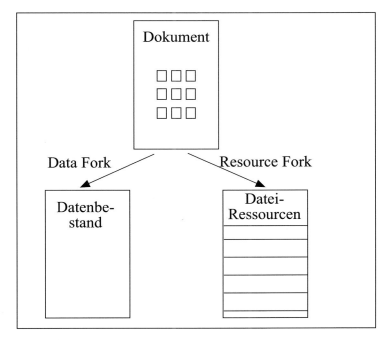

Abb. 3-13: Dateistruktur eines Dokumentes beim Macintosh System 7

ben zum Datei-Ikon, zur Bildschirmdarstellung, zur Fenster-plazierung oder auch zu benutzerspezifischen Voreinstellungen der Datei. Dem Benutzer zugängliche Informationen werden mit der Tastenkombination (propeller + I) in einem eigenen Fenstern gezeigt (Abb. 3-14 Informationsfenster). Wesentlich ist, daß in der Resource Fork explizite Informationen über den Dateityp und über das erzeugende Anwendungsprogramm vermerkt sind. Die spezifischen Informationen sind für einen Anwender meist nur über ein eigenes Programm, dem Resource Editor, [3.33] zugänglich. Es zeigt in unterschiedlichen Fenstern u. a. den Dateityp (z. B. TIFF), das erzeugende Programm (z. B. 8BIM bei Photoshop 3.0), Erzeugungsdatum und letzte Veränderung sowie den Dateiumfang im Resource- und Datenbereich an (Abb. 3-15). Die Vermerke von Dateityp und erzeugendes Programm bilden für Anwendungsprogramme wie QuarkXPress, Pagemaker etc. eine Filterungs-funktion, d. h., die Programme stellen dem Anwender nur Dateien von einem bestimmten Typ oder nur von bestimmten Erzeugern (Creator) für ein Importieren oder Laden zur Auswahl. Alle anderen Dateien sind ausgeblendet und somit für den Anwender nicht zugänglich.

Die **Data Fork** enthält eine sequentielle Folge von Daten, ohne daß mit diesen Daten eine für den Benutzer direkt erkennbare Struktur oder Form verbunden sein muß. Allgemein verfügen die Daten immer über eine interne Struktur, welche nur von dem jeweiligen Anwendungsprogramm interpretiert wird. Diese interne

Abb. 3-14: Informationsfenster beim System 7

Abb. 3-15: Informationsfenster mit Resedit

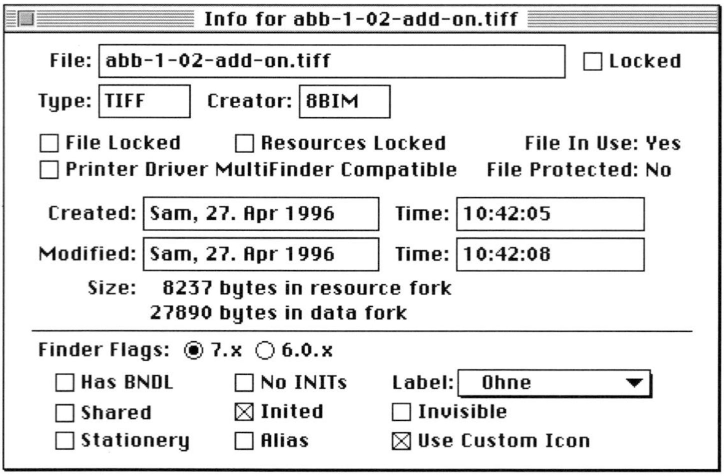

Datenstruktur wird im Kapitel 3.4, besonders in bezug auf das
TIFF- und das EPS-Format, näher erläutert.

3.2.4 Dateiverwaltung in UNIX-Betriebssystemen

Wie beim MS-DOS und beim MacOS handelt es sich bei der
Dateiverwaltung vom **UNIX-Betriebssystem** um eine in hierar-
chischer Form organisierte Dateiverwaltung, d. h., die Dateien
werden in Verzeichnissen (eng. Directories) zusammengefaßt
und können ihrerseits weitere **Verzeichnisse** enthalten. Die
physische Speicherung der Daten ist ähnlich den bereits erfolg-
ten Ausführungen. Gegenüber dem MS-DOS und dem MacOS
wurde das Dateikonzept auch dazu verwendet, um externe Geräte anzusprechen [3.34]. Dies führt zu einer deutlichen Verein-
fachung, da mit den gleichen Kommandos sowohl Dateien bearbeitet wie auch Peripheriegeräte angesprochen werden können.
Solche an Peripheriegeräte gesandte Dateien werden Geräte-
datei genannt und unterscheiden sich für den Benutzer nicht
von einer gewöhnlichen Datei.

Mit der Einführung der **graphischen Benutzeroberflächen**
(Open Look, NEXTSTEP und X/Windows) ist die Benutzer-
führung bei UNIX-Betriebssystemen deutlich besser geworden,
während die Programmierung sich dementsprechend komplexer
gestaltet. Auf das Dateiverwaltungssystem hat dies insofern
Auswirkungen gehabt, als hier nun auch in diesen Fällen ein File-
Manager eingeführt wurde [3.35]. Der File-Manager hat eine ähnliche Funktionalität wie der Datei-Manager bei MS-Windows bzw.
der Ressourcen Manager beim MacOS.

Für die direkte Manipulation und Handhabung von Dateien
stehen, abhängig von der jeweiligen UNIX-Version, u. a. zwei
Programmwerkzeuge zur Verfügung. Diese heißen *Textedit* und
Pageview. Textedit wandelt den Inhalt einer Datei in einen für den
Anwender lesbaren und auch editierbaren Text um. Während
Pageview den Datenbestand einer Datei als Bildinformation interpretiert und dementsprechend eine Bildschirmdarstellung in Display PostScript aufbaut. Für den Nutzer von Anwendungsprogrammen sind die weiteren Funktionalitäten der Betriebssysteme
eher weniger wichtig.

137

3.3 Benutzeroberflächen

Waren die klassischen Betriebssysteme (C/PM, MS-DOS, UNIX etc.) noch auf direkte Befehlseingabe über die Tastatur ausgerichtet, so sind heute übliche und **moderne Betriebssysteme** mit einer komfortablen Benutzeroberfläche ausgestattet. Benutzeroberflächen stellen Programme dar, die zumeist grafisch gestaltet sind und dem Anwender den Kontakt mit dem Computer und der Betriebssystemebene durch intuitiv erfaßbare Bilder (Ikons) deutlich erleichtern sollen. Die Befehle sind meist über Auswahlmenüs zugänglich und werden im allgemeinen mit der Maus innerhalb eines Fenstersystems angewählt oder aktiviert. Eingaben von Befehlen über die Tastatur sind nicht mehr üblich.

Die Integration der **grafischen Benutzeroberfläche** in Betriebssystemen, wie z. B. beim NEXTSTEP (Abb. 3-16) oder beim Apple Macintosh-Betriebssystem (Abb. 3-17), ist so eng, daß eine Trennung von Benutzeroberfläche und Betriebssystem nicht mehr durchzuführen ist. Bei anderen Systemen wie z. B. MS-DOS wird die Benutzeroberfläche (Windows 3.1) separat geliefert (Abb. 3-18). Netzwerk-Betriebssysteme wie z. B. das Novell DOS 7 (Abb. 3-19) sind heute ebenfalls nicht mehr ohne Benutzeroberfläche denkbar. Neuere Betriebssysteme (wie z. B. Windows 95) werden heute nur noch mit integrierter grafische Benutzeroberfläche ausgeliefert (Abb. 3-20).

Abb. 3-16: NEXTSTEP Desktop

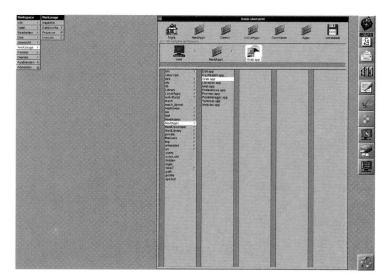

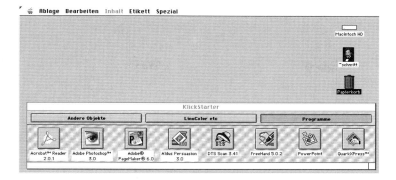

Abb. 3-17: Macintosh
System 7 – Desktop
mit Schnellstartfenster
für Anwendungs-
programme

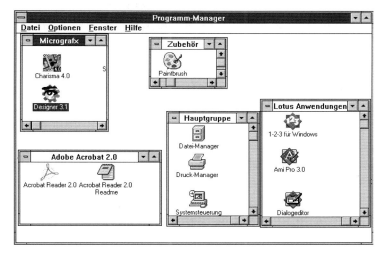

Abb. 3-18: Windows
3.1 – Desktop mit
Programmfenstern

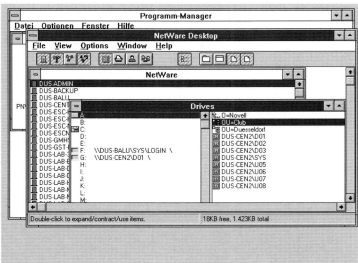

Abb. 3-19: Novell DOS
Version 7 – Desktop
mit Netzwerk-
Dateiverzeichnis

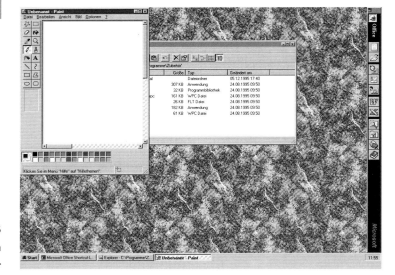

Abb. 3-20: Windows 95
Desktop mit offenem
Programmfenster

Abb. 3-21: Aaron
Benutzeroberfläche
(Nachbildung des
Apple Macintosh
Betriebssystem 8 –
auch Copland genannt)

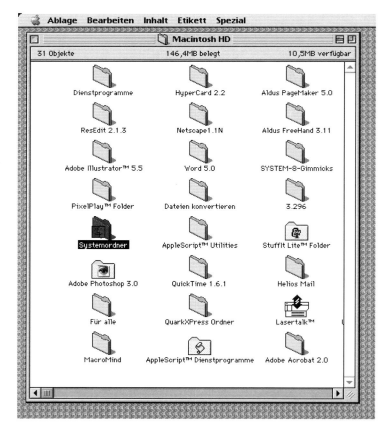

140

Erscheinen neue Versionen von Benutzeroberflächen, so bedeutet dieses zumeist, daß Anwendungsprogramme an die neuen Betriebssystemversionen angepaßt werden müssen. Für den Anwender heißt das u. a. Investitionen in Updates. Da bei neuen Benutzeroberflächen jedoch nicht nur die Anwendungsprogramme sondern möglicherweise auch die Hardwareausstattung eines Computers erweitert werden muß, sind neue Versionen nicht für jeden Computer geeignet. Hier kann mit Testversionen festgestellt werden, wie eine neue Benutzeroberfläche gestaltet ist und welche Probleme möglicherweise auftreten können. Internet Homepages von Herstellern und diverse Anwendergruppen bieten in manchen Fällen schon frühzeitig Informationen und gelegentlich Simulationen (Abb. 3-21) sowie eventuell entsprechende Testversionen an.

3.3.1 Was ist wichtig an Benutzeroberflächen?

Für einen Anwender im Computer Publishing ist bei einem Betriebssystem bzw. einer Benutzeroberfläche wichtig, daß an einem Computer gleichzeitig mehrere Anwendungsprogramme aktiv laufen können. Dadurch wird es z. B. möglich, gleichzeitig an der Layoutgestaltung in einem Programm zu arbeiten, während noch Abbildungsänderungen in einem Zeichen- oder Bildbearbeitungsprogramm vorgenommen werden. Bei allen modernen Benutzeroberflächen können die Ikons von Anwendungsprogrammen direkt

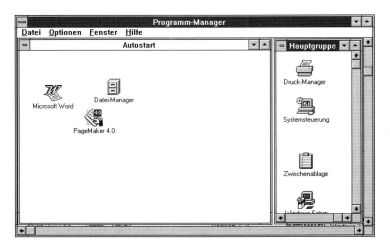

Abb. 3-22: Startfenster unter Windows 3.1

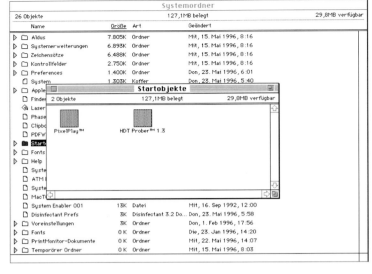

Abb. 3-23: Startfenster

unter System 7

Abb. 3-24: Wechsel

zwischen Programmen

beim System 7

Abb. 3-25: Wechsel zu

anderen Programmen

unter Windows 95

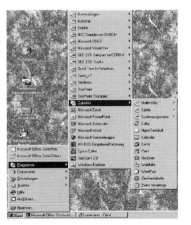

in ein sogenanntes **Startfenster** verlegt werden (Windows 3.1 Abb. 3-22, Macintosh System 7.5 Abb. 3-23). Programme in solchen Startfenstern werden beim Einschalten eines Computers automatisch gestartet und beschleunigen für einen Anwender den unmittelbaren Arbeitsbeginn.

Laufen gleichzeitig mehrere Programme, so kann man bei allen Benutzeroberflächen zwischen den jeweils aktiven Programmen wechseln, indem man mit dem Mauszeiger auf Rahmenbereiche von offenen Dokumentfenstern der Programme klickt. Zusätzlich kann ein **Wechsel zwischen Anwendungsprogrammen** auch über eigene Menüpunkte der Benutzeroberfläche (Abb. 3-24 für Macintosh, Abb. 3-25 für Windows 95 und Abb. 3-26 für Windows 3.1) bzw. durch anklicken des jeweiligen Programm-Ikons am unteren Bildschirmfenster (Abb. 3-26 Windows 3.1) erfolgen.

Neben dem Wechsel zwischen aktiven Anwendungsprogrammen sind Speichern und Laden sowie der **Datenaustausch** zwischen Betriebssystemen und Benutzeroberflä-

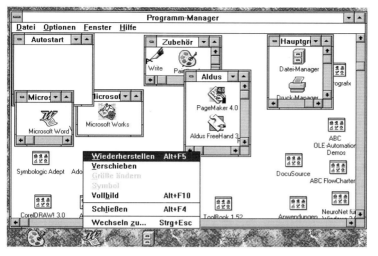

Abb. 3-26: Wechsel zu
anderen Programmen
unter Windows 3.1

chen weitere wesentliche Aspekte der Funktionalität von Benutzeroberflächen. Allgemein ist ein Datenaustausch per Datenträger
zwischen unterschiedlichen Systemwelten kein grundlegendes
Problem mehr. **Dateiübertragung** von Apple Macintosh nach MS-
DOS/Windows (Abb. 3-27) wird vom MS-DOS-Betriebssystem
nur unterstützt, wenn die Disketten MS-DOS-Formatiert sind,
d. h., daß eine Formatierung im DOS-Format entweder beim
Macintosh System 7 oder unter Windows vorgenommen wurde,
bevor Daten auf die Disketten geschrieben wurden. Eine Dateiübertragung von MS-DOS zum Apple Macintosh (Abb. 3-28) oder

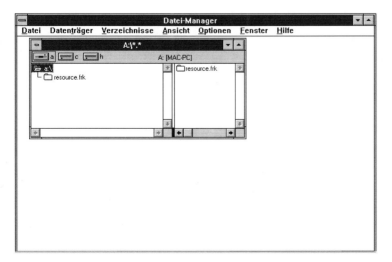

Abb. 3-27: Datenaus-
tausch von Macintosh
System 7 zu
Windows 3.1

Abb. 3-28: Datenaus-
tausch von Windows
3.1 zu Macintosh
System 7

Abb. 3-29: Datenaus-
tausch von Windows
3.1 zu NEXTSTEP

Abb. 3-30: Datenüber-
nahme von CD-ROM

Abb. 3-31: Datenüber-
nahme von 44 MByte
Wechselplatte

von beiden Systemwelten zum NEXTSTEP (Abb. 3-29) ist bei beiden Systemen einfach auszuführen, da das jeweilige Diskettenformat unmittelbar erkannt wird. Wird bei einem Datenträger eine fremde Formatierung festgestellt, so wird dieser Sachverhalt durch entsprechende Ikons für den Datenträger deutlich gemacht (Abb. 3-28, 3-29). Andere Datenträger weisen entsprechend unterschiedliche Ikons auf (Abb. 3-30 und Abb. 3-31).

Bei einem **Datenaustausch in Netzwerken** gibt es für einen Anwender kaum noch Hinweise darauf, welche Benutzeroberfläche oder welches Betriebssystem an einem Server oder Gastrechner verwendet wird. Kann ein Datenaustausch problemlos zwischen zwei Systemwelten erfolgen, so wird die Verbindung zwischen den jeweiligen Computern gestattet. Möglich ist dies z. B. über das Filesharing (beim Apple Macintosh über die Gemeinschaftsfunktionen im Apfelmenü erreichbar Abb. 3-32) bei gleichartigen Systemwelten oder über Auswahlfunktionen, wenn unterschiedliche Systemwelten miteinander verbunden werden sollen (Abb. 3-33 Novell Netware System 7).

Allen Benutzeroberflächen ist gemeinsam, daß es einen **Desktop** (Abb. 3-34) mit den verschiedensten Ikons für Programme und Dateien gibt. Über die senkrechten und waagerechten Scrollbars kann der Ausschnitt des jeweils aktiven Fensters verschoben werden, wenn der Inhalt in der Fenstergröße keinen aus-

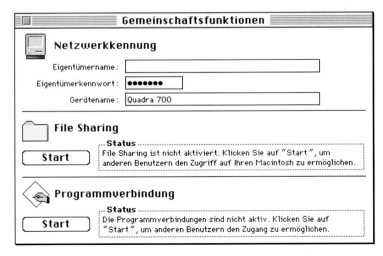

Abb. 3-32: Filesharing-Auswahlfenster unter Macintosh System 7

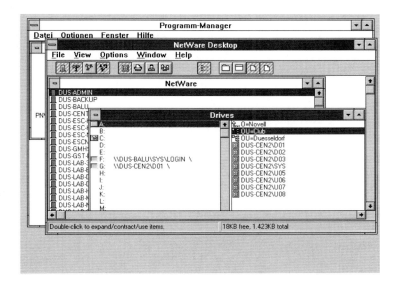

Abb. 3-33: Netzwerk-koppelung unter Novell Netware System 7

reichenden Platz gefunden hat. Im obersten Bildbereich befinden sich zumeist die Menübalken, über welche die Funktionen der Benutzeroberfläche wie z. B. Bildschirmausdrucke und Dateisuche aktiviert werden können. Die Gestalt der **Ikons** von Anwendungsprogrammen ist bei den unterschiedlichen Benutzeroberflächen (Abb. 3-35 und Abb. 3-36) sehr ähnlich, kann aber von dem einzelnen Nutzer u. a. mit Hilfe von Bildbearbeitungsprogrammen indi-

Abb. 3-34: Desktop unter Macintosh System 7

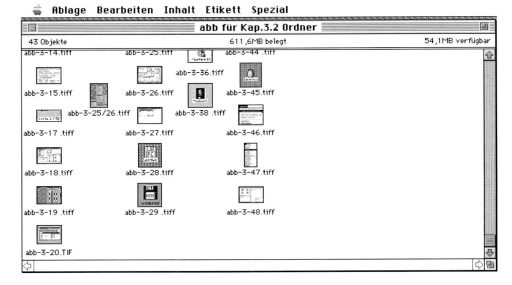

Aldus FreeHand 3.

Abb. 3-35: Programm-
Ikon von Freehand 3.11
unter Windows 3.1

Aldus FreeHand 3.11

Abb. 3-36: Programm-
Ikon von Freehand 3.11
System 7.2

Abb. 3-37: Individuell
gestaltete Ikons unter
System 7.2

Abb. 3-38:
Formatierungsfenster
Macintosh System 7

viduell gestaltet und dann z. B. in die Resource einer Datei kopiert werden (Abb. 3-37). Allgemein werden bei allen Benutzeroberflächen Programme mit einem Doppelklick des Mauszeigers auf das jeweilige Programm-Ikon gestartet, darüber hinaus ist es möglich, gezielt ein Dokument als Datei eines Anwendungsprogramms mit Doppelklick zu aktiveren. Hierbei wird das Anwendungsprogramm und anschließend das Dokument geöffnet. Die vielfältigen Hilfefunktionen sind bei den Benutzeroberflächen einheitlich über „?" oder den Menüpunkt „Hilfe" direkt zu aktivieren.

Wird bei einer Benutzeroberfläche ein noch nicht formatierter **Datenträger**, z. B. eine Diskette oder eine Wechselplatte, eingesetzt, so wird heute bei fast allen Benutzeroberflächen automatisch ein Formatierungsprogramm aktiviert (Abb. 3-38), wodurch dem Nutzer die Suche nach dieser speziellen Funktionen abgenommen wird. Um **Dateien kopieren** bzw. auf anderen Datenträgern speichern zu können, muß beim Windows 3.1 der Datei-Manager aktiviert werden (Abb. 3-39) und das gewünschte Dateiverzeichnis geöffnet sein. Beim Windows 95 übernimmt diese Funktion der Explorer (Abb. 3-40). Der weitere Schritt besteht dann nur noch im Verschieben der jeweiligen Dateien aus dem Verzeichnis in das Verzeichnis des Datenträgers bzw. auf die Laufwerkskennung. Bei Macintosh und NEXTSTEP kann man direkt, d. h. ohne aktiveren von Managerprogrammen, die Datei-Ikons auf die Datenträger-Ikons schieben und dadurch ein Kopieren auslösen.

Bei allen aktuellen Benutzeroberflächen existiert eine Form von **Papierkorb** (Abb. 3-41 bis Abb. 3-45). Auf dieses Ikon werden alle Dateien geschoben, welche zum Löschen vorgesehen sind und wodurch sich dieses Ikon dann entsprechend verändert (Abb.

▤ ←   **"untitled" (internes Laufwerk)
vollständig löschen?**

Name: | untitled |

Format: | DOS 1,4 MB ▼ |

(Cancel) (Erase)

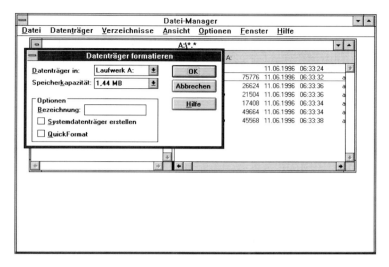

Abb. 3-39: Windows
3.1 – Formatierungs-
fenster

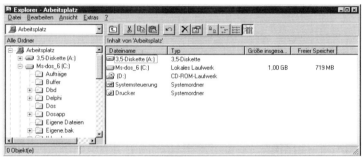

Abb. 3-40: Explorer
von Windows 95

3-46). Der jeweilige Löschvorgang wird zumeist über einen eigenen Menüpunkt ausgelöst (Abb. 3-47), wodurch versehendliches
Löschen von Dateien verhindert werden soll.

Dateiinformation z. B. über **Dateiumfang** und **Dateiart** sind
über die jeweiligen Datei-Manager oder Menüpunkte der Benutzeroberfläche zu erfahren. Will man zudem noch Dateien über

Abb. 3-41: Macintosh
System 7 – Papierkorb

Abb. 3-42: Macintosh System 8 /
Aaron – Papierkorb

Abb. 3-43: Windows
95 – Papierkorb

Abb. 3-44: NEXTSTEP
– Papierkorb

Abb. 3-45: Papierkorb bei Novell
System 7

Abb. 3-46: gefüllter Papierkorb
im Macintosh-System 7

Abb. 3-47: Menüpunkt
Papierkorb entleeren

Netzwerke versenden, so sind hier bei jeder Benutzeroberfläche etwas unterschiedliche Funktionen auszuführen. Bei den MS-DOS/Windows-Varianten sind in Netzwerken verbundene Computer als weitere Laufwerke mit eigenen Laufwerkskennbuchstaben sichtbar, und die Abläufe entsprechen dann genau der Speicherung auf einem Datenträger. Bei den anderen Benutzeroberflächen erscheinen Netzwerkverbindungen in Form von Ikons mit entsprechenden Namen bzw. Kennungen. Auch hier sind die Abläufe identisch mit der Speicherung auf einem Datenträger.

Um eine **Netzwerkverbindung** z. B. zu einem Server herzustellen, muß man diesen anwählen, was beim Macintosh-System über den Menüpunkt „Auswahl" des Apfelmenü erfolgt (Abb. 3-48) und ein entsprechendes Fenster eröffnet (Abb. 3-49). Mit der Wahl „AppleShare" werden im Netz verfügbare Computer sichtbar, und nach Wahl des gewünschten Computers erscheint ein Fenster mit der Paßworteingabe für die Zugangsberechtigung (Abb. 3-50). Mit Eingabe des richtigen Paßwortes wird anschließend die Verbindung hergestellt. In ähnlicher Weise verlaufen Anbindungen an Netzwerke und Netzwerkrechner auch bei Netzwerkbetriebssystemen wie z. B. Novell Netware System 7 (Abb. 3-51), wobei verfügbare Rechner als eigene Laufwerke (mit entsprechenden Laufwerkskennbuchstaben) dargestellt werden.

Abb. 3-48: Apfelmenü
Auswahl

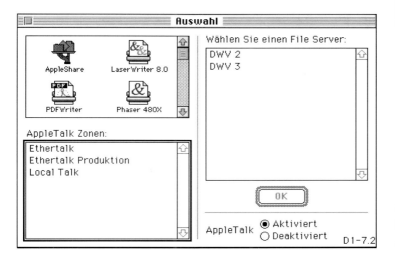

Abb. 3-49: Auswahl-
fenster mit aktiviertem
AppleShare

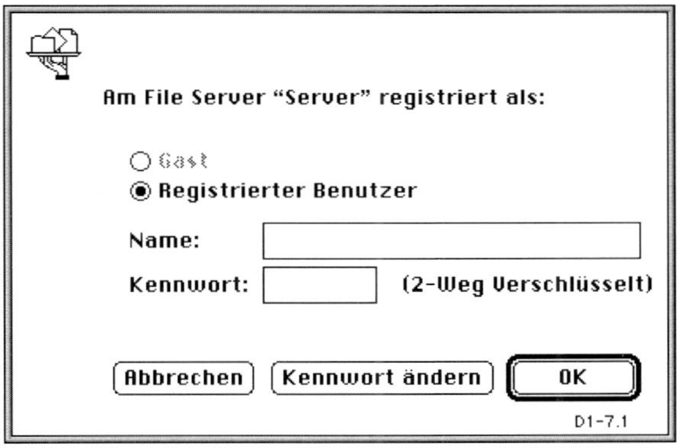

Abb. 3-50: Fenster für
Paßworteingabe

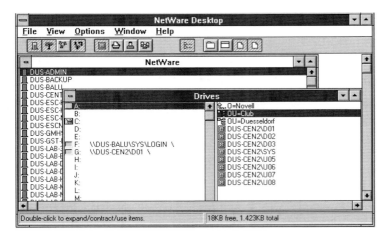

Abb. 3-51: Fenster mit
verbundenen Compu-
ter als Laufwerks-
buchstaben

3.4 Anwendungsprogramme

Anwendungsprogramme sind alle Programme, die ein Benutzer zur Lösung bestimmter Aufgaben wie Textverarbeitung, Tabellenkalkulation, Layoutgestaltung usw. verwendet. Die Benutzeroberfläche der Anwendungsprogramme und die zu benutzenden Befehle der Programme sind abhängig vom jeweiligen Betriebssystem und an der Benutzeroberfläche ausgerichtet. Allgemein sind heute alle wichtigen Anwendungsprogramme bei mehreren Betriebssystemen verfügbar. Emulatoren von Betriebssystemen waren vor einigen Jahren noch erforderlich, um einzelne Anwendungsprogramme auch bei unterschiedlichen Systemen einsetzen zu können, sind aber heute nur noch selten notwendig. Emulatoren sind systemverbindende Programme, welche z. B. innerhalb eines Betriebssystems die Funktionen (Speicherverwaltung, Eingabe- und Ausgabeoperationen etc.) eines anderen Betriebssystems nachgestalten. Dadurch war es möglich, Anwendungsprogramme zu übernehmen und unter einem eigentlich ungeeigneten System ablaufen zu lassen. **Emulatoren** gab es u. a. für MS-DOS unter UNIX, MacOS unter Amiga TOS, DOS unter NEXTSTEP sowie MacOS Version 7 unter Apple A/UX. Die Ablaufgeschwindigkeiten der Anwendungsprogramme waren durch einen Emulator zwangsläufig langsamer, da ein Mikroprozessor gleichzeitig die Befehle vom Anwendungsprogramm, vom Emulator, der Benutzeroberfläche und des Betriebssystems abarbeiten mußte.

In der kreativen Schaffensphase wie in der Produktionsphase werden entsprechend der jeweiligen Aufgabenstellung sehr unterschiedliche Anwendungsprogramme eingesetzt. In der **kreativen Schaffensphase** handelt es sich zumeist um das Erstellen von Daten und Dokumenten (Abb. 3-52), das mit Hilfe von eingeführten und verbreiteten Anwendungsprogrammen ausgeführt wird. Eine weite Verbreitung hat einzelnen Programmen fast schon den Status von Standardsoftware gegeben. Der Arbeitsfluß der kreativen Schaffensphase betrifft vornehmlich die Bereiche von Textverarbeitung, Tabellenkalkulation, Datenbanken, E-Mail- und Internet-Software, Strichzeichnungen, Bilderzeugung, Text- und Bildintegration (Näheres ist hierzu schon in Kapitel 2 ausgeführt worden). Im Bereich der **Produktionsphase** gibt es wegen der vielfältigen technisch bedingten Parameter und der unterschiedlichen

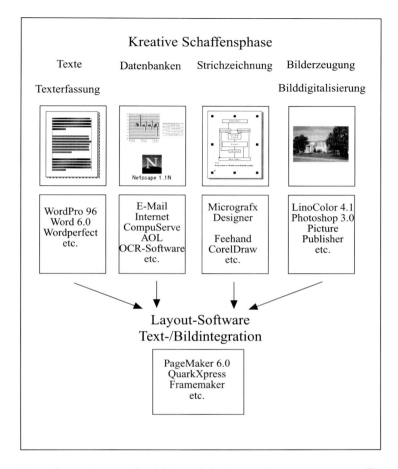

Ausgabesysteme noch nicht so viele Anwendungsprogramme, die
den Status von Standardprogrammen erreicht haben. Wichtige Aspekte der Arbeitsabläufe in der Produktionsphase und den ge-
bräuchlichen Anwendungsprogrammen werden in Kapitel 7 näher
vorgestellt.

Was muß man grundsätzlich von Anwendungsprogrammen wissen?

Die Vielzahl von unterschiedlichen Anwendungsprogrammen mit
sehr unterschiedlichen Funktionalitäten macht es für einen Anwender nicht einfach, einen Überblick über Eignung und Einsatzbereiche zu behalten. Diese Problematik gilt besonders für die An-

wendungsprogramme in der kreativen Schaffensphase. Anwendungsprogramme mit gleicher **Versionsnummer** und gleichen Funktionsumfang weisen in der Ausgestaltung der Benutzeroberfläche und der Bildschirmdarstellung deutliche Unterschiede auf, wenn diese bei verschiedenen Betriebssystemen eingesetzt werden. Ein typische Beispiel für die in einzelnen Bereichen deutlich abweichende Gestaltung der Benutzeroberfläche, bedingt durch verschiedene Betriebssysteme, zeigt der Vergleich von Word 6.0 für Windows und Word 6.0 für Macintosh (Abb. 3-53 und 3-54). Sind hier die obersten drei Zeilen des Arbeitsfensters mit dem Dokumentnamen, der Textzeile der Menüleiste und der Ikonleiste zur **Textformatierung** (Dokumentart, Schriftart, -größe, Schriftausrichtung etc.) noch identisch, so sind alle weiteren Funktionen und deren korrespondierende Ikons deutlich abweichend angeordnet. Anwender, welche zwischen verschiedenen Betriebssystemen und Benutzeroberflächen wechseln müssen, haben bei den **Standardfunktionen**, die sich an identischen Stellen befinden, zumeist keine Probleme, sich unmittelbarzurecht zufinden. Bei Sonderfunktionen und Funktionen, welche in abweichender Form, unterschiedlicher Gestaltung oder ungewohnten Plazierungen im Arbeitsfenster auftreten, ist ein größerer Grad der Gewöhnung erforderlich. Manche Softwarehersteller tragen diesem Umstand be-

Abb. 3-53: Arbeitsfenster bei Word 6.0 für Windows 3.1

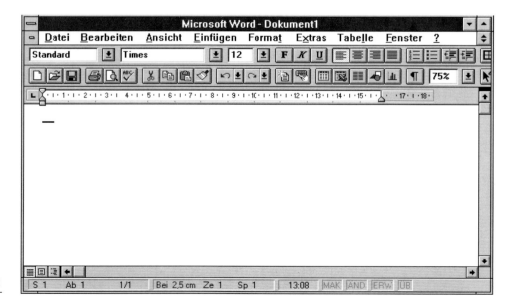

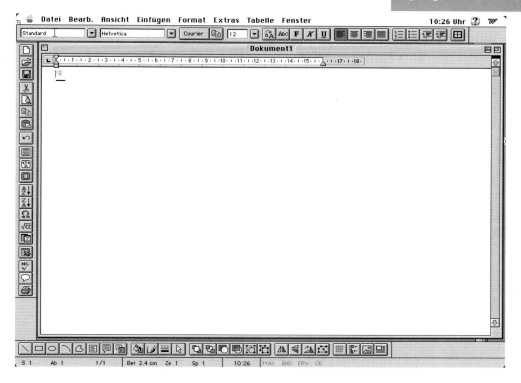

sonders bei Spezialprogrammen bzw. Programmen für die Produktionsphase Rechnung und vermeiden größere Abweichungen bei
der Gestaltung der Benutzeroberfläche in unterschiedlichen Betriebssystemen. Da aber unterschiedliche Betriebssysteme und Benutzeroberflächen durchaus einen deutlichen Einfluß auf den Arbeitsablauf und den Workflow beim Computer Publishing haben
können, wird deswegen in Kapitel 5 und Kapitel 6 für zwei Benutzeroberflächen ein ähnlich gearteter Arbeitsablauf vorgestellt.

Neben den durch verschiedene Betriebssysteme verursachten
deutlichen Abweichungen bei einzelnen Anwendungsprogrammen
kann man jedoch auch feststellen, daß es für Anwender im Computer Publishing eine Vielzahl an **Programmversionen** und
Versionsnummern gibt. Solche Programmvarianten weisen meist
Verbesserungen in einzelnen Funktionen auf, was sich dann seltener im Arbeitsfenster der jeweiligen Version dokumentiert. Für
Anwender hat dies den Vorteil, daß es kaum Unterschiede in der
Benutzeroberfläche gibt und kein großer Zeitaufwand zum Um-

Abb. 3-54: Arbeits-
fenster bei Word 6.0
für Macintosh
System 7.5

gewöhnen erforderlich ist. Die Gestaltung des **Arbeitsfensters** der Version PageMaker 5.0 und PageMaker 6.0, eingesetzt beim Macintosh System 7.5 (Abb. 3-55 und Abb. 3-56), dokumentiert diesen Umstand deutlich. Es ist in solchen Fällen für einen Anwender nicht immer ganz einfach die Vorteile von neuen Programmversionen aufzufinden und diese dann auch nutzen zu können. Ein Vergleich der Menüpunkte „Datei" (Abb. 3-57) und „Optionen - Aldus Additions" (Abb. 3-58) zwischen PageMaker 5.0 und

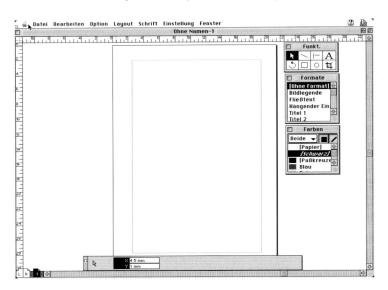

Abb. 3-55: Arbeitsfenster bei PageMaker 5.0 für Macintosh System 7

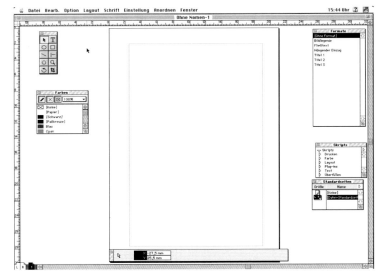

Abb. 3-56: Arbeitsfenster bei PageMaker 6.0 für Macintosh System 7

PageMaker 6.0 macht deutlich, daß nahezu gleiche Benutzeroberflächen noch keine Garantie für geringen **Einarbeitungsbedarf**
bedeuten. Zusätzliche Funktionalitäten in neuen Programmversionen erfordern immer einen größeren Lerneinsatz und damit Zeitaufwand. Ob zusätzliche Funktionen, erweiterte oder veränderte
Funktionalitäten, welche mit den neuen Programmversionen angeboten werden, für den einzelnen Anwender eher einen Vorteil oder
möglicherweise eher einen Nachteil darstellen, bedarf im allgemeinen einer genaueren Analyse vor allem der Arbeitsabläufe an

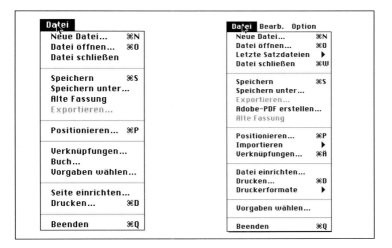

Abb. 3-57: Menüpunkt
„Datei" bei PageMaker
5.0 (rechts) und bei
PageMaker 6.0 (links)

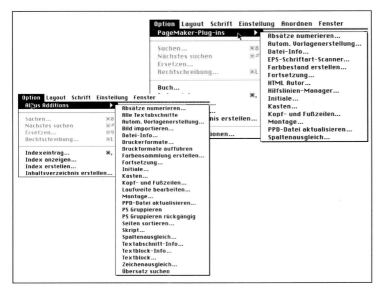

Abb. 3-58: Menüpunkt
„Optionen" bei
PageMaker 5.0
(rechts) und bei
PageMaker 6.0 (links)

155

einem Arbeitsplatz. Versionsänderungen wie z. B. zwischen Freehand 3.11 für Macintosh zu Freehand 5.0.2 für Macintosh, welche
u. a. auch eine Änderung in der Hersteller bzw. Vertriebsfirma beinhalten, machen sich auch in der Benutzeroberfläche bemerkbar
(Abb. 3-59 und Abb. 3-60). In ähnlichem Umfang zeigen sich auch
Abweichungen bei neuen Programmversionen, die auch einen Sy-
stemwechsel enthalten, z. B., wenn man einen Vergleich zwischen

Abb. 3-59: Arbeits-
fenster bei Freehand
3.11 für Macintosh
System 7.5

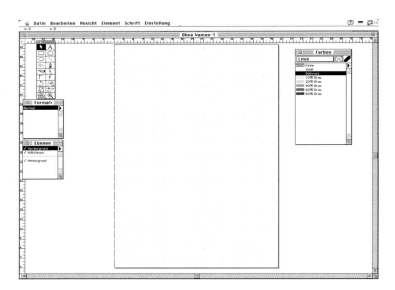

Abb. 3-60: Arbeits-
fenster bei Freehand
5.02 für PowerMac

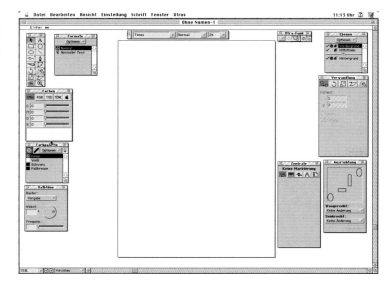

AmiPro für Windows 3.1 und Word Pro für Windows 95 vornimmt
(Abb. 3-61 und Abb. 3-62).

Für Anwender kann es keine generelle Empfehlung geben,
neue Programmversionen zu beschaffen oder zu ignorieren. Generell sollten die Aspekte des Workflows (Kapitel 1) und die Grundlagen zu einzelnen Arbeitsabschnitten beim Arbeiten mit Anwendungsprogrammen (Kapitel 2) die Basis für oder gegen neue Programmversionen darstellen. Darüber hinaus sind auch die Aspekte
des Datenaustausches und eventuelle Änderungen von Datenfor-

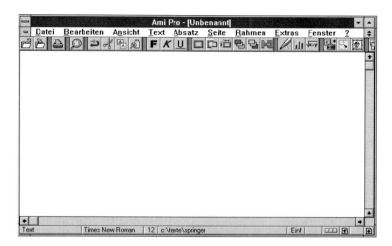

Abb. 3-61: Arbeits-
fenster bei AmiPro für
Windows 3.1

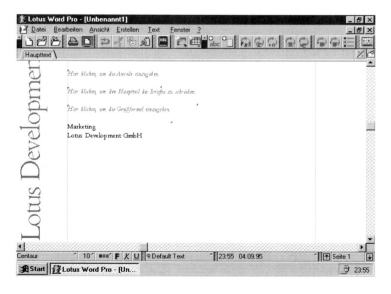

Abb. 3-62: Arbeits-
fenster bei Word Pro
für Windows 95

maten bzw. Speicherungsformaten bei neuen Programmversionen zu berücksichtigen. Änderungen der Speicherungsformate können gegebenenfalls bei größeren Datenbeständen einen hohen Konvertierungsaufwand verursachen, wenn alte Datenbestände auch bei neuen Programmversionen genutzt werden müssen.

Abb. 3-63: Daten-
formate im Workflow

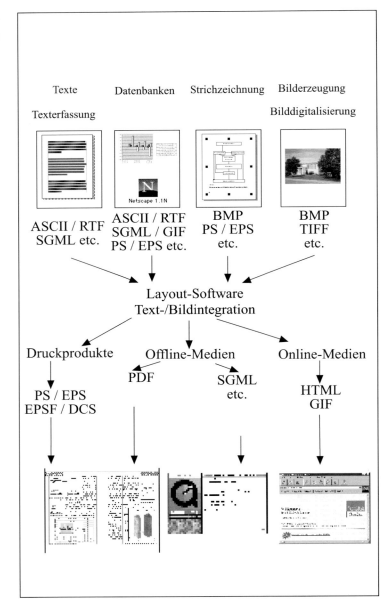

3.5 Computer-Datenformate

3.5.1 Allgemeine Einführung zu Datenformaten

Für den Bereich der kreativen Schaffensphase, bei Computer-Anwendungen im allgemeinen und für das Computer Publishing gibt es eine Vielzahl von zum Teil sehr unterschiedlichen Datenformaten. Nahezu jedes Anwendungsprogramm hat sein eigenes Datenformat, in welchem Arbeitsergebnisse vom jeweiligen Anwendungsprogramm abgespeichert werden. Diese Vielzahl von Formaten macht es einem Anwender ausgeprochen schwer, wenn er aufwendige oder komplizierte Aufträge oder Arbeiten auszuführen hat. Besonders dann, wenn für verschiedene Bearbeitungsabläufe auch noch verschiedene Anwendungsprogramme benötigt werden. Auch wenn einzelne Bearbeitungsstufen mehrmals durchlaufen werden müssen und dabei mehr als ein Anwendungsprogramm gebraucht wird, kommt es hier häufiger zu Problemen, wenn keine klaren Vorgaben über zu verwendende **Datenformate** vorliegen. Betrachtet man den Workflow des Computer Publishing (s. Kapitel 1.2) und bezieht hierbei den Datenfluß in Form von Datenformaten mit ein, so zeigt sich, daß es einige wenige herausragende und dementsprechend für eine nähere Betrachtung relevante Datenformate gibt (Abb. 3-63).

Allgemein kann man Dateiformate als eine Komponente von Betriebssystemen bzw. Benutzeroberflächen sowie als Komponente von Anwendungsprogrammen betrachten (Abb. 3-64). Die Be-

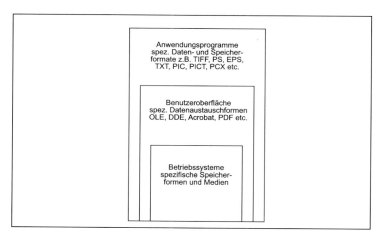

Anwendungsprogramme
spez. Daten- und Speicherformate z.B. TIFF, PS, EPS,
TXT, PIC, PICT, PCX etc.

Benutzeroberfläche
spez. Datenaustauschformen
OLE, DDE, Acrobat, PDF etc.

Betriebssysteme
spezifische Speicherformen und Medien

Abb. 3-64: Datenformate im Workflow

deutung von Datenformaten und deren Standardisierung wird noch deutlicher, wenn man berücksichtigt, daß Dateiformate bei allen Betriebssystemen und Benutzeroberflächen gleicherweise unterstützt werden sollten, um dadurch einen Austausch zwischen unterschiedlichen Betriebssystemen zu ermöglichen. Das Arbeiten mit Text, das ASCII-Format für Textdateien und wichtige Aspekte beim Austausch zwischen Anwendungsprogrammen wurden in Kapitel 2.1 und Kapitel 2.2 vorgestellt. Datenformate, welche für Grafiken und Bilddarstellungen verwendet werden, bilden heute einen Schwerpunkt der **Datenformat-Vielfalt**. Eine systematische Einteilung dieser Datenformate läßt sich am leichtesten nach der internen Datenstruktur vornehmen. Darauf basierend, gibt es heute bildpunktorientierte Dateiformate, deren Ursprung zumeist bei Scanner bzw. einer Bilddigitalisierung zu suchen ist, sowie vektororientierte Datenformate, die von Zeichnungsprogrammen und Ausgabegeräten wie z. B. Plottern bestimmt wurden. Zudem gibt es noch die Metasprachen-Datenformate, welche einen Ursprung u. a. im Bestreben eines Dokumentenaustausches und in Layoutprogrammen hatten.

3.5.2 Was ist wichtig an Datenformate als Komponenten von Betriebssystemen und Benutzeroberflächen?

Dateien und deren Behandlung bei der Datenspeicherung unter MacOS (hier in bezug auf die Data- und Resource Fork) sowie MS-DOS/Windows und UNIX wurden schon (im Kapitel 3.2) näher vorgestellt. Je nach dem zugrundeliegenden Betriebssystem wird die gleiche Datei unterschiedlich dargestellt, d. h., eine EPS-Datei kann unter MS-DOS/Windows als Textdatei behandelt und entsprechend in einem Anwendungsprogramm editiert werden (Abb. 3-66). Beim MacOS hingegen wird die gleiche Datei als EPS-Ikon (Abb. 3-65) dargestellt und wird im allgemeinen als Bilddatei in Anwendungsprogramme eingeführt. Auch beim Macintosh kann eine kleinere EPS-Datei u. a. mit Hilfe von Teachtext editiert werden. Generell steht bei einer EPS-Datei meist nur die Resource Fork mit einem Platzhalterfeld oder einer Bildschirmdarstellung bereit, welche dann in den meisten Anwendungsprogrammen nicht mehr veränderbar ist. In UNIX-Systemen

abb-3-01.eps

Abb. 3-65: EPS-Ikon

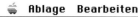

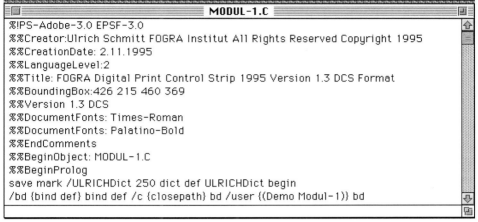

```
                          MODUL-1.C
%!PS-Adobe-3.0 EPSF-3.0
%%Creator:Ulrich Schmitt FOGRA Institut All Rights Reserved Copyright 1995
%%CreationDate: 2.11.1995
%%LanguageLevel:2
%%Title: FOGRA Digital Print Control Strip 1995 Version 1.3 DCS Format
%%BoundingBox:426 215 460 369
%%Version 1.3 DCS
%%DocumentFonts: Times-Roman
%%DocumentFonts: Palatino-Bold
%%EndComments
%%BeginObject: MODUL-1.C
%%BeginProlog
save mark /ULRICHDict 250 dict def ULRICHDict begin
/bd {bind def} bind def /c {closepath} bd /user {(Demo Modul-1)} bd
```

wie z. B. NEXTSTEP wird die gleiche EPS-Datei unmittelbar im **Display-PostScript** interpretiert, als Bild dargestellt und kann nun auch verändert werden (3-67). Dies ist ein Beispiel bei nur einem Dateiformat, dem EPS-Datenformat, und bei drei verschiedenen Benutzeroberflächen bzw. drei Betriebssystemen. Mit anderen Datenformaten lassen sich weitere Beispiele bei verschiedenen Benutzeroberflächen vorstellen, wobei sich die Datenformate durchaus anders verhalten können oder auch Unkompatibilitäten aufweisen. Probleme beim Datenaustausch machen den Bedarf von einheitlichen Formaten bzw. Standarddatenformaten gerade im Computer Publishing so wichtig. Aufgrund von Verfügbarkeit und Marktverbreitung sind einige Datenformate zu einem Industriestandard geworden, hier u. a. EPS und TIFF. Darüber hinaus sind jedoch auch genormte Datenformate wie SGML und CGM entstanden.

Für den Anwender sind die Aspekte der Datenformate und des Datenaustauschs auf der Ebene von Betriebssystem und Benutzeroberfläche weniger wichtig. Anwender kommen in diesem Bereich mit der Thematik von Datenformaten nur indirekt in Berührung, u. a., wenn ein **Datenaustausch** zwischen unterschiedlichen Anwendungsprogrammen innerhalb einer Benutzeroberfläche nicht über ein Speichern von Dateien, sondern durch ein Kopieren von Daten in die Zwischenablage erfolgt. Mit Hilfe von Zwischenablagen kann auf diesem Weg ein Datenaustausch sehr

Abb. 3-66: EPS-Datei als editierbarer Text

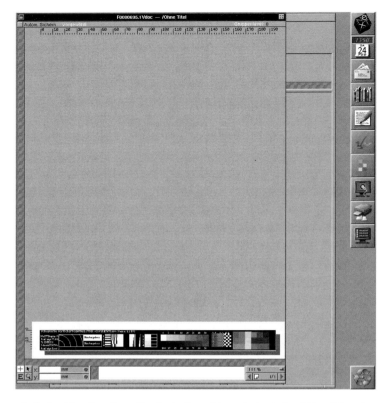

Abb. 3-67: Display
PostScript bei
NEXTSTEP

einfach ablaufen. Für die Zwischenablage beim MacOS erfolgt der
Datenaustausch über die Menüfunktion „Bearbeiten" und „Kopieren" sowie „Bearbeiten" und „Einfügen" (Abb. 3-68). In verschiedenen Anwendungsprogrammen kann man den Inhalt der
Zwischenablage zusätzlich auch noch in einem eigenen Fenster
darstellen und gegebenenfalls bearbeiten, bevor der Inhalt in eine
Datei eingefügt wird.

Abb. 3-68: Kopieren
und Einfügen von
Bildinformationen z. B.
mit Freehand für
Macintosh

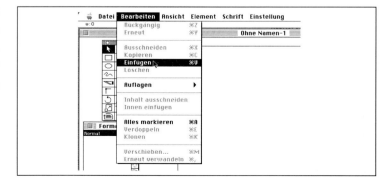

3.5.3 Was ist wichtig an Datenformaten als Komponenten von Anwendungsprogrammen?

Datenformate als Komponenten von Anwendungsprogrammen begegnen dem Anwender bei drei Menüpunkten in Anwendungsprogrammen. Es handelt sich hierbei zuerst um Datenformate zum **Speichern** von Arbeitsergebnissen und Zwischenergebnissen, was je nach Anwendungsprogramm und Benutzeroberfläche zumeist über den Menüpunkt „Datei" und „Speichern" (Abb. 3-69) oder „Ablage" und „Sichern" (Abb. 3-70) ausgelöst wird. Je nach Anwendungsfall und Anwendungsprogramm werden dann Eingabefenster für den Dateinamen und Datenformat geöffnet. Sollen die Ergebnisse mit dem gleichen Anwendungsprogramm später weiterbearbeitet werden, so genügen meist die üblichen Einstellungen der jeweiligen Anwendungsprogramme. Müssen die Daten in anderen Programmen weiterverarbeitet werden, so ist es eventuell notwendig, geeignete oder spezielle Datenformate auszuwählen, die dann nicht immer unter den Datenspeicherfunktionen der einzelnen Programme verfügbar sind. Hier kommt man mit dem zweiten Bereich der Menüpunkte in Anwenderprogrammen in Kontakt. Es handelt sich um den **Datenexport**, welche zumeist über den Menüpunkt „Ablage" (Abb. 3-71 rechts) bzw. „Datei" (Abb. 3-71 links) und „Exportieren" zugänglich wird. Die in den einzelnen Anwendungsprogrammen verfügbaren Datenformate für einen Datenexport können auf einzelne Datenformate wie z. B. auf

Abb. 3-69: Menüpunkt „Datei"

Abb. 3-70: Menüpunkt „Ablage"

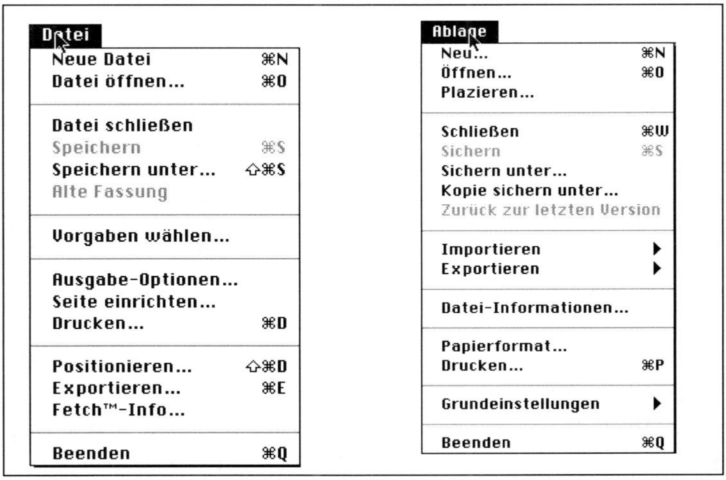

Abb. 3-71: Import- und Export-Menüpunkte bei verschiedenen Anwendungsprogrammen

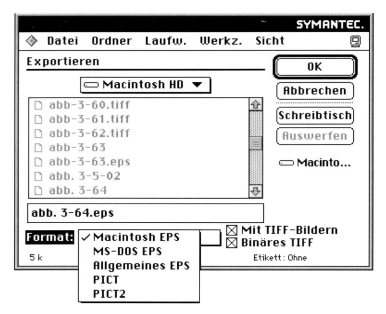

Abb. 3-72: Mögliche
Datenformate für einen
Datenexport

das EPS-Format begrenzt und unter dem Menüpunkt „Seite als EPS sichern" (Abb. 3-70) zugänglich sein. Es gibt jedoch Anwendungsprogramme, welche eine größere Anzahl von unterschiedlichen Datenformaten für einen Export anbieten (Abb. 3-72).

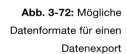

Abb. 3-73: Menüpunkt
„Positionieren" bei
PageMaker 5.0

Das Pendant zu der **Exportfunktion** in einem Anwendungsprogramm ist die **Importfunktion** in dem anderen Programm. Diese Funktion ist zumeist über den Menüpunkt „Datei" und „Positionieren" (Abb. 3-73) oder über „Importieren" (Abb. 3-71) zugänglich. Nach den üblichen Dateiauswahlfenstern wird das jeweilige kompatible Datenformat übernommen und entsprechend der Leistungsfähigkeit des einzelnen Anwendungsprogrammes dargestellt.

Eine **Austauschbarkeit**, d. h. Kompatibilität, von den Datenformaten erfordert offengelegte Spezifikationen und Standards, welche auf allen Betriebssystemen und Anwendungsprogrammen gültig sind und eingehalten werden. Gerade im Computer Publishing stellt man beim Austausch von Daten immer wieder Probleme fest, welche sich nicht nur auf Dateiumfang und Bildqualität (s. Kapitel 2.9 wie auch Kapitel 4.4.4) beziehen, sondern auch den gesamten Themenbereich der Eingangskontrolle digitaler Daten (Kapitel 7.1) betreffen. Aus diesem Grund muß man sich als Anwender von Programmen und generell im Computer Publishing immer wieder mit den wichtigsten Datenformaten auseinanderset-

zen. Für allgemeine Datenformate, auf die im Rahmen dieses Buches nicht näher eingegangen werden kann, sei an dieser Stelle auf
ergänzende Literatur u. a. von Born [3.36], Born [3.37] und Lipp
[3.38] verwiesen.

3.5.4 Wie sind Daten- und Dateiformate einzuordnen?

Allgemein kann man Datenformate u. a. nach deren Einsatzbereichen, z. B. als Dokumentation von Arbeitsergebnissen, oder im
Datenaustausch, einordnen. Man kann Datenformate auch nach
Ausgabemedien, Betriebssystemen und Benutzeroberflächen systematisieren. Entsprechend kommt man zu durchaus unterschiedlichen Kategorisierungen. So sind häufig anzutreffende Datenformate zur Ausgabe von Arbeitsergebnissen, z. B. Belichter- und
Seitenbeschreibungsformate für Druckprodukte, u. a. PostScript,
EPS, DCS, OPI und SGML. Bei elektronischen Medien und beim
elektronischen Vertrieb trifft man häufig auf die Datenformate
PDF, HTML sowie GIF und wenn man Digitalisierungssysteme
berücksichtigt, so stößt man u. a. auf Photo CD-Formate, TIFF
und RIFF. Will man Datenformate als Austauschformate einsetzen,
ergeben sich Kategorisierungen u. a. von PDF, SGML, HTML als
eine Gruppe von Datenformaten.

Für die nachfolgenden Ausführungen zu den Datenformaten
soll als Grundlage eine Einteilung der Datenformate nach vektororientierten, bildpunktorientierten und nach metasprachenorientierten
Datenformaten dienen, d. h., es wird eine Gruppierung der Datenformate nach deren Konzeption und nach deren strukturellen Aufbau vorgenommen.

3.5.5 Vektororientierte Datenformate

Im Gegensatz zu den pixel- oder bildpunktorientierten Datenformaten
wie z. B. dem TIFF-Format (Näheres hierzu im nachfolgenden Kapitel 3.5.6) wird in **PostScript** ein Bild nicht ausschließlich durch
hexadezimalkodierte Bildpunkte gebildet. In dieser Kategorie von Datenformaten wird ein Bild oder eine Zeichnung vornehmlich durch
Vektorbefehle erzeugt. Eine Fläche wird z. B. durch mehrere Befehls-

worte und durch korrespondierende Koordinatenangaben erstellt. Es muß also nicht für jeden einzelnen an einem Ausgabegerät erscheinenden Bildpunkt ein entsprechender Zahlenwert in der Datei gespeichert werden, sondern diese Vektorbefehle können eine sehr große Anzahl an Bildpunkten zusammenfassen. Während der Ausgabe z. B. auf einem Laserdrucker oder Belichter werden diese Vektorbefehle dann in einem der Ausgabe vorgeschalteten RIP (**Raster Image Processor**) interpretiert und dabei in einer virtuellen Bildseite in Bildpunkte umgerechnet und dargestellt. Nach der vollständigen Auswertung der Vektordatei ist die Bildseite als eine Bildpunktdatei im Speicher des Ausgabegerätes aufgebaut. Mit dem korrespondierenden Druckbefehl führt dann die Steuerung des Ausgabegerätes z. B. den Laserstrahl zu einer Belichtung und nach einem entsprechenden Seitenvorschub zur Ausgabe des Trägermaterials.

Warum braucht man vektororientierte Datenformate?

Vektororientierte Datenformate weisen gegenüber den pixel-orientierten Datenformaten eine wesentlich kompaktere und komprimiertere Dateiform auf. Was einen sparsameren Speicherplatzverbrauch zur Folge hat. Zusätzlich sind vektororientierte Datenformate gegenüber Größen-, Maßstabs-, Positions- und Ausrichtungsveränderungen wesentlich unempfindlicher, da hierzu die jeweiligen Vektorkoordinaten durch entsprechende mathematische Operationen (wie Multiplikation oder Division) jederzeit relativ exakt bestimmt werden können. Dieser Aspekt unterstützt eine Fülle von kreativen Bearbeitungsformen in diesem Dateiformat. Gleichzeitig bietet ein vektororientiertes Datenformat eine Auflösungsunabhängigkeit vom Ausgabegerät, da zur Berechnung der Bildpunkte immer der virtuelle Bildmaßstab, für den eine Seite erstellt wurde (z. B. die 72 dpi eines Bildmonitores), durch einfache mathematische Umrechnung die jeweils gerätespezifische Auflösung ermittelt (z. B. die 3600 dpi eine Filmbelichters). Wegen der verwendeten Befehlsworte in vektororientierten Datenformaten, werden diese Formate häufig auch als Programmiersprachen bezeichnet, da hierdurch eine Programmierung der Ausgabegeräte, z. B. in Form von Abfragen und Ausgabeveränderung, noch während des Ausgabevorganges möglich ist.

Welche vektororientierten Datenformate gibt es?

Neben PostScript und seinen diversen Varianten haben sich eine Fülle von firmen- und programmspezifischen Datenformaten gebildet. Eine der vielen Konkurrenzformate zu PostScript ist die von Hewlett Packard definierte Sprache PCL (Printer Control Language). Bei Plottern hat darüber hinaus noch die bereits 1976 definierte Hewlett Packard Graphic Language (HP-GL) eine starke Verbreitung gefunden. Seit Hewlett Packard als Nachfolger HP-GL/2 definierte, bieten immer mehr Hersteller von Anwendungsprogrammen auch dieses Format für einen Austausch von Grafikdaten an. Diese zusätzlichen Datenformate sind bei Arbeitsabläufen im Computer Publishing besonders dann wichtig, wenn z. B. technische Zeichnungen in Form von Dateien übernommen werden sollen. Für einen störungsfreien Austausch sind dann Vorkehrungen zur Konvertierung in ein für Layoutprogramme geeignetes Dateiformat zu treffen, oder es ist zu prüfen, ob die jeweiligen Layout- oder Anwendungsprogramme diese Formate problemlos importieren können.

Detailliertere Informationen zu PCL, HP-GL, HP-GL/2 etc., den jeweils verwendeten Zeichensätzen, den Zeichenoperationen usw. sind u. a. in den Literaturquellen von Born [3.36] und Lipp [3.38] beschrieben und brauchen hier nicht weiter ausgeführt zu werden.

Die PostScript-Datenformate PS, EPS, EPSF, DCS, OPI

PostScript ist eine Seitenbeschreibungssprache der Firma Adobe, die sich als eine ausgabegerät-unabhängige Sprache zu einem Standard im Computer Publishing entwickelt hat. Zudem ist PostScript über die Jahre in einem stetig steigenden Grad auch als Austauschformat zwischen verschiedenen Anwendungsprogrammen und zwischen Betriebssystemen avanciert. Dies begründet sich darin, daß die meisten Anwendungsprogramme den Import wie auch den Export von Daten im PostScript-Format gestatten.

Für die meisten Nutzer von Anwendungsprogrammen ergibt sich, im Zusammenhang mit PostScript-Daten und Dateien, gelegentlich eine Verwirrung wegen der meist unterschiedlich verwendeten oder etwas unverständlich erscheinenden Abkürzungen wie PS (für PostScript), EPS (für Encapsulated PostScript), EPSF (für Encapsulated PostScript Fileformat) und DCS (für Desktop Color Separation) sowie OPI (Open Prepress Interface).

PS- bzw. PostScript-Dateien (Abb. 3-74) sind dadurch gekennzeichnet, daß alle Befehlssätze entsprechend den Adobe PostScript-Konventionen verwendet werden können, d. h., auch Seitenformat-, Ausdruck-, Initialisierungs- und Löschungsbefehle in dieser Datei enthalten sein dürfen. Diese PostScript-Befehle sind im PostScript Language Reference Manual [3.39] dokumentiert, welches wegen seines markanten roten Buchumschlag auch oft als PostScript Red Book bezeichnet wird.

EPS-Dateien (Abb. 3-75) dürfen im Gegensatz zu den PS-Dateien eine Anzahl von Befehle grundsätzlich nicht enthalten, diese Befehle betreffen vor allem Ausdruck-, Initialisierungs- und Löschungsbefehle. Hierdurch wird unter anderem sichergestellt, daß bearbeitete und abgeschlossene PostScript-Dateien in andere PostScrip-Dateien importiert werden können, ohne daß z. B. ein vorzeitiger Seitenvorschub oder eine Löschung von einem Befehlsatz oder einer ganzen Bibliothek noch vor Bearbeitungsende der kompletten Datei eines Dokumentes ausgelöst wird.

EPSF-Dateien sind keine Dateien eines eigenen Dateiformates, sondern nach den gleichen Restriktionen und Konventionen wie EPS-Dateien erstellt, zwischen den beiden Dateien besteht dementsprechend keinerlei semantische Abweichung. Diese

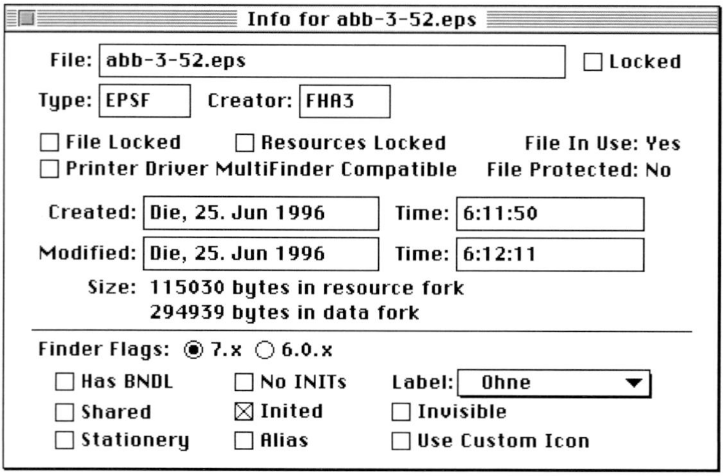

Modul-4-V1.1.ps

Abb. 3-74: Ikon einer
PostScript-Datei

Modul-2-V1.3eps

Abb. 3-75: Ikon einer
EPS-Datei

Abb. 3-76: EPSF-
Filetyp-Kennung in der
Resource Fork einer
EPS-Datei

Info for abb-3-52.eps

File: `abb-3-52.eps` ☐ Locked

Type: `EPSF`   Creator: `FHA3`

☐ File Locked   ☐ Resources Locked   File In Use: Yes
☐ Printer Driver MultiFinder Compatible   File Protected: No

Created: `Die, 25. Jun 1996`   Time: `6:11:50`

Modified: `Die, 25. Jun 1996`   Time: `6:12:11`

Size: 115030 bytes in resource fork
294939 bytes in data fork

Finder Flags: ● 7.x ○ 6.0.x
☐ Has BNDL   ☐ No INITs   Label: `Ohne` ▼
☐ Shared   ☒ Inited   ☐ Invisible
☐ Stationery   ☐ Alias   ☐ Use Custom Icon

Abkürzung wird nur häufig verwendet, z. B. in den Ressourcen von Dateien (Abb. 3-76), um dadurch deutlich zu machen, daß diese Datei ohne grundsätzliche oder strukturelle Änderungen im Dateninhalt bei unterschiedlichen Betriebssystemen und Benutzeroberflächen einsetzbar ist.

DCS-Dateien sind nun PostScript-Dateien, welche schon einer **Farbseparation** unterzogen wurden (Abb. 3-77). Diese liegen meist in Form von mehreren Dateien (entsprechend den jeweils gewählten Farbauszügen) vor. Auch bei diesem Datenformat gelten die gleichen Konventionen, wie schon für die EPS-Dateien ausgeführt. Üblicherweise besteht das DCS-Format eines Dokumentes aus einer Main-Datei und den vier **Farbsatzdateien**. Die Main-Datei enthält die Composite-Darstellung, d. h. die Gesamt- bzw. Farbdruckerdarstellung z. B. für Farbprüfdrucke und die Bildschirmdarstellung des Dokumentes. Die Farbsätze eines Dokumentes weisen meist Endungen des Dateinamens von „.c", „.m", „.y" und „.k" auf, was für die englischsprachigen Bezeichnungen von „cyan", „magenta", „yellow" und „black" steht. Deutschsprachige Anwendungsprogramme verwenden hier häufig die Kennungen „.c", „.m", „.g" und „.s", was dann für die Bezeichnungen von „cyan", „magenta", „gelb" und „schwarz" steht. Hier kann ein Datenaustausch aufgrund unterschiedlicher Dateiendungen zwischen englischsprachigen und deutschsprachigen Anwendungsprogrammen zu fehlerhaften Belichtungen und Ausgabeproblemen führen.

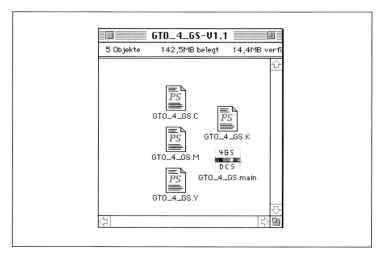

Abb. 3-77: Ikons eines kompletten Satzes von DCS- Dateien

169

OPI ist als **Open Prepress Interface** eine Erweiterung von PostScript und wurde notwendig, um Farbbilddaten in EPS-Dateien einzubinden. Dieses Einbinden von meist bildpunktorientierten Farbbilddaten war schon beim EPS-Datenformat möglich, jedoch waren die Bilddaten dann komplett und fest in einer Datei integriert. Dieser Umstand bedeutete bei einer Übertragung in einem Netzwerk, z. B. bei Korrekturen im Layout oder bei Textänderungen, daß immer der gesamte Datenbestand inklusive aller Bilddaten erfolgen mußte. Lange Übertragungszeiten und hohe Netzwerk-Belastungen waren die Folge. Bei OPI werden nun nicht mehr die umfangreichen Bilddatenbestände, sondern nur noch niedrigaufgelösten Bildschirmdarstellungen für eine Bearbeitung übertragen, und erst wenn ein Dokument an einem Ausgabegerät belichtet werden soll, dann wird auf die hochaufgelösten Bilddaten zugegriffen und diese verwendet.

An dieser Stelle der Erklärung von PostScript-Abkürzungen ist anzumerken, daß **DCS** (Desktop Color Separation) nicht mit **DSC (Document Structuring Conventions)** verwechselt werden darf. Die für PostScript im DSC festgelegten Dokument-Struktur-Konventionen bestehen generell aus folgenden drei Hauptkomponenten:
– einem Vorspann (Prolog)
– einem Hauptteil (Script)
– einem Nachspann (Document Trailer)

Je nach der Ausgestaltung eines zu druckenden Dokumentes enthält der Vorspann einen Header mit Metabefehle, und Prozedurdeklarationen, welche „%%" am Beginn jeder Zeile aufweisen. Das Skript ist der Hauptteil des Dokumentes und besteht aus dem allgemeinen Dokumentaufbau sowie den jeweiligen Dokumentseiten mit den integrierten Dokumentteilen und Bildinhalten. Der Nachspann enthält PostScript-Befehle sowie auch weitere Metabefehle, welche u. a. verwendeten Speicherplatz im Ausgabegerät wieder freigeben und erstellte Bibliotheken entfernen. In Abbildung 3-78 ist der Header bzw. Beginn einer PostScript-Datei dargestellt.

Entsprechend den Spezifikationen von Adobe stehen eine Fülle von PostScript-Befehlen zur Verfügung, die befinden sich in der System- und in der Benutzerbibliothek (systemdict und userdict) befinden. Diese Bibliotheken stellen je nach dem verfügbaren RIP, der PostScript-Versionsnummer sowie dem jeweiligen **PostScript-Level** einen unterschiedlich großen Befehlsvorrat bereit. Dem Charakter einer Programmiersprache folgend, können,

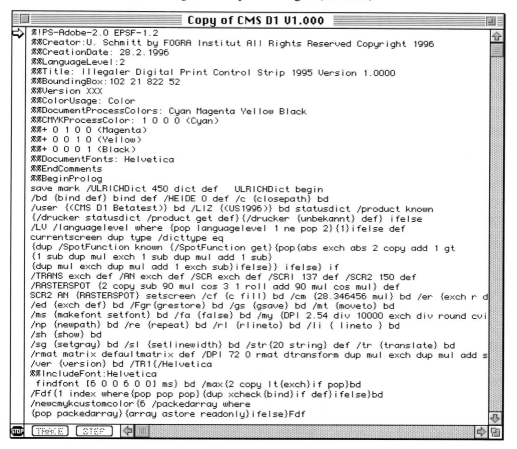

```
Copy of CMS D1 V1.000

%!PS-Adobe-2.0 EPSF-1.2
%%Creator:U. Schmitt by FOGRA Institut All Rights Reserved Copyright 1996
%%CreationDate: 28.2.1996
%%LanguageLevel:2
%%Title: Illegaler Digital Print Control Strip 1995 Version 1.0000
%%BoundingBox:102 21 822 52
%%Version XXX
%%ColorUsage: Color
%%DocumentProcessColors: Cyan Magenta Yellow Black
%%CMYKProcessColor: 1 0 0 0 (Cyan)
%%+ 0 1 0 0 (Magenta)
%%+ 0 0 1 0 (Yellow)
%%+ 0 0 0 1 (Black)
%%DocumentFonts: Helvetica
%%EndComments
%%BeginProlog
save mark /ULRICHDict 450 dict def   ULRICHDict begin
/bd {bind def} bind def /HEIDE 0 def /c {closepath} bd
/user {(CMS D1 Betatest)} bd /LIZ {(US1996)} bd statusdict /product known
{/drucker statusdict /product get def}{/drucker {unbekannt} def} ifelse
/LV /languagelevel where {pop languagelevel 1 ne pop 2}{1}ifelse def
currentscreen dup type /dicttype eq
{dup /SpotFunction known {/SpotFunction get}{pop{abs exch abs 2 copy add 1 gt
{1 sub dup mul exch 1 sub dup mul add 1 sub}
{dup mul exch dup mul add 1 exch sub}ifelse}} ifelse} if
/TRANS exch def /AN exch def /SCR exch def /SCR1 137 def /SCR2 150 def
/RASTERSPOT {2 copy sub 90 mul cos 3 1 roll add 90 mul cos mul} def
SCR2 AN {RASTERSPOT} setscreen /cf {c fill} bd /cm {28.346456 mul} bd /er {exch r d
/ed {exch g} bd /Fgr{grestore} bd /gs {gsave} bd /mt {moveto} bd
/ms {makefont setfont} bd /fa {false} bd /my {DPI 2.54 div 10000 exch div round cvi
/np {newpath} bd /re {repeat} bd /rl {rlineto} bd /li { lineto } bd
/sh {show} bd
/sg {setgray} bd /sl {setlinewidth} bd /str{20 string} def /tr {translate} bd
/rmat matrix defaultmatrix def /DPI 72 0 rmat dtransform dup mul exch dup mul add s
/ver {version} bd /TR1{/Helvetica
%%IncludeFont:Helvetica
 findfont [6 0 0 6 0 0] ms} bd /max{2 copy lt{exch}if pop}bd
/Fdf{1 index where{pop pop pop}{dup xcheck{bind}if def}ifelse}bd
/newcmykcustomcolor{6 /packedarray where
{pop packedarray}{array astore readonly}ifelse}Fdf
```

wenn einzelne Befehle oder Funktionen nicht verfügbar sind, diese Befehle im Deklarationsteil bzw. im Prolog individuell nachgestaltet werden. Dieses Programmieren von PostScript ist u. a. möglich durch die Deklaration einer eigenen Bibliothek und durch Programmierung eigener Prozeduren.

Abb. 3-78: Header einer EPS-Datei

Fast alle Anwendungsprogramme machen heute von dieser Möglichkeit Gebrauch, was sich bei mehrfacher Bearbeitung desselben Datenbestandes eines Dokumentes in verschiedenen Anwendungsprogrammen (auch bei nur einfachem **Export** bzw. **Import**) durch einen rapide steigenden Dateiumfang bemerkbar macht. Die Ursache liegt darin, daß jedes Anwendungsprogramm

spezifische Deklarationen nutzt und diese ohne Prüfung auf eine
mögliche Existenz im Dokument bei jedem Export in das Dokument neuerlich einfügt.

Wie ist PostScript in bezug auf pixelorientierte Datenformate einzuordnen?

In einer Postscript-Datei können neben Vektorgrafiken auch
Pixeldaten (z. B. durch einen Scanner erzeugte Bilder) unterschiedlichen Ursprungs enthalten sein. In PostScript wird ein
Bitmap bzw. Pixelbild in Form von meist zeilenförmig aufgeliste-
ten Bildpunkten abgelegt. Die Werte werden dann je nach
PostScript Vorspann und gewähltem Farbraum als Farb- oder
Graustufenwerte gespeichert. Diese Vorgehensweise bedeutet für
den Anwender, daß der Dateiumfang entsprechend der ursprünglichen pixelorientierten Dateigröße in der PostScript-Datei proportional ansteigt. Unter dem Gesichtspunkt von Datenreduktion und
beschleunigter Ausgabe ist hierbei kein Gewinn zu erwarten. Verschiedene Anwendungsprogramme bieten zur **Datenreduktion** sogenannte „Rendering"-Funktionen an. Bei dieser Funktion werden
dann farbige Halbton- und Graustufenbilder durch automatisierte
Bildanalysemethoden und -operationen in Vektorzeichnungen umgewandelt. Allgemein ergibt dieses Verfahren eine deutliche Reduzierung des Dateiumfangs und des Speicherbedarfs, es kann jedoch auch intensive Nacharbeit durch den Anwender erfordern,
z. B., wenn das Ergebnis qualitativ ungenügend ist.

PostScript und PDF

Das **PDF-Datenformat** ist ein weiterer Abkömmling von
PostScript und dementsprechend als vektororientiertes Datenformat anzusehen. Es weist in seiner Struktur und in seiner Funktionalität deutliche Gemeinsamkeiten mit PostScript auf. Im Gegensatz zu PostScript handelt es sich jedoch nicht um ein program-
mierbares Datenformat, d. h., Abfrageroutinen und Programm-
sequenzen sind im PDF-Datenformat nicht möglich, wodurch im
PDF-Datenformat alle Dateiinhalte explizit festgelegt sein müs-

sen. Gegenüber dem PostScript ist das PDF-Format nicht auf Ausgabegeräte wie Filmbelichter etc. festgelegt, sondern kann auch
über Netzwerke wie dem Internet und bei unterschiedlichen Betriebssystemen genutzt werden. Diese erweiterte Funktionalität

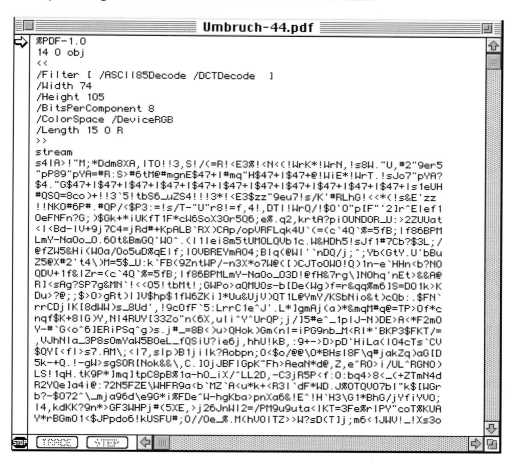

Abb. 3-79: Ausschnitt
aus dem Source-Code
einer PDF-Datei

macht PDF zu einem **Datenaustauschformat**. Zudem können in
PDF-Dateien auch Video- und Tonsequenzen eingebunden werden.
Im Vergleich zu PostScript zeigt das PDF-Format einen sehr kom-
primierten, kompakteren Source-Code (Abb. 3-79) und ist eher für
die Anforderungen von digitalen Publishing-Produkten als für
papierbasierte Publishing-Produkte entwickelt worden.

Neben dem PostScript Language Reference Manual [3.39]
sind eine große Fülle Fachbücher in deutscher Sprache sowohl für
Einsteiger und Anfänger wie z. B. PostScript A [3.40], PostScript

B [3.41], PostScript C [3.41] wie auch für programmierbegeisterte Spezialisten [3.43], [3.44] erschienen, welche nahezu alle relevanten Interessenbereiche zum Thema PostScript abdecken.

3.5.6 Pixel- oder bildpunktorientierte Datenformate

Scanner tasten ein Bild mit CCD-Zeilen ab und zerlegen es während dieser Abtastung in Bildzeilen und Bildspalten. Unterschiedliche Filter bzw. CCD-Sensoren zerlegen zusätzlich das Bild in mehrere Farbebenen (üblicherweise im RGB) und registrieren die Intensitätswerte für jede einzelne Farbe. Dieser Umstand bildet die Grundlage der bildpunkt- bzw. pixelorientierten Datenformate, da hier die registrierten Farbintensitäten als Zahlenwerte für jeden Bildpunkt und jede Farbe gespeichert werden. Je nach Datenformat können die Zahlenwerte in sequentieller also in stetiger Abfolge für eine komplette Farbebene oder jeweils zeilenweise für eine Farbebene oder auch nur punktweise für jede Farbebene gespeichert werden (Abb. 3-80).

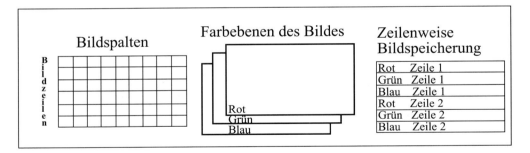

Abb. 3-80: Speicherung von Bildpunkten in einer Datei

Heute gibt es eine ganze Anzahl von **bildpunktorientierten Datenformaten**, die in Abhängigkeit von Betriebssystemen und Benutzeroberflächen sowie durch firmenspezifische Entscheidungen oder durch Marketing entstanden sind. Für Scanner und Bildbearbeitungsprogramme ist sicherlich das TIFF-Datenformat ein Marktstandard geworden. Daneben haben die aus dem Bereich der Benutzeroberflächen stammenden Datenformate BMP, PCX (auf der Seite von MS-DOS/Windows) und deren Pendant PICT (Macintosh) eine weite Verbreitung gefunden. Das genormte Datenformat CGM ist hingegen noch nicht in gleicher Weise verbreitet und wird heute nur vereinzelt von Anwendungsprogrammen unterstützt. Mit dem Einsatz von Online-Servicen wie AOL (America-On-Line), CompuServe etc. ist auch das Datenformat GIF wichtig geworden. Weitere Variationen von einzelnen Datenformaten sind je nach Anwendungsbereich bekannt geworden und deren Beschreibungen füllen ganze Bücher [3.36], [3.37], [3.38].

Zu den wichtigsten bildpunktorientierten Datenformaten gehört sicherlich das **TIFF-Datenformat.**. Das Tag-Image-File-Format oder kurz TIFF-Datenformat war von der Firma Aldus gezielt zur Speicherung von binären Grafikdaten entwickelt worden. Relativ früh kam es hier zu einer offengelegten Spezifikation, welche sich zu einer marktorientierten Standardisierung entwickelte, der sich dann Firmen wie Microsoft, Hewlett Packard, Microtek etc. anschlossen [3.45] [3.46] [3.47]. TIFF ist im Gegensatz zu PostScript keine Seitenbeschreibungssprache, sondern ist als eine interne Datenbeschreibung zur Speicherung von Halbtonbildern entstanden. Entsprechend orientiert sich dieses Datenformat hauptsächlich an der internen logischen Organisation von Daten, wie diese von Eingabegeräten erzeugt werden. Demzufolge orientiert sich das TIFF-Format wesentlich weniger an den Anforderungen von Seitengestaltung, Schriftauszeichnung und Layout oder den Anforderungen von Ausgabegeräten.

Die Datenformate **BMP** und **PCX** sind entstanden als Datenformate für Windows-Anwendungsprogramme. Zwar kann Windows Daten über DDE, OLE und Clipboard austauschen, aber für Anwendungen im Computer Publishing und bei Büroanwendungen ist der direkte Datenaustausch durch Übersendung von Bilddateien von Bedeutung.

BMP ist ein **Bitmap-Datenformat** für das Programm Paint-Brush, das ab Windows 3.0 im Lieferumfang enthalten ist. Mit diesem Programm lassen sich Grafiken erstellen und abspeichern in Form von Rasterbildern. Es handelt sich um ein geräteunabhängiges Format für Monochrom- und Farbbilder. Ähnlich wie das TIFF-Format setzt sich das BMP-Format aus einem Fileheader, dem BITMAP INFO und den BITMAP-Bilddaten zusammen.

Das **PCX-Format** hat in der MS-DOS/Windows-Betriebssystemwelt die weiteste Verbreitung gefunden, da hier mit einem Scanner abgetastete Bildvorlagen häufig auch im PCX-Format abgelegt werden können und viele DTP-Softwarehersteller wie XEROX

(Ventura Publisher), Corel (CorelDraw) und Aldus (PC PageMaker) dieses Format unterstützen (z. B. für einen Import).

Ausgehend von dem ursprünglichen PC-PaintBrush-Format gibt es aktuell ca. 5 Formatvariationen, was für den Anwender vor allem Problemfelder bei der Kodierung der Farbdaten und der Speicherung von Bitmap-Schriften in Zeichensatzdateien eröffnet.

Das PCX-Format hat auf der Macintosh-Seite das **PICT-Format** als Pendant. Das PICT-Format wird dort u. a. für die Bildschirmdarstellung und für die Ikons in den Datei-Ressourcen genutzt. Ähnlich wie beim TIFF-Format wird ein Bild in Bildpunkte (Pixel) zerlegt und bei der Ausgabe am Bildschirm durch eine zeilenweise Aneinanderreihung wieder erzeugt. Bei Monochromdarstellung entspricht jedes Pixel einem Bit, ein gesetztes Bit erzeugt an dieser Stelle einen Punkt. Bei der Farbdarstellung wird

Abb. 3-81: Header einer CGM-Datei

```
000000: 0030 0E44 3A5C 464F 5C53 4348 4D2E 4347
        .  0  .  D  :  \  F  O  \  S  C  H  M  .  C  G

000010: 4D00 1022 0001 105F 0020 1E46 7265 656C
        M  .  .  "  .  .  .  -  .     .  F  r  e  e  l

000020: 616E 6365 204D 6574 6166 696C 6520 5665
        a  n  c  e     M  e  t  a  f  i  l  e     V  e

000030: 7273 696F 6E20 322E 3100 1062 0000 1082
        r  s  i  o  n     2  .  1  .     b  .  .  .  .

000040: 0001 0001 0000 0106 0003 0000 0001 0002
000050: 0000 0111 0004 0000 0001 0000 00C4 0115
000060: 0003 0000 0001 0003 0000 0116 0003 0000
000070: 0001 0200 0000 0117 0004 0000 0001 000C
000080: 0000 011A 0005 0000 0001 0000 00BC 011B
000090: 0005 0000 0001 0000 00BC 011C 0003 0000
0000A0: 0001 0001 0000 0128 0003 0000 0001 0002
```

ein Bild in einzelne Farbebenen zerlegt (Rot, Grün, Blau), und durch Addition dieser Ebenen (planes) entsteht später das Bild in der Farbdarstellung. Das PICT-Format kann auch als Datenformat in der Data Fork eine Datei genutzt werden und viele Anwendungsprogramme wie PageMaker etc. können solche Bilder problemlos importieren.

E-Mail- und FAX-Formate basieren teilweise auch auf pixelorientierten Datenformaten, das **GIF-Datenformat** ist hier nur ein Beispiel. GIF ist ein Format, das zunehmend wichtig für das Computer Publishing wird, z. B., wenn Grafiken über den Anschluß an Mailboxen zugestellt oder aus dem Internet geladen werden. 1987 wurde von der Firma Compuserve dieses Format für den hardwareunabhängigen Austausch von Grafiken in seinen Mailboxen ausgewählt. Decodierung und Komprimierung sind für eine schnelle Bildwiedergabe ausgelegt und erlauben es Bilder mit bis zu 16 000 x 16 000 Punkten und mit 256 Farben zu kombinieren. Genauso wie bei TIFF-Dateien werden bei GIF Tags benutzt, um die aus Blöcken bestehenden Bilddaten aufzunehmen.

Das **CGM-Datenformat** (Abb. 3-81) ist als einziges pixelorientiertes Datenformat in einer Norm, als **Computer Graphic Metafile Format (CGM)**, im Format von 1987 international stan-

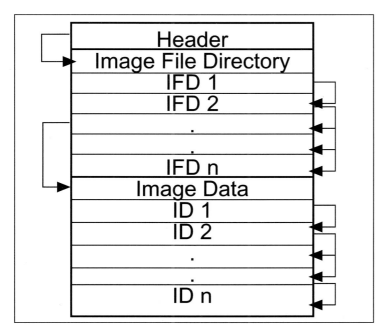

Abb. 3-82: Struktur einer TIFF-Datei (Quelle [3.47])

```
000000: 4D4D 002A 0000 0008  000E 00FE 0004 0000
000010: 0001 0000 0000 0100  0003 0000 0001 0200
000020: 0003 0101 0003 0000  0001 0200 0000 0102
000030: 0003 0000 0003 0000  00B6 0103 0003 0000
000040: 0001 0001 0000 0106  0003 0000 0001 0002
000050: 0000 0111 0004 0000  0001 0000 00C4 0115
000060: 0003 0000 0001 0003  0000 0116 0003 0000
000070: 0001 0200 0000 0117  0004 0000 0001 000C
000080: 0000 011A 0005 0000  0001 0000 00BC 011B
000090: 0005 0000 0001 0000  00BC 011C 0003 0000
0000A0: 0001 0001 0000 0128  0003 0000 0001 0002
0000B0: 0000 0000 0000 0008  0008 0008 002D C6C0
0000C0: 0000 2710 FFFF FFFF  FFFF FFFF FFFF FFFF
0000D0: FFFF FFFF FFFF FFFF  FFFF FFFF FFFF FFFF
0000E0: FFFF FFFF FFFF FFFF  FFFF FFFF FFFF FFFF
0000F0: FFFF FFFF FFFF FFFF  FFFF FFFF FFFF FFFF
```

Abb. 3-83: Header
einer TIFF-Datei

dardisiert worden. Dieses Datenformat wird mittlerweile von einigen Softwareherstellern unterstützt u. a. von Lotus und Wordperfect. Die CGM-Definition lehnt sich stark an das **Grafische Kern-System (GKS)** an, so daß GKS-Level-0-Ausgaben mit CGM austauschbar sind. Mit der inzwischen vorliegenden ISO 8613 Norm **Office Document Architecture (ODA)** [3.48] und dem Interchange Format lassen sich ebenfalls CGM-Dateien austauschen. Weiterhin können in der sprache SGML, die im Abschnitt über metasprachenorientierte Datenformate näher beschrieben ist, die CGM-Daten importiert werden. Aus praktischer Anwendung sind heute Implementierungen der CGM-Treiber für MS-DOS, OS/2 und UNIX vorhanden.

TIFF-Datenformat als ein prominenter Vertreter von pixelorientierten Datenformaten

Von den pixelorientierten Datenformaten soll stellvertretend für alle anderen Formate hier das **TIFF-Format** ausführlicher vorgestellt werden. Die sich laufend verändernden Anforderungen, z. B. von der Reprotechnik im speziellen und durch die grafische Industrie im allgemeinen, wurden bei der Standardisierung des TIFF-Formates durch entsprechende Flexibilität des Datenformates und durch kontinuierliche Überarbeitung der Spezifikationen berücksichtigt. Bei diesen Anpassungen wird die Kompatibilität zu früheren TIFF-Versionen beachtet und eingehalten.

Ganz allgemein besteht das TIFF-Format aus einer über Datenzeiger verketten Liste (**Tags**) von variablen Datenblöcken (Abb. 3-82). Im Gegensatz zu anderen Datenformaten sind die binärcodierten Werte einer TIFF-Datei nicht auf Anhieb lesbar, sondern stellen sich als hexadezimale Zahlenwerte dar (Abb. 3-83). Deren Bedeutung ist mit Hilfe von Hilfprogrammen, Umrechnungstabellen und den TIFF-Spezifikationen jederzeit zu entschlüsseln.

Der **TIFF-Header** belegt die ersten 8 Byte der Datei, wobei das 1.Byte und das 2.Byte (4D 4D) zur Erkennung des Prozessortyps (Intel = 49 49 oder Motorola = 4D 4D) und als TIFF-Format-Kennung verwendet werden. Die Kennung des Prozessortyps ist erforderlich, da bei Intel-Prozessoren zuerst das niederwertige Byte gespeichert wird und dementsprechend auf der linken Seite steht, während bei Motorola-Prozessoren zuerst das höherwertige Byte gespeichert wird. Zur Verdeutlichung sind die ersten 10 Byte im Motorola- und im Intel-Format gegenübergestellt:

Intel-Format = 49 49 2A 00 08 00 00 00 11 00

Motorola-Format = 4D 4D 00 2A 00 00 00 08 00 11

Es ist wichtig, hier auf die prozessorspezifischen Abhängigkeiten dieses Datenformates hinzuweisen, da hierdurch (z. B. bei fehlender Konvertierung oder unkorrekter Konvertierung) Probleme bei der Belichtung entstehen können.

Zum Header gehört noch die TIFF-Versionsnummer, welche seit der frühesten Spezifikation immer „2A" lautet, und der erste Zeiger (Tag), der auf den Anfang der IFDs (Image File Directory = Bilddaten-Datei-Verzeichnis) verweist.

Das **Image File Directory** kann beliebig lang sein und besteht aus einer entsprechenden Anzahl von Tags. Die Anzahl der Tags wird bestimmt von Byte 9 und 10, in Abbildung 3-83 lauten sie „00 0E", und dies ergibt umgerechnet ein Anzahl von 14 Tag-Einträgen im IFD. Alle Tags haben eine Länge von 12 Bytes und sind wie folgt strukturiert:

Tag-Typ: 2 Byte (z. B. : 00 FE)

Datentyp im Tag: 2 Byte (z. B. : 00 04)

Länge d. Datenbereichs: 4 Byte (z. B. : 00 00 00 01)

Zeiger auf Datenbereich

oder die Werte selbst: 4 Byte (z. B. : 00 00 00 00)

Die unterschiedlichen **Tag-Typen** lassen sich nach deren Funktionen gliedern und gruppieren., u. a. in

– Image Organisation Tag (Bildtyp- und Strukturzeiger)
– Image Pointer Tag (Bytestrukturzeiger)
– Image Description Tag (Bildbeschreibungszeiger)
– Image Orientation Tag (Bildausrichtungszeiger)
– Image Compression Tag (Bildkompressionszeiger)
– Image Document Tag (Bilddokumentzeiger)
– Scanner Description Tag (Scanner-Beschreibungszeiger)

Neben diesen dokumentierten Tags dürfen noch beliebige firmenspezifische Tags benutzt werden, solange hierbei nur die aufsteigende nummerische Folge der Tags eingehalten wird. Unbekannte Tags sind jedoch häufig Ursache für den Abbruch von Leseoperationen beim Datenimport oder von Fehlinterpretationen der Bilddaten bei deren Nutzung in mehreren unterschiedlichen Anwendungsprogrammen.

3.5.7 Metasprachen-orientierte Datenformate

Metasprachen-orientierte Datenformate sind Datenformate, welche komplette Dokumente und deren komplexe Struktur wiedergeben, wobei Dokumentkomponenten wie Bilder, Zeichnungen etc. in anderen Datenformaten eingebunden sein können.

Um den Austausch von Dokumenten zwischen verschiedenen Rechnernsystemen zu ermöglichen, wurde ca. 1970 bei IBM die Sprache GML (General Markup Language) definiert. Weiterführende Arbeiten mündeten 1986 in dem ISO-Standard 8879 [3.49] als **Standard Generalized Markup Language** (SGML), der zuletzt 1988 geringfügig modifiziert wurde. Bei SGML handelt es sich um die Syntaxbeschreibung für eine formale Metasprache zur Textgestaltung. Die SGML-Syntaxbeschreibung enthält Elemente zur Definition

– der Struktur des Dokumentes,
– der benutzten Zeichen,

– von mehrfach benutzten Textteilen,

– zur Einbindung externer Informationsteile,

– von Techniken zur Layoutgestaltung sowie von

– Formatierungsanweisungen.

SGML baut auf den ISO-646-7-Bit-Zeichensatz, d. h. auf den Standard des **ASCII-Zeichensatzes** auf, womit eine weitgehende Austauschbarkeit von Texten gewährleistet wird. Eine Datei im SGML-Format enthält alle Definitionen, Steueranweisungen und Texte in lesbarem Klartext. Sie gliedert sich dabei in einen SGML-Deklarationsteil und einen Teil, der den eigentlichen Dokumentinhalt betrifft. Der Deklarationsteil enthält die Informationen über die Festlegung der benutzten Zeichen bzw. des Zeichensatzes, über die Syntax oder die Angaben über den zur Formatierung benötigten Speicherplatz. Allgemein sind SGML-Definitionen in spitze Klammern (<>) eingefaßt und somit leicht zu erkennen (Abb. 3-84).

Im Anschluß an die SGML-Deklaration folgen die Informationen zum eigentlichen Textdokument. Dieses setzt sich aus reinem Text sowie weiteren eingebetteten Steueranweisungen für die Textgestaltung zusammen. Im Textinhalt sind alle in der ISO-646-

```
<!DOCTYPE report PUBLIC"_">
<report>
<title>SGML als Austauschformat
<author>Schmitt Ulrich
<p>SGML ist eine Dokumentbeschreibungsprache
<p>f&uuml;r den Austausch zwischen verschiedenen
Textsystemen.
<p>Hierf&uuml;r definiert SGML <li number=alpha>
<it>die Struktur eines Textes
<it>die benutzten Zeichen
<it>externe Informationen
<it>die Techniken zur Textgestaltung</li>
....
....
</report>
```

Abb. 3-84: Ausschnitt aus einem SGML-Dokument

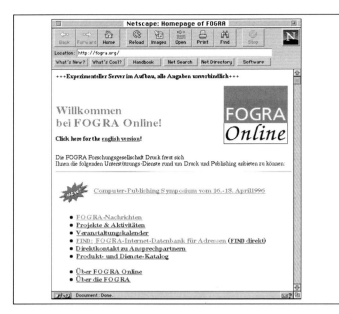

Abb. 3-85: Ein HTML-
Dokument im Internet

Abb. 3-86: Ausschnitt
aus dem Source-Code
von einem HTML-
Dokument

```
                                              //fogra.org/
<TITLE>Homepage of FOGRA</TITLE> <body bgcolor = "FFFFFF" alink=#0000FF vlink=#FF0000>
<blink><B>+++Experimenteller Server im Aufbau, alle Angaben unverbindlich+++</B></blink>
<p>
<IMG SRC="FOGRA.gif" align = right>
<p>
<br>
<p>
<br>
<p>
<br>
<FONT COLOR=#FF0000><H1>Willkommen
<br>bei FOGRA Online!</H1></FONT>
<H4>Click here for the <A HREF="english_home.html">english version</A>!</H4>
<br>
Die FOGRA Forschungsgesellschaft Druck freut sich<br>
Ihnen die folgenden Unterst&uml;tzungs-Dienste
rund um Druck und Publishing anbieten zu k&ouml;nnen:
<IMG SRC="colorbar.gif"> <P>
<H3>
<IMG SRC="new.gif" align=center>
<A HREF="Veranstaltungen/Sym96.html">Computer-Publishing Symposium vom 16.-18.
April1996</A>
<UL>
<li><A HREF="Nachrichten/Nachrichten.html">FOGRA-Nachrichten</A>
<li><A HREF="Projekte/Projekte.html">Projekte & Aktivit&auml;ten</A>
<li><A HREF="Veranstaltungen/Veranstaltungskalender.html">Veranstaltungskalender</A>
<li><A HREF="bookmarks/Welcome.html"><CODE>FIND:</CODE> FOGRA-Internet-Datenbank f&uml;r
Adressen</A> (<A
HREF="http://www.fogra.org/cgi-bin/w3-msql/bookmarks/bookmarks.html?parent=&name="><COD
E>FIND</CODE> direkt</A>)
<li><A HREF="Mitarbeiter/Mitarbeiterliste.html">Direktkontakt zu Ansprechpartnern</A>
<li><A HREF="Warehouse/Katalog.html">Produkt- und Dienste-Katalog</A>
<p>
<li><A HREF="About/FOGRAOnline.html">&Uuml;ber FOGRA Online</A>
<li><A HREF="About/FOGRA.html">&Uuml;ber die FOGRA</A>
<p>

</UL>
</H3>
```

7-Bit-Zeichensatz definierten Zeichen erlaubt, wobei für nationale Zeichen, wie den deutschen Umlauten, eine Erweiterung des Zeichensatzes existiert (z. B.: Ü => Ü ü = >ü).

Der Aufbau des Dokumentes ist hierarchisch vorzunehmen. Um **Austauschbarkeit** zu gewährleisten, wurden die Strukturen einiger Dokumenttypen definiert und veröffentlicht (u. a. im EPSIG: Author´s Guide to Electronic Manuscript Preparation and Markup. Electronic Manuscript Series). Eigene und auch neue Dokumenttypen können für den eigenen Gebrauch ebenfalls definiert werden. (Abb. 3-84).

Beim **Online Publishing** in einem WWW-Server wird heute zumeist das **HTML-Datenformat** verwendet (Abb. 3-85). Andere Datenformate wie ASCII-Text, PostScript, Acrobat sind möglich, jedoch aus verschiedensten Gründen weniger üblich. HTML (HyperText Markup Language) ist eine Methode, um einfachen

Abb. 3-87: Speichern einer Datei im CompuServe GIF-Format

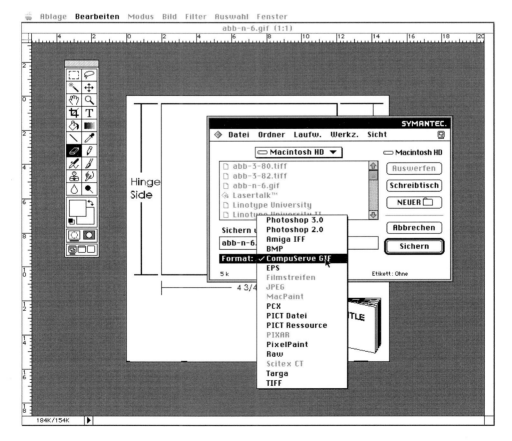

```
{\rtf1\mac\deff2 {\fonttbl{\f0\fswiss Chicago;}{\f2\froman
New York;}{\f3\fswiss Geneva;}{\f4\fmodern Monaco;}{\f13\fnil
Zapf Dingbats;}{\f14\fnil Bookman;}{\f15\fnil N Helveti-
ca Narrow;}{\f16\fnil Palatino;}{\f18\fnil Zapf
Chancery;}{\f20\froman Times;}
{\f21\fswiss Helvetica;}{\f22\fmodern Courier;}{\f23\ftech
Symbol;}{\f33\fnil Avant Garde;}{\f34\fnil New Century
Schlbk;}{\f150\fnil LED;}{\f1792\fnil Lucida Bright;}{\f2000\fnil
Garamond Narrow;}{\f2007\fnil Delphian;}{\f2017\fnil Lubalin
Graph;}
{\f2024\fnil Machine;}{\f2029\fnil Nadianne;}{\f2036\fnil
Old English Text;}{\f2038\fnil Onyx;}{\f2040\fnil
Oxford;}{\f2046\fnil Swing;}{\f2052\fnil Zeal;}{\f2515\fnil
MT Extra;}{\f14708\fnil BI Frutiger BoldItalic;}{\f14709\fnil
B Frutiger Bold;}
{\f14712\fnil LI Frutiger LightItalic;}{\f14713\fnil L Frutiger
Light;}{\f14811\fnil Helvetica Compressed;}{\f14974\fnil
Helvetica Black;}{\f15084\fnil Garth Graphic
ATT;}}{\colortbl\red0\green0\blue0;\red0\green0\blue255;
\red0\green255\blue255;\red0\green255\blue0;\red2
55\green0\blue255;\red255\green0\blue0;\red255\green255
\blue0; \red255\green255\blue255;}{\stylesheet{\f21
\sbasedon222\snext0 Normal;}}{\info{\author Schmitt}}
\paperw11900\paperh16840\margl1416\margr1416\margt1
702\margb1702\deftab708\widowctrl\ftnbj\fracwidth \sectd
\sbknone\linemod0\linex0\headery1077\footery1077
\cols1\colsx708\endnhere \pard\plain \f21 \par
Dateifomate in RTF\par
\par
\par
Testseite 1\par
\par
\par
\par }
```

Abb. 3-88: Ausschnitt
aus einem RTF-
Dokument

Text mit strukturellen wie Gestaltungsinformationen zu versehen und dabei auch Verbindungen zu anderen Dokumenten und Dokumentbestandteilen (wie Strichzeichnungen, Halbtonbildern, Tönen und Videosequenzen) zu ermöglichen. HTML ist eine Variante des SGML-Datenformates.

Ähnlich wie bei SGML werden auch in HTML, je nach Editor oder Anwendungsprogramm, Dokumente mit Schriftauszeichnungen wie Fettdruck, Unterstreichungen etc. über Schaltknöpfe versehen. Gegenüber SGML weist HTML mit den Hypertextlinks zu anderen Dokumentteilen (innerhalb und außerhalb des gleichen Dokumentes) eine erweiterte Funktionlität auf. Die **Hypertextlinks** werden über Linkfunktionen (hier Anchor genannt) hergestellt und können an beliebiger Stelle in den Textfluß eingebaut werden (Abb. 3-86). Diese Funktionalität ermöglicht eine Integration von externen und internen Serveradressen in ein HTML-Dokument und somit eine möglicherweise weltweite Verzweigung eines Dokumentes. Sollen Grafiken und Bilder in einem Dokument eingebunden werden, so läßt sich dies ebenfalls über Hypertextlinks vornehmen, wobei hier zumeist Grafiken im **GIF-Datenformat** (Grafical Interchange Format) eingesetzt und von den meisten WWW-Browsern unterstützt werden. Wird eine umfangreiche Bilddatei in ein Dokument eingebunden, so sollte man hier berücksichtigen, daß bei hoher Netzwerkaktivität ein Ladevorgang sehr lange dauern kann. GIF-Datenformate lassen sich über Anwendungsprogramme, wie Photoshop (Abb. 3-87), problemlos erzeugen und in HTML-Editoren einkoppeln. Detaillierte Informationen zur Umsetzung und Ausgestaltung von HTML-Dokumenten finden sich im Kapitel 8.2.

Das **Rich Text Format (RTF)** wurde von Microsoft als allgemeines Format zum Austausch von Textdokumenten definiert und wird heute von vielen Anwendungsprogrammen angeboten. Ab Windows 2.0 stellt es das Clipboard-Format dar und wird von Word für Mac (ab Vers. 3.x), Word für PC (ab Vers. 4.x) sowie Word für Windows als Textaustauschformat genutzt.

Die RTF-Definitionen benutzen zum Dokumentenaustausch nur die darstellbaren Zeichen des ASCII-, Mac- und PC-Zeichensatzes. Neben dem eigentlichen Text ist eine Datei zusätzlich noch mit Steuerkommandos in lesbarer Form angereichert. Die Steuersequenzen sind nach der RTF-Definition in control words und control symbols unterteilt (Abb. 3-88).

Einhergehend mit der rasanten Verbreitung von Internet und dem steigenden Bedarf an Internet-Dokumenten und Pages, gibt es eine ganze Reihe von aktuellen Publikationen, welche Informationen zu den metasprachen-orientierten Datenformaten und zu HTML im besonderen anbieten. Der Buchhandel kann hier bei der Auswahl aktueller und angemessener Publikationen behilflich sein.

Kapitel 4

Farbe, Raster und Qualitätssicherung

D ie Themenbereiche Farbe im Computer Publishing, neue Rasterverfahren und Druckqualität sowie Qualitätssicherung im Computer Publishing durch digitale Kontrollmittel beinhalten so wichtige Aspekte, daß hierfür ein eigenes Kapitel notwendig wurde.

4.1 Farbe im Computer Publishing

Die Bedeutung von Farbe hat in den letzten Jahren für das Computer Publishing deutlich zugenommen und letztlich zu den Entwicklungen von **Color Management** und Color-Management-Systemen geführt. Die Verwendung von Farbe und der Einsatz von Color-Management-Systemen erfordert im Computer Publishing ein tieferes Verständnis und Kenntnisse über **Farbe** und **Farbmetrik**. Im nachfolgenden Abschnitt soll darauf näher eingegangen werden. Diese Ausführungen basieren (im Abschnitt 4.1) auf dem Vortrag, welcher von Herrn Dipl.-Phys. Andreas Paul (FOGRA) unter dem Titel „Farbmetrik und Farbsysteme" beim FOGRA Symposium „Aktuelle Entwicklungen im Computer Publishing" 1993 in München gehalten wurde. Für die Genehmigung zur Veröffentlichung in diesem Buch sei an dieser Stelle Herrn Paul herzlich gedankt.

4.1.1 Farbe und Farbmetrik

Unter **Farbmetrik** versteht man die Lehre von den Maßbeziehungen der Farben untereinander. In Farbsystemen sind Farben nach bestimmten, unterschiedlichen Kriterien geordnet und in Beziehung gesetzt, den Farben werden Werte zugewiesen. Auf einige Farbsysteme und auf die Umrechnung der Farbwerte von einem System zu einem anderen wird im folgenden eingegangen.

Was ist Farbe?

Die Klärung des Begriffs Farbe trägt zum Verständnis der Unterschiede zwischen den Systemen bei. **Farbe** ist keine physikalische Größe wie z. B. Länge oder Volumen, sondern eine physiologische, also vom Menschen empfundene Größe. Aufgrund unterschiedlicher Farben können strukturlose Flächen mit dem Auge unterschieden werden. Dabei ist zu beachten, daß nicht nur der Buntton (Farbton) wie z. B. Grün, Blau oder Gelb zu dem Begriff Farbe zählt, sondern ebenso die Helligkeit und die Buntheit (Farbsättigung). Zwei verschieden helle Grau sind also ebenso verschiedene Farben, wie ein Blau und ein Gelb oder zwei verschieden gesättigte Rot. Man unterscheidet unbunte (Schwarz, Grau und Weiß) und bunte Farben.

Physikalisch wird der **Farbeindruck** durch die Verteilung von Licht, die auf das Auge trifft, hervorgerufen. Licht verschiedener Wellenlängen erscheint farbig im Sinne von Bunt (Abb. 4-01).

Besteht beispielsweise das Licht überwiegend aus kurzwelliger Strahlung, so wird es als blau empfunden. Langwelliges Licht wird als rot empfunden. Dazwischen stufen sich die Farben ab in Blau-Grün-Gelb-Orange-Rot.

Körper erscheinen dem Menschen deshalb als farbig, da sie das auf sie treffende Licht verschieden stark zurückwerfen. Werfen

Abb. 4-01:
Farbempfindung, die durch Licht einer Wellenlänge hervorgerufen wird

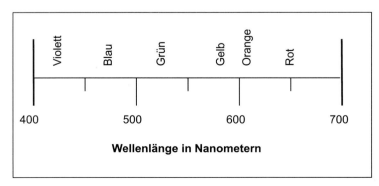

sie z. B. überwiegend kurzwelliges Licht zurück, so erscheinen sie blau, werfen sie überwiegend langwelliges Licht zurück, so erscheinen sie rot.

Wie entsteht der Farbeindruck?

Licht wird im menschlichen Auge durch verschiedene **Rezeptoren** (= Lichtempfänger) registriert. Das Auge enthält drei verschiedene Arten von Rezeptoren die in verschiedenen Wellenlängenbereichen empfindlich sind. Die **Farbempfindung** vollzieht sich in mehreren Schritten (Abb. 4-02). Zunächst trifft eine Zusammensetzung von Licht auf das Auge. Dieses Licht wurde von einer Lichtquelle ausgesendet und beispielsweise an einem Gegenstand reflektiert. Dieser physikalische Teil wird Farbreiz genannt. Im Auge wandeln die drei verschiedenen Rezeptorarten den Farbreiz in drei Signale um und senden sie an das Gehirn weiter. Für die Farbempfindung sind neben den physikalischen auch physiologische und psychologische Gegebenheiten verantwortlich.

Die Verteilungen der Empfindlichkeiten der drei Rezeptorarten sind für den Großteil der Menschen zumindest annähernd gleich. Diese wurden von der CIE (Internationale Beleuchtungs-

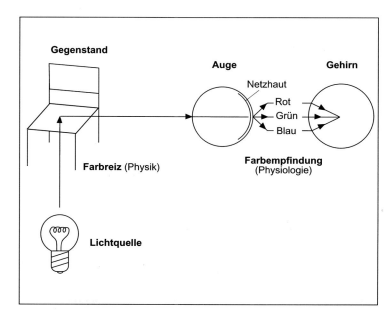

Abb. 4-02: Schematische Darstellung der Entstehung einer Farbempfindung

kommission) untersucht und als Normspektralwertfunktionen bezeichnet (Abb. 4-03). Die Rezeptoren werden auch als Rot- Grün- und Blaurezeptoren bezeichnet. Diese RGB-Rezeptoren haben jedoch nichts mit den Bildschirm-RGB zu tun.

Die Reduzierung der Farbempfindung auf drei Signale hat weitreichende Konsequenzen für die **Farbenlehre**. Trifft Licht verschiedener Wellenlängen auf das Auge und werden dabei die drei Zapfenarten in gleichem Maße erregt, so kann die Zusammensetzung des Lichtes vom Auge nicht unterschieden werden. Farben können durch drei Größen charakterisiert werden, z. B. durch die Erregung der drei Zapfenarten im Auge. Dies wird durch die Werte X, Y und Z angegeben, man spricht dann von den Normfarbwerten. Entsprechend den unterschiedlichen Anwendungen gibt es jedoch viele verschiedene Möglichkeiten, Farben zu kennzeichnen. Einige dieser Möglichkeiten werden im folgenden besprochen. In Farbsystemen werden Farben durch drei Größen beschrieben. Bei der zweidimensionalen Darstellung von Farben (z. B. in einem Diagramm) fehlt eine Komponente, ähnlich wie bei einem Grundriß eines Hauses, bei dem die Komponente der Höhe fehlt.

Abb. 4-03: x,y,z-Normspektralwertfunktionen

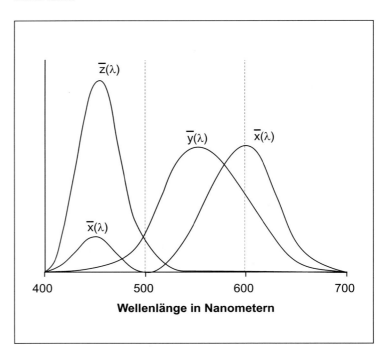

Farbsysteme

Beim Umgang mit Farben stellt sich häufig das Problem, daß Farben für die Kommunikation beschrieben werden müssen. Dies setzt voraus, daß alle Farben systematisch geordnet und z. B. durch Kennzahlen festgelegt sind. Entsprechend der unterschiedlichen Anwendungen werden dafür verschiedene Methoden verwendet. Die oben bereits angesprochene Kennzeichnung von Farben durch die von ihnen hervorgerufene Erregung der Rezeptoren ist häufig nicht zweckmäßig. Es kommen dann andere Systeme zum Einsatz.

4.1.2 Systeme, die auf visueller Farbempfindung basieren

Erregung der Rezeptoren

Ein Farbreiz bewirkt eine Erregung der einzelnen Rezeptorarten. Diese Erregung kann durch die **XYZ-Normfarbwerte** beschrieben werden. Basierend auf den XYZ-Werten werden in der Farbtafeldarstellung die relativen Anteile der Erregungen der Zapfenarten dargestellt.

In zweidimensionalen Darstellungen können nie alle drei Größen, die eine Farbe kennzeichnen, gezeigt werden. In der Farbtafel wird nur Buntton und Buntheit (man nennt dies die Farbart) dargestellt, die Helligkeit bleibt außer acht. Das bedeutet, daß Farben, die sich an derselben Stelle in der **Farbtafel** befinden, sich immer noch in ihrer Helligkeit unterscheiden können. Von dem theoretisch möglichen Bereich von Farben in der Farbtafel kann in der Praxis nur ein kleinerer Teil abgedeckt werden (Abb. 4-04).

$$x := X/(X+Y+Z);$$
$$y := Y/(X+Y+Z);$$

Visuell gleichabständige Systeme

In der Farbtafel entsprechen die empfundenen Farbunterschiede nicht den geometrischen Abständen. Im Bereich des Grün sind auf einer großen Fläche nur sehr geringe **Farbunterschiede** sichtbar.

191

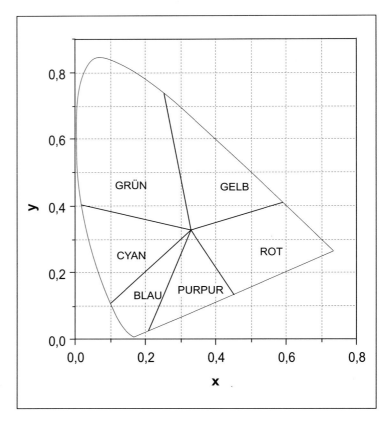

Abb. 4-04:

Farbbereiche in der

Farbtafel

Hingegen ändert sich der Farbeindruck im Bereich des Blau-Violett in einem kleinen Raumbereich sehr stark. Für bestimmte Anwendungen ist eine Unterteilung der Farben zweckmäßig, bei denen der visuell empfundene Farbunterschied auch dem geometrischen Abstand entspricht. Häufig ist der Abstand zweier Farben, also der visuell empfundene Farbunterschied, interessant. In diesem Fall ist es sinnvoll, visuell gleichabständige Farbordnungssysteme zu verwenden. In einem solchen System kann dann aufgrund des geometrischen Abstandes zweier Farben auf den empfundenen Unterschied geschlossen werden. Ein solcher Farbunterschied in einem visuell gleichabständigen System wird mit ΔE („**Delta E**") bezeichnet. Eine ΔE-Einheit entspricht einem gerade bemerkbaren Farbunterschied.

Die beiden bekanntesten, visuell gleichabständigen Farbsysteme sind **CIELAB** und **CIELUV**. Beide Systeme gehen von den Normfarbwerten X, Y und Z aus. Durch eine einfache mathematische

Rechnung wird eine dem visuellen Farbunterschied angepaßte Anordnung der Farben erreicht. Die drei senkrecht aufeinanderstehenden Achsen des CIELAB- bzw. CIELUV-Systems beschreiben folgende Eigenschaften einer Farbe:

L-Achse :   Helligkeit
a- (bzw. u-) Achse :   Buntheit/Buntton negativ = grünlich
                                       positiv = rötlich
b- (bzw. v-) Achse :   Buntheit/Buntton negativ = bläulich
                                       positiv = gelblich

Die Achsen (a bzw. u und b bzw. v) in den beiden Systemen liegen im dreidimensionalen Raum in ähnlicher Ausrichtung, die L-Achse ist bei CIELAB und CIELUV identisch (Abb. 4-05). Beide Systeme stellen Näherungen für die visuelle Farbempfindung dar und geben den visuellen Eindruck in den verschiedenen Farbraumbereichen unterschiedlich gut wieder. Große Abstände der Farborte von der L-Achse deuten auf bunte Farben hin.

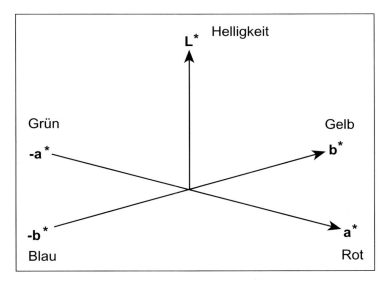

Abb. 4-05: Achsen des CIELAB-Systems

Farbsystem des Bildschirms

Zur Darstellung von Farben am Bildschirm stehen drei verschiedenfarbige Leuchtstoffe zur Verfügung, die als sehr kleine Punkte nebeneinander angeordnet sind. Die Helligkeiten dieser drei bunten, leuchtenden Flächen können einzeln verändert werden. Der Eindruck von Mischfarben entsteht, da die einzelnen Punkte vom

Leuchtstoffe bilden den RGB-Farbraum, bestehend aus Rot, Grün und Blau

Auge nicht aufgelöst werden können. Zur Kennzeichnung von Farben am Bildschirm verwendet man die Stärke von RGB-Signalen. Die Signale sind dabei im allgemeinen so festgelegt, daß Weiß den Signalstärken R = 100, G = 100, B = 100 entspricht. Für eine eindeutige Kennzeichnung von Farben müssen alle Bildschirme dieselben Leuchtstoffe besitzen und auch sonst gleich eingestellt sein (z. B. Helligkeit). Dies ist nur bedingt gegeben, auch wenn überwiegend sehr ähnliche Leuchtstoffe verwendet werden.

Farbsysteme im Druck

Druckfarben bilden den Farbraum CMYK, bestehend aus Cyan, Magenta, Yellow (Gelb) und Black (Schwarz).

Man kann auch versuchen bestimmte Farben durch Flächendeckungen von Druckfarben zu beschreiben. Dabei zeigen sich jedoch einige Probleme: Farben können in diesem System nur unter bestimmten, festgelegten Nebenbedingungen eindeutig beschrieben werden. Dazu gehören die verwendeten **Druckfarben**, die Schichtdicken, das Papier, die Druckbedingungen um nur einige zu nennen. Werden Nebenbedingungen nicht exakt eingehalten, so erhält man trotz gleicher Flächendeckungen Farbabweichungen. Es handelt sich hierbei also um eine geräteabhängige Angabe von Farbwerten.

Für die Darstellung von Druckfarben stehen vier Komponenten zur Verfügung. Deshalb ist die Beschreibung nicht eindeutig. Ein bestimmtes Grau kann z. B. durch den Übereinanderdruck von Gelb, Magenta und Cyan erzeugt werden, oder durch den Druck von einem bestimmten Rasterdruck aus Schwarz. Die Beschreibung von Farben durch Flächendeckungen ist aus diesen Gründen nicht günstig.

4.1.3 Umrechnung der Farbwerte

Die Farbwerte bestimmter Systeme können durch mathematische Umformung ineinander übergeführt werden, z. B. berechnen sich der CIELUV- und der CIELAB-Farbraum direkt aus den XYZ-Werten, von denen sie abgeleitet wurden. Es ist aber auch die Berechnung von XYZ-Werten aus RGB-Signalen und umgekehrt möglich.

Die Umrechnung erfolgt in allen Fällen durch einfache Mathematik, auf die hier nicht näher eingegangen werden soll. Will man **CIELAB-** bzw. **CIELUV-Werte** in **RGB** umrechnen oder umgekehrt, so muß man über den Umweg des XYZ-Systems gehen (Abb. 4-06).

Die Umrechnung von einem Farbsystem in **CMYK** ist hingegen nur mit einem erheblichen mathematischen Aufwand und nur näherungsweise möglich. Zudem ist nicht eindeutig, welchen Anteil Schwarz erhält, denn man kann dieselbe Farbe mit Buntaufbau, Unterfarbenreduzierung oder Unbuntaufbau drucken.

Bei dem Umgang mit Farbdaten ist es entscheidend, daß diese Daten eindeutig sind. Benutzer in allen Teilen der Welt sollen also mit solchen Farbdaten zu demselben Ergebnis kommen. Will man Farben allgemeingültig, geräteunabhängig beschreiben, so ist es zweckmäßig eines der oben angesprochenen Farbsysteme CIEXYZ, CIELAB, CIELUV oder ein genau definiertes RGB zu verwenden. Weiterführende Informationen zum Thema Farbe, Farbmetrik und Farbe im Computer Publishing findet man u. a. in den Literaturstellen [4.1], [4.2], [4.3], [4.4], [4.5], [4.6].

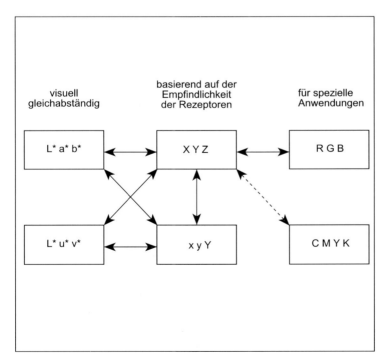

Abb. 4-06: Gliederung der verschiedenen Farbsysteme und Umrechnungen

4.2 Color Management

Der Begriff „**Farbmanagement**" hat sich gegenüber dem Begriff
„**Color Management**" in der Fachsprache des Computer Publishing
nicht durchgesetzt, da zu viele sprachliche Verbindungen u. a. zu
Druckfarben, Farbverbrauch, Färbungsgrad assoziert wurden, und
bei einem Gebrauch des Begriffes eher zu einer Verwirrung denn
zu einer Klärung führten.

Color Management ist im Ursprung nichts anderes, als die
Standardisierung der Farbausgabe auf unterschiedlichen Geräten. Im Prinzip ist es nicht sehr schwer sich auf Standard-
definitionen für Color Management zu einigen, denn letztendlich
ist dies ein Kontrollmechanismus, der sicherstellen soll, daß die
Farbe wie sie am Bildschirm und bei der Ausgabe erscheint, genau
der Farbe entspricht, die man auch erhalten will. Doch wie immer,
wenn etwas sehr einfach erscheint, handelt es sich hier um eine Sache, die recht schwer zu erreichen ist. Dies gilt auch für die Color-
Management-Systeme in einer Welt des Computer Publishing, die
von „offenen Systemen" geprägt ist, einer Systemwelt, die aus
vielfältigen, miteinander kombinierbaren Komponenten und Modulen besteht.

Warum braucht man und wie funktioniert Color Management?

In den Zeiten geschlossener Systeme (wie diese in der konventionellen Druckvorstufe bestanden) haben die jeweiligen Hersteller
sich darum gekümmert, daß innerhalb der Systeme und beim
Übergang zu anderen Prozeßstufen die Ausgabequalität stimmte.
Der Anwender konnte mit einigen wenigen Kontrollinstrumenten
und **Kontrollmitteln** diese Qualität überprüfen und gegebenenfalls korrigierend eingreifen.

Die Einführung von modularen und offenen Systemen im
Computer Publishing hat die Situation dramatisch verändert und
zu den schon an anderer Stelle angesprochenen und beschriebenen
Problemen u. a. im Datenfluß, Datenaustausch und Datenmanage-
ment geführt. In der Anfangsphase von DTP und Computer Publishing stellten Anwender von farbfähigen PostScript-Druckern zum

Teil erhebliche Farbabweichungen in der Druckausgabe und bei der Ausgabe des gleichen Datensatzes auf unterschiedlichen Geräten fest. Dies wurde gerade dann besonders unverständlich, wenn es sich auch noch um die Ausgabe einer unveränderten PostScript-Datei und um Ausgabegeräte mit einem original PostScript-RIP von Adobe Systems handelte.

Wunschvorstellung war es, durch die optimale Anpassung der Treiberprogramme von Druckern, die Farbanpassung zu unterschiedlichen Ausgabesystemen erheblich zu verbessern. Wenn die farbmetrischen Kenndaten der Toner, Tinten oder Wachse eines Farbdruckers genau bekannt waren, konnten Transformationsberechnungen durchgeführt werden, die den Farbdruckern erheblich bessere Wiedergabeeigenschaften verliehen. In einem umfassenden Computer-Publishing-System konnten **Farbanpassungen** nur dann durchgeführt werden, wenn man die farbmetrischen Kenndaten aller beteiligten Geräte, vom Scanner bis zum Drucker, exakt kannte.

Aber genau hier wurde die Situation jedoch schwierig und zwar dann, wenn die Kenndaten in einem Produktionssystem im vorhinein nicht bekannt waren oder wenn unterschiedliche oder ungenau bestimmte Farbräume die Grundlage der jeweiligen Module waren. Dies war ein Zustand, welcher bei nahezu allen modularen Computer-Publishing-Systemen zutreffend war. Unter diesen Umständen war eine notwendige Transformationsberechnung zwischen Gerätemodulen und Farbräumen nahezu unmöglich. Der Hersteller eines Flachbettscanners kann beispielsweise nicht wissen, mit welcher Software und auf welche Weise die Farbdaten aus dem Scanner weiterverarbeitet oder mit welchem Drucker oder Belichter die Bilddaten schließlich ausgegeben werden. Das gleiche gilt für den Hersteller von Ausgabegeräten wie z. B. Druckern. Wenn ein Ausgabegerät mit Farbdaten angesteuert wird, so gibt es aufgrund des modularen Aufbaus der Prozeßkette am Ende keine Angaben in einem Datensatz darüber, welchen Ursprung die Farbdaten haben und was farbmetrisch unter den einzelnen Farbdaten bzw. Farbsignalen zu verstehen ist.

In der Zeit der geschlossenen Systeme war dies alles kein Problem und wurde mittels der **Standardisierungsrichtlinien** für den Offsetdruck (von BVD/FOGRA) sehr gut gehandhabt. Zum Thema **Standardisierung im Offsetdruckverfahren** [4.7], [4.8],

197

[4.9] und [4.10]. Mit der Einführung von DTP, von PostScript, OPI und SGML hat sich diese Situation gravierend verändert. Die modularen Systeme bewirkten eine Verbreitung und Übertragbarkeit von Inhalten in Form von Datensätzen, welche nahezu überall verfügbar wurden.

Was hier fehlte, war die Weitergabe der Farbinformationen über das erzeugende Gerät (z. B. einem Scanner) oder das Gerät (wie z. B. einen Monitor), mit dem die Modifikationen vorgenommen wurden. Genau diesen Mangel wollen die diversen Color-Management-Systeme ausgleichen. Einen ersten Ansatz bot ColorSync von Apple [4.11], welches 1992 eingeführt wurde. Bei ColorSync ging es um die Schaffung eines Standards zur Beschreibung von Farbe oder, wie der Name schon andeutet, um die Synchronisation von Farbe auf einer Hardware-Plattform.

Die Firma Adobe reagierte auf die Zeichen der Zeit durch die Einführung von **PostScript Level 2** [4.12] und erweiterte den Befehlssatz der Seitenbeschreibungssprache um sogenannte Farbdeskriptoren. Mit Hilfe dieser, in eine PostScript-Datei eingebundenen Farbkenndaten wird eine farbmetrische Beschreibung der Farbbilddaten durchgeführt. Als Bezugssystem wird das international anerkannte CIE-System verwendet, in dem alle vom Auge wahrnehmbaren Farben eindeutig mit drei Koordinaten beschrieben werden können.

Die Kombination der Farbdatenbeschreibung in PostScript Level 2 mit dem Apple ColorSync erlaubte es Herstellern, erste Color-Management-Systeme zu erstellen und bildete die Grundlage des ICC (International Color Consortium) [4.13].

4.2.1 Anwendung von Color-Management-Systemen

Allgemein basieren heute Color-Management-Systeme auf dem **ICC-Standard** bzw. auf der Basis von **ColorSync** und weisen dementsprechend drei Komponenten auf. Die erste Komponente sind die Farbprofile von Monitoren, Eingabe- und Ausgabegeräten. Des weiteren handelt es sich um das **Farbraumtransformationsmodul** (CMM genannt, steht für Color Matching Method bzw. Modul) und als dritte Komponente um die Koordinationssoftware (Abb. 4-07).

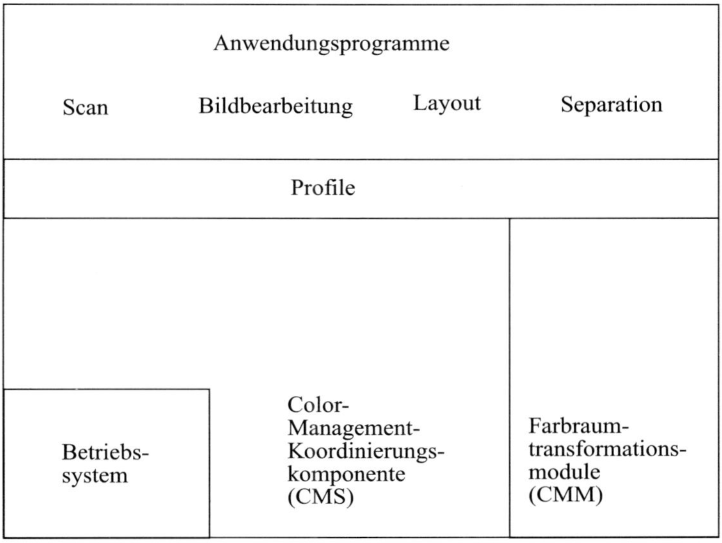

Abb. 4-07: Aufbau
und Zuordnung der
Color-Management-
Systemkomponenten

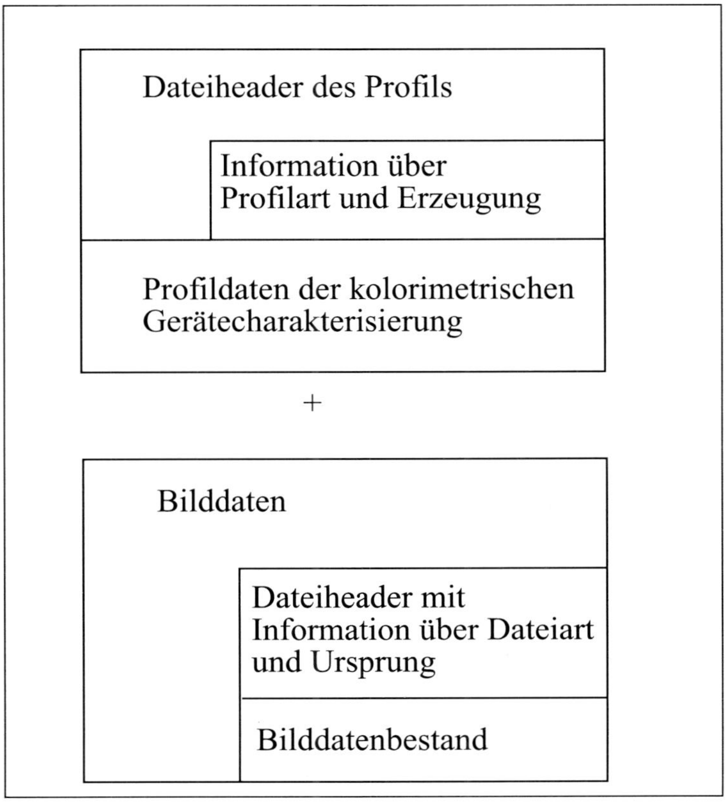

Abb. 4-08: Struktur
von Farbbilddateien
und Profilen

199

Bevor der ICC-Standard entwickelt wurde, gab es keine Festlegungen für die Profile, welche die Beschreibung des Farbraumes eines Gerätes beinhalten. Die vielfältigen Gestaltungsformen der Profile führten dazu, daß nur herstellerspezifische CMMs diese Profile auswerten und anwenden konnten. Jedes Color-Management-System basiert aber gerade auf vielfältigen und verfügbaren Profilen sowie auf geeigneten Transformationsmethoden. Erst deren Verfügbarkeit und Standardisierung ermöglichte eine Einbindung dieser Informationen in Bilddatenbestände (Abb. 4-08) und damit für eine Verbreitung von Color Management.

In den Spezifikationen des ICC-Standards sind nicht nur die Speicherform der Profile festgelegt worden, womit dann ein Betriebsystem- und geräteunabhängiger **Datenaustausch** der Farbinformationen möglich wird, sondern darüber hinaus wurde auch ein neutraler Farbraum definiert. Da Farbraumtransformationen relativ zeitaufwendig und rechenintensiv sind, ist gerade der neutrale Farbraum hilfreich, da hierdurch Rechenaufwand reduziert werden kann. So wird es mit Hilfe der verschiedenen Color-Matching-Methoden möglich, z. B. bei einem Geräteprofil lediglich die Abweichungen des Gerätefarbraumes von dem neutralen Farbraum zu verwenden. Somit müssen bei einer Transformation auch nur die Abweichungen berechnet werden.

Abb. 4-09: Beispiel einer Referenzdatei zur Profilherstellung

```
▦▦▦▦▦▦▦▦▦▦       TC2.9 CMYK Reference       ▦▦▦▦▦
Logo OutputTarget V2.4
SAMPLE_ID  C  M  Y  K
BEGIN_DATA
A1   100 100 100  0
A2   100 100  80  0
A3   100 100  60  0
A4   100 100  40  0
A5   100 100  20  0
A6   100 100   0  0
A7    80 100 100  0
A8    80 100  80  0
A9    80 100  60  0
A10   80 100  40  0
A11   80 100  20  0
A12   80 100   0  0
A13   60 100 100  0
A14   60 100  80  0
A15   60 100  60  0
A16   60 100  40  0
A17   60 100  20  0
A18   60 100   0  0
B1   100  80 100  0
B2   100  80  80  0
B3   100  80  60  0
B4   100  80  40  0
```

4.2.2 Profile für Color-Management-Systeme

Unterschiedliche Ausgabegeräte können meist nicht den gleichen Farbumfang darstellen. Dies ist bedingt durch Unterschiede in den Färbungsmitteln (Pigmente und Farbstoffe), in den Trägerstoffen der Färbungsmittel (Wasser, Lösungsmittel, Bindemittel, Wachse etc.), dem Übertragungsverfahren (Rückspaltverhalten etc.) dem Trägermaterial.

Um dies alles einigermaßen in den Griff zu bekommen, werden **Profile** der Ausgabegeräte erstellt. Dies erfolgt durch farbmetrische Auswertung von Testcharts sowie deren anschließende Speicherung in Umrechnungstabellen für das jeweilige Ausgabegerät (Abb. 4-09). Dabei wird von einem geräteneutralen Farbraum ausgegangen. Die spezifischen Abweichungen des jeweiligen Ausgabegerätes zu diesem Farbraum werden ermittelt und in den Profilen gespeichert. Diese Profile sind der Kernpunkt von Color-Management-Systemen (CMS).

Einige CMS benutzen sogenannte „Look-up Tables" (Abb. 4-09), während andere CMS Transformationsalgorithmen verwenden. Hierbei kann es dann zu gravierenden Farbverschiebungen kommen, die durch Rundungs- oder Berechnungsfehler entstehen, wenn u. a. die Anzahl der Stützstellen in einer „Look-up Table" zu gering ist. Deshalb sollten die Empfehlungen der Hersteller von Geräten und Profilerzeugungsprogrammen zur Meßwertermittlung unbedingt beachtet werden. Zur Thematik farbige Prüfbilder und Farbbildbearbeitung empfehelen sich u. a. [4.14] und [4.15].

Probleme bei der **Profilerstellung** und Geräteanpassung können unmittelbar sichtbar gemacht werden, wenn ein Bilddatenbestand von einem Ausgangsfarbraum in einen Zielfarbraum und anschließend wieder in den Ausgangsfarbraum zurück konvertiert wird. Eine häufig vorkommende Transformation ist jene, welche Bilddaten aus dem **RGB-Farbraum** (vom Scanner erzeugt) in den für Druckfarben spezifischen Farbraum CMYK überträgt. Müssen im **CMYK-Farbraum** noch Bildbearbeitungen vorgenommen werden, so erfolgt diese Bearbeitung an einem Computermonitor und mit einer Bildschirmdarstellung im RGB-Farbraum. Diese RGB-Bildschirmdarstellung bedeutet eine Rückkonvertierung, die für den Anwender meist nicht direkt sichtbar ist, da alle Farbdaten noch in CMYK-Werten im Arbeitsfenster des jeweiligen Anwendungsprogramms angezeigt werden. Die Bildschirmdarstellung des Monitors erfolgt jedoch im RGB-Modus und erzwingt deswegen eine Rückkonvertierung vom CMYK- in den RGB-Farbraum.

4.2.3 Heute verfügbare Color-Management-Systeme

Color-Management-Systeme werden heute von verschiedenen Herstellern (z. B. Apple, Kodak) angeboten und sind zumeist PostScript-kompatibel. Alle Ein- und Ausgabegeräte sind dabei an das geräteneutrale CIE-System oder vergleichbare Farbreferenzsysteme entsprechend dem ICC-Standard angepaßt. Die aus dem Scanner stammenden RGB-Farbdaten werden durch eine mathematische Transformation in das CIE-System umgerechnet. Im Vorspann der Bilddatei (auch Header genannt) befindet sich die Information über den Farbraum, d. h. in welchem Bezugssystem (XYZ, CIELUV oder CIELAB) die Daten gespeichert sind.

Auf der Ausgabeseite durchlaufen die im CIE-System definierten Farbdaten wiederum eine Umrechnungsprozedur in das interne Abbildungssystem des gewünschten Ausgabegerätes. Die ganze Prozedur der Farbanpassung findet unbemerkt vom Anwender in der Systemumgebung des Computers statt.

Heute sind verschiedenste **Color-Management-Systeme** bzw. Produkte für Color Management verfügbar. Dieses Spektrum an Programmen reicht von Anwendungsprogrammen für Layout- und Seitengestaltung mit Plug-ins bzw. integrierten Funktionen für die Anwendung von Color Management (z. B. QuarkXPress 3.31, Linocolor 3.3 oder PageMaker 6.0) über spezifische Bildbearbeitungs- und Color-Management-Systeme (z. B. Photoshop 3.0, Picture Publisher 5.0 von Micrografx oder FotoTune Professional von AGFA) bis hin zu Profilerzeugungsprogrammen (z. B. ProfileMaker von LOGO).

Bei den Anwendungsprogrammen wie Linocolor 3.3 oder PageMaker 6.0 handelt es sich meist um Programme mit integriertem Color-Management-System, welche eigene CMM (Color Matching Methode bzw. Module), also eine Farbraumtransformation, aufweisen. Zumeist werden hier einige Profile, z. B. für Highend Scanner, PhotoCD, Monitore und für einzelne Ausgabegeräte, mit-

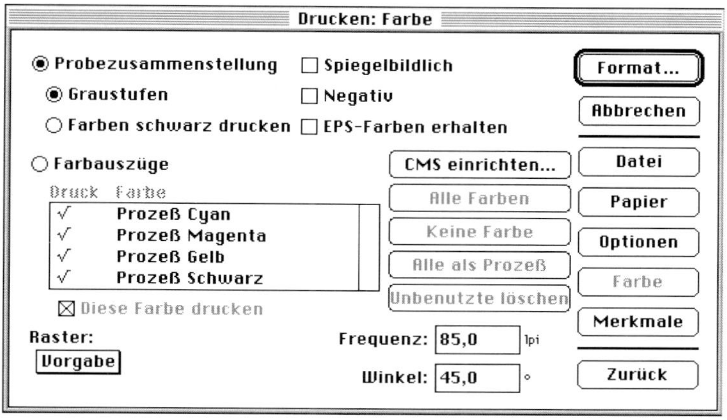

```
╔══════════════ Drucken: Farbe ══════════════╗
║                                             ║
║ ● Probezusammenstellung  □ Spiegelbildlich    [ Format... ]  ║
║ ● Graustufen             □ Negativ                          ║
║ ○ Farben schwarz drucken □ EPS-Farben erhalten [ Abbrechen ] ║
║                                                             ║
║ ○ Farbauszüge              [ CMS einrichten... ]  [ Datei ] ║
║  Druck  Farbe              [ Alle Farben ]        [ Papier ]║
║   √     Prozeß Cyan        [ Keine Farbe ]                  ║
║   √     Prozeß Magenta                            [ Optionen ]║
║   √     Prozeß Gelb        [ Alle als Prozeß ]              ║
║   √     Prozeß Schwarz                            [ Farbe ] ║
║  ⊠ Diese Farbe drucken     [ Unbenutzte löschen ]          ║
║                                                   [ Merkmale ]║
║ Raster:                    Frequenz: 85,0  lpi            ║
║  [ Vorgabe ]                                      [ Zurück ]║
║                            Winkel: 45,0    °               ║
╚═════════════════════════════════════════════╝
```

Abb. 4-10: Auswahl-
fenster zur Festlegung
von Farbprofilen bei
PageMaker 6.0

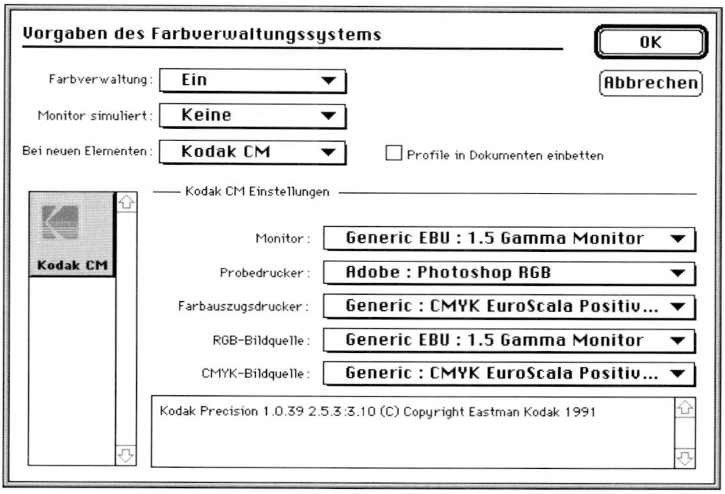

```
╔════════════════════════════════════════════════════════════╗
║ Vorgaben des Farbverwaltungssystems          [ OK ]        ║
║                                                             ║
║ Farbverwaltung:  [ Ein            ▼ ]        [ Abbrechen ]  ║
║                                                             ║
║ Monitor simuliert: [ Keine        ▼ ]                      ║
║                                                             ║
║ Bei neuen Elementen: [ Kodak CM   ▼ ]  □ Profile in Dokumenten einbetten ║
║                                                             ║
║  ┌──────────┐  ── Kodak CM Einstellungen ──                ║
║  │ [Kodak]  │                                              ║
║  │          │  Monitor: [ Generic EBU : 1.5 Gamma Monitor ▼ ]║
║  │ Kodak CM │                                              ║
║  │          │  Probedrucker: [ Adobe : Photoshop RGB     ▼ ]║
║  │          │                                              ║
║  │          │  Farbauszugsdrucker: [ Generic : CMYK EuroScala Positiv... ▼ ]║
║  │          │                                              ║
║  │          │  RGB-Bildquelle: [ Generic EBU : 1.5 Gamma Monitor ▼ ]║
║  │          │                                              ║
║  │          │  CMYK-Bildquelle: [ Generic : CMYK EuroScala Positiv... ▼ ]║
║  │          │                                              ║
║  │          │  Kodak Precision 1.0.39 2.5.3 :3.10 (C) Copyright Eastman Kodak 1991 ║
║  └──────────┘                                              ║
╚════════════════════════════════════════════════════════════╝
```

Abb. 4-11: Aktivierung
des Kodak Color-
Management-Systems
in PageMaker 6.0

geliefert oder sind über eigene Programmfunktionen, z. B. über
die Druckeroptionen, anwählbar (Abb. 4-10). In diesen Auswahlfenstern sind dann Color-Management-Optionen verfügbar, mit
denen individuelle Profile für die einzelnen Geräte (Scanner, Monitore und Drucker bzw. Belichter) anwählbar sind (Abb. 4-11).

Die Auswahl möglicher **Profile** kann sich dabei nur auf vorhandene Profile, d. h. zur Zeit noch auf mitgelieferte Profile (Abb.
4-12), beschränken. Aufgrund des ICC-Standards ist es auch möglich, in einzelnen Anwendungsprogrammen firmenspezifische Profile von einzelnen Herstellern oder dem Anwender selbst im
Systemordner hinzuzufügen. Allgemein sind Anwendungsprogramme jedoch noch nicht darauf ausgelegt, Profile und Profilan-

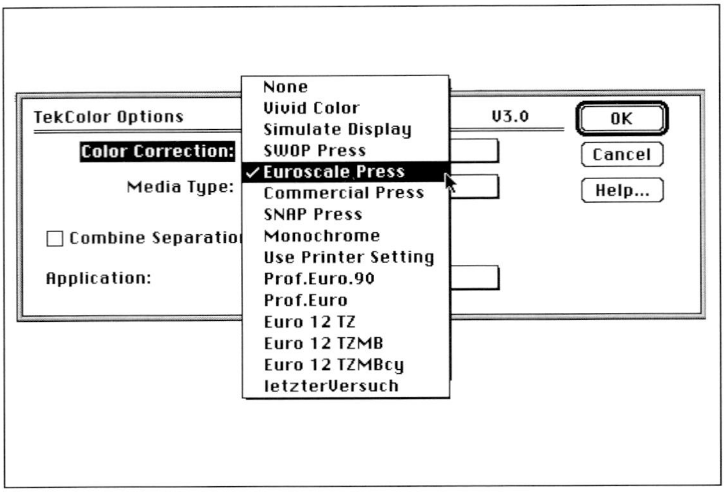

TekColor Options   V3.0   OK

Color Correction: None   Cancel
                                     Vivid Color
                                     Simulate Display   Help...
           Media Type: SWOP Press
                                   ✓ Euroscale Press
                                     Commercial Press
    ☐ Combine Separatio   SNAP Press
                                     Monochrome
       Application: Use Printer Setting
                                     Prof.Euro.90
                                     Prof.Euro
                                     Euro 12 TZ
                                     Euro 12 TZMB
                                     Euro 12 TZMBcy
                                     letzterVersuch

Abb. 4-12: Auswahl
von Profilen und
Farbeinstellungen mit
TekColor für den
Tektronix Phaser 480

passungen, innerhalb ihres Funktionsumfangs, automatisch zu generieren. Diese Anwendungsprogramme geben dem jeweiligen
Anwender auch keine Möglichkeiten, Profile selbst durch manuelle Eingabe zu erstellen oder in vorhandenen Profilen Modifikationen vorzunehmen. Hierzu sind dann für den Anwender zusätzliche, eigenständige Anwendungsprogramme zur Profilerstellung
notwendig. Alternativ können Benutzer von diesen Anwendungsprogrammen die erforderlichen Geräteprofile als Serviceleistung
von einzelnen Anbietern hinzukaufen.

Bei spezifischen Bildbearbeitungs- und Color-Management-
Systemen, wie z. B. Photoshop 3.0, Picture Publisher 5.0 von
Micrografx oder FotoTune Professional von AGFA, können Profile
erstellt (Foto Tune Professional) oder vorhandene Profile editiert
und verändert werden (Photoshop 3.0, Picture Publisher 5.0). Dabei können wie z. B. bei Photoshop auch von ColorSync unabhän-
gige, CIE-basierte Farbanpassungsmethoden zum Einsatz kommen
(Abb. 4-13). Modifikationen lassen sich z. B. bei Photoshop über
die Menüpunkte „Ablage" und „Grundeinstellungen" (Abb. 4-14)
in einem eigenen Auswahlfenster vornehmen (Abb. 4-15). Hat
man eine präzise Monitor-Profiltabelle bereitstehen, so kann man
diese in Photoshop nutzen, um am Monitor Bilddateien echtfarbig
zu betrachten oder zu bearbeiten. Hierzu ist es notwendig, daß die
Bilddaten von einem Scanner mittels ColorSync in CIELAB-Da-
ten umgewandelt worden sind. In den Fällen, wo keine Scanner-
profile oder exakte RGB-Charakteristik vorhanden sind, kann man

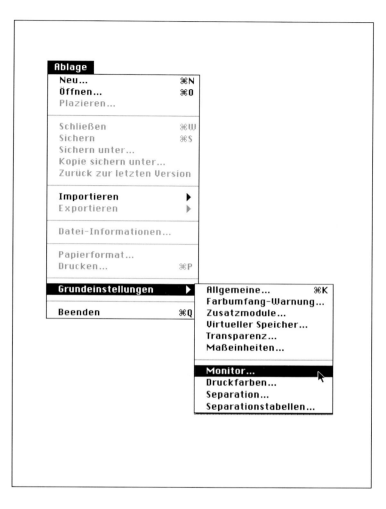

Abb. 4-13: Auswahl-
menü in Photoshop 3.0

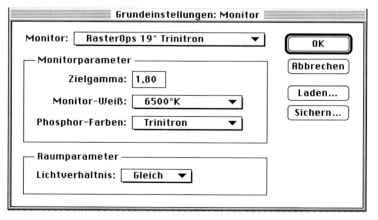

Abb. 4-14: Einstell-
fenster für den
Monitor in Photoshop

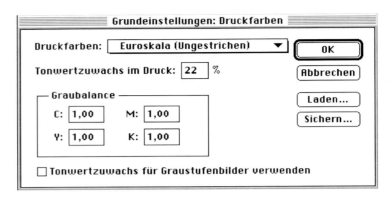

Abb. 4-15: Einstell-
fenster für CMS-
Druckoptionen

zumindest über die Bildschirmdarstellung und die Bildanpassung
an die Vorlage zu einem optimierten Ausgabeergebnis gelangen.
Diese eher etwas improvisierte Form der Bildbearbeitung unter
Color-Management-Bedingungen ist, im Vergleich zu den genau
ermittelten Farbprofilen für Eingabegeräte, bei weitem nicht so leistungsfähig, kann aber gerade bei Bilddatenarchiven mit Datenbeständen ungenauen Ursprungs eine gute Hilfe bedeuten.

Aus den bisherigen Ausführungen ist sicherlich deutlich geworden, daß es ohne **Geräteprofile** kein Color Management geben
kann. Dies bedeutet gleichzeitig auch, daß es für Anwender von
Color-Management-Systemen nicht ausreicht, sich mit Farbe,
Farbmetrik und Farbprofilen etc. theoretisch auseinander zusetzen,
sondern es müssen diese theoretischen Kenntnisse auch praktisch
umgesetzt werden. Da Anwendungsprogramme zumeist nur einge-
schränkte Funktionen zur individuellen Profilerstellung anbieten,
sind spezielle Programme zur Profilerstellung unumgänglich.
Solch eine Profilerstellung betrifft alle Geräte (Scanner, digitale
Kameras, Monitore, Laserdrucker, digitale Prüfdrucksysteme etc.),
und sie muß in regelmäßigen, zeitlichen Abständen bei den unterschiedlichen Geräten vom jeweiligen Anwender wiederholt werden.

Die Gestaltung der Arbeitsabläufe ist vom jeweiligen Profil-
erstellungprogramm abhängig. Exemplarisch soll hier der Arbeitsablauf für eine Scanner-, Monitor- und Ausgabegerätprofiler-
stellung mit dem LOGO Profilemaker Professional von der Logo
Handelsvertretung vorgestellt werden. Der LOGO ProfileMaker
läßt grundsätzlich die Herstellung von Farbprofilen mit unterschiedlichen Qualitätsstufen zu, was über den Dateiumfang eines

Geräteprofiles, als kleiner, mittlerer oder großer Dateiumfang, eingestellt werden kann.

4.2.4 Scannerprofil erstellen

Bei der Erzeugung eines Scannerprofils geht es grundsätzlich um die Charakterisierung der im RGB-Modus abgetasteten Bildpunkte und deren Übertragung in den CIELAB-Farbraum. Dies kann auch für Scanner erfolgen, welche dem Anwender nur die schon konvertierten Bilddaten im CMYK-Farbraum zugänglich machen. Für das Erzeugen eines Scannerprofils benötigt man neben dem Anwendungsprogramm noch eine Durchlicht- oder Auflichtversion von einem Testchart sowie die dazugehörige Referenzdatei (bei ProfileMaker Professional im ASCII-Dateiformat). Hierbei können sowohl herstellerspezifische Versionen des IT 8.7 Testcharts (Abb. 4-16) als auch eigene Testcharts eingesetzt werden. Existiert keine Referenzdatei, so muß auch ein Farbmeßgerät vorhanden sein, damit die erforderlichen Meßwerte für die Referenzdatei festgestellt werden können.

Abb. 4-16: IT 8.7
Testchart – Version
AGFA

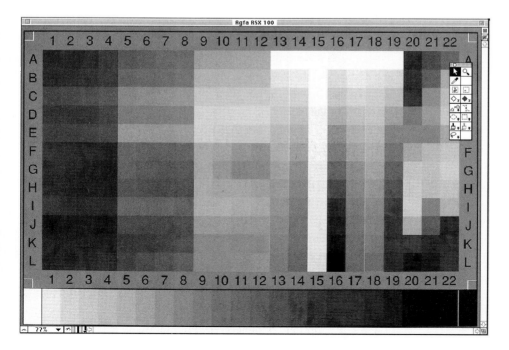

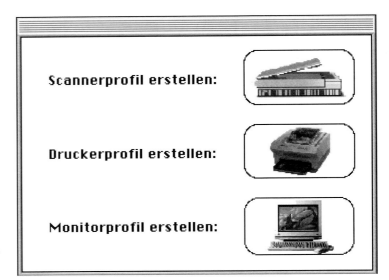

Abb. 4-17: Auswahl-
fenster für die
Profilherstellung

Für welche Art eines **Testcharts** man sich entscheidet, hat einen deutlichen Einfluß auf den erforderlichen meßtechnischen Arbeitsaufwand, da bei nicht standardisierten Testcharts die Anzahl der Meßfelder höher sein kann und zusätzlich die **Refenzdatei** noch erzeugt werden muß. Bevor man mit der Profilerstellung für einen Scanner beginnt, ist der Scanner in einen normalen, kalibrierten Zustand zu versetzen. Normale Scannereinstellung bedeutet in diesem Zusammenhang, daß der Scanner so eingestellt ist, wie dies für die nachfolgenden Scanvorgänge erforderlich ist. Kalibrierte Einstellung bedeutet, daß der Scanner in einem jederzeit justierbaren Zustand ist, welcher die größtmögliche Farbdifferenzierung bei gleichzeitig konstanter Wiedergabe erlaubt. Konstante Wiedergabe bedingt, daß z. B. keine automatischen Gradationsanpassungen ohne Einfluß des Bearbeiters erfolgen. Nur durch definierte und dokumentierte Einstellungen des Scanners ist es möglich, ein korrektes Profil zu erzeugen. Im Anschluß zur kalbrierten Einstellung des Scanners kann das Testchart mit den Standardeinstellungen gescannt und als unkomprimierte Datei im **TIFF-Datenformat** abgespeichert werden. Verwendet man ein eigenes Testchart, so ist noch die Referenzdatei zu diesem Testchart zu erstellen. Diese Testdatei kann in Art und Umfang mit dem LOGO ProfileMaker über den Menüpunkt „Preferences" und unter der Option „Scanner-Testbild" selbst erstellt werden. Verwendet man ein Standard-Testchart, von welchem man vermutet, daß dieses Chart alterungsbedingte Veränderungen aufweist, so kann man hier auch individuelle Meßwerte eintragen. Nach diesen Vorarbeiten kann es an die Erstellung des Scannerprofils gehen.

Im Funktionsumfang von LOGO ProfileMaker Professional können alle Profilarten über ein entsprechendes Auswahlfenster in einzelnen Arbeitszyklen erstellt werden (Abb. 4-17). Für die Erstellung eines Scannerprofils öffnet sich dann ein Arbeitsfenster (Abb. 4-18), in welchem zum einen die Referenzdatei (hier „IT8.7 example") und zum anderen die gescannte Datei (hier „ExampleScan.tiff") angewählt wird. Mit der Auswahl der zu erstellenden Profilart (hier „ICC-Profil") und der Eingabe des Profil-Dateinamens (hier „Scanner-Profil-001") kann das Scannerprofil erzeugt werden.

Der vorgestellte Arbeitsablauf gilt in gleicher Weise auf für digitale Kameras, wobei hierzu lediglich noch zusätzlich das Feld „Weißpunkt fixieren" (Abb. 4-18) aktiviert sein muß.

Abb. 4-18: Arbeitsfenster für die Scannerprofilerstellung

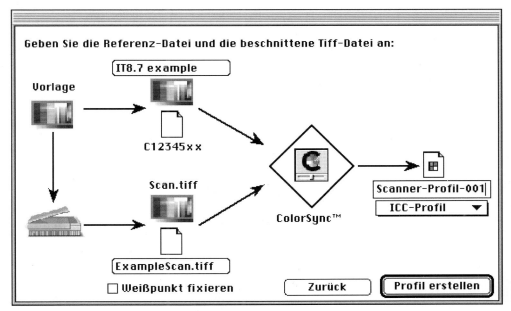

4.2.5 Monitorprofil erstellen

Für die Herstellung von Monitorprofilen (Abb. 4-17) wird allgemein kein Testchart verwendet, sondern es werden großflächige

Farbfelder am Bildschirm erzeugt und mit einem hochwertigen
Farbmeßgerät ausgemessen (Abb. 4-19 – Quelle: Fogra Aktuell
Nr. 19, März 1996). Voraussetzung für ein exaktes und korrektes
Monitorprofil ist eine **Monitorkalibrierung**, d. h., der Monitor
muß mindestens 1 Stunde warm gelaufen sein, bevor eine justie-
rende Regelung von Helligkeit, Kontrast und Farbumfang vorgenommen wird. Hierbei sollte ein tiefes Schwarz nicht als Grauton
erscheinen sowie der Weißton neutral und ohne Farbstich vorhanden sein. All diese Einstellungen sollten an einem möglichst ab-
gedunkelten Monitorarbeitsplatz erfolgen, wobei direkte Lichtein-
strahlungen (z. B. durch Sonnenlicht oder Lampen) und auffällige
Lichtreflexionen auf der Bildschirmfläche vermieden werden müssen. Da im allgemeinen Monitorkalibrierungen und Monitorprofi-
lierungen einige Zeit beanspruchen, ohne daß dabei Mausbewe-
gungen oder Tastaturanschläge erfolgen, empfiehlt es sich für diese Zeit, etwaige **Bildschirmschoner** zu deaktivieren. Plötzlich
einsetzende Bildschirmschoner können eine Kalbrierung stören
und den automatischen Meßvorgang bei der Profilierung unterbrechen.

Der Arbeitsablauf der Profilierung besteht beim LOGO Profi-
le-Maker Professional aus dem automatischen Einlesen der Meßdaten des am Monitor montierten Farbmeßgerätes. Nach Abschluß
des Meßdateneinzugs wird das Monitorprofil entsprechend der gewählten Profilart und unter dem eingegebenen Dateinamen abgespeichert.

Abb. 4-19: Herstellung
eines Monitorprofils
(Foto: Tschernoster,
FOGRA)

4.2.6 Ausgabegerätprofil erstellen

Als dritter Bereich der Profilerstellung sind die Ausgabegeräte zu charakterisieren. Hierbei handelt sich um eine meßtechnische Aufgabenstellung, die sehr hohe Ansprüche an die Vorbereitung der Ausgabemuster, an die Farbmeßtechnik und an die Sorgfalt der Bearbeiter stellt. Ungenauigkeiten in der Musterherstellung, fehlerhafte Meßtechnik und Unachtsamkeiten können gravierende Auswirkungen auf die Korrektheit der Profile haben und deren Nutzen verhindern.

Neben dem Anwendungsprogramm zur Ausgabegerätprofilierung braucht man ein digitalisiertes Ausgabe-Testchart (z. B. im TIFF- oder EPS-Dateiformat), eine zu dieser Datei gehörende **Referenzdatei** mit den Sollwerten und ein kalbriertes

Abb. 4-20: Herstellung eines Ausgabegerätprofils

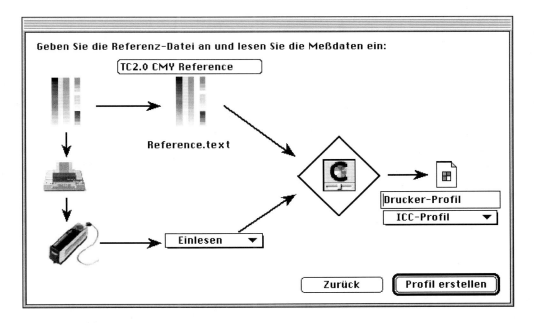

Farbmeßgerät zum Erstellen der Meßwerte der Ausgabemuster. Wie schon bei der Monitor- und Scannerprofilherstellung sollte auch bei den Ausgabegeräten ein definierter Gerätezustand existieren. Bei Druckmaschinen bedeutet ein definierter Ausgangszustand, daß eine an der Standardisierung für den Offsetdruck ausgerichtete Druckeinstellung und ein größtmöglicher, konstanter Druckablauf bestehen sollte. Bei digitalen Drucksystemen, z. B.

Farbdruckern, ist ein möglichst großer Farbumfang (meist von einem Servicetechniker) einzustellen und eine für das Ausgabegerät geeignete Testchart-Datei zu verwenden (für CMYK, RGB oder im Farbraum für CMY).

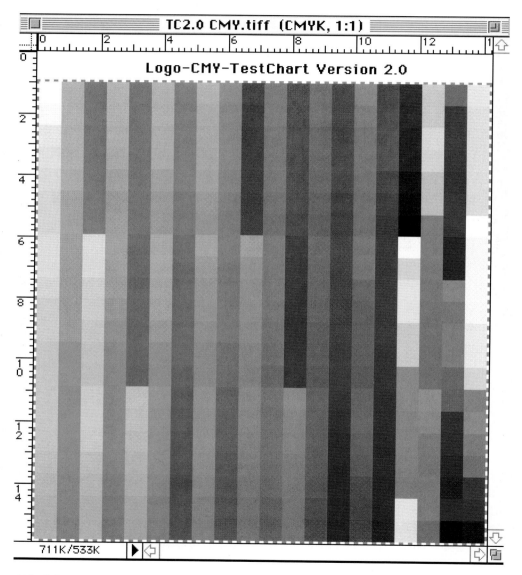

Abb. 4-21: Bildschirm-darstellung der CMY-Testchart-Datei

Beim LOGO ProfileMaker kann man die Herstellung eines **Ausgabegerätprofils** über die Druckerwahl (Abb. 4-17) beginnen und die benötigten Meßdaten von den Ausgabemustern dann direkt

aus dem Farbmeßgerät einlesen (Abb. 4-20). Hat man die von der
Firma LOGO mitgelieferten Testchart-Dateien für die Ausgabemuster genutzt (z. B. die „TC 2.0 CMY.TIFF"-Datei – Abb. 4-21),
so kann man direkt die Referenzdatei einstellen (in Abb. 4-20 als
„TC 2.0 CMY Reference"). Nach Abschluß der Meßwerterfassung
wird nur noch der Profiltyp und der Dateiname benötigt, um das
Profil zu erstellen.

Sind alle Profile von allen beteiligten Monitoren sowie den
Eingabe- und Ausgabegeräten erstellt, so kann auf diese Profile
im ICC-Standard in den jeweiligen Anwendungsprogrammen
(wie PageMaker 6.0, QuarkXPress, Linocolor, Picture Publi-

Abb. 4-22: Auswahl-
fenster für Druck-
optionen

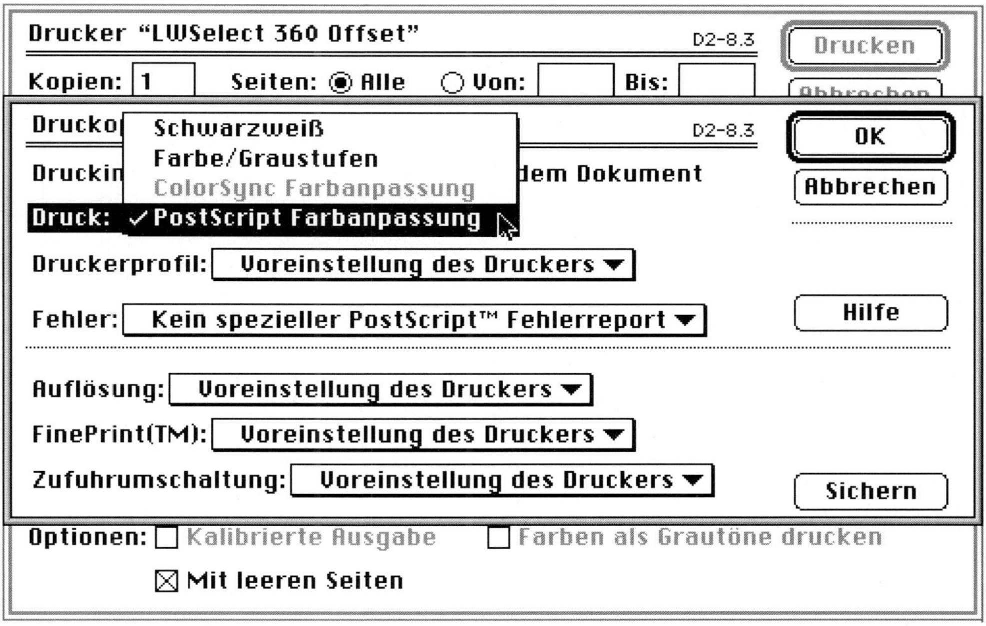

sher, Photoshop etc.) zugegriffen werden. Einer praktischen
Anwendung von Color-Management-Systemen steht dann kaum
noch etwas im Wege.

4.2.7 Anwendung von Color-Management-Systemen

Die praktische Anwendung von Color-Management-Systemen
betrifft im wesentlichen die Entscheidung, wo die Farbraum-

transformation erfolgen soll. Im Arbeitsablauf nach dem ICC-Standard fällt diese Enscheidung idealerweise im PostScript-Treiber des Ausgabegerätes und wird im Auswahlfenster der Druckoptionen (Abb. 4-22) angewählt bzw. eingestellt. Dieses Auswahlfenster ist u. a. erreichbar über die Menüpunkte „Datei" und „Drucken". Wird hier die Option „Color-Sync Farbanpassung" gewählt, so werden die ColorSync-Programmroutinen des Betriebssystems aktiviert, und die Farbumrechnungen erfolgen auf dem Apple Macintosh. Wird hingegen die Option „PostScript Farbanpassung" gewählt, so werden die Geräteprofile in „**Color Rendering Dictionaries**" (CRD) des PostScript Level 2 umgerechnet (Abb. 4-22). Anschließend werden die **CRD-Farbdaten** zusammen mit den Bilddaten im PostScript-Datenfluß zum RIP des Ausgabegerätes übermittelt, dort erfolgt dann die Farbumrechnung. Eine weitere Variante ist mit OPI-Servern möglich, wenn in einem Server eine ICC-kompatible Farbanpassung eingestellt ist. In einem solchen Fall kann dann zwischen der Farbumrechung im OPI-Server oder im RIP des Ausgabegerätes gewählt werden.

Weiterführende Literatur zu Color-Management-Systemen sind die Quellen [4.16], [4.17] und [4.18]. Zusätzlich sind auch noch die Literaturquellen zu den qualitätssichernden Maßnahmen und zur Farbe bzw. Farbmetrik empfehlenswert (Näheres hierzu in den jeweiligen Abschnitten dieses Kapitels).

4.3 Raster und Rasterverfahren

Raster und Rasterverfahren haben ihren Ursprung in dem Wunsch, fotografische Bildqualität auf anderen Wegen als durch eine Fotografie wiederzugeben, und dementsprechend werden Rasterverfahren immer dann gebraucht, wenn ein Bild gedruckt oder am Bildschirm dargestellt werden soll. Solange nur **Strichzeichnungen** wiedergegeben werden mußten, waren Rasterungen nicht notwendig, da Linien nichts anderes als einheitlich gefärbte, sehr schmale Flächen waren (Abb. 4-23). Folglich gibt es bei Strichzeichnungen entweder eine gefärbte Stelle oder eine nicht gefärbte Stelle (dies gilt entsprechend auch für mehrfarbige Strichzeichnungen). Im Prinzip basiert eine Strichzeichnung auf einer binären Struktur, es ist entweder eine Farbe oder es ist eine ungefärbte Stelle vorhanden. Gegenüber einer Strichzeichnung weist eine **Fotografie** nicht nur gefärbte und ungefärbte Flächen auf, sondern besteht aus einer Vielzahl an Farben, Helligkeiten, Schattenpartien und Farbverläufen. Um diese Farben, Schatten und Farbverläufe wiedergeben zu können, ist eine **Rasterung** unbedingt erforderlich. Ein Raster ist im allgemeinen die Auflösung von Farbtönen und Farbverläufen in verschiedenfarbige, periodische Punktstrukturen (in unserem Beispiel handelt es sich um Grauverläufe Abb. 4-24).

Abb. 4-23: Strichzeichnung

Abb. 4-24: S/W-Foto

Für das Computer Publishing sollen nachfolgend nur die digitalen Rasterungen, die in der Drucktechnik und bei der Bildschirmdarstellung vorkommen, berücksichtigt werden. Digitale Rasterungen haben zwar Vorbilder in der fotografischen Rasterung, weisen jedoch auch starke Analogien zur Signalverarbeitung der Elektro- und Fernsehtechnik auf, was zur Folge hat, daß Begriffe aus der Elektrotechnik üblich geworden sind. Diese Begriffe kategorisieren zwei wesentliche Bereiche, jenen der AM-Rasterung und jenen der FM-Rasterung. Hierbei steht **AM-Rasterung** für die **Amplitudenmodulation** eines Rasters, d. h., es wird ein konstanter Rasterpunktabstand in Kombination mit einer variablen Rasterpunktgröße verwendet. Dieser Umstand wird in Abb. 4-25 anhand eines Verlaufkeils mit unterschiedlichen Flächendeckungen aufgezeigt. Die **FM-Rasterung** steht hingegen für die **Frequenzmodulation** eines Rasters, d. h., es wird ein variabler Rasterpunktabstand kombiniert mit einer konstanten Rasterpunktgröße. Die Abb. 4-26 verdeutlicht diesen Sachverhalt mit einen Verlaufkeil.

Es ist hier anzumerken, daß der Problemkreis der Rasterung als nur ein Aspekt von vielen weiteren Aspekten für die Qualität

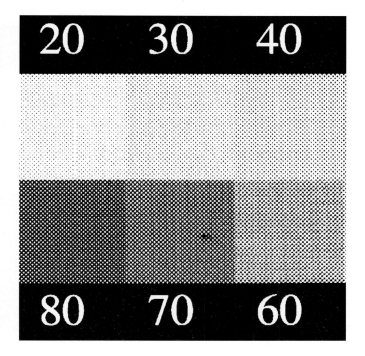

Abb. 4-25: Amplitudenmodulierte Rasterung (Scan einer Filmausgabe von PostScript-Rundpunkten)

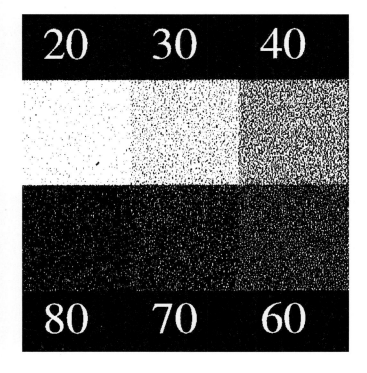

Abb. 4-26: Frequenzmodulierte Rasterung (Scan einer Filmausgabe)

eines Druckergebnisses verantwortlich ist. Ein Rasterverfahren und Einstellungen einer Rasterung können noch nicht unabhängig von den anderen Komponenten der Prozeßkette betrachtet werden. Es ist heute immer noch notwendig einen engen Zusammenhang zwischen der Qualität der Input-Systeme (deren Einstellungen und Parameter), der Qualität der Ausgabesysteme (Einstellungen und verwendete Materialqualitäten) und dem Druckvorgang (Art des Druckverfahrens, Qualitätsmerkmale der Druckfarbe und des Druckpapiers) zu beachten. Zukünftig mag sich dieses durchaus ändern, wenn aktuelle Forschungsvorhaben hierzu praktisch umsetzbare Ergebnisse erzielen [4.19] (Näheres zu Rasterpunktmodellen u. a. in [4.20] und [4.21]).

Was sind allgemein wichtige Parameter für Rasterungen? Wie aus der Definition von AM- und FM-Rasterung schon deutlich wird, sind Punktgröße und Punktabstand bzw. Frequenz des Rasters charakteristische Parameter einer Rasterung. Berücksichtigt man, daß es zudem nicht nur einen einfachen runden Punkt, sondern vielfältige Punktformen geben kann, so ist klar, daß auch die Punktform und deren winkelmäßige Ausrichtung weitere wichtige Parameter sind.

Aufgrund der Definition von FM- und AM-Rasterung ist **Punktgröße** bei beiden Methoden ein wichtiger Parameter. Beim AM-Raster variiert die Punktgröße, wie in Abb. 4-25 gezeigt, und ermöglicht hierdurch unterschiedliche Flächendeckungen. Bei der FM-Rasterung bleibt im Gegensatz zur AM-Rasterung die Punktgröße hingegen eher gleich.

Folglich ist die **Punktform** nur für die AM-Rasterung von Bedeutung (Näheres hierzu in dem Abschnitt 4.3.2). Bei der FM-Rasterung sind demgegenüber die Berechnungsalgorithmen wichtig aufgrund derer die Punktverteilungen bzw. deren Abstände ermittelt werden. Da diese Algorithmen teilweise auf Zufallsverfahren beruhen, sind für FM-Raster neben den Handelsbezeichnungen auch Bezeichnungen wie Zufalls-, Random- und stochastische Raster üblich.

Die **Rasterwinkelung** ist ein wesentlicher Aspekt, der bei Farbdrucken zum Tragen kommt. Würde beispielsweise im Offsetdruck jede der vier Druckfarben im gleichen Rasterwinkel gedruckt werden, dann lägen alle vier Druckfarben direkt nebeneinander oder sogar aufeinander. Der gewünschte Farbton würde da-

Abb. 4-27: Rasterwinkelung bei einem Auszug der Farbe Cyan

Abb. 4-28: Rasterwinkelung bei einem Auszug der Farbe Magenta

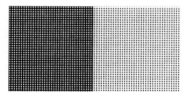

Abb. 4-29: Rasterwinkelung bei einem Auszug der Farbe Gelb

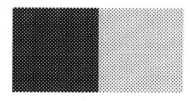

Abb. 4-30: Rasterwinkelung bei einem Auszug der Farbe Schwarz

bei kaum erreicht werden. Deswegen wird bei einer Farbseparation jeder Farbsatz mit Rasterpunkten erzeugt, die um einige Grad verschoben sind (Abb. 4-27 bis Abb. 4-30). Die Auswahl von vier notwendig unterschiedlichen Winkelungen ist ein höchst kritischer Punkt, da bei ungünstigem Winkel unerwünschte geometrische Strukturen, auch **Moiré** genannt, sichtbar werden können [4.22]. Dies ist ein großes Problem für AM-Raster und der Grund, weswegen FM-Raster von manchem Anwender als ein überlegeneres Rasterverfahren angesehen werden. Durch die Variation der Punktabstände und durch die wesentlich kleineren Punktgrößen des FM-Rasters, sind auffällige, störende geometrische Strukturen kaum feststellbar. Gegenüber den AM-Rastern muß gerade wegen der viel kleineren Punktgrößen wesentlich präziser und sauberer gearbeitet werden. Penible Sauberkeit und optimale Maschineneinstellungen werden ganz besonders bei Belichtung und Entwicklung von Filmen und Druckplatten mit FM-Rasterungen notwendig [4.23].

4.3.1 Amplitudenmodulierte Raster (AM-Raster)

Die amplitudenmodulierte Rasterung ist im Fotosatz seit langen Jahren Stand der Technik und wurde im konventionellen Druckvorstufenbereich auf allen geschlossenen Systemen eingesetzt. Mit der Verbreitung von PostScript und dem Einsatz von PostScript-fähigen Ausgabegeräten wurde die digitale Rasterung zu einem aktuellen Thema.

Wie sind amplitudenmodulierte Raster einzuordnen?

Eine der wichtigsten und häufig anzutreffenden Angaben ist die **Rasterfrequenz**. Im Offsetdruck spricht man häufig vom 60er Raster, bei Filmbelichtungen findet man Rasterungsangaben wie 150 lpi und in englischsprachiger Fachliteratur Angaben wie Mesh 6. Wie ist das alles zu verstehen, und wie paßt dies alles zusammen? Bezieht man die Dimensionsangaben mit ein wird dies schnell verständlich. Die europäischen Rasterangaben beziehen sich immer auf einen Zentimeter (somit entspricht ein 60er Raster = 60 Rasterpunkten pro cm). Die digitalen Rasterangaben, auch Screens genannt, werden als Linien pro Inch (lpi) gerechnet (150 lpi = 150 Linien/2,54 cm = 59 Linien/cm). Die amerikanischen Mesh-Angaben werden pro Millimeter gerechnet (6 Mesh = 6 Punkte/mm = 60 Punkte/cm).

Berücksichtigt man, daß heutige Belichter eine Filmausgabe mit einer Auflösung von 2400 dpi (dots per inch) vornehmen können und kombiniert die 150 lpi eines 60er Rasters hiermit, so erhält man die Ausmaße einer **Rasterzelle** und deren Anzahl an darstellbaren Graustufen. In unserem Beispiel beträgt die Kantenlänge einer Rasterzelle 16 **Pixel** (2400 dpi/ 150 lpi = 16). Die Zelle besteht also aus insgesamt 256 Pixeln = Graustufen (16x16 = 256). Dieser Zusammenhang ist ein wichtiger Aspekt. Wird er bei der Einstellung von Rasterung und Auflösung in Anwendungsprogrammen sowie bei der Anwahl der Drucker- und Belichtertreiber mißachtet, sind fehlerhafte und minderwertige Ausgabeergebnisse die Folge. Die Auswirkung von unterschiedlichen lpi bzw. Rastereinstellungen kann anhand eines monochromen Bildes im 10er Raster (Abb. 4-31) im 48er Raster (Abb. 4-32) und im 150er Raster (Abb. 4-33) nachvollzogen werden. In allen Abbildungen wurde der für die Standardisierung des Offsetdruckes übliche Rundpunkt verwendet (im Offsetdruck ist ein 60er Raster üblich, siehe hierzu S/W-Foto von Abb. 4-24).

Die Punktgröße eines **Rasterpunktes** ist eine direkte Funktion aus der Größe einer Rasterzelle und der notwendigen Flächendeckung eines Halbtons. Dabei besteht für obiges Beispiel einer 16x16-Rasterzelle folgender Zusammenhang:

Abb. 4-31: Fotoausschnitt im 10er Raster

Abb. 4-32: Fotoausschnitt im 48er Raster

Abb. 4-33: Fotoausschnitt im 150er Raster

$$\frac{\text{Anzahl gesetzte Pixel}}{\text{maximale Pixelanzahl.}} \times 100\% = \text{Flächendeckung in \%}$$

Eine Flächendeckung von 50% führt entsprechend zu 128 gesetzten Pixeln. Bei einer runden Punktform beginnt die Pixelbelegung im Zentrum der Rasterzelle (Abb. 4-34) und wächst mit steigender Flächendeckung bis zu den Zellenrändern

Für die Aktivierung der einzelnen Pixel ist die **Rasterpunktform** eine sehr wesentliche Funktion und kann am Beispiel von Rasterzellen mit Rundpunkten (Abb. 4-35), mit Kettenpunkten (Abb. 4-36), mit Linienpunkten (Abb. 4-37) und mit Kreuzpunkten (Abb. 4-38) verglichen werden.

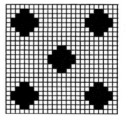

Abb. 4-34: Rasterzelle mit Rundpunkt

Die **Punktwinkelung** wirkt sich nun auf die Rasterzelle in Form einer Verschiebung der Randbereiche aus. Wie sich dabei die Gestalt eines Rundpunktes aufgrund der rechteckigen Pixelauslegung verändert, ist an Hand der Abbildung 4-34 zu ersehen. Es wird deutlich, daß die Winkelung einer Rasterzelle durchaus keine

Abb. 4-35: 30er Raster mit Rundpunkt   **Abb. 4-36:** 30er Raster mit Kettenpunkt im 45°
Winkel

triviale Aufgabenstellung ist. Mathematische Formeln zur Drehung eines Koordinatenraumes können hier nicht ohne weiteres angewendet werden. Aufgrund der binären Funktion der Pixelbelegung der Rasterzelle entstehen bei der Drehung durch notwendige Rundungen von Kommazahlen unerwartete Doppelbelegungen einzelner Pixel, während andere wiederum nicht belegt werden. Diese Problematik ist unter dem Begriff Aliasing-Effekt bekannt.

Was muß man von amplitudenmodulierten Rastern wissen?

Die Verbreitung von PostScript als Standard für Ausgabegeräte führte anfangs nicht zu neuen Rastermethoden, da im PostScript Level 1 die RT-Screening-Technik der Firma Adobe in Lizenz von Linotype-Hell übernommen wurde [4.24].

222

Abb. 4-37: 30er Raster mit Linienpunkt im 45° Winkel

Abb. 4-38: 30er Raster mit Kreuzpunkt im 45° Winkel

Bei der **RT-Rasterung** (RT steht für Rationaler Tangens) erfolgt eine Winkelung nur in ganzzahligen Schritten, in welchen ein Pixel gedreht werden kann,. Dies bedeutet, daß nicht jeder beliebige Winkel vorgegeben werden kann, sondern Vorgaben immer nur angenähert werden. Mit einem Winkel von 0° und 90° gab es hierbei zwangsläufig keinerlei Probleme, ein Winkel von 45° führte durch die veränderte Zellenstruktur zu einer Reduktion der Linienzahl, dieses war nicht optimal doch im Vergleich zu den Problemen bei anderen Winkelungen noch zu verschmerzen. Aufgrund der technischen Richtlinie Offset-Reproduktion [4.8] des Bundesverband Druck E.V. (BVD) war festgelegt worden, daß für symmetrische Rasterpunkte 30° Drehungsabstände zwischen den Einzelfarben bestehen mußten. Eine Forderung, welche zu Winkelungen von 15° und 75° führte. Die RT-Rasterung hatte ihre optimalen Einstellungen bei 18.43° und bei 71.57°, wobei auch hier

immer noch Moiré-Strukturen entstanden und entsprechende Mängel beklagt wurden.

Die Probleme der Rasterwinkelung und der Rasterlinienanzahl führten zu einer Weiterentwicklung der AM-Rastertechnik,
der sogenannten **Superzellentechnik**. Diese Entwicklung wurde
zuerst von der Firma Linotype-Hell als High-Quality-Screening
(HQS) und der Firma Agfa-Gevaert als Balanced Screening bekannt. Im PostScript Level 2 ist diese Methode als Accurate
Screening integriert worden. Die Superzellentechnik basiert darauf, daß eine Rasterzelle wesentlich vergrößert und dann in Sub-
Zellen untergliedert wird, wobei die jeweiligen Sub-Zellen nicht
notwendigerweise identisch sein müssen, sondern unterschiedliche
Größen aufweisen können (Abb. 4-39 in Anlehnung an Fink, P.:
PostScript Screening [4.25]). Durch die vergrößerten Rasterzellen
erreicht man eine größere Anzahl von geeigneten Winkelwerten.
Mit den Sub-Zellen stellt man gleichzeitig sicher, daß die notwendige Feinheit in der Rasterlinienanzahl nicht verloren geht. Die
qualitativen Ergebnisse der Superzellentechnik sind im Vergleich
zur RT-Rasterung beachtlich. Größere Rasterzellen und eine entsprechende Anzahl an Sub-Zellen bedeuteten einen deutlich höheren Rechenaufwand, was man teilweise durch im RIP (Raster

Abb. 4-39: Rasterung
nach der Superzellen-
technik

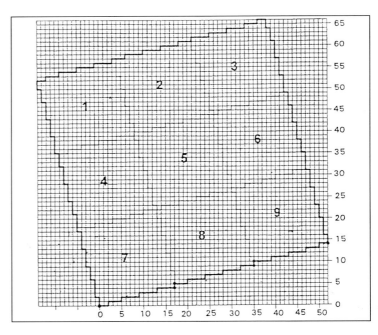

Image Prozessor) abgelegte Tabellen für Standardkombinationen von Rasterlinien und Rasterwinkeln kompensierte [4.24].

Eine weitere qualitative Verbesserung von AM-Rasterungen stellt die Entwicklung der **IS-Technologie** dar (IS steht für Irrational Screening). Hierbei werden die starken Beschränkungen, die durch feste Rasterzellen entstehen, aufgehoben. Es ist ein sehr aufwendiges Verfahren und weist nur noch unerhebliche Abweichungen bei gewünschten Rasterlinienzahlen und Rasterwinkelungen auf. Gegenüber der Superzellentechnik sind deutliche Qualitätsverbesserungen besonders bei Feinstrastern feststellbar.

Über den Setscreen-Operator wurde dem Anwender bereits mit **PostScript Level 1** eine Programmierbarkeit von Rasterungen ermöglicht. Für ein PostScript-Ausgabegerät waren lediglich die drei Parameter für Rasterlinienanzahl, Rasterwinkelung und für die Rasterpunktform notwendig. Diese Parameter konnten entweder direkt im PostScript-Code eingegeben oder über entsprechende Anwendungsprogramme eingestellt werden. Für manche Enthusiasten waren dies wunderbare Möglichkeiten für Experimente, für die Praktiker im Produktionsalltag hingegen waren versehentliche und unbeabsichtigte Veränderungen eine häufige Quelle von Qualitätsverlusten und Reklamationen.

Optimale Rasterpunktformen können über den PostScript-Operator „Setscreen" genauso vorgegeben werden [4.21] wie auch vielfältigste Varianten von Rasterpunkten. Mit den in **PostScript Level 2** verfügbaren Operatoren sind zusätzlich auch vom RT-Screening abweichende Rasterungsverfahren möglich. Besonders erwähnenswert ist hier, daß ab der PostScript-Versionsnummer 38 die Standardpunktform immer der Rundpunkt war [4.25]. Im PostScript Level 2 ist diese Standardeinstellung nun durch einen sogenannten **Euklidischen Rasterpunkt** ersetzt worden. Eines der größten Probleme des Rundpunktes war dessen Zusammenwachsen an den Rasterzellenrändern, welches an allen vier Rändern in gleicher Form erfolgte und dadurch zumeist bei einem Flächendeckungsgrad zwischen 70% und 80% zu einem sichtbaren Abriß in Tonverläufen führte. Dieser Abriß wurde im Druck deutlich erkennbar. Beim Euklidischen Punkt im PostScript Level 2 umgeht man diese Problematik und behält gleichzeitig möglichst viele Vorteile des Rundpunktes bei, indem man im Bereich von 1% bis 40% Flächendeckung einen Rundpunkt und dessen Wachs-

tumsform zugrunde legt. Ab ca. 40% wandelt sich der Rundpunkt
in einen quadratischen Punkt, welcher schließlich invertiert wird
(Abb. 4-40 bis Abb. 4-42). Dieser Kunstgriff mit der Invertierung
führt dazu, daß nun die nichtaktivierten Pixel nicht mehr in den
Randzonen der Rasterzelle liegen, sondern sich im Zentrum der
Rasterzelle befinden. Das Verhalten dieses Rasterpunktes hat große Ähnlichkeit mit den fotografisch hergestellten Rasterungen früherer Zeiten. Diese Punktform ist wesentlich unempfindlicher gegenüber unerwünschten Punktzuwächsen und Tonabrissen, wie
dies der Rundpunkt zeigte. Der Wechsel vom Rundpunkt zum
Quadratpunkt kann jedoch bei manchem Bildmotiv im Bereich
von 50% Flächendeckung zu schachbrettartigen Mustern führen.
In solchen Fällen, wo dies als besonders störend empfunden wird,
bleibt dann jedoch immer noch der Wechsel zum Rundpunkt, zu
einer anderen Punktform oder zu einem ganz anderen Rasterverfahren. Weitere Informationen zu AM-Rastern findet man u. a.
in Literaturquellen [4.20] bis [4.26].

Abb. 4-40: Scanbild
des Euklidischen
PostScript-Rasters in
PostScript Level 2 an
einem Hardware-RIP

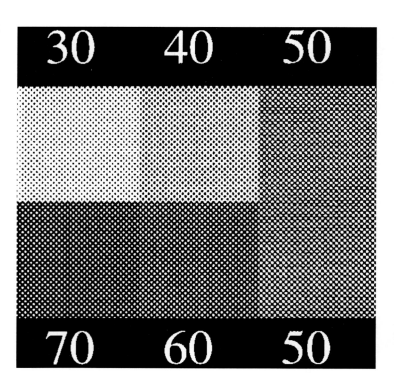

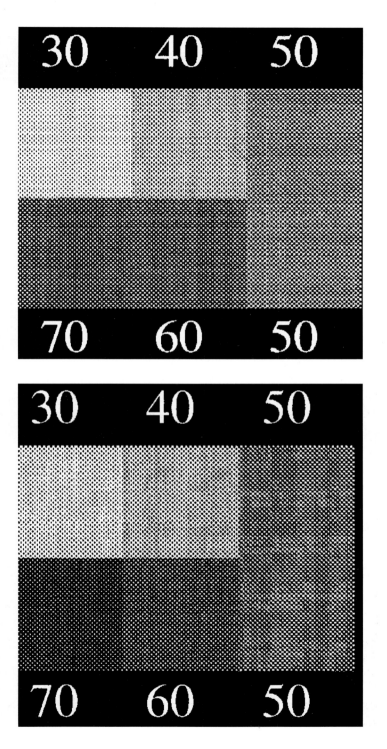

Abb. 4-41: Scanbild des Euklidischen PostScript-Rasters in PostScript Level 2 an einem Software-RIP

Abb. 4-42: Scanbild eines Rasters in PostScript Level 2 an einem weiteren Hardware-RIP

Wie verwendet man digitale amplitudenmodulierte
Raster?

Grundsätzlich wählt man Rasterungen und Rastereinstellungen
über die Anwendungsprogramme mit Separationsfunktionen oder
über spezielle Farbseparationsprogramme an. In Anwendungsprogrammen mit **Farbseparationsfunktion** befinden sich diese zumeist unter den Menüpunkten „Drucken" (Macintosh und DOS/
Windows-Betriebssysteme).

Bei einem Anwendungsprogramm sind häufig sehr unterschiedliche Einstelloptionen vorhanden, welche in der DOS/
Windows-Systemwelt nur bei einem per **Druckereinstellung**
angewählten, PostScript-fähigen Drucker bereit stehen. Der Arbeitsablauf besteht dann am Beispiel von Micrografx Designer
3.1 aus vier Arbeitsschritten. Zuerst sind die Menüpunket „Datei" und „Drucken" anzuwählen. Es erscheint ein Fenster, in
dem die Einstellungen wie Schnittregister, Passerkreuze etc.
vorgenommen werden (Abb. 4-43). Als nächstes wählt man aus
der Menüleiste des gleichen Fensters die Menüpunkte „Optionen" und „Farbauszug" an (Abb. 4-44) und es erscheint unmittelbar ein weiteres Auswahlfenster (Abb. 4-45). Hier wählt man
die für den **Standardfarbsatz** (Cyan, Magenta, Gelb und
Schwarz) jeweilige Rasterwinkelung an. Gegebenenfalls können
auch Einstellungen für Sonder- bzw. Schmuckfarben vorgenommen werden. Der letzte Arbeitsschritt ist dann die Druckausga-

Abb. 4-43: Einstellung
von Paßmarken etc.

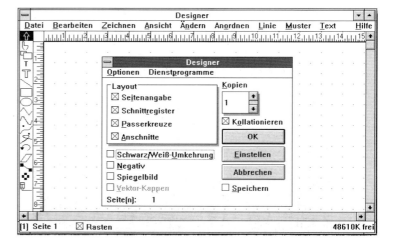

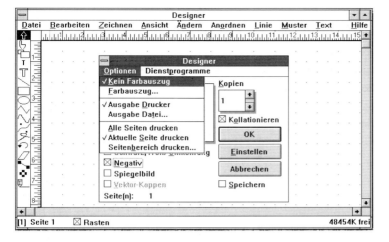

Abb. 4-44: Einstellungen für Farbauszug

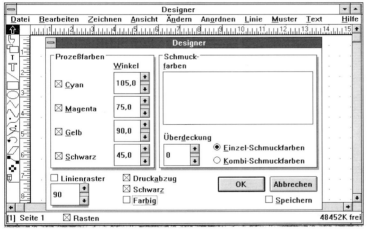

Abb. 4-45: Einstellungen von Rasterform und Winkelung

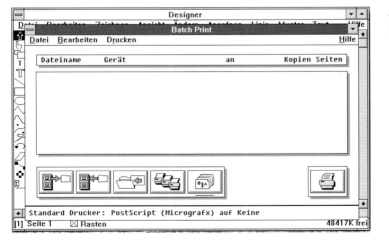

Abb. 4-46: Druckausgabefenster

be, was hier über die Menüleiste des Fensters erfolgt und zum letzten Fenster „Batch Print" führt (Abb. 4-46).

Man kann Filme und Auszüge eines Farbsatzes auch mit speziellen Separationsprogrammen erhalten. Der Arbeitsablauf erfordert bei einem vorhandenen Bild oder einer fertigen Druckseite, daß dieses Dokument als EPS-Datei gespeichert vorliegen muß. Bei einem Separationsprogramm wie z. B. Adobe Separator 2.0 für Windows erscheint dann ein Eröffnungsfenster mit der zu separierenden Datei (Abb. 4-47). Hier lassen sich alle wesentlichen Einstellungen zur **Separation** und Rasterung vornehmen. In der linken Fensterhälfte ist das Dokument zusammen mit den plazierten Beschnittmarken, Paßkreuzen, Grau- und Farbkeilen sowie den Dateiinformationen sichtbar. Auf der rechten Fensterseite befinden sich alle Einstellparameter, z. B. des Ausgabegerätes, Seitenformatangaben, Rasterweiten und Tonwertkorrekturen. Änderungen in einzelnen Punkten lassen sich per Mausklick vornehmen und eröffnen Auswahlmenüs (Abb. 4-48 für die Rasterung) oder eigene Eingabefenster (Abb. 4-49 für Tonwertkorrekturen). Eine Drucker- oder Belichterausgabe erfolgt dann über den üblichen Druckbefehl. Per Menüpunkt „Datei" und „Drucken", entsprechend der Auswahleinstellungen, erfolgt der Druck als Gesamtzusammenstellung (Composite) oder als Farbsatz für die eingestellten Farben (Separation in CMYK oder Sonderfarben).

Abb. 4-47: Beispieleinstellungen für eine Filmbelichtung

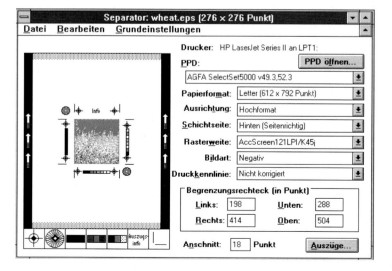

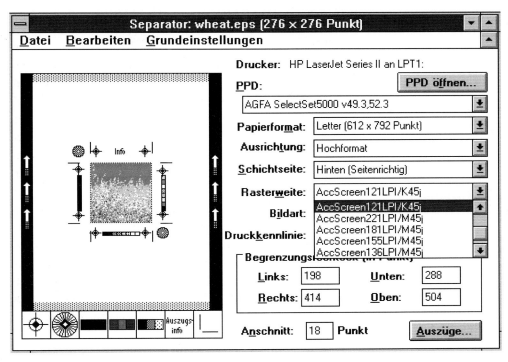

Abb. 4-48: Anwahl einer AM-Rasterung für einen Belichter

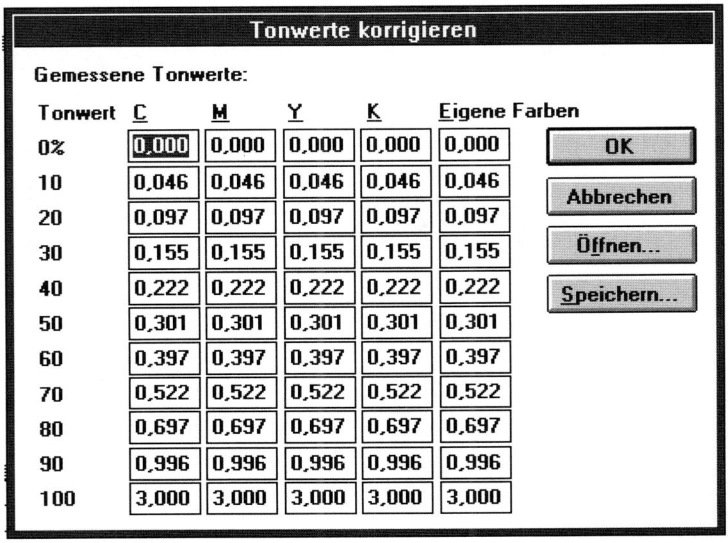

Abb. 4-49: Eingabefenster für Tonwertkorrekturen bei der Filmausgabe

4.3.2 Frequenzmodulierte Rasterverfahren (FM-Raster)

Wie bereits erwähnt, steht **FM-Rasterung** für die Frequenz-modulation eines Rasters, d. h., es wird im Idealfall ein variabler Rasterpunktabstand mit einer konstanten Rasterpunktgröße kombiniert. Die Abb. 4-50 verdeutlicht diesen Sachverhalt an einer Rasterzelle. Dieses Verfahren und das damit verbundene Potential an Qualitätsverbesserung im Druckbild wurde schon in den 80er Jahren von Scheuter und Fischer [4.27] am Institut für Druckmaschinen und Druckverfahren der Technischen Hochschule Darmstadt entwickelt. So qualitativ leistungsfähig dieses Verfahren auch war, erreichte es lange Zeit keine praktisch nutzbare Umsetzung, weil der mathematische Aufwand zur Berechnung der Plazierung der Pixel und deren optimale Abstände lange Rechenzeiten bei den seinerzeit verwendeten Computern benötigte. Mit preisgünstiger Verfügbarkeit und Verbreitung von immer leistungsfähigeren Prozessoren entfiel dieses Hemmnis. Anfang der 90er Jahre wurde die FM-Technik wieder aufgegriffen und erreichte innerhalb kurzer Zeit eine Verbreitung in Form von marktfähigen Produkten.

Abb. 4-50: Frequenz-modulierte Rasterzelle

Was muß man von frequenzmodulierten Rasterverfahren wissen?

Das Geheimnis der FM-Raster sind nicht so sehr die winzigen Pixel, sondern die mathematischen Algorithmen, mit denen die **Pixel** positioniert werden. Diese Algorithmen sind zwangsläufig Betriebsgeheimnisse der jeweiligen Hersteller, doch sind aufgrund des Ursprungs der FM-Rasterung einige grundlegende Informationen bekannt geworden [4.27], [4.28], [4.29].

Bei der AM-Rasterung war es wegen der gleichen Abstände zwischen den Rasterzellen mathematisch relativ einfach, die Rasterzellen entsprechend einer Flächendeckung und der jeweiligen Punktform mit Pixeln zu belegen. Bei der FM-Rasterung ist dies etwas komplizierter. Aufgrund der **Rasterzellengröße** und der gewünschten Flächendeckung kann schnell die notwendige Anzahl von Pixeln ermittelt werden. Diese Pixel müssen nun jedoch innerhalb der Rasterzelle so verteilt werden, daß dabei keine sichtbaren periodischen Strukturen entstehen und gleichzeitig der Tonwerteindruck erreicht wird (Abb. 4-50). Um dieses zu bewerkstelligen, gibt es bei der FM-Rasterung heute zwei gebräuchliche Methoden. Es ist die Methode des stochastischen Schwellwertrasters (White-Noise-FM) und die Methode des Fehler-Diffusionsverfahrens (Blue-Noise-FM). Bei den beiden Methoden geht es darum, die Berechnungs- und Rundungsfehler zwischen den einzelnen Pixeln einer Rasterzelle (sogenannte Quantisierungsfehler) so zu verteilen, daß eine Zelle eine optimale Pixelverteilung aufweist.

Beim **Fehler-Diffusionsverfahren** werden Quantisierungsfehler für jedes einzelne Pixel berechnet und dann auf die umliegenden Pixel verteilt. Es ist ein ausgesprochen rechenintensives Verfahren und benötigt entsprechend lange Rechenzeiten. Einer der bekannteren Algorithmen ist das Floyd-Steinberg-Verfahren (Abb. 4-51). In diesem Verfahren werden die Pixel einer Rasterzelle von links nach rechts bearbeitet. In einer Halbton-Bildvorlage können jedem Pixel stufenlos Werte von 0% bis 100% zugewiesen sein. Im **Floyd-Steinberg-Verfahren** werden bei der Bearbeitung der Pixel nun alle Werte unterhalb von 50% zu 0% gesetzt. Alle Werte oberhalb von 50% werden hingegen zu 100% gesetzt. Bei einem Pixel mit z. B. 60% ergibt dies einen Fehler bzw. eine Abweichung von 40%. Bei der

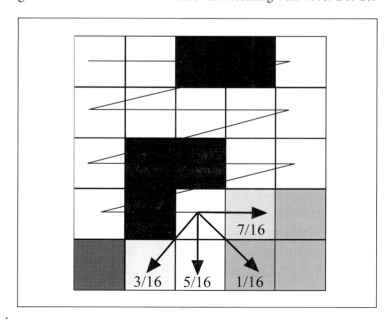

Abb. 4-51: Rasterung im Floyd-Steinberg-Verfahren

Berechnung setzt nun eine Filtermatrix zur Korrektur dieses Fehlers ein (Abb. 4-51), wobei dieser Fehler entsprechend einer Gewichtungsmatrix und mit umgekehrten Vorzeichen auf die direkt angrenzenden, noch nicht bearbeiteten Pixel übertragen wird. Beim Übertragen der Fehlerkor-rekturwerte kann es vorkommen, daß einzelne, angrenzende Pixelwerte negativ werden oder auch über 100% hinausgehen. In solchen Fällen werden diese negativen und zu hohen Werte dann gekappt und auf 0% bzw. 100% gesetzt. Die Algorithmen von Fehler-Diffusionsverfahren unterscheiden sich im wesentlichen in Art und Umfang von der jeweils verwendeten Filtermatrix. Bei manchen in der Praxis anzutreffenden FM-Rasterungen wird zusätzlich noch ein sogenanntes „Rauschen" (Noise) hinzugegeben.

Wird bei diesen Algorithmen nicht mit einem festen Schwellenwert bei der Pixelung einer Rasterzelle gearbeitet (z. B. mit dem 50%-Wert beim Floyd-Steinberg-Verfahren), sondern für jedes Pixel der Schwellenwert individuell über eine Zufallsfunktion bestimmt, so handelt es sich um ein „White-Noise"-Rasterverfahren.

Warum braucht man frequenzmodulierte Rasterungen?

Allgemein zeichnen sich FM-Rasterungen durch eine sehr hohe Detailauflösung aus. Bei AM-Rasterungen ist dies meist nur durch Feinstraster mit hohen lpi-Werten zu erreichen. Ein weiterer Vorteil der FM-Raster ist die sehr hohe Moiréfreiheit. Es kann jedoch nicht verschwiegen werden, daß die kleinen Pixel innerhalb einer FM-Rasterzelle neben der exzellenten Detailwiedergabe sehr hohe Anforderungen an präzises und sauberes Arbeiten in Belichtung, Entwicklung und Kopie erfordern. Zudem können diese kleinen Pixel im Bereich von niedrigen Flächendeckungsgraden, z. B. bei Spitzlichtern oder bei hellen Detailzeichnungen eines Scanbildes, unter Umständen verloren gehen. Es kann dadurch bei spitzlichtreichen Motiven einen deutlich sichtbaren Verlust an Detailzeichnung geben.

Wie setzt man frequenzmodulierte Rasterverfahren ein?

Grundsätzlich kann man FM-Rasterungen entweder über die Anwendungsprogramme mit Separationsfunktionen oder über spezielle Farbseparationsprogramme einsetzen. FM-Rasterungen werden von vielen Herstellern entweder über die **Druckertreiberfunktion** (z. B. Brilliant Screen von Adobe Systems GmbH, CristalRaster von Agfa-Gevaert AG, Monet Screens von Barco Graphics, Diamond Screen von Linotype-Hell, FullTone von Scitex GmbH) oder über **RIP-integrierte Funktionen** (z. B. Hyphen FM von Hyphen GmbH) aktiviert. In einigen Fällen sind Integrationen in Anwendungsprogramme z. B. über **Extensions** (Lazel Screening von Crosfield Electronics GmbH) oder eigene **spezielle Anwendungsprogramme** vorgesehen (UGRA/FOGRA Velvet Screen). Bei Druckertreiberfunktionen, RIP-integrierten Funktionen und beim Einsatz von Extensions in Anwendungsprogrammen läuft die Handhabung in ähnlicher Weise ab, wie dies schon bei den AM-Rasterungen vorgestellt wurde. Rastereinstellungen und Farbseparationsfunktionen befinden sich hier zumeist unter den Menüpunkten „Datei" und „Drucken" (Macintosh und DOS/Windows-Betriebssysteme). Die Einstellungsabläufe sind einander sehr ähnlich.

Allgemein befinden sich Einstellungen zum FM-Raster ziemlich weit am Ende der Prozeßkette (Abb. 4-52). In dieser Phase der

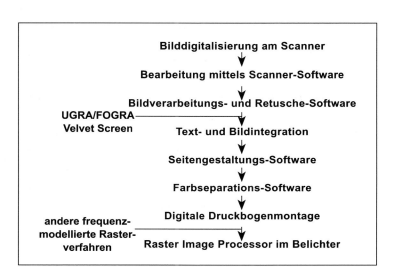

Abb. 4-52: Workflow von Bildbearbeitung und FM-Rasterverfahren

235

Bearbeitung ist eine Druckseite zumeist komplett zusammengestellt, Text-Bild-Integration sind abgeschlossen, und Korrekturen
sind nicht mehr zu erwarten. Eine **Ausgabe** bzw. eine FM-Rasterung wird für die gesamte Seite oder einen kompletten Druckbogen angewendet. Eine Kombination von AM- und FM-Rasterung auf einer Druckseite ist hier nicht vorgesehen. Ist eine Kombination von AM- und FM-Rasterung in einem Bogen gewünscht,
so kann diese nur erfolgen, wenn hierzu ein Zwischenschritt über
die manuelle Film- und Plattenmontage vorgenommen wird. Will
man hingegen in der digitalen Prozeßkette AM- und FM-Raster in
einer Druckseite kombinieren, so geht dies nur über eigenständige
Anwendungsprogramme wie z. B. dem UGRA/FOGRA Velvet
Screen V 1.5.

Solch **spezielle Anwendungsprogramme** befinden sich in der
Prozeßkette direkt nach der Stufe der Bildbearbeitung (Abb. 4-52).
Durch diese in der Prozeßkette weit vorgelagerte Rasterung ist es
möglich, einzelne Bilder für eine Druckseite speziell mit der FM-
Rasterung aufzubereiten, während andere Bilder der Seite eine
AM-Rasterung aufweisen. Eine vielfältige Kombination von
Bildrasterverfahren, Farbseparation und Seitenausbelichtung kann
vorgenommen werden. Für manches Druckprodukt ergeben sich
dadurch ganz neue Möglichkeiten der Qualitätsverbesserung. Die
Arbeitsabläufe lassen sich an einem Beispiel am besten verdeutlichen. Die ersten Arbeitsschritte haben noch nichts mit der FM-Rasterung zu tun (Abb. 4-52) und betreffen das Scannen eine Bildes,
sein Bearbeiten, seine eventuell notwendige Gradationsanpassung
und schließlich das Abspeichern als binäre EPS-Datei. Die einzelnen Bildbearbeitungsschritte können hier übergangen werden.

Hat man eine Bilddatei im **binären EPS-Format** (d. h. im
Scanbild-integrierten Format) vorliegen, so folgt nun ein Star-

Abb. 4-53: Ordner und
Ikons des UGRA/
FOGRA Velvet Screen
Version 1.5

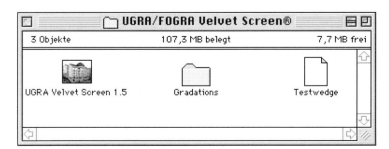

ten des UGRA/FOGRA Velvet Screen mit einem Mausklick auf das Programm-Ikon (Abb. 4-53). Über den Menüpunkt „File" und „Open" (Abb. 4-54) wird ein Fenster zum Auswählen von Bilddateien geöffnet (Abb. 4-55). Zur Auswahl stehen hier lediglich PostScript-Dateien (z. B. exportiert aus dem Bildbearbeitungsprogramm Adobe Illustrator oder Photoshop). Vektorisierte EPS- oder DCS-Dateien (wie z. B. der UGRA/FOGRA-Digital-Druckkontrollstreifen) können in diesem Anwendungsprogramm keiner FM-Rasterung unterzogen werden. Die nächsten Schritte betreffen nun Anpassungen der Gradationskurven und Einstellungen zur FM-Rasterung (Abb. 4-56). Anschließend wird der Rasterungsvorgang der Bilddatei in einem Ablauffenster angezeigt (Abb. 4-57). Ein Vergleich vom Umfang der Ursprungsdatei über das Fenster mit den Dateiinformationen des Macintosh-Betriebssystems zeigt, daß eine FM-

Abb. 4-54: Menüpunkt zur Bearbeitung einer Bilddatei

Abb. 4-55: Auswahlfenster für Dateien

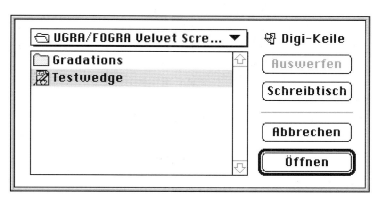

Abb. 4-56: Einstellungsoptionen für eine Bilddatei

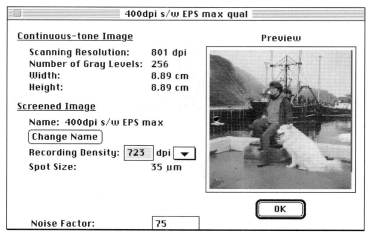

237

Rasterung den Dateiumfang nicht notwendigerweise ansteigen läßt. Den Qualitätsgewinn kann man an einem farbigen Bild deutlich erkennen, an einer schwarzweißen bildlichen Darstellung kann dies nur erahnt werden (Abb. 4-58 und Abb. 4-59). Ausführlichere Informationen zu FM-Rasterungen finden sich u. a. in [4.23], [4.26], [4.30], [4.31], [4.32].

Abb. 4-57: Ablauf-
fenster während der
FM-Rasterung

Abb. 4-58: AM-
Rasterung eines
monochromen Bildes

Abb. 4-59: FM-
Rasterung eines
monochromen Bildes

4.4 Qualitätssicherung im Computer Publishing

Da im Computer Publishing alles in Form von am Bildschirm darstellbaren Daten abläuft, könnte man glauben, daß Kontrollmittel
nicht mehr notwendig sind. Es kann schließlich der Datenbestand
beliebig oft und ohne Materialkosten am Bildschirm begutachtet
werden. Dieser Glaube an die Qualität der **digitalen Prozeßkette**
stammt aus den frühen Jahren des DTP und hat sich in der heuti-
gen Realität als eine große Illusion erwiesen. Ohne genaue Spezifikation der Prozeßstufen und Arbeitsschritte und ohne Kontrollmittel ist auch im Computer Publishing keine hohe Qualität zuver-
lässig zu produzieren.

4.4.1 Warum braucht man überhaupt Qualitätssiche-
rung und Kontrollmittel im Computer Publishing?

Im Kapitel 1.2 wurde der herkömmliche Arbeitsfluß für papierbasierte Publishing-Produkte vorgestellt. In diesem Arbeitsfluß
waren eine Vielzahl von Schnittstellen vorhanden, bei denen ein in
die Hand zu nehmendes Material entstand, z. B. nach der Bilddigitalisierung, wenn das Bild belichtet wurde. Richtigkeit des
Ausschnittes und Vollständigkeit konnten durch visuelle Inspektion festgestellt werden, der Schwärzungsgrad wurde mit einem
Densitometer bestimmt. Es wurden **Prüfandrucke** (auch **Proofs**
genannt) zur Prüfung auf eine farbrichtige Montage vorgenommen. Für die Kopie wurden Kontrollstreifen zur Belichtungskontrolle hinzugefügt. Für den späteren Druckvorgang wurden
Druckkontrollstreifen montiert u. a., um einen Druck nach BVD/
FOGRA-Standard durchzuführen.

In der **digitalen Prozeßkette** gibt es durch die Modularität
von Hard- und Softwarekomponenten noch wesentlich mehr
Schnittstellen, als dies bei der konventionellen Prozeßkette der
Fall war. Diese Schnittstellen und die vielfältigen Bearbeitungs-
schritte müssen im Sinne einer Qualitätskontrolle überwacht und
kontrolliert werden. In der digitalen Prozeßkette liegen während
der gesamten Arbeitsabläufe nur digitale Daten vor. Erst am Ende
einer Bearbeitungsstufe oder der Prozeßkette stehen meßbare und
visuell kontrollierbare Materialien z. B. in Form von Filmen oder

Ausdrucken bereit. Dies macht eine Qualitätssicherung und -kontrolle nach traditionellen Meßmethoden und mit Hilfe der menschlichen Sinnesorgane wesentlich schwieriger und zum Teil auch unmöglich.

Berücksichtigt man, daß jeder Anwender innerhalb der digitalen Prozeßkette einzelne Module wie z. B. Scanner, Computer und Belichter beliebig miteinander koppeln und kombinieren kann, so ergibt dies eine nahezu unbegrenzte Anzahl von Variationen innerhalb der Prozeßkette. Einen Ansatzpunkt für eine **Qualitätssicherung** bietet die Überwachung der einzelnen Module bzw. der einzelnen Geräte in dieser Prozeßkette. Hierzu haben nahezu alle Gerätehersteller eigene Systeme und Werkzeuge entwickelt und liefern diese mit deren jeweiligen Geräten aus. Typische Vertreter dieser Kontrollmittel sind firmenspezifische Scannercharts (z. B. Kodak Target Chart oder DuPont Target Abb. 4-60), oder Belichterkalibrier-Software (z. B. Linotype Belichterkalibrier-Tool Abb. 4-61). Diese Werkzeuge werden entsprechend den jeweiligen Vorschriften und Anweisungen der Hersteller eingesetzt und gewährleisten auf diesem Weg, daß ein Gerät korrekt arbeitet. Vergleichbarkeit zwischen verschiedenen Komponenten und über

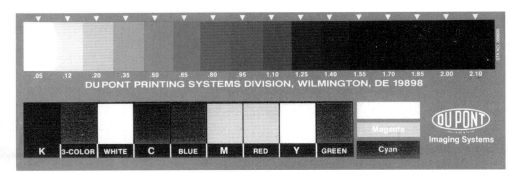

Abb. 4-60: DuPont Scanner-Testchart

mehrere Prozeßstufen hinweg konnten und sollten diese Werkzeuge nicht herstellen.

Weitere Kontrollmittel und Testformen existieren für einzelne Druckverfahren, für einzelne Prozeßstufen und Arbeitsverfahren. Dabei reicht das Spektrum der heute mehr als 70 verfügbaren und unterschiedlichen Kontrollmittel von den großformatigen und ganzseitigen Testformen bis hin zu den nur wenige Zentimeter großen Präzisionskontrollstreifen. Bei den großen **Testformen**

Linotype Calibration Tool   Output device name: Rip50   Dotshape: Default
Resolution: 3386 dpi [1333.07 lcm]   User frequency: 199.898lpi [78.7 lcm]   Output frequency via BW screening:
The output below has no correction i.e. a 1:1 transfer curve. Measure and note the values for input into the Manual

The output below uses the current calibration [if any], and can be used to determine if a re/calibration is necessary.
Current calibration method: Manual - values [0.0,5.0,11.0,21.0,32.0,43.0,53.0,64.0,73.0,83.0,92.0,97.0,100.0] at [

sind besonders erwähnenswert u. a. die Testformen zum Eurostandard System Brunner und das Testform Instrument Flight System Brunner, die Zanders Testform USA für den 7-Farben-Druck, die Unbunttestform Wittemann+Küppers, die IFRA-Test-formen für den Rollenoffset- und Zeitungsdruck und die GATF Bogenoffset-Testform.

Abb. 4-61: Linotype Belichterkalibrier-Tool auf Film ausgegeben

Die großformatigen Testformen setzen sich zumeist aus einer Vielzahl kleiner **Kontrollelemente** zusammen, hier sind besonders für den Druckprozeß erwähnenswert die FOGRA Druckkontroll-leisten PMS Version 100% und Version 80% (für den Mehrfarben-Offsetdruck), DKL-Z (Mehrfarben-Zeitungsdruck), die MAN-Ro-land Druckkontrollstreifen System FOGRA-PMS, die Druckkon-trollstreifen Heidelberg CPC System FOGRA-PMS. Für die Pas-sergenauigkeit und Druckmaschinenjustierung kommen noch Prä-zisionselemente wie das FOGRA-Eckenmeßelement, das FOGRA-Nonius-Meßelement oder der UGRA-Offset-Testkeil 1982 hinzu (Abb. 4-62).

Die Vielzahl von verfügbaren digitalen und analogen Kontroll-mitteln führte zu dem Wunsch der Anwender, möglichst wenige Kontrollmittel oder Werkzeuge einsetzen zu müssen und somit zu der Forderung nach übergreifenden Kontrollmitteln, die universell einsetzbar sind. Diese sollten Indikationsfunktionen aufweisen, anhand derer Qualitätsverluste und Bearbeitungsfehler unmittelbar sichtbar gemacht werden. Verschiedene Normungsgruppen und Forschungsinstitutionen haben hier wichtige wegbereitende Arbeit geleistet.

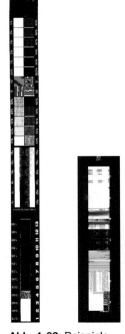

Abb. 4-62: Beispiele von Kontrollelementen auf Film

241

Wie kann man Qualitätssicherung
am besten betreiben?

Qualitätssicherung und entsprechende Kontrollmittel werden für
die gesamte Prozeßkette des Computer Publishing benötigt (Abb.
4-63). Wie die Abbildung zeigt, lassen sich die Kontrollmittel am
einfachsten nach deren Schwerpunkten in der Anwendung gliedern und sind dann für den Bereich Input-Systeme, Bearbeitung
und Output-Systeme erforderlich.

Es ist leicht nachzuvollziehen, daß im Bereich der Input-Systeme, in der digitalen Prozeßkette, der Zweig der Texterfassung
die wohl geringsten Anforderungen an Kontrollmittel stellt.
Texterkennung durch OCR-Programme, Konvertierung der unterschiedlichen Datenformate und Zusammenführen von Texten unterschiedlichen Ursprungs stellen zwar hohe Anforderungen an die
Sachbearbeiter, aber Kontrollmittel können hier keine wesentliche
Erleichterung bringen. Fehler in Grammatik, Orthographie, Auszeichnung oder Seitengestaltung können vom menschlichen Auge
sowohl am Bildschirm als auch in einem Ausdruck am ehesten erkannt werden.

Abb 4-63:
Kontrollmittel in der
digitalen Prozeßkette

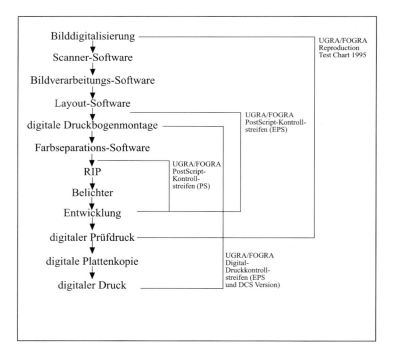

Der Zweig der Bilddigitalisierung stellt wesentlich höhere Anforderungen. Auch hier ist das menschliche Auge unübertroffen in seiner Fähigkeit, Abweichungen und Fehler zu erkennen, jedoch sind die menschlichen Fähigkeiten, diese Abweichungen zu beschreiben, wesentlich stärker vom Geschmacksempfinden beeinflußbar und entsprechend schwerer zu Objektivieren. Nachprüfbare Meßdaten besonders in bezug auf die Farbwiedergabe sind an dieser Stelle sehr notwendig.

4.4.2 Qualitätssicherung bei Input-Systemen

Für Scanner gibt es das UGRA/FOGRA Reproduction Test Chart 1995 als Aufsicht-, Durchsicht- und Kleinbilddia-Vorlage (Abb. 4-64). Für Flachbettscanner kann das Testchart z. B. als Aufsichtsvorlage eingesetzt werden.

Das Testchart besteht aus einer **Bildkomponente** und einem **Testfeld** (Abb. 4-64). Die Bildkomponente erlaubt eine visuelle Prüfung des Scanergebnisses. Die Schöpfkelle und der Untersatz

Abb. 4-64: UGRA/
FOGRA Reproduction
Test Chart 1995

(Abb. 4-65) ermöglichen ein Beurteilen der **Schärfe**, der Detail- und der Helligkeitswiedergabe. Anhand des Flaschenverschlusses und der Schale lassen sich die zeichnenden **Hochlichter** beurteilen. Die **Tiefenzeichnung** eines Scanergebnisses läßt sich am ehesten mittels der dunklen Früchte im unteren Bildbereich feststellen. Die Buntfarben können aufgrund der grünen Weinflasche, des roten offenen Honigglases, des blauen offenen Kompottglases und der gelben Früchte im geschlossenen Kompottglas geprüft werden (in Abb. 4-65 wegen der S/W-Wiedergabe nur zu erahnen). Die Beurteilung der Buntfarbenwiedergabe ist aufgrund der RGB-Abtastung und einer CMYK-Transformierung vor einer Druckausgabe durchaus nicht unerheblich und gut geeignet, Scaneinstellungen zu optimieren.

Abb. 4-65: Bildkomponente des UGRA/FOGRA ReproductionTest Chart 1995

1 Schärfe und Detailwiedergabe

2 Hochlichter

3 RGB-Farbwiedergabe

4 Tiefenzeichnung

Die Testfelder in der anderen Hälfte des UGRA/FOGRA Reproduction Test Chart 1995 bestehen aus Primär-, Sekundär- und Tertiärfarben sowie aus Neutralfeldern und Auflösungsfeldern (siehe Markierungen in Abb. 4-66).

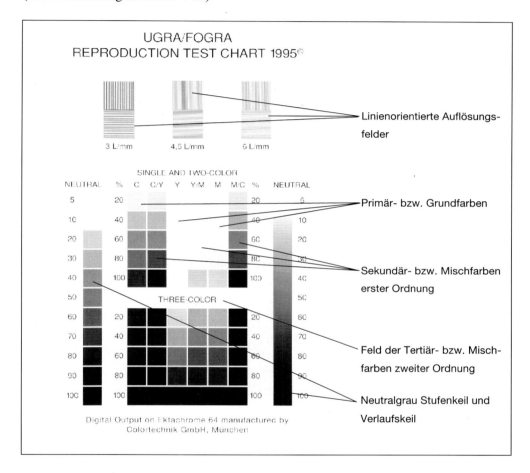

Abb. 4-66: Meßtechnische Kontrollfelder

Anwender von Bildbearbeitungsprogrammen können mit dem UGRA/FOGRA Reproduction Test Chart 1995 die günstigsten Scaneinstellungen bei einer gleichbleibenden Vorlage ermitteln. So kann man Scaneinstellungen je nach Bildtypus unterschiedlich vornehmen und bei der Beurteilung der Ergebnisse dann z. B. einen Schwerpunkt auf sehr hellzeichnende Bildteile oder auf sehr tiefe Bildteile oder auch nur auf bestimmte Farbbereiche legen. Zudem können aufgrund der integrierten Kontrollfelder die **Kalibrierungen des Scanners** überprüft werden. Mit

einem in Auflösung, Schärfe und Dynamik zufriedenstellenden
Scanergebnis kann dann auch die Auswirkung von einer nachfolgenden Bildbearbeitung bewertet werden. So können die vielfältigsten integrierten Funktionen von **Bildbearbeitungsprogrammen** beurteilt und überprüft werden wie z. B. Schärfe,
Weichzeichnung, Filtereffekte und Gradationsveränderungen. Dieses betrifft nicht nur den lernenden Umgang mit Anwendungsprogrammen, sondern auch ein Überprüfen einzelner Programmfunktionen, wenn Hersteller neue Programmversionen anbieten.
Gerade bei Programm-Updates und bei Einführung von neuen Anwendungsprogrammen ist es wichtig, die funktionalen Leistungs-
fähigkeiten dieser Bildbearbeitungsprogramme und deren Be-
schaffenheit zu überprüfen.

4.4.3 Qualitätssicherung bei der Bearbeitung von Daten

Neben einem analogen Kontrollmittel für die Input-Systeme, wie
z. B. dem UGRA/FOGRA Reproduction Test Chart 1988 (Abb.
4-64), besteht auch ein Bedarf für **digitalisierte Kontrollmittel**.
Kontrollmittel, welche möglichst den gesamten Bereich einer
Farbwiedergabe abdecken, sollten vom Input- bzw. Digitalisie-
rungssystem über die Monitorbearbeitung bis hin zur Farbausgabe
eine Aussagekraft besitzen. Erwähnenswert sind für den Bereich
Farbprüfdruck besonders die von der Firma DuPont entwickelte
Cromalin-Digital-Testform sowie die vom Bundesverband Druck
E.V. (BVD) und FOGRA e.V. entwickelten Testformen [4.15],
[4.33], [4.34].

Kernpunkt der Bestrebungen des Inter Color Consortiums
(ICC) war die Festlegung von Rahmenbedingungen für die Farb-
beschreibungen und Datenformate in **Color-Management-Systemen** auf der Grundlage vorhandener Kontrollmittel und Datenfor-
matstandards [4.13]. Eine wesentliche Erweiterung stellen eindeutige Konventionen für einen geräteneutralen Farbraum und klare
Spezifikationen für die Beschreibung von Farbprofilen der beteiligten Geräte dar.

Die für erfolgreiches Color Management zugrundeliegenden
Kontrollmittel entstammen den ISO-Normungsausschüssen. Im
Rahmen des ISO TC 130 kam es zu einer internationalen Normung

von Standardfarbbilddaten ISO/DIS 12640, dem **Prepress Digital Data Exchange** - Standard Color Image Data (SCID) [4.35]. Diese ISO-Norm umfaßt neben dem gedruckten Text auch eine CD-ROM mit 8 natürlichen Bildern (jeweils in zwei Auflösungsstufen von 16 Pixel/mm und 12 Pixel/mm), 5 auflösungsorientierten sowie 5 farborientierten synthetische Testbildern (ebenfalls in zwei Auflösungsstufen) im **TIFF-Datenformat**. Mit diesen Bilddaten ist es möglich, qualifizierte Beurteilungen von Veränderungen bei der Bildbearbeitung vorzunehmen. Diese Farbbilddaten berühren heute alle hochaktuellen Bereiche des Computer Publishing u. a. das Color Management, die neuen Rasterverfahren, die Methoden der Datenkompressionsverfahren und die Methoden der Farbraum-transformation.

Ähnlich wie beim analogen UGRA/FOGRA Reproduction Test Chart 1988 können bei den **digitalen Bilddaten** der ISO 12640 die Ausgabeergebnisse dieser Datenbestände einer visuellen Inspektion unterzogen werden. Im Unterschied zum UGRA/FOGRA Reproduction Test Chart 1988 stehen mehrere, sehr verschiedene Aufnahmen zur Verfügung. Bei diesen digitalen Daten von fotografischen Aufnahmen handelt es sich z. B. um Porträtaufnahmen zur Beurteilung der **Reproduktionsqualität** von unterschiedlichen menschlichen Hauttönen (die Abb. 4-67 und 4-68 sind proportional verkleinerte, monochrome Wiedergaben der Bilddaten). Zwei weitere Motive sind besonders geeignet für die Qualitätsbeurteilung von **Schärfe und Detailfeinheit**, sehr wichti-

Abb. 4-67: Bild N1 und N1A –
Einzelportrait

Abb. 4-68: Bild N7 und N7A –
Gruppenportrait

247

Abb. 4-69: Bild N2 und N2A – Landschaft

Abb. 4-70: Bild N5 und N5A – Stilleben

Abb. 4-71: Bild N8 und N8A – Stilleben mit Kerzen

Abb. 4-72: Bild N3 und N3A – Fruchtkorb

Abb. 4-73: Bild N6 und N6A – Stilleben Orchideen

Abb. 4-74: Bild N4 und N4A – Stilleben Tischmotiv

Abb. 4-75: Bild S1 und S1A – Auflösungsfeld (Originalgröße)

Abb. 4-76: Bild S2 und S2A – Auflösungsfeld (Originalgröße)

ge Kriterien z. B. zur Bewertung von Rasterverfahren oder von Kompressions- und Dekrompressionsverfahren (Abb. 4-69 und 4-70). Für **Tiefenzeichnung** kann ein Kerzenbild und ein Fruchtkorb zur Auswahl (Abb. 4-71 und 4-72) verwendet worden. Für feine Details in **zeichnenden Lichtern** steht ein Orchideen- und ein Tischmotiv zur Auswahl (Abb. 4-73 und Abb. 4-74).

Die **Kontrollfelder S1 bis S5** bestehen hingegen aus Ausgabebegerät auflösungsorientierten Linienelementen mit unterschiedlichen Flächendeckungen. Diese Elemente sind darauf ausgelegt, um eine Beurteilung von Passergenauigkeit und Moirébildung bei Farbseparationen zu ermöglichen (Abb. 4-75 und 4-76). Darüber hinaus ist ein aus 8 Verlaufstreifen bestehendes Feld enthalten sowie weitere 4 Farbtafeln. Die farbige Gestaltung der Felder beruht im wesentlichen auf der ISO 12642 [4.36].

Bei der ISO 12642 handelt es sich um das sogenannte **IT8/ 7.3-Kontrollchart**, welches Grundlage für die Profilherstellung der Color-Management-Systeme ist (die Abb. 4-77 ist eine verkleinerte monochrome Wiedergabe). Dieses Chart besteht aus einer umfangreichen Anzahl von Primär-, Sekundär- und Tertiärfarbfeldern.

Abb. 4-77: IT8/7.3 – Kontrollchart

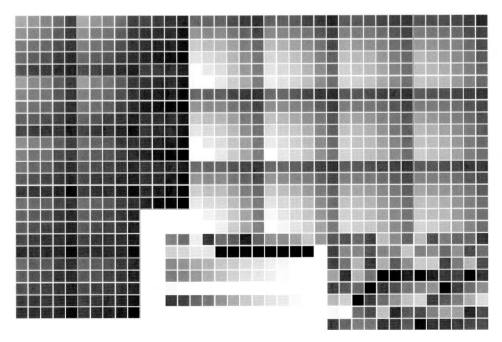

Beim Scannen und bei der Bildbearbeitung entsteht schnell eine
große Anzahl an Dateien, die zumeist recht umfangreich sind. Um
diese großen Dateien speichern und bearbeiten zu können, wird
häufig auf **Kompressionsverfahren** (hierzu auch Kapitel 2.9) zu-
rückgegriffen. Je nach dem gewählten bzw. verfügbaren Kompressionsverfahren ist hierbei mit sehr unterschiedlich starken Qualitätsverlusten zu rechnen. Im Rahmen von Qualitätssicherung bei
der Bildbearbeitung muß man diese zu erwartenden Qualitätsverluste auf einem für einen Arbeitsauftrag tollerierbaren Niveau
halten. Will man nicht umfangreiche Testserien mit unterschiedlichen Kompressionsverfahren und den jeweiligen Ausdrucken bzw.
Filmbelichtungen durchführen, so bietet eine Funktionalität von
Photoshop 3.0 hier eine gute Unterstützung zur Abschätzung von
potentiellen Qualitätsverlusten an.

Man kann in Photoshop ohne großen Aufwand eine Original-
datei und eine komprimierte Datei über die **Differenzbildfunktion**
miteinander vergleichen und dabei Verluste in den Bilddaten sichtbar machen. Im ersten Arbeitsschritt beim **Bilddatenvergleich** werden zwei Bilddateien vom gleichen Ursprung und in unveränder-
tem Maßstab benötigt. Über den Menüpunkt „Bearbeiten" und
„Alles markieren" wird der Inhalt einer Bilddatei aktiviert und anschließend mittels des Menüpunktes „Bearbeiten" und „Kopieren"
in die Zwischenablage des Computers übertragen. Nun wechselt
man zu dem zweiten Bild (meist das unveränderte Originalbild)
und fügt das Bild aus der Zwischenablage als zusätzliche Ebene in
dem Originalbild ein. Dieser Vorgang wird mit dem Menüpunkt
„Bearbeiten" und „Als Ebene einsetzen ..." (Abb. 4-78) eingeleitet. Als nächstes erscheint ein Auswahlfenster, in welchem man
den „Modus" auf „Differenz" setzen muß (Abb. 4-79).

Es entsteht nun eine **Bildebene**, die fast vollständig Schwarz
erscheint. Für die weitere Beurteilung von Qualitätsverlusten muß
man zuerst die Bilddatei auf die Hintergrundebene reduzieren, was
über den Menüpunkt „Auf Hintergrundebene reduzieren" in der
Werkzeugpalette der „Ebenen" erfolgt (Abb. 4-80). Nun können
über den Menüpunkt „Bild" und „Einstellen - Tonwertkorrektur"
die **Bilddatenverluste** des jeweiligen Kompressionsverfahrens in
bezug zu dem jeweiligen Bild deutlich herausgearbeitet werden

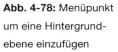

Abb. 4-78: Menüpunkt
um eine Hintergrund-
ebene einzufügen

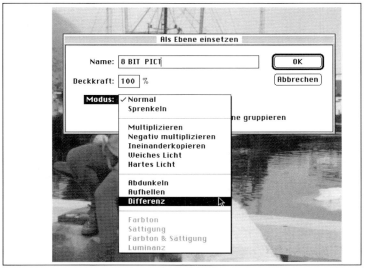

Abb. 4-79: Auswahl-
fenster für den
Differenzmodus der
Hintergrundebene

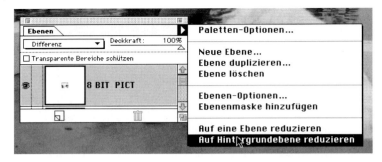

Abb. 4-80: Reduzieren der Datei auf die Hintergrundebene

(Abb. 4-81). Hierbei braucht man nur den Maximalwert des Tonwertumfanges von 255 soweit herunterzufahren bis deutliche Grauabstufungen im Bild sichtbar werden. Im idealen Fall sind zwischen den beiden Bilddatenbeständen keine Verluste in der Bildqualität aufgetreten, und es zeigt sich dann nur ein einzelner Histogrammbalken für das Schwarz im Differenzbild. Dieser Fall tritt z. B. auf beim Vergleich einer originalen Bilddatei im TIFF-Format ohne jegliche Bilddatenkompression (in unserem Beispiel 7,5 MByte Dateiumfang) mit einer Datei im TIFF-Format und mit der LZW-Kompression (in diesem Beispiel 3,0 MByte Dateiumfang). Die Abbildung 4-81 zeigt das Ergebnis für die LZW-Kompression einer TIFF-Datei. Ist die **LZW-Kompression** nahezu vollkommen verlustfrei (Abb. 4-82), so weist eine Kompression im **JPEG-Verfahren** bei Wahrung einer maximalen Qualität schon leichte Qualitätsverluste auf (Abb. 4-83). Dieser Qualitätsverlust wird auch in dem Histogramm der Tonwertkorrektur durch zusätzliche

Abb. 4-81: Beispiel der Tonwertkorrekturkurve bei Kompression ohne Qualitätsverlust

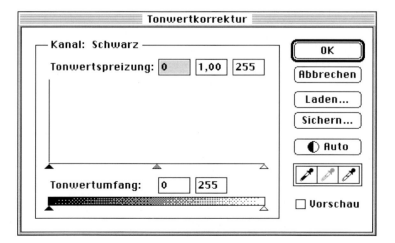

Abb. 4-82: Beispiel eines Differenzbildes bei einer Kompression ohne Qualitätsverlust im Bild (Darstellungsgröße im Original 1:1)

Abb. 4-83: Beispiel eines Differenzbildes bei einer Kompression mit geringen Qualitätsverlusten im Bild (Darstellungsgröße im Original 1:1)

Balken sichtbar (Abb. 4-84). Wenn man hohe Datenkompressions-
raten erreichen will, z. B. bei der **JPEG-Kompression** mit niedri-
ger Bildqualität (in diesem Beispiel schrumpft der Dateiumfang
auf 285 KByte), so muß man entsprechend große Qualitätsverluste
im Bild hinnehmen (Abb. 4-85). In diesem Beispiel kann man
schon recht deutlich die Verluste im gesamten Bildbereich erkennen. Vergleicht man die Auswirkungen von Kompressions-

Abb. 4-84: Histogramm
eines Differenzbildes bei
einer Kompression mit
geringen Qualitäts-
verlusten im Bild

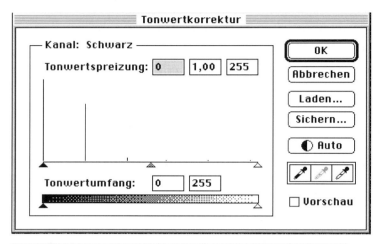

Abb. 4-85: Beispiel
eines Differenzbildes
bei einer Kompression
mit deutlich sichtbaren
Qualitätsverlusten im
Bild (Darstellungsgröße
im Original 1:1)

verfahren auf einzelne Datenformate (z. B. JPEG mittlerer Kompression und 8 Bit PICT) so können hier manchmal sehr große
Qualitätsverluste festgestellt werden, was im Histogramm durch
Balken über den gesamten Bildbereich verdeutlicht wird (Abb. 4-
86 und Abb. 4-87).

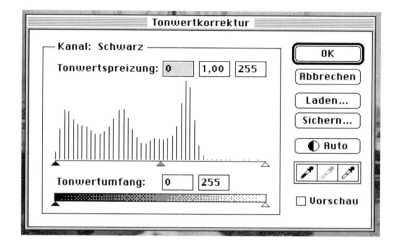

Abb. 4-86: Histogramm eines Differenzbildes bei einer Kompression mit extrem hohen Qualitätsverlusten im Bild

Abb. 4-87: Beispiel eines Differenzbildes bei einer Kompression mit extrem großen Qualitätsverlusten im Bild (Darstellungsgröße im Original 1:1)

4.5 Der UGRA/FOGRA-PostScript-Kontrollstreifen

Die bisher vorgestellten Kontrollmittel des analogen UGRA/FOGRA
Reproduction Test Chart 1995, das ISO IT8 Chart und die digitalen Bilder der ISO 12640 sind wichtige Kontrollmittel, wenn man
grundlegende Anpassungen in der **digitalen Prozeßkette** vornehmen muß. Diese Kontrollmittel sind jedoch weniger geeignet, um
im täglichen Produktionsablauf eingesetzt zu werden. Die digitalen Bilder (ISO 12640) haben mit ca. 20 Mbyte je Bild einen zu
großen Speicherbedarf, die 256 Farbfelder des IT8 Charts (ISO
12642) erfordern einen zu großen zeitlichen Meßaufwand und das
analoge Testchart hat mit seinem DIN-A4-Format einen zu großen
Platzbedarf, um regelmäßig mit ausgegeben werden zu können.

Für eine Qualitätssicherung im täglichen Produktionsablauf
sind handliche, kleine **digitale Kontrollstreifen** wesentlich hilf-
reicher. Eines der international weitverbreiteten digitalen Kontrollmittel für die Überwachung von Ausgabegeräten und für den digitalen Arbeitsfluß ist der UGRA/FOGRA-PostScript-Kontroll-strei-
fen.

4.5.1 Wie setzt man einen Ausgabegerät-
Kontrollstreifen ein?

Der **UGRA/FOGRA-PostScript-Kontrollstreifen** umfaßt in der
aktuellen Version 1.2 zwei Einzeldateien, eine PS- und eine EPS-
Version. PS steht dabei für eine reine PostScript-Datei und EPS für
eine „Encapsulated PostScript"-Datei. Beide Dateien unterscheiden sich in ihrer Kodierung leicht von einander, was in ihrer Verwendung begründet liegt (Abb. 4-88). Die **PS-Datei** ist darauf ausgerichtet, von einem Computer direkt und ohne Zwischenstufen,
z. B. über ein Anwendungsprogramm, an das jeweilige PostScript-
fähige Ausgabegerät geschickt zu werden. Die **EPS-Datei** hingegen ist darauf ausgelegt, ähnlich wie Bild- und Textdaten, in ein
Anwendungsprogramm importiert und positioniert zu werden.
Dieser Importvorgang sollte hierbei möglichst als erste Bearbeitung eines Dokumentes oder einer Seite vorgenommen werden.
Hierdurch wird u. a. sichergestellt, daß alle Bearbeitungen und
Veränderungen des Dokumentes sich auch auf die EPS-Datei des

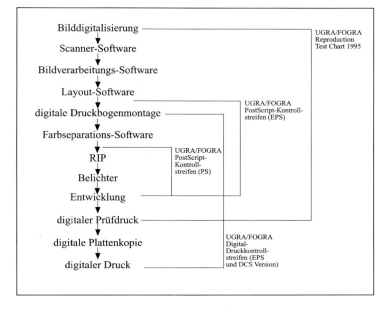

Abb. 4 -88: Arbeitsfluß
mit dem PostScript-
Kontrollstreifen

UGRA/FOGRA PostScript-Kontrollstreifens auswirken. Beide
Datei-Versionen sind bis auf geringe Ausnahmen im Layout
grundsätzlich identisch (Abb. 4-89).

Grundsätzlich können die Dateien des PostScript-Kontrollstreifens betriebssystemübergreifend auf IBM-DOS/Windows,
Apple Macintosh, Nextstep und UNIX Systemen eingesetzt werden. Einem generellen Austausch von den PostScript-Kontrollstreifen enthaltenden Dokumenten stehen hier lediglich Konvertie-
rungsprobleme entgegen, wenn z. B. kein PostScript-Datenformat
verwendet wird.

Die Dateien des UGRA/FOGRA-PostScript-Kontrollstreifen,
kann man grundsätzlich in alle Anwendungsprogramme einführen,
wenn diese über eine Import- oder Positionierungsfunktion für
PostScript-Daten verfügen [4.37].

4.5.2 Wann oder warum braucht man einen Ausgabegerät-Kontrollstreifen?

Die beiden unterschiedlichen Wege der Ausgabe des UGRA/
FOGRA-PostScript-Kontrollstreifens ermöglichen zum einen die
Überwachung der Qualität des PostScript-Ausgabegerätes. Für die

Abb. 4-89: EPS- und
PS-Datei des UGRA/
FOGRA-PostScript-
Kontrollstreifens

Kontrollstreifen ist es dabei nicht erheblich, ob es sich bei dem Ausgabegerät um einen S/W- oder Farblaserdrucker, einen Filmbelichter, ein Proofgerät oder auch um eine digitale Druckmaschine handelt. Idealerweise wird nach einer Wartung, Kalibrierung oder Justierung des Ausgabegerätes die PS-Datei direkt per **Download** ausgegeben. Das Ergebnis dokumentiert üblicherweise den bestmöglichen Zustand dieses Gerätes. Wiederholt man in bestimmten Zeitintervallen (z. B. wöchentlich) diesen Download-Vorgang, so kann man hierdurch eventuelle Qualitätsverluste durch Geräteverschleiß, Materialalterung, Dejustierung, kleiner Defekte etc. schnell ermitteln. Zum anderen kann man mit der PS-Datei auch Variationen von Materialien wie z. B. unterschiedliche Papier-, Film- oder Tonerqualitäten prüfen, um auf diesem Weg die qualitativ und wirtschaftlich beste Materialkombination einzusetzen.

Der Vergleich von den Ausgabeergebnissen der PS-Datei mit jenen der EPS-Datei erlaubt darüber hinaus Aussagen über die Arbeitsabläufe der digitalen Bearbeitungen. Idealerweise bestehen zwischen den Ausgabeergebnissen der PS- und der EPS-Datei in den Kontrollfeldern

keinerlei sichtbaren Unterschiede (wie dies die Abb. 4-89 verdeut-
licht). Bestehen hingegen Unterschiede, so erlauben die
Indikationsfunktionen der Kontrollfelder der beiden Dateien ein
Eingrenzen der Ursachen und Fehlerquellen.

4.5.3 Die Kontrollfelder eines Ausgabegerät-Kontrollstreifens

Der UGRA/FOGRA-PostScript-Kontrollstreifen beinhaltet insgesamt sieben Kontrollfelder (Abb. 4-89), die nachfolgend im einzelnen näher vorgestellt werden sollen [4.37] [4.38].

Das **Informationsfeld** des UGRA/FOGRA-PostScript-Kon-
trollstreifens beinhaltet die einzigen gewollten Abweichungen der
zwei Kontrollstreifen. Die Endung „PS" nach der Versionsangabe
(z. B. „1.2") kennzeichnet die reine PostScript-Datei, die Endung
„EPS" die Encapsulated-PostScript-Datei.

Das Informationsfeld (Abb. 4-90) umfaßt neben der Titelzeile
vier weitere Angaben. Zunächst wird aus dem RIP die Bezeichnung des Ausgabegeräts abgefragt und ausgegeben. In der nächsten Zeile des Informationsfeldes wird die im RIP installierte
PostScript-Version und in der dritten Zeile die theoretische Aufzeichnungsfeinheit des Ausgabegerätes ausgedruckt. Die Angabe
erfolgt zunächst in der Einheit dpi (dots per inch) und gibt die Anzahl der aufgezeichneten Punkte über der Längeneinheit von einem Inch (ca. 2,54 cm) wieder. Durch einen Schrägstrich getrennt
wird in dieser Zeile die theoretische Strichbreite der kleinsten darstellbaren Linie in μm angegeben. In der vorletzten Zeile des
Informationsfeldes ist der individuelle Benutzername (User name)
eingetragen. Er sollte bei jeder Wiedergabe des UGRA/FOGRA-
PostScript-Kontrollstreifens an dieser Stelle erscheinen und dokumentiert das Nutzungsrecht an der Software.

Seit der Verbreitung von PostScript Level 2 befindet sich in
der Version 1.2 des UGRA/FOGRA-PostScript-Kontrollstreifens
eine weitere Zeile, welche die jeweils verwendete PostScript Level
Version des Ausgabe-RIPs anzeigt.

Das nächste Kontrollfeld neben dem Informationsfeld im
UGRA/FOGRA-PostScript-Kontrollstreifen ist das **Auflösungsfeld**. Es ist so programmiert, daß die Strahlen vom Nullpunkt im

Abb. 4-90:
Informationsfeld und
Auflösungsfeld des
Kontrollstreifens
(Scanbild eines
Filmstreifens)

linken unteren Feldrand jeweils radial nach außen verlaufen. Beginnend mit der Waagerechten (0 Grad) wird der nächste Strahl jeweils um 1 Grad versetzt, bis nach 90 Schritten mit einem um 90 Grad gedrehten Strahl die senkrechte Feldbegrenzung erreicht wird. Die Breite der Strahlen entspricht jeweils dem zweifachen der theoretisch kleinsten Strichbreite des Ausgabesystems.

Obwohl die Strahlen vom Rand des Kontrollfeldes bis in den Nullpunkt mathematisch festgelegt sind, können sie natürlich nur in einem bestimmten Radius um den Nullpunkt getrennt wiedergegeben werden. Folgt man dem Strahl von der äußeren Begrenzung des Kontrollfeldes zum Nullpunkt, dann ist die Strahlenbreite irgendwann so groß, daß sie in den Schwärzungsbereich des Nachbarstrahls fällt. Ab hier kann das Ausgabegerät die Einzelstrahlen nicht mehr getrennt darstellen und bildet nur noch eine rein schwarze Fläche ab. Durch die mathematische Konstruktion des Kontrollfeldes sollte diese geschwärzte Fläche genau der Geometrie eines Viertelkreises entsprechen. Bedingt durch charakteristische Eigenschaften der Ausgabegeräte weicht die Darstellung oft von der Idealgeometrie eines Viertelkreises ab. Solche Verformungen haben ihre Ursache entweder in einem nicht optimalen digita-

Abb. 4-91: Stahlenkranz bei
3600 dpi Belichterauflösung
(vergrößertes Scanbild)

Abb. 4-92: Stahlenkranz bei
3000 dpi Belichterauflösung
(vergrößertes Scanbild)

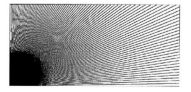

Abb. 4-93: Stahlenkranz bei
1500 dpi Belichterauflösung
(vergrößertes Scanbild)

Abb. 4-94: Stahlenkranz bei
300 dpi Belichterauflösung
(vergrößertes Scanbild)

len Rasterungsprozeß im RIP oder in Fehlern in der Opto-
mechanik des Bebilderungssystems.

Grundsätzlich ist festzuhalten, daß je höher die Aufzeichnungsfeinheit des Ausgabegerätes ist, desto kleiner wird der Radius des vollständig geschwärzten Viertelkreises. Bei sehr hoch auflösenden Belichtern ist dementsprechend der Radius des geschwärzten Feldes sehr klein, bei relativ grob auflösenden Laserdruckern ist er vergleichsweise groß (Abb. 4-91 bis Abb. 4-94). Es
ist anzumerken, daß viele Einflußgrößen des bilderzeugenden Pro-
zesses den Radius des vollständig geschwärzten Bereichs beeinflussen können. Dazu gehören u. a. eine mangelhafte Belichtung,
ein nicht angepaßter fotografischer Prozeß der Filmentwicklung
oder eine „Übertonerung" in elektrofotografischen Drucksystemen. Diese Einflußgrößen werden jedoch diagnostizierbar, wenn
Kontrollausgaben über einen längeren Zeitraum erstellt und miteinander verglichen werden. Fehler bei der Geräteeinstellung,
Auflösungsbeeinträchtigung durch Anwendungsprogramme etc.
werden hingegen bei einem direkten Vergleich der PS- und EPS-
Ausgabe bemerkbar.

Das **Schriftfeld** (Abb. 4-95) gibt dem Praktiker einen Eindruck von der Wiedergabequalität von Schriftzeichen durch das jeweilige Ausgabegerät. Das Wort „Hamburgefons" enthält alle typographischen Aspekte von Schriftzeichen und ist in positiv und
negativ in der Schrift „Palatino Bold" mit der Schriftgröße 6 Punkt
dargestellt. Diese Schrift ist in den sogenannten Kernschriften
(„Core fonts") u. a. des Apple LaserWriters enthalten und somit
auch in fast allen anderen PostScript-Ausgabegeräten vorhanden.
Der UGRA/FOGRA-PostScript-Kontrollstreifen ist so programmiert, daß im Falle der nicht vorhandenen Palatino Bold das Wort
„Hamburgefons" mit dem Zeichensatz der „Times" dargestellt
wird. Ist auch die Times nicht vorhanden, so wird sie durch die
Schrift „Courier" ersetzt.

Abb. 4-95: Scanbild
des Schriftfeldes

Die **geometrischen Diagnosefelder** (Abb. 4-96) sind eine
Gruppe von acht Spalten mit unterschiedlichen Diagnosefeldern
im UGRA/FOGRA-PostScript-Kontrollstreifen. An der Darstellung der Elemente in diesen Feldern läßt sich eine Vielzahl von
möglichen Fehlerscheinungen erkennen. Die Einzelelemente der
Diagnosefelder sind allesamt nicht genau in ihrer Größe vordefiniert, sondern stellen jeweils Mehrfache der kleinsten darstell-

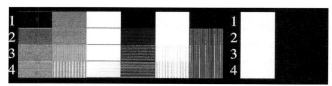

Abb. 4-96: Geometri-
sche Diagnosefelder
eines belichteten Films

baren Punkt- oder Linienelemente des Ausgabesystems dar. Dementsprechend hängt die Wiedergabe der Elemente von der Aufzeichnungsfeinheit und der Einzelpunktauflösung des Ausgabegerätes ab.

In den ersten beiden Spalten der Diagnosefelder sind abwech-
selnd schwarze und weiße Linienelemente gleicher Breite angeordnet. Sie sind in der ersten Spalte waagerecht und in der zweiten
Spalte senkrecht ausgerichtet. Entsprechend der Zeilenbeschrif-
tung sind sie in der einfachen bis vierfachen Balkenstärke der
kleinsten, auf dem jeweiligen Ausgabegerät darstellbaren Linie definiert.

Es liegt nahe, daß die Flächendeckung dieser Felder theoretisch
genau 50 % beträgt. Alle Felder dieser ersten beiden Spalten sollten
dem Betrachter also denselben Helligkeitseindruck vermitteln. Vor al-

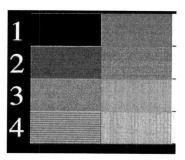

Abb. 4-97: Fehlerscheinung bei
nicht exakt rundem Laserstrahl

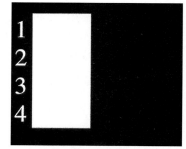

Abb. 4-98: Fehlende Punkte in
den Spitzpunktfeldern

lem die feinsten waagerechten und senkrechten Linien (in Zeile 1) sind sehr sensibel für Fehlerscheinungen, da sie sich im Grenzbereich der Aufzeichnungsfeinheit befinden. Wenn beispielsweise die senkrechten Linien einen 50prozentigen Tonwert darstellen, die waagerechten jedoch zulaufen, dann ist das ein Indiz dafür, daß der Aufzeichnungsstrahl des Laserbelichters oder Laserdruckers nicht exakt kreisförmig, sondern eher elliptisch ist (Abb. 4-97)

In den Spalten drei und vier, sowie fünf und sechs der Diagnosefelder sind einzelne Linienelemente in größeren Abständen positiv und negativ dargestellt. Auch hier entsprechen die einzelnen Balkenstärken in den vier untereinanderstehenden Feldern dem Ein- bis Vierfachen der kleinsten, vom Ausgabesystem darstellbaren Linienstärke. Der Linienabstand entspricht dem 24fachen der kleinsten darstellbaren Linienstärke.

In den Spalten sieben und acht der Diagnosefelder sind Spitzpunktfelder angelegt. Sie stellen eine Ergänzung zur Auflösungsanzeige dar. Die Punkte sind jeweils positiv und negativ der Zeilennumerierung entsprechend aus einem oder aus zwei bis vier der kleinsten, darstellbaren Punkte des Ausgabesystems zusammengesetzt (Abb. 4-98).

Die **Spitzpunktfelder** geben meist auch einen guten Aufschluß über die Einflußgrößen der digitalen Film- oder Plattenbelichtung. Je nachdem, ob ein positiv oder negativ entwickelndes Aufzeichnungsmaterial verwendet wird, kann man die Wechselwirkung der Lichtquelle (z. B. eines Lasers) mit dem Material oder die Einflüsse der Entwicklungschemie auf das Ergebnis analysieren.

Der **Raster- oder Graukeil** (Abb. 4-89) des UGRA/FOGRA-PostScript-Kontrollstreifens ist das nächste große Kontrollelement. In digitalen Produktionssystemen gibt es sowohl zwischen Software-Komponenten als auch zwischen Soft- und Hardware-Komponenten Abstimmungsprobleme. Es muß gewährleistet sein, daß der in der Scanner-Software mit einer 50 prozentigen Flächendeckung definierte Grauwert auch nach der Übergabe in das Farbseparationsprogramm und schließlich auch im Druck noch diesem Helligkeitswert entspricht. Hier können jedoch häufig Veränderungen der Übertragungskennlinie, z. B. verursacht durch Funktionen in Anwendungsprogrammen, eintreten. Der Anwender muß an dieser Stelle eingreifen, seine eigenen Übertragungskennlinien ermitteln, und diese gegebenenfalls korrigieren. Der fünfzehnstufige Graukeil des UGRA/FOGRA-PostScript-Kontrollstreifens dient vor allem der Festlegung und Auswertung von individuellen Übertragungskennlinien. Die Art der Rasterung, Rasterwinkelung und -frequenz wird als Vorgabewert (Default) des Geräteherstellers vom PostScript-RIP abgefragt und dementsprechend erzeugt. Der UGRA/FOGRA-PostScript-Kontrollstreifen nimmt bewußt auf diese Vorgabewerte keinen Einfluß, wodurch sowohl **AM-Rasterungen** (Abb. 4-99) auch **FM-Rasterungen** (Abb. 4-100) im Graukeil vergleichbar werden.

Neben einer meßtechnischen Auswertung des Graukeils besitzt dieses Element auch eine visuelle Indikationsfunktion. Diese wird sichtbar, wenn z. B. ein falscher Druckertreiber, eine ungünstige lpi/dpi Kombination oder eine ungünstige Variation der Rasterung in einem Anwendungsprogramm angewählt wurde. In diesen Fällen kann es zu einer deutlichen Veränderung der Abstufung des Graukeils kommen.

Waren bisher alle Kontrollelemente auf vektororientierten PostScript-Sequenzen aufgebaut, so weichen die **Schachbrettfelder** hiervon deutlich ab. Die Schachbrettfelder basieren auf der

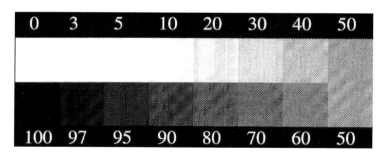

Abb. 4-99: Graukeil mit AM-Rasterung (hier Moiré durch Scannerabtastung)

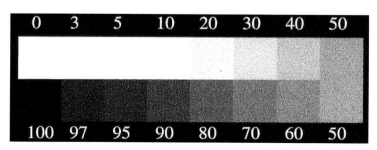

Abb. 4-100: Graukeil mit FM-Rasterung

Ausgabegerätauflösung und sind entsprechend der Geräteauf-
lösung erst während des RIP-Vorganges errechnete Bildpunkte.

Die Elemente in diesen drei Kontrollfeldern sind schachbrett-
förmig angelegt. Sie bestehen, der Beschriftung entsprechend, aus
schwarzen und weißen quadratischen Flächen, die eine Seitenlänge von einer, zwei bzw. vier Grundeinheiten aufweisen. Die
Seitenlänge einer theoretisch quadratischen Grundeinheit entspricht auch hier der kleinsten darstellbaren Linienbreite eines
Ausgabegerätes. Durch das Schachbrettmuster ergibt sich zwangsläufig eine Rasterwinkelung von 45 Grad.

Das bedeutet auch, daß das 1x1-Schachbrettfeld sehr sensibel
auf die durch Tonwertzunahme vergrößerten Einzelpunkte mit
dem Zulaufen der weißen Schachbrettfelder reagiert. Je größer die
Elemente des Schachbretts werden, das heißt je mehr Einzelpunkte eine Kantenlänge des Quadrats bilden, desto unempfindlicher wird das Element gegen ein Zulaufen des Tonwerts. Obwohl
alle drei Schachbrettfelder theoretisch den gleichen Helligkeitseindruck hervorrufen sollten, liegt wegen der Punktüberlagerung
nicht unbedingt eine Fehlerscheinung vor, wenn das 1x1-Feld etwas dunkler erscheint als das 2x2-Feld. Die Helligkeitsdifferenz
zwischen dem 2x2-Feld und dem 4x4-Feld sollte jedoch bei optimal eingestelltem Ausgabegerät nicht wesentlich ausfallen (Abb.
4-101).

Grundsätzlich gilt die Aussage, daß alle drei Schachbrettfelder bei einem optimal justierten und kalibrierten Ausgabegerät
inklusive eines stabilen chemischen Entwicklungsprozesses einen
annähernd gleichen Helligkeitseindruck ergeben sollten, der möglichst nahe bei einer Flächendeckung von 50% liegen sollte. Zwei
typische Fehlerscheinungen sind Intensitätsunterschiede und unvollständige Ausformung der Schachbrettfelder (Abb. 4-102 und
Abb. 4-103).

Die **Farbkontrollfelder** des UGRA/FOGRA-PostScript-
Kontrollstreifens umfassen nur eine verkürzte Skala von 40%,
80% und 100% der Druckprozeßfarben der Europaskala (Cyan,
Magenta, Gelb und Schwarz). Zusätzlich sind entsprechend der
DIN 16539 die Mischfarben erster Ordnung (Rot, Grün und Blau)
sowie je zwei Graubalance-Felder (mit 40% und 80%) im Bunt-
und Unbuntaufbau enthalten. Aus der DIN 6164 entstammen zwei
sehr kritische Farbtöne, welche einen menschlichen Hautton und

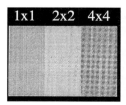

Abb. 4-101: Übliche
Erscheinung des
Schachbrettfeldes an
einem Belichter-RIP
(Vergrößertes
Scanbild)

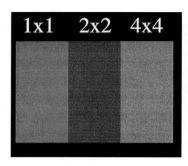

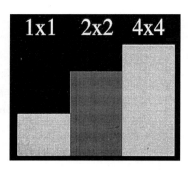

Abb. 4-102: Typische Erscheinung im Schachbrettfeld bei
ungünstiger Laserstrahlintensität
(Scanbild)

Abb. 4-103: Beispiel für ein
fehlerhaftes Schachbrettfeld an
einem Software-RIP (Scanbild)

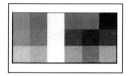

Abb. 4-104:
Farbkontrollfelder in
S/W-Wiedergabe

Abb. 4-105: Daten der
Farbfelder

ein Laubgrün repräsentieren (Farbdaten in Abb. 4-105 und Grau-
bild der Farbfelder in Abb. 4-104).

Der UGRA/FOGRA-PostScript-Kontrollstreifen bildet mit
diesen Farbfeldern im beschränktem Umfang eine Referenzdatei für die Farbwiedergabe an einem PostScript-Ausgabegerät. Gegenüber den vorher beschriebenen umfangreichen Farbtafeln, können diese Felder grundsätzlich bei jeder Ausgabe
mitgeführt werden und erlauben dem Anwender eine kontinuierliche Kontrolle. Es ist gegebenenfalls auch möglich, etwaige
Farbmanipulation sowohl meßtechnisch als auch visuell festzustellen und zu dokumentieren.

Detailliertere Informationen können dem FOGRA-Handbuch
zum UGRA/FOGRA-PostScript-Kontrollstreifen sowie dem begleitenden FOGRA Praxisreport 44 entnommen werden [4.37], [4.38].

Cyan 100 %	Magenta 100%	Gelb 100%	Mag 100% Gelb 100%	Cyan 100% Gelb 100%	Cyan 100% Mag 100%
Cyan 80%	Magenta 80%	Gelb 80%	DIN 6164 Nr. 14	Schwarz Unbunt 80%	Cyan 72% Mag 56% Gelb 54%
Cyan 40%	Magenta 40%	Gelb 40%	DIN 6164 Nr. 13	Schwarz Unbunt 40%	Cyan 28% Mag 22% Gelb 20%

4.6 Der UGRA/FOGRA-Digital-Druckkontrollstreifen

Vor noch nicht allzu langer Zeit war eine Beurteilung der Ausgabequalität eines PostScript-fähigen Belichters, wie dies mit dem
UGRA/FOGRA-PostScript-Kontrollstreifen möglich wurde,
vollkommen ausreichend. Erstellte Filme wurden dann herkömmlich montiert und kopiert, wobei dann noch bekannte und eingeführte Kontrollmittel wie der FOGRA-Kontakt-Kontrollstreifen
oder der FOGRA-PMS-Druckkontrollstreifen eingesetzt wurden.
Im Zuge der im weiter fortschreitenden Digitalisierung und durch
Computer-to-plate- und Computer-to-print-Systeme wurde es notwendig, auch hierfür digitale Kontrollmittel zu haben. Hierbei
sind dann auch aussagekräftige Kontrollmittel notwendig, die einen Druck nach BVD/FOGRA-Standard ermöglichen. Hierzu
steht seit einiger Zeit der UGRA/FOGRA-Digital-Druckkontrollstreifen in der Version 1.3 zu Verfügung [4.39], [4.40].

4.6.1 Wie setzt man einen digitalen
Druckkontrollstreifen ein?

Der UGRA/FOGRA-Digital-Druckkontrollstreifen besteht in der
aktuellen Version 1.3 aus drei einzelnen Modulen, welche als eigene Dateien im **EPS-Datenformat** vorliegen. Diese EPS-Dateien
sind darauf ausgelegt, ähnlich wie Bilddaten, in einem Anwendungsprogramm importiert und positioniert zu werden. Da es sich
bei Modulen um eine Überwachung des Druckprozesses handelt,
muß dieser Importvorgang als erster Bearbeitungsschritt eines Dokumentes oder einer Seite vorgenommen werden. Prinzipiell kann
der UGRA/FOGRA-Digital-Druckkontrollstreifen ab der Prozeßstufe der Text-Bildintegration zu jederzeit vorgenommen werden.
Spätestens beim Ausschießen der Druckbogen sollten die Module
des UGRA/FOGRA-Digital-Druckkontrollstreifens in der für den
Druckbogen erforderlichen Sequenzlänge plaziert sein. Hierdurch
wird dann sichergestellt, daß alle nachfolgenden Ausgaben der
Druckbögen, sei es als Proof, digitale Film- oder Plattenbelichtung oder auch als digitaler Druck, die Druckkontrollstreifen
enthalten. Aufgrund der modularen Konzeption ist es dem jeweiligen Anwender freigestellt, wie die Reihenfolge der einzelnen Mo-

dule erfolgt und wie häufig einzelne Module in einer Sequenz vorhanden sind.

Grundsätzlich können die Module des UGRA/FOGRA-Digital-Druckkontrollstreifens betriebssystemübergreifend auf IBM-DOS/Windows, Apple Macintosh, NEXTSTEP und UNIX-Systemen eingesetzt werden. Die Module des UGRA/FOGRA-Digital-Druck-kontrollstreifens kann man grundsätzlich in alle Anwendungsprogramme einführen, diese müssen lediglich über eine Import- oder Positionierungsfunktion für vektororientierte EPS-Dateien im PostScript-Datenformat verfügen.

4.6.2 Wann oder warum braucht man digitale Druckkontrollstreifen?

Der UGRA/FOGRA-Digital-Druckkontrollstreifen besteht aus dem Modul 1 und Modul 2, die für eine Beurteilung der drucktechnischen Wiedergabe ausgelegt sind, und dem Modul 3, das auflösungsorientierte Aussagen gestattet.

Das **Modul 1** dient im wesentlichen zur Überwachung der Volltonfärbung und Farbannahme (Abb. 4-106 hier lediglich in monochromer Wiedergabe). Dementsprechend sind von den vier am Druckprozeß beteiligten Grundfarben alle Kombinationen eines Übereinanderdruckes enthalten. In einer Kontrollstreifensequenz genügt es normalerweiser wenn dieses Modul einmal plaziert ist.

Den Kern des modularen Kontrollstreifensystems bildet das **Modul 2** (Abb. 4-107). Dieses Modul wird üblicherweise so oft in einer Kontrollstreifensequenz verwendet, bis die jeweilige Bogenformatabmessung komplett abgedeckt ist. In diesem Modul sind die Felder für Informationen zur Farbbalance und zur Tonwertzunahme enthalten (Abb. 4-107 hier lediglich in monochromer Wiedergabe). Des weiteren sind auch für jede Prozeßfarbe Felder für Schieben und Dublieren enthalten. Bei einer Auswertung dieses Moduls muß zur genauen Bestimmung von Tonwertzunahme und Dublieren immer von den aktuellen Werten auf dem zum Druckbogen zugehörigen Filmen und Druckplatten ausgegangen werden. Dies liegt daran, daß Qualität und Eigenschaften des verwendeten Film- und Plattenmaterials, die aktuelle Justierungen der Belichtereinheit, der Zustand und die Temperaturen beteiligter Ent-

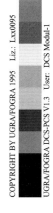

Abb. 4-106: Modul 1
des digitalen
Druckkontrollstreifens

wicklerchemie und vieles andere von dem digitalen Datenbestand des UGRA/FOGRA-Digital-Druckkontrollstreifens V1.3 nicht beeinflußt werden können. Diese und viele weitere Faktoren sind jedoch von großer Bedeutung für das Ergebnis des Ausgabegerätes. Deswegen kann auch nur über den relativen Vergleich von Meßwerten auf Film/Platte und den Meßwerten im Druckbogen eine sinnvolle Beurteilung von Tonwertzunahme und Dublieren ermöglicht werden.

Über den aktuellen Zustand der Justierung und der Auflösungseigenschaften erlaubt das Modul 3 eine Aussage (Abb. 4-108). Für die Beurteilung im fertigen Druckprodukt, wenn verschiedene herkömmliche Verfahrensschritte vorgeschaltet wurden (wie z. B. Plattenkopie), ist dieses Modul dann weniger geeignet. In Analogie zum Modul 1 wird auch das Modul 3 zumeist nur einmal in einer Kontrollstreifensequenz integriert.

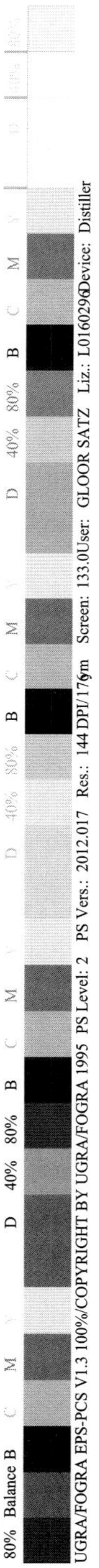

Abb. 4-107: Modul 2 des digitalen Druckkontrollstreifens (verkleinerte Wiedergabe)

Abb. 4-108: Wiedergabe von Modul 3 des digitalen Druckkontrollstreifens

Dieses Modul enthält für einen Arbeitsablauf nach der BVD/ FOGRA-Standardisierung alle notwendigen Kontrollfelder für einen 4-Farbdruck [4.8]. Der UGRA/FOGRA-Digital-Druckkontrollstreifen beinhaltet insgesamt vier spezielle Kontrollfelder, welche nachfolgend im einzelnen näher vorgestellt werden sollen.

Das **Balance-Feld** wurde für die Graubedingungen bei einer Ausgabe auf Filmmaterial entwickelt (Abb. 4-109). Es steht unmittelbar neben dem 80%igen Rasterfeld der Druckfarbe Schwarz. Das Balance-Feld sollte im optimalen Fall im visuellen Eindruck und im Tonwert mit dem Grauton des angrenzenden 80%igen Rasterfeldes übereinstimmen. Um diese Übereinstimmung zu erreichen, setzt sich das Balance-Feld aus den Buntfarben Cyan (75% Flächendeckungsgrad), Magenta (62% Flächendeckungsgrad) und Gelb (60% Flächendeckungsgrad) zusammen.

Die überaus wichtigste Anforderung an das Balance-Feld ist jedoch, daß der visuelle Farbeindruck (in Anlehnung an den BVD/ FOGRA-Standard) des Balance-Feldes vom Andruck zum Abstimmbogen des Fortdrucks möglichst gut übereinstimmen soll. Dies ist eine Anforderung aus den Zeiten vom traditionellen Andruck und Fortdruck, und man könnte man meinen, daß diese Anforderung in den Zeiten vom Computer Publishing und beim digitalen Druck antiquiert und nicht mehr relevant ist. Besonders da beim digitalen Druck nun jeder Ausdruck ein Original ist (auch wenn dieser zeitlich sehr viel später erfolgt) und dementsprechend der Ausdruck sich von einem anderen Original nicht mehr unterscheiden sollte – denn die Daten sind ja gleich geblieben. Daß dem nicht so ist, zeigen u. a. auch die Bestrebungen des Color Managements. Im **digitalen Druck** kommt jedoch noch hinzu, daß die Auflagenzahlen immer geringer werden und demzufolge Druckmaschinen immer schneller stabile Maschinenzustände erreichen müssen. Gerade in solchen Situationen wird das Balance-Feld wieder sehr wichtig. Der aus den Buntfarben zusammengesetzte Grauton ist ein höchst empfindlicher Indikator für die Farbbalance und Abweichungen können vom menschlichen Auge sehr schnell und schon frühzeitig wahrgenommen werden. Abweichungen von früheren Ausgabeergebnissen können mittels Belegexemplaren unmittelbar erkannt werden. Störungen im Betonern, im Farbfluß, in

Abb. 4-109: Graubalance mit 80% Flächendeckung

der Farbfixierung bei digitalen Druckmaschinen sind so noch vor einer meßtechnischen Bewertung und schon während der Auflagenerstellung bemerkbar.

Für eine meßtechnische Auswertung sind dann die **Vollflächenfelder** in der Reihenfolge Schwarz, Cyan, Magenta und Gelb ausgelegt. Diese Vollflächenfelder werden zum einen für die Bestimmung der Tonwertzunahme und zum anderen zu Ermittlung der Volltonfärbung benötigt. Damit dieses über die ganze Bogenbreite sichergestellt werden kann, wiederholen sich die Vollflächenfelder alle 4,8 cm. In der ersten Sequenz der Vollflächenfelder hat das erste schwarze Vollflächenfeld (es befindet sich direkt neben dem Balance-Feld) in den vier Ecken einen Überdruck von Gelb (Abb. 4-110). Bei einer Betrachtung diese Volltonfeldes, z. B. bei schräg einfallendem Licht, kann mit ein wenig Übung unmittelbar erkannt werden, ob der Gelbdruck über oder unter dem Schwarzdruck liegt. Dies ist ein durchaus wichtiger Gesichtspunkt, da bei der empfohlenen Farbreihenfolge von Schwarz, Cyan, Magenta und Gelb, mit dem Schwarz eine sehr hohe Kontrastwirkung erreicht werden kann. Abweichungen von dieser Farbreihenfolgen führen meist zu einer deutlich geringeren Kontrastwirkung, dies ist mit anderen Kontrollmitteln nach Ende eines Auflagendruckes nicht dokumentiert oder nachweisbar. Durch dieses Volltonfeld kann ein Abweichen von der empfohlenen Farbreihenfolge auch noch längere Zeit nach dem Auflagendruck nachgewiesen werden.

Die **Dublier-Felder** sind im UGRA/FOGRA-Digital-Druckkontrollstreifen als D-Felder gekennzeichnet (Abb. 4-111). Diese D-Felder sind in jeder Farbsequenz vorhanden und bestehen aus drei einzelnen Feldern, die jeweils 4mm breit und 6mm hoch sind. Diese Felder enthalten ein Linienraster mit einer Winkelung von 0°, 45° und 90°. Bei den herkömmlich montierten Druckkontrollstreifen kann im Falle einer visuellen Abweichung in diesen Feldern eine Dublierwirkung im Druckprozeß angenommen werden. Der UGRA/FOGRA-Digital-Druckkontrollstreifen ist in seiner Konzeption so ausgelegt, daß bei hohen Ausgabequalitäten der Belichter in den D-Feldern ein akzeptables Ergebnis erzielt werden kann. Es ist jedoch zu beachten, daß unterschiedliche RIPs, sowie unterschiedliche Materialqualitäten von Film und Entwickler durchaus abweichende Ergebnisse bewirken können. Deshalb kön-

Abb. 4-110: Schwarz-vollfeld und der Gelbüberdruck

Abb. 4-111: Ein Dublierfeld

271

40%   80%

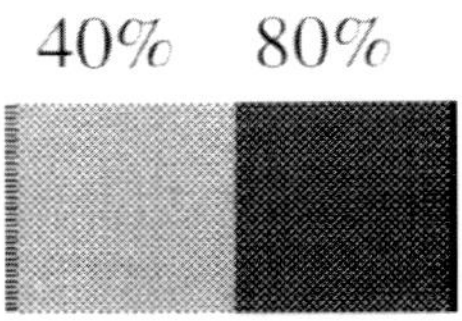

Abb. 4-112: Die 40%
und 80% Rasterfelder

nen für die Nutzung des UGRA/FOGRA-Digital-Druckkontroll-streifens nur die tatsächlich densitometrisch gemessenen Tonwerte im Film für die Steuerung im Druck verwendet werden. Visuelle Beurteilungen dieser D-Felder können hier nur als Indizien oder Fingerzeige genutzt werden, wenn gleichzeitig auch das Filmmaterial zum Vergleich vorliegt.

Die 40%igen und 80%igen **Rasterfelder** (Abb. 4-112) dienen zur Ermittelung der Tonwertzunahme. Für die korrekte meßtechnische Bestimmung der Tonwertzunahme und deren Einhaltung entsprechend BVD/FOGRA Standardisierung im Offsetdruck sind immer auch die Daten des Filmmaterial heranzuziehen. Es ist hierbei von wesentlicher Bedeutung, daß der jeweilige Belichter entsprechend den Kalbrations- und Einstellvorgaben des Herstellers sich in einem möglichst optimalen Zustand befindet. Wird eine Druckform ohne Zwischenschritt über einen Film erstellt, sind dieser Felder sehr gut geeignet, eine meßtechnische Kontrolle für eine konstante Produktion zu ermöglichen.

Es sei an dieser Stelle erwähnt, daß es mittlerweile weitere digitale Druckkontrollstreifen gibt, welche jeweils auf Steuersysteme und Maschinenkonzepte ausgelegt sind (wie z. B. für Heidelberger Druckmaschinen der digitale Druckkontrollstreifen für die CPC, der MAN Roland Druckkontrollstreifen oder der Gretag Druckkontrollstreifen – System FOGRA). Konzepte und Komponenten all dieser Kontrollstreifen sind sich relativ ähnlich, weshalb eine tiefergehende detaillierte Vorstellung sich erübrigt.

Kapitel 5

Publishing auf der Basis von MS-DOS und Windows

D ie Systemumgebung von Intel-basierten Prozessoren mit MS-DOS als Betriebssystem und Windows als Benutzeroberfläche ist für professionelles Publishing oder im Vorstufenbereich kein Standard, hat aber doch eine beachtliche Marktpräsenz und ist bei technischen, wissenschaftlichen und Büroanwendungen durchaus verbreitet. Diese weite Verbreitung umfaßt sowohl den Einsatz von Einzelplatzsystemen wie auch den Einsatz von über Netzwerken verbundenen Mehrplatzsystemen. Aus diesem Grund ist an dieser Stelle die beispielhaft gezeigte Herstellung von Musterdokumenten in die MS-DOS/Windows-Systemumgebung einbezogen worden. Hierbei fiel die Wahl auf ein **Faltblatt,** was mehr einer üblichen Büroanwendung zuzuordnen ist sowie einen **Forschungsbericht**. Letzterer ist eine Publikation, die eher zum wissenschaftlich technischen Bereich gehört und hier ein komplexeres Publishing-Dokument repräsentiert.

Hardware, Betriebssysteme und Benutzeroberflächen siehe Kapitel 3

5.1 Einfaches Publishing-Dokument

Das Beispiel für das einfache Dokument stammt aus dem Bereich **Akzidenz- und Werbedruck**. Erstellt unter der MS-DOS- und Windows-Systemumgebung, handelt es sich um einen 2-farbigen Akzidenzauftrag für ein Faltblatt. Der Text wird als Datei im Programm Works für Windows erstellt, während das Layout mit PageMaker vorgenommen wird. Zusätzlich ist noch ein Logo, das als EPS-Datei vorhanden ist, in die Gestaltung einzubeziehen.

Nach der Erstellung von Konzepten und Ideen ist die **Auftragsbeschreibung** die Grundlage, um tatsächlich eine **Arbeitsaufnahme** einzuleiten. Es ist die grundsätzliche Frage nach: was

273

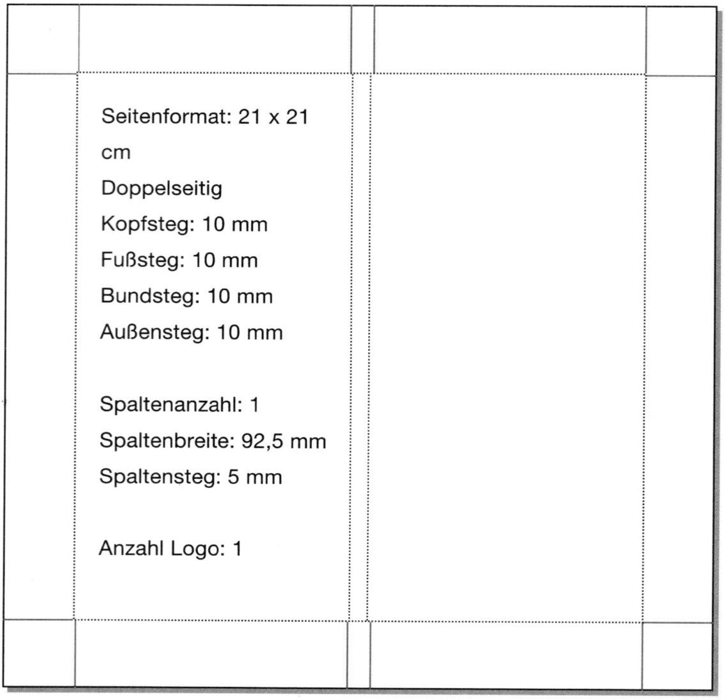

Seitenformat: 21 x 21 cm

Doppelseitig

Kopfsteg: 10 mm

Fußsteg: 10 mm

Bundsteg: 10 mm

Außensteg: 10 mm

Spaltenanzahl: 1

Spaltenbreite: 92,5 mm

Spaltensteg: 5 mm

Anzahl Logo: 1

Abb. 5-01: Layout und Struktur des Faltblattes

soll gemacht werden? An dieser Stelle sollen statt der kompletten Auftragsbeschreibung (wie: Hochformat mit 2-spaltiger Aufteilung und 2 Seiten etc., Abb. 5-01) die Kennzeichen und die Klassifikation für ein einfaches Dokument vorgestellt werden.

Einfache Publishing-Dokumente zeichnen sich aus durch geringen Textumfang (weniger als 10 Textseiten), geringe Textstrukturanforderungen (u. a. kein Inhaltsverzeichnis, keine Fußnoten oder Literaturverwaltung, keine Kapiteleinteilung) sowie durch einen geringen Anteil an Grafiken, Logos, Bildern etc. (meist weniger als 1 pro Seite). Zudem stellen einfache Publishing-Dokumente auch geringe Anforderungen an Schriftauszeichnung, Layout und Seitenformatierung.

5.1.1 Texte erfassen mit Works für Windows

Wie dem **Workflow** (Abb. 5-02) entnommen werden kann, beginnt die konkrete, kreative Arbeitsphase mit Konzepterstellungen, Skizzen und Entwürfen. Es folgt dann unmittelbar ein Texterfassen,

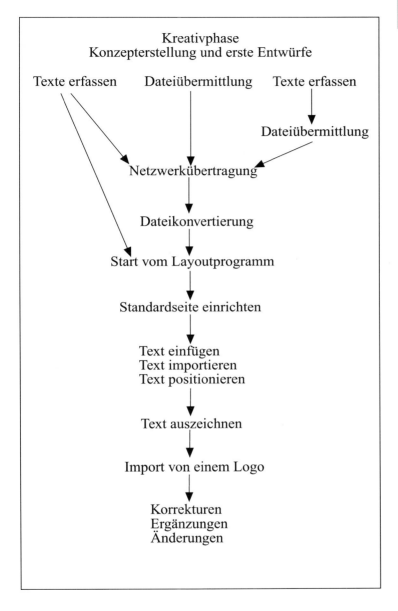

Kreativphase
Konzepterstellung und erste Entwürfe

Texte erfassen   Dateiübermittlung   Texte erfassen

Dateiübermittlung

Netzwerkübertragung

Dateikonvertierung

Start vom Layoutprogramm

Standardseite einrichten

Text einfügen
Text importieren
Text positionieren

Text auszeichnen

Import von einem Logo

Korrekturen
Ergänzungen
Änderungen

Abb. 5-02: Arbeitsfluß
für ein einfaches
Publishing-Dokument

was hier am Beispiel mit Works für Windows gezeigt werden soll. Es ist meist ein **Erfassen** von z. B. handschriftlichen Notizen und gedruckten **Vorlagen**, die beispielsweise auf dem normalen Postweg oder per ausgedrucktem FAX zugestellt wurden. Dies ist oft mit der Zielsetzung verbunden, den Arbeitsablauf zu koordinieren und Absprachen zu treffen.

Für den häufigen Fall, daß ein Text noch nicht digital erstellt und korrigiert worden ist, kann dies bei einfachen und sehr kurzen Texten problemlos schon mit dem entsprechenden Layoutprogramm (z. B. PageMaker) direkt durchgeführt werden. Soll ein **Text** jedoch **mehrfach genutzt werden**, z. B. in mehreren Dokumenten und mit unterschiedlichen Auszeichnungen, Formatierungen, Layout etc., so ist es sinnvoller, den Basistext zuerst in einem Textverarbeitungsprogramm zu erfassen. Vorteil ist hierbei, daß der textliche Inhalt nur einmal erfaßt, Korrektur gelesen und bearbeitet werden muß und dann anschließend gespeichert für eine mehrfache Nutzung bereitsteht.

Die einzelnen Arbeitsschritte sehen in unserem Beispiel mit Works für Windows 2.0a vor, daß entweder ein **Dokument neu erstellt** oder ein schon vorhandenes Dokument als Datei geöffnet wird. In beiden Fällen ist Works per doppeltem Mausklick im Windows-Fenster zu starten. Es erscheint dann das Arbeitsfenster, wie in Abbildung 5-03 zu sehen ist, mit der in Windows üblichen Namenszeile, Menü- und Buttonleiste. Beim weiteren Vorgehen

Abb. 5-03: Works Eröffnungs- und Arbeitsfenster

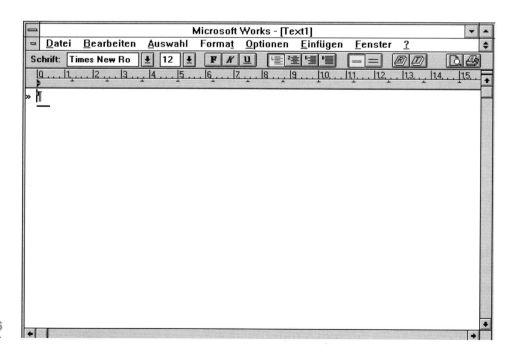

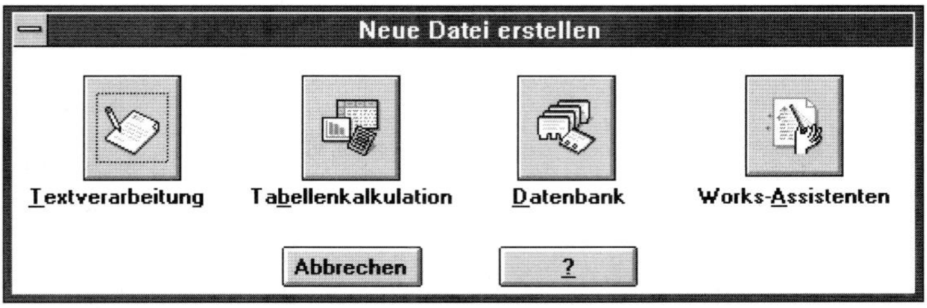

Abb. 5-04: Works
Wahlfenster bei neuer
Datei

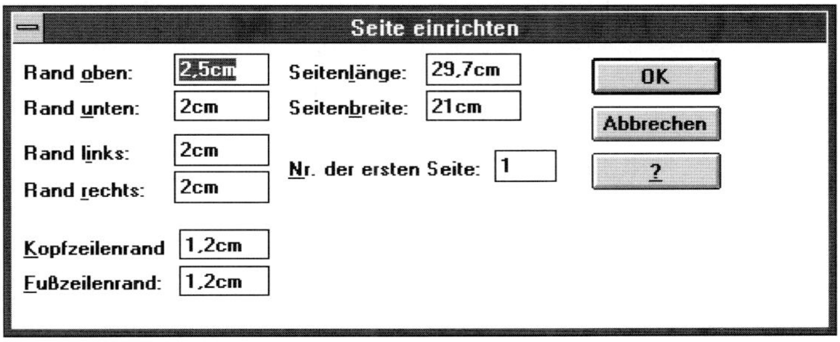

Abb. 5-05: Works
Wahlfenster für Seite
einrichten

klappt man unter „Datei" ein Menüfenster auf und entscheidet sich
entweder für eine vorhandene oder eine neue Datei. Im letzteren
Fall klappt ein Fenster mit den Wahlmöglichkeiten von Textverarbeitung, Tabellenkalkulation, Datenbank oder einer Works-spezifi-
schen Assistenzfunktion, hier Assistent genannt, auf (Abb. 5-04).
Will man nicht die Standardseitenformatierung von Works verwenden, so kann über „Seite einrichten" diese entsprechend geändert werden. Wahlmöglichkeiten zum Einrichten der Seiten erscheinen dann in einem eigenen Fenster (Abb. 5-05). Es ist schon
zu diesem Zeitpunkt genau zu überlegen, ob all diese Funktionen
der Formatierung und Auszeichnung bei der Texterfassung durch-

Achtung

Bei Textexport und -import ist oft der kleinste gemeinsame Nenner nur das
ASCII-Datenformat (s. Kap. 3.5). Bei einem Speichern im ASCII-Textformat
gehen zwar im allgemeinen die Textauszeichnungen verloren, es bleiben
aber meist die Sonderzeichen (wie dt. Umlaute) erhalten. Textauszeichnungen
nachträglich einzufügen ist oft weniger aufwendig, als in einem Text die
verlorenen Umlaute erneut einzufügen. Fehler an dieser Stelle können zu
beträchtlicher Mehrarbeit führen, wenn Sonderzeichen, Auszeichnungen,
Seitenformatierungen und Zeilenumbrüche noch einmal eingefügt werden
müssen.

geführt werden sollen. In vielen Fällen kann es Doppelarbeit bedeuten, wenn das gewählte Dateiformat zum Speichern nicht absolut kompatibel mit den möglichen Importformaten des Layoutprogramms ist und dabei z. B. **Formatierungen** und **Auszeichnungen** verschwinden. Auch bei Dateikonvertierungen in andere Dateiformate oder zu anderen Betriebssystemen kann es passieren,

Abb. 5-06: Works Einstellungen für Schriftart, Schriftgröße, Schriftstil und Schnittposition

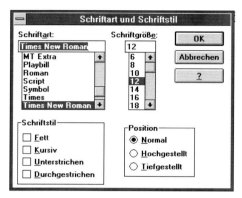

daß Formatierungen und Auszeichnungen verlorengehen. Deswegen sollten solche Arbeitsschritte an dieser Stelle nur vorgenommen werden, wenn sichergestellt ist, daß diese in späteren Arbeitsstufen nicht wiederholt werden müssen. Diese weiteren Arbeitsschritte sind dann u. a. Auszeichnungen des Textes mit Schriftart, Schriftstil, Schriftgröße und Position. Mit Works für Windows gestaltet sich das über den Menüpunkt „Format", der dann das Fenster „Schriftart und Schriftstil" (Abb. 5-06) eröffnet.

Abb. 5-07: Works Beginn der Texterfassung

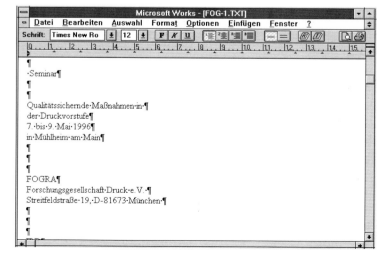

In unserem Beispiel konnte die PageMaker Version 4.0 für Windows weder das Dateiformat von Works für Windows 2.0 (Kürzel „WPS") noch das von Works für Windows generierte Dateiformat von Word für Windows 6.0 (Kürzel „DOC") übernehmen. Dementsprechend mußte ein Textimport später mit dem einfachen ASCII-Dateiformat (Kürzel „TXT") vorgenommen werden.

Für unser Faltblatt werden keine besonderen Einstellungen für Seitenformat oder Schriftauszeichnungen eingestellt und entsprechend alle **Standardvorgaben** von Works für Windows übernommen. Der Text wird nun direkt erfaßt (Abb. 5-07). Hierbei ist noch zu berücksichtigen, daß bei dem Faltblatt im späteren Umbruch die erste und die letzte Seite gegenüberliegend angeordnet sein müssen. Man kann dies zum einen beim **Texterfassen** berücksichtigten, indem zuerst die letzte Seite und dann die erste Seite geschrieben wird. Man kann es aber auch beim späteren Textimport im Layoutprogramm PageMaker vornehmen, indem der Textfluß beim Import mit dem Text auf der zweiten Seite beginnt.

Der abschließende Arbeitsschritt in der kreativen Arbeitsphase besteht dann aus einem **Ausdruck** mit Hilfe entsprechender

Abb. 5-08: Works Menüpunkt für Druckereinrichtung

Abb. 5-09: Works Auswahlfenster für Druckereinrichtung

Menüpunkte. Wobei natürlich nicht vergessen werden darf, daß hier auch der richtige Drucker eingestellt sein sollte (Abb. 5-08 und Abb. 5-09). Die Ausdrucke können dann per Post oder FAX zum Abstimmen verteilt oder auch zum Korrekturlesen genutzt werden.

Zudem ist auch das **Speichern** in einem Datenformat vorzunehmen, welches später einen Import in PageMaker zuläßt. In diesem Fall erfolgt dies über den Menüpunkt „Speichern unter..." und im ASCII-Textformat. Wie bereits erwähnt, gehen im Falle des ASCII-Textformates alle Textauszeichnungen beim Import in

PageMaker verloren; die erforderlichen Arbeitsschritte der Schriftauszeichnung sollen deswegen im Detail später vorgestellt werden. In diese Bearbeitungsstufe fallen auch noch erforderliche **Korrekturen** und **Änderungen** des Textes sowie die Behebung von Fehlern, welche bei einem eventuell notwendigen Konvertieren (z. B. bei einem Wechsel auf ein anderes Betriebssystem) oder beim Speichern des Importformates auftreten können. Solche Arbeiten können gegebenenfalls gemeinsam vorgenommen werden. Dateikonvertierungen sollten der letzte und abschließende Schritt dieser Bearbeitungsstufe sein, um nicht die Übersicht in einer Vielzahl von Textversionen und Dateiformaten zu verlieren.

Abb. 5-10: PageMaker Seitenformat für ein Faltblatt

```
Seite einrichten                                    ┌──────────┐
                                                    │    OK    │
Seitenart:   Vorgabe ⬇                              └──────────┘
                                                    ┌──────────┐
Seitengröße:  210    x  210      mm                 │ Abbrechen│
                                                    └──────────┘
Formatlage:   ○ Hoch      ◉ Quer                    ┌──────────┐
                                                    │Numerieren...│
Erste Seite:   1      Seitenanzahl:  2              └──────────┘

Optionen:   ☒ Zweiseitig      ☒ Doppelseite
            ☐ Neue Seitennumerierung

Stegbreite in mm:
    Bund:   10        Außen:  10
    Kopf:   10        Fuß:    10

Reindrucker: HP LaserJet Series II an LPT1:
```

Abb. 5-11: PageMaker Arbeitsfenster mit der ersten Seite

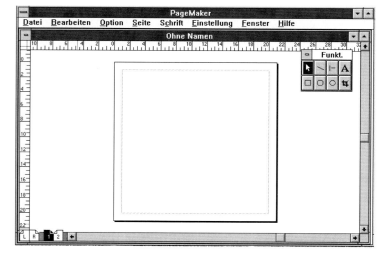

5.1.2 Layoutgestaltung mit PageMaker

Folgen wir dem Workflow von unserem Beispiel, dem Faltblatt, so wird PageMaker gestartet (hier die Version 4.0 für Windows) und dann über den Menüpunkt „Datei" eine neue Datei eröffnet. Hierdurch wird ein Fenster erscheinen, in welchem dann eine Festlegung der Papiergröße, der Formatlage (hoch oder quer) und des Satzspiegels vorzunehmen ist. Entsprechend den Spezifikationen des Beispiels ergibt dies Parameterangaben, wie in Abbildung 5-10 dargestellt. Anschließend zeigt der Bildschirm eine leeres Musterblatt wie in Abbildung 5-11.

Mit PageMaker kann man, für alle Seiten gleiche Formatierungen, aber auch nach linker und rechter Seite getrennte Formatierungen vornehmen. Ermöglicht wird dies durch die Betätigung des Ikons für **Standardseiten** und die Festlegung als linke und rechte Seite (Abbildung 5-12). Sind in einem Dokument mehrere unterschiedliche Formatierungen in bezug auf Plazierung von Seitenelementen, Spaltenanzahl und Spaltenweiten etc. notwendig, so kann dies über die Standardseiten nicht gelöst werden. Hier ist dann die entsprechende Formatierung für jede Seite einzeln vorzunehmen. Formatierungen für Standard- und Einzelseiten werden dabei über die gleichen Menüpunkte und Arbeitsschritte ausgeführt.

Die **Grundeinstellungen** für das Faltblatt sind noch festzulegen und über den Menüpunkt „Spaltenhilfslinien" (Abb. 5-13) und in dem gleichnamigen Fenster (Abb. 5-14) einzugeben. Das Ergebnis ist sofort am Bildschirm zu sehen (Abb. 5-15). Es ist anzumerken, daß in den Standardseiten auch die Positionierungen von Seitenelementen wie Logos, Kopf- und Fußzeilen, Seitennummern usw. erfolgen können. Ein Aspekt, welcher gerade in umfangreichen Dokumenten zu einem sehr effizienten Einsatz von sich sonst

Abb. 5-12: PageMaker Ikon für Standardseiten

Abb. 5-13: PageMaker Menüpunkt für Spaltenhilfslinien

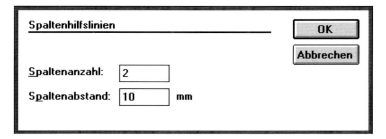

Abb. 5-14: PageMaker Eingabefenster für Spaltenhilfslinien

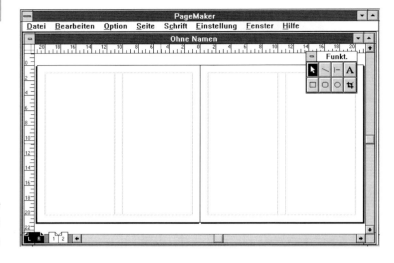

Abb. 5-15: PageMaker
Arbeitsfenster mit 2
Seiten und 2 Spalten

Abb. 5-16: PageMaker
Mauszeiger als
Textsymbol

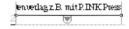

Abb. 5-17: PageMaker
Symbol für weitere
Textpositionierung

282

wiederholenden Bearbeitungsschritten führt und darüber hinaus den Speicherplatzbedarf einer Datei reduziert.

Ist eine Speicherung nicht automatisch eingestellt, z. B. wegen der damit verbundenen erhöhten Gefahr von Systemabstürzen, so ist an dieser Stelle ein Abspeichern der Zwischenergebnisse regelmäßig vorzunehmen. Es verhindert einen zu großen Verlust von Arbeitsergebnissen, z. B. bei Stromausfall, Systemabstürzen oder Fehlbedienungen während der Bearbeitung.

Nachdem die Standardvorgaben eingestellt worden sind, kann der Inhalt in die einzelnen Seiten eingefügt werden. Hierbei kann man zuerst Text und dann die Bildinhalte (**Text-vor-Bild-Layout**) oder umgekehrt erst Bildinformationen und dann Texte einfügen (**Bild-vor-Text-Layout**). In unserem Beispiel handelt es sich um ein Text-vor-Bild-Layout, d. h., es sollen Logos, Bilder und Grafiken etc. in Abhängigkeit von Text und Textauszeichnung plaziert werden. Im Arbeitsablauf ist mit dem Menüpunkt „Datei" und „Positionieren" zu beginnen. Dadurch wird ein Fenster zur Dateiauswahl (Abb. 5-18) eröffnet. Nach Bestätigung der Auswahl zeigt ein Importablauffenster (Abb. 5-19) den Einlauf des Textes in eine Zwischenablage von PageMaker an. Der Text steht somit noch nicht auf der am Bildschirm sichtbaren Seite. Der Zeiger der Maus hat sich nun in ein Textsymbol verwandelt (immer sichtbar, wenn der Mauszeiger über die Seiten bewegt wird, s. Abb. 5-16). Um den Text an seine richtigen Positionen zu verankern, muß nun das mausgeführte Textzeigesymbol an die ge-

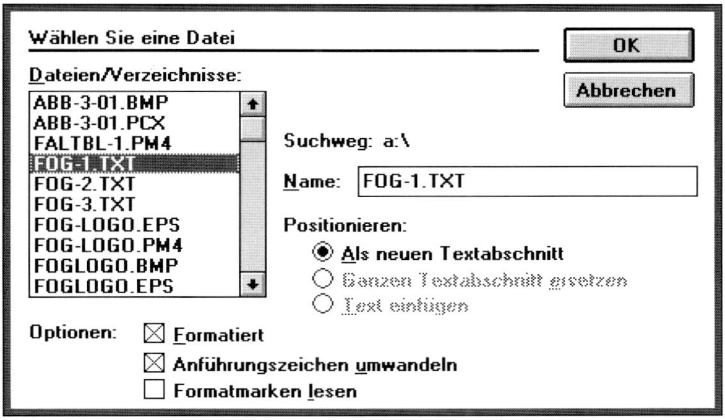

Abb. 5-18: PageMaker
Auswahlfenster zum
Positionieren

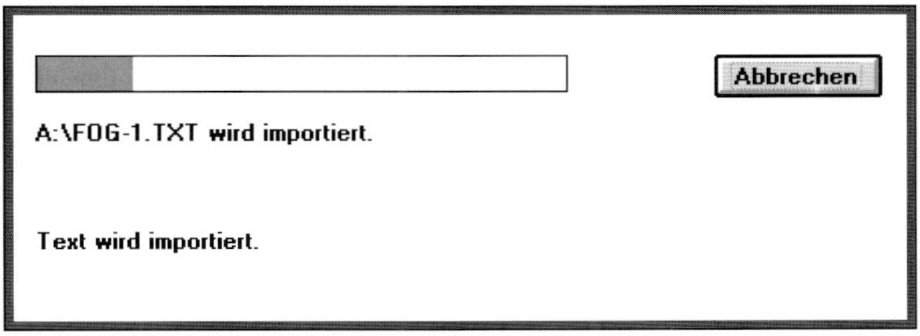

Abb. 5-19: PageMaker
Ablauffenster
beimTextimport

wünschte Stelle bewegt und mit der Maustaste ein Bestätigungsklick eingegeben werden. Es wird dann der **Texteinlauf** in die Spalte automatisch vorgenommen. Ragt der Text über die Seite oder die Spalte hinaus, wird auf dem Farbbildschirm am Ende des Texteinlaufes durch ein rotes Dreieck darauf hingewiesen (Abb. 5-17). In diesem Fall ist mit der Maus das Dreieck anzuklicken, wodurch der Mauszeiger wieder zu einem Textsymbol wird. Man kann nun die nächste Position anstreben und den Text dort wieder mit einem Mausklick plazieren. Dieser Vorgang wird entsprechend auf jeder Seite und für jede Spalte durchgeführt, bis der gesamte Text seinen vorläufigen Platz gefunden hat. Das Zwischenergebnis von diesen Arbeiten ist ein Rohtext im Satzspiegel (Abb. 5-20).

Als nächstes sind nun **Auszeichnungen** vorzunehmen, wie z. B. zeilen- oder wortweiser Fettdruck, Anpassung von Laufweiten (Abb. 5-21) und Schriftausrichtung, Buchstabenbreite (Abb. 5-23), Schriftgrad (Abb. 5-22) oder Zeilenabstand (Abb. 5-24). Diese Vorgänge sind jeweils für einzelne Worte, Textzeilen, Textpassagen oder ganze Seiten durchzuführen.

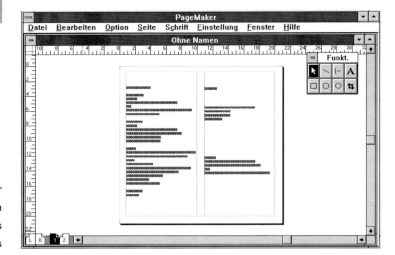

Abb. 5-20: PageMaker
Arbeitsfenster nach
dem Positionieren des
Textes

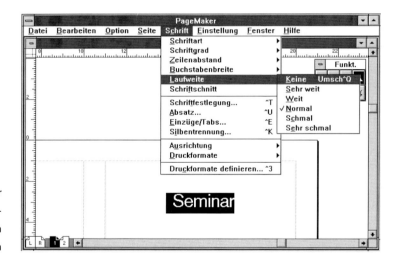

Abb. 5-21: PageMaker
Arbeits- und Auswahl-
fenster zum Einstellen
individueller Laufweiten

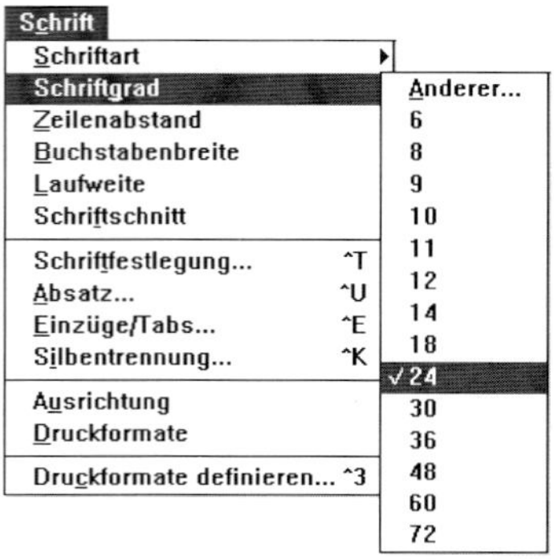

Abb. 5-22: PageMaker
Auswahlfenster
für die Schriftgröße

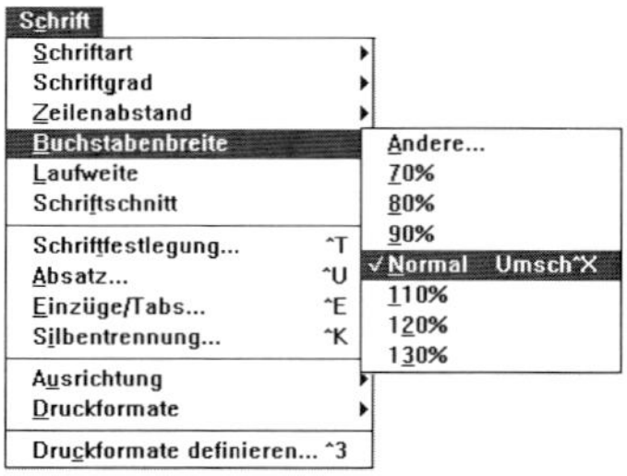

Abb. 5-23: PageMaker
Auswahlfenster für die Schriftbreite

Die **Auszeichnungen** können über die gezeigten Menüpunkte jeweils einzeln vorgenommen werden. Sind mehrere Änderungen an der gleichen Textpassage auszuführen, so ist es wesentlich rationeller, dies über den Menüpunkt „Schriftfestlegung" (Abb. 5-25) zu tun. Hier können alle vorgenannten Änderungsmöglichkeiten und zusätzlich weitere Optionen, z. B. die Schriftfarbe, in einem Arbeitsgang erledigt werden.

Abb. 5-24: PageMaker Auswahlfenster für den Zeilenabstand

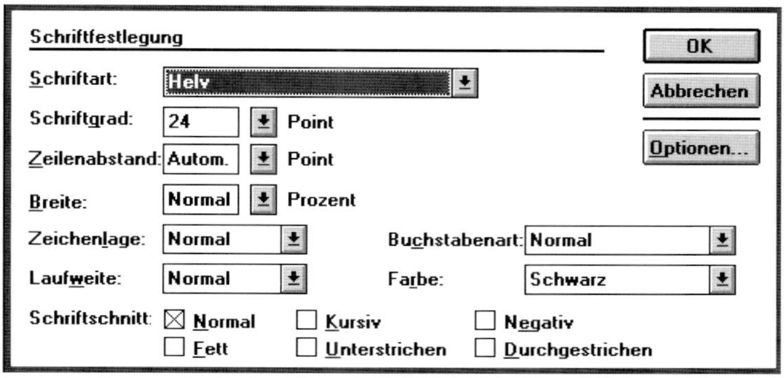

Abb. 5-25: PageMaker Auswahlfenster für die Schriftfestlegung

Schon vorhandene und gespeicherte Bild- und Grafikdateien können bei PageMaker über die gleiche Funktion (wie „Positionieren" beim Text) eingebunden werden, dies erfolgt zumeist in Form einer Linkverbindung. Über eine Linkfunktion wird nur eine Verbindung zu der Ursprungsdatei vorgenommen, was bedeutet, daß Änderungen in der Ursprungsdatei sich automatisch auf die angebundene Datei (in unserem Fall das Faltblatt) auswirken. Eine Aktualisierung erfolgt dann jedesmal, wenn die PageMaker-Datei geöffnet wird. Bei einer kopierenden **Positionierung** hingegen wird der Dateiinhalt direkt in die PageMaker-Datei kopiert. Spätere Änderungen am Text der Ursprungsdatei haben dann keine Auswirkung mehr auf den Inhalt, der sich in der PageMaker-Datei befindet. Sind automatische Änderungen erwünscht, was bei häufigen Änderungen und Aktualisierungen einer Layoutdatei viele Arbeitsschritte umfassen kann, so sind sie an dieser Stelle zu berücksichtigen. Sollen jedoch spätere Veränderungen ausgeschlossen werden, kann man diesem Fall durch ein Einfügen über den Menüpunkt „Positionieren" Rechnung tragen. Die sich anschließende Dateiwahl über das Auswahlfenster (Abb. 5-26) und dem Plazieren des Logos sind schnell ausgeführt. Je nach Ursprung der Bilddatei kann der Mauszeiger beim Plazieren eine unterschiedliche

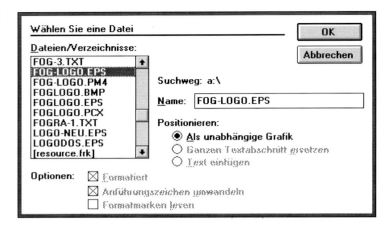

Abb. 5-26: PageMaker
Auswahlfenster für die
Dateiauswahl

Abb. 5-27: PageMaker
Mauszeiger bei TIFF-
Import

Abb. 5-28: PageMaker
Mauszeiger bei EPS-
Import

Form annehmen, z. B. bei TIFF-Dateien ein Rechteck (Abb. 5-27),
bei EPS-Dateien einen Schriftzug (Abb. 5-28). Das Ergebnis dieser Arbeitsschritte zeigt die Abbildung 5-29.

Auch hier ist anzumerken, daß gerade bei aufwendigen Arbeiten im Layout ein regelmäßiges **Abspeichern** des **Zwischenergebnisses** nicht vergessen werden sollte. Hierzu stehen die Menüpunkte „Datei" und „Speichern" (wenn die Datei schon einen Dateinamen hat) bzw. „Datei" und „Speichern unter..." (wenn ein Dateiname noch zu bestimmen ist, oder wenn ein neuer Dateiname verwendet wird) zur Verfügung und eröffnen das „Satzdatei speichern"-Fenster (Abb. 5-30).

Abb. 5-29: PageMaker
Arbeitsfenster nach
Bildimport

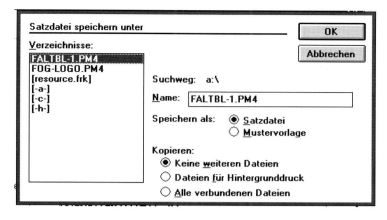

Abb. 5-30: PageMaker
Fenster zum Speichern
einer Datei

Sind alle Arbeiten zur Auszeichnung und alle Bildinformationen eingebunden, so kann nun per **Ausdruck** der Stand des Faltblattes überprüft werden. Hierbei sind die richtige Druckereinstellung und der Einsatz des korrekten Druckertreibers (Abb. 5-31) über die entsprechenden Menüpunkte sicherzustellen und zu überprüfen.

Nun kann eine Druckausgabe vorgenommen werden, dies erfolgt unter dem Menüpunkt „Datei" und „Drucken...". Das Auswahlfenster „Drucken" läßt hierbei noch jederzeit einen Abbruch zu (Abb. 5-32), wenn z. B. ein erforderlicher Druckertreiber nicht installiert worden ist oder dessen Anwahl nicht möglich ist. Neben einem Gesamtausdruck ist es auch möglich, einzelne Farbauszüge oder ganze **Farbsätze** zu drucken (Abb. 5-33).

Sind die Parameter eingegeben und per „OK" bestätigt, wird der Druckvorgang ausgelöst, was in diesem Fall mit der vom üblichen DIN-A4-Papierformat abweichenden Formatwahl eine überprüfende Nachfrage des PageMakers auslöst. Eine bestätigende Eingabe aktiviert die Dateivorbereitungen zum Druck und im

Datei
Neue Datei... ^N
Datei öffnen... ^O
Datei schließen
Speichern ^S
Speichern unter...
Alte Fassung
Exportieren...
Positionieren... ^P
Verbindungen... ^B
Buch...
Seite einrichten...
Drucken... ^D
Druckerauswahl...
Beenden ^Q

Abb. 5-31: PageMaker
Menüpunkt „Druckerauswahl"

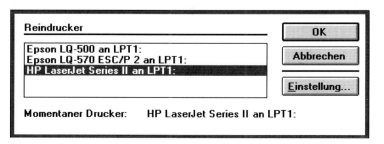

Abb. 5-32: PageMaker
Fenster mit der
Anzeige des aktuell
eingestellten Druckers

Druckmanager von Windows (Abb. 5-34) ist dann der Ablauf des Drucks abzulesen.

Der Ausdruck muß nicht nur hinsichtlich des Stands von Text und Logo überprüft werden, sondern auch auf alle anderen inhaltlichen Informationen nochmals kritisch geprüft werden. Die Annahme, daß bei elektronisch übermittelten Daten keinerlei Tipp- oder orthographische Fehler mehr vorkommen, kann nicht immer vorausgesetzt werden. Fehlende Sonderzeichen sind nach Datenübermittlung oder -konvertierung ein häufiger Grund für Korrekturen. Dementsprechend sollten an dieser Stelle noch die allerletzten **Hauskorrekturen** ausgeführt und alle technischen, orthographischen, inhaltlichen und typographischen Fehlern korrigiert werden. Sollten Fehler erst festgestellt werden, wenn Filme und Druckplatten bereits fertig sind oder die Auflage gar schon gedruckt ist, können die Kosten für Korrekturen immens ansteigen.

Abb. 5-33: PageMaker
Fenster für die
aktuellen Einstellungen
der Druckausgabe

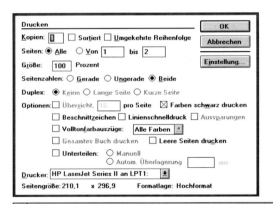

Abb. 5-34: Windows
Fenster für den
aktuellen Stand der
Druckausgabe des
Druckmanagers von
Windows

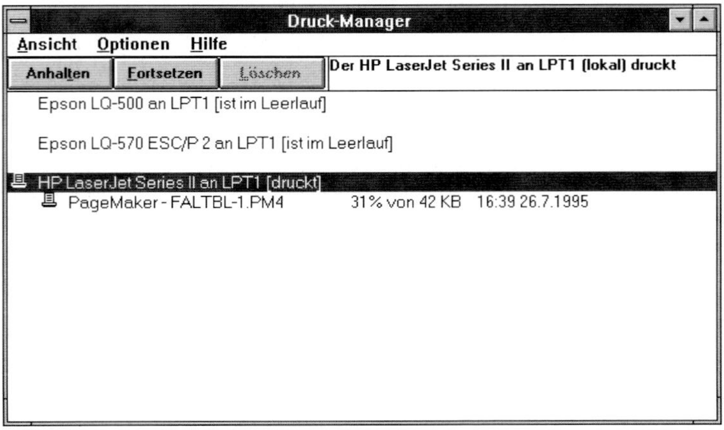

Beim zweiten Beispiel für die MS-DOS- und Windows-System-umgebung, einem komplexeren Publishing-Dokument, handelt es sich um einen Forschungsbericht. Der Bericht umfaßt einen Fließ-text (mit 50 Seiten), einige Tabellen und Strichzeichnungen (40 Abbildungen) in unterschiedlichen Datenformaten sowie ein In-haltsverzeichnis.

Für das Layout ergibt sich eine Struktur, wie in Abbildung 5-35 dargestellt.

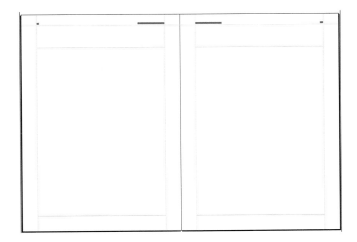

Abb. 5-35: Satzspiegel für einen Forschungsbericht

Nach der Erstellung von Konzepten und Ideen ist die **Auf-tragsbeschreibung** die Grundlage, um tatsächlich eine **Arbeits-aufnahme** einzuleiten, es ist die grundsätzliche Frage nach: was soll gemacht werden? An dieser Stelle sollen statt der kompletten Auftragsbeschreibung die Kennzeichen und die Klassifikation für ein komplexes Dokument vorgestellt werden.

Komplexe Publishing-Dokumente zeichnen sich aus durch einen großen Textumfang (bis zu mehreren 100 Textseiten) und durch hohe Anforderungen an die Textstruktur (d. h. Inhaltsver-zeichnis, Fußnoten, Literaturverwaltung, Kapiteleinteilung etc.). Außerdem beinhalten komplexe Dokumente eine große Anzahl an Grafiken, Logos, Bildern etc. (meist mehr als ein Element pro Sei-te) und stellen größere Anforderungen an Schriftauszeichnung, Layout und Seitenformatierung. Die Verwendung von Formeln, Tabellen usw. sind in komplexen Dokumenten ebenfalls üblich.

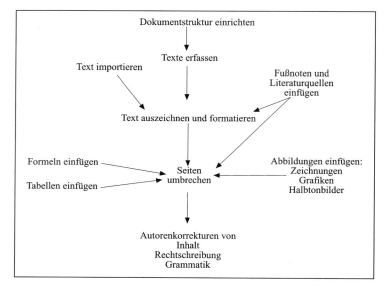

Abb. 5-36: Arbeitsab-
läufe für komplexe
Dokumente

Die vielfältigen und unterschiedlichen inhaltlichen Aspekte
werden im Arbeitsfluß für komplexe Dokumente durch eine Vielzahl von Seitenzweigen deutlich (Abb. 5-36).

5.2.1 Texterfassung und Layout mit Ami Pro

Für dieses Beispiel wurde das Programm Ami Pro von Lotus
Development GmbH gewählt. In der Zwischenzeit ist es zu einem
Zusammenschluß von Lotus und IBM gekommen. Dadurch heißt
Ami Pro heute Word Pro 96. Da sich aber am prinzipiellen
Workflow und an den auszuführenden Arbeitsschritten des ge-
wählten Dokumentes kaum etwas Grundlegendes geändert hat,
sind die Bildschirmdarstellungen noch so aktuell wie vorher.

Startet man Ami Pro, so zeigt sich zuerst ein Bildschirmfenster im **Layoutmodus** (Abb. 5-37). Es besteht aus den
Windows-spezifischen Menüfeldern, der Titel- und Menüleiste sowie dem Symbol und Vergrößerungsfeld und den üblichen vertikalen wie horizontalen Laufleisten. Spezifisch für Ami Pro sind die
SmartIcons und die Statusleiste.

Die **SmartIconsleiste** ist eine sehr nützliche Funktionalität,
da bei einer Aktivierung dieser Symbole Kurzbefehle und Makros
ausgeführt werden. Besonders praktisch sind die SmartIcons,

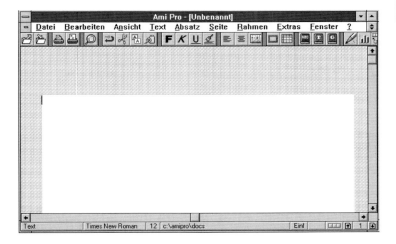

Abb. 5-37: Lotus Ami
Pro – Arbeitsfläche
bzw. Bildschirmfenster
nach Programmstart

wenn Anwender diese für spezifische Aufgaben definieren wollen.
Dabei können nicht nur Größe, Position, Reihenfolge und Umfang
der angezeigten SmartIcons bestimmt werden, sondern es können
auch ganz individuelle SmartIcons definiert werden, wobei diese
dann auch mit Makrobefehlsequenzen versehen werden können.

Diese Funktionen sind über die Menüpunkte „Extras" und
„SmartIcons" erreichbar. Für die nachfolgenden Arbeitsabläufe ist
es durchaus hilfreich zwischen dem **Layoutmodus** (Abb. 5-38),
dem **Gliederungsmodus** (Abb. 5-39) und dem **Textmodus** (Abb.

Abb. 5-38:
Ikon- und Menüleiste
im Layoutmodus

Abb. 5-39:
Ikon- und Menüleiste
im Gliederungsmodus

Abb. 5-40:
Ikon- und Menüleiste
im Textmodus

5-40) hin und her zu schalten. Ohne einen Textinhalt mit einzube-ziehen, zeigen sich die Unterschiede der Funktionalität in den je-weiligen Menüleisten. Die Gesamtseite kann hierbei jeweils als ein 91%iger Ausschnitt in einem Standard- oder einem vergrößer-ten Format der Arbeitsseite dargestellt werden.

Um handschriftliche Vorlagen und Texte zu erfassen, wird in der Regel zuerst **ein neues Dokument** zu erstellen sein. Dies er-folgt über den Menüpunkt „Datei" und „Neu". Nach dem Maus-klick öffnet sich das Fenster „Neu" (Abb. 5-41). Hier lassen sich entsprechend der Aufgabenstellung bereits angepaßte und vorge-fertigte Layoutbogen öffnen. Exemplarische Ausschnitte aus der langen Liste von verfügbaren **Vorlagen** sind in Abbildung 5-41 und Abbildung 5-42 dargestellt. Für einen Anwender kann dies eine wesentliche Arbeitserleichterung bieten, da hier schon vielfäl-tige Formatierungen, Seitengestaltungen und inhaltliche Struktu-rierungen vorbereitet sind. Das Angebot von Vorlagen reicht von einfachen Standardformaten und Briefvorlagen über Buch und Zeitschriftenvorlagen bis hin zu Berichts- und wissenschaftlichen Arbeitsvorlagen. Letzere werden für unser weiteres Beispiel ver-wendet (Abb. 5-42).

Abb. 5-41: Lotus Ami Pro
Auswahlfenster für Layout-bogen bei einer neuen Datei

Abb. 5-42: Lotus Ami Pro
Auswahlfenster für Layout-bogen bei einer neuen Datei

Soll ein Text nicht neu erstellt werden, sondern ein schon **vorhandener Text** (z. B. Teile eines Textes oder Textkomponenten) verwendet werden, so wird über die Menüpunkte „Datei" und „Öffnen" das Fenster „Öffnen" aktiviert. Hier lassen sich dann Laufwerke, Verzeichnisse und Dateien in Rollfenstern durchsuchen, bis die richtige Datei erscheint (Abb. 5-43). Zu beachten sind hierbei die schon bei Works für Windows gemachten Angaben zum **Import von ASCII-Dateien**. Ami Pro bietet für ASCII-Dateien einige Auswahlmöglichkeiten im Fenster „ASCII Optionen" (Abb. 5-44) an. Ungünstige Einstellung der Optionen oder ungeeignete Dateiformatauswahl kann zum Verlust von Sonderzeichen (Abb. 5-45) oder des Zeilenumbruchs (Abb. 5-46) führen. Die günstigsten Parametereinstellungen zeigt Abb. 5-44.

Es ist eine große Arbeitserleichterung, wenn bestimmte **Vor** oder **Standardeinstellungen** für die Bearbeitung einer Datei möglichst frühzeitig vorgenommen werden, vor allem, wenn man bei der Bearbeitung auf mehrere Dateien zugreifen muß, welche sich in einem speziellen Verzeichnis, d. h. nicht in dem Ami Pro eigenen Standardverzeichnis, befinden. Voreinstellungen helfen auch, wenn ein häufigeres Laden oder Speichern von verschiedenen Dateien notwendig ist oder wenn ein sehr komplexes Dokument erstellt wird, dass aus einer Vielzahl von Dateien besteht.

Abb. 5-43: Lotus Ami Pro – Auswahlfenster Datei öffnen

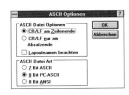

Abb. 5-44: Lotus Ami Pro – Auswahlfenster zum Einstellen der ASCII-Optionen von einer Datei

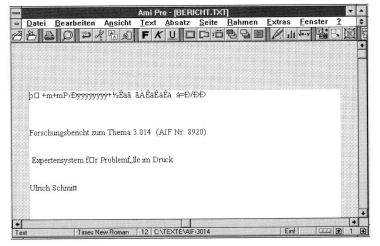

Abb. 5-45: Lotus Ami Pro
Verlust von Sonderzeichen beim Laden von einer Datei

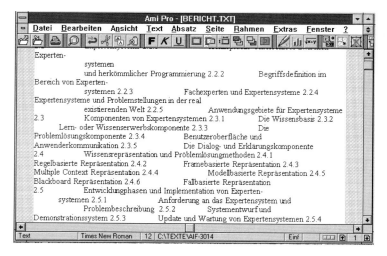

Ami Pro bietet solche arbeitserleichternden Voreinstellungen unter dem Menüpunkt „Extras" durch Festlegung von **Sicherungs-abspeicherungen, Makroausführungen** (Abb. 5-47) und der **Speicherpfade** (Abb. 5-48) an.

Es gibt immer wieder Situationen, in denen vorgefertigte Layoutbogen nicht in allen Details dem beabsichtigten Publishing-Dokument entsprechen. Dann sind **Modifikationen an den Grundeinstellungen** vorzunehmen, was über den Menüpunkt

Abb. 5-47: Lotus Ami
Pro – Auswahlfenster
für Voreinstellungen
einer Datei

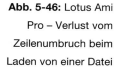

294

„Seite" und „Layout ändern..." erfolgt. Hier kann das Seitenlayout (z. B. Festlegung von Papiergröße und Formatlage – hoch oder quer) für die rechte und die linke Seite getrennt vorgenommen werden. Darüber hinaus ist auch noch ein **individueller Satzspiegel** mit eigenen Definitionen für Rand, Tabulatoren, Spaltenanzahl und Spaltenabstand (Abb. 5-49) einstellbar. Selbstverständlich sind unter diesem Menüpunkt auch Einstellungen möglich, welche u. a. die Positionierung von Seitenelementen wie Linien, Kopf- und Fußzeilen betreffen.

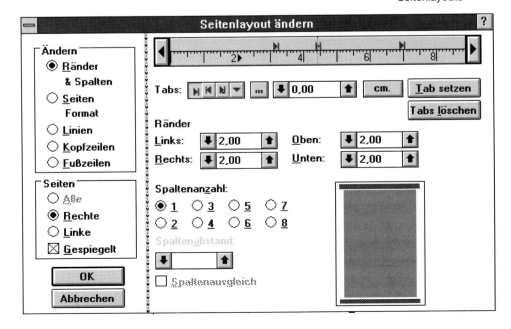

Abb. 5-48: Lotus Ami Pro – Auswahlfenster für Dateiverzeichnis und Speicherpfade von Dateien

Abb. 5-49: Lotus Ami Pro – Auswahlfenster für Einstellung des Seitenlayouts

Zusätzlich zu der Seitenformatierung können auch spezifische **Formatierungen für Absätze** notwendig werden. Die Standardeinstellungen werden dann über den Menüpunkt „Absatz" und „Ändern" verändert. Entsprechende Mausklicks öffnen das Fenster „Absatzlayout ändern" (Abb. 5-50). Hier sind alle Änderungsmöglichkeiten in bezug auf Schriftart (Abb. 5-51), Schriftschnitt (hier Anordnung und Abstände genannt) sowie auch Absatzumbruch möglich.

Die Bearbeitung von komplexen Publishing-Dokumenten wird selten an einem Tag beendet werden. Daher sind bei Beginn der Bearbeitung schon einige Überlegungen zur **Datei-** und **Versionenverwaltung** erforderlich und sollten entsprechend organi-

Abb. 5-50: Lotus Ami Pro – Auswahlfenster zum Ändern des Absatzlayouts

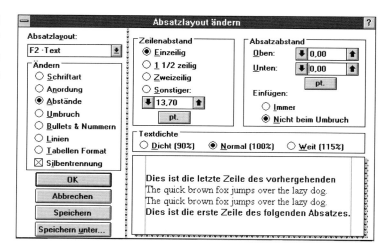

Abb. 5-51: Lotus Ami Pro – Auswahlfenster zur Einstellung der Schriftart

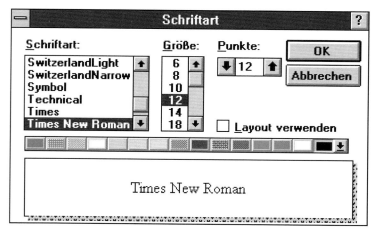

siert werden. Dies betrifft z. B. klare Namensgebungen für das gesamte Dokument, für zugehörige Dokumentteile sowie alle angekoppelten oder eingebundenen Bilddateien. Eine Versionenverwaltung gilt auch für ausgelagerte und auf Datenträgern gespeicherte Bestandteile des Dokumentes. Ami Pro nimmt durch eigene Dateiendungen, durch Speicherpfade und **Importfilter** hier einiges an Entscheidungen ab. Nützlich ist es, wenn für ein Dokument ein **eigenes Arbeitsverzeichnis** besteht, welches notfalls über den Windows-Dateimanager erstellt werden kann. Für eingebundene Dokumente, z. B. Abbildungen, Texte oder Tabellen empfiehlt es sich hier **Namensgebungen** zu verwenden, aus denen eine Zuordnung, z. B. Kapitelzugehörigkeit, zu ersehen ist (s. Kapitel 2.3 Was ist wichtig beim Arbeiten mit umfangreichen Dokumenten).

Nach den bisherigen Vorbereitungen und einigen organisatorischen wie strukturellen Bearbeitungen folgt der Ablauf in der Kreativphase. In dieser Phase wird zuerst der **Textinhalt** einer Publikation erstellt. Meist entstehen parallel dazu auch erste Skizzen, Grafiken und Zeichnungen, welche oft auch noch in anderen Anwendungsprogrammen entworfen werden.

Das Erstellen von Reinzeichnungen bzw. der fertigen Abbildungen und der dazugehörigen Abbildungsnummern muß meist in einem sich mehrfach wiederholenden Zyklus erfolgen. Endfassungen und die Integration von Text und Bildinformation sind jedoch erst nach Beendigung der Texterfassung möglich. Aus diesem Grund sollen hier die damit verbundenen Arbeitsschritte erst nachgeordnet vorgestellt werden.

Die Texterfassung erfolgt unter Ausnutzung der bereits vorgestellten Modi für Text, Layout und Gliederung. Wie schon erwähnt, sollte ein automatisches Abspeichern von Zwischenergebnissen, einzelnen Kapiteln etc. zum Schutz vor unerwarteten Daten- und Arbeitsverlust, nicht vergessen werden. Dies gilt besonders, wenn bei Bearbeitungsbeginn keine automatische Sicherheitsspeicherung eingestellt wurde. Dann ist dies manuell auszuführen.

Stehen **Dateien mit gleichartigem Namen** in einem Verzeichnis oder hat man nach einer Arbeitsunterbrechung vergessen, welche Datei den letzten Stand oder die aktuelle Version enthält, so kann man unter dem Menüpunkt „Extras" und „**Dokumenten-**

Achtung

Keinesfalls sollten zum Dokument gehörende Dateien in den Verzeichnissen der jeweiligen Anwendungsprogramme, dem Betriebssystem oder im Verzeichnis der Be-nutzeroberfläche Windows abgespeichert werden. Es kann nach Beendigung eines Arbeitsauftrages sowie bei der Archivierung bzw. der Auslagerung von Sicherungskopien oder auch bei einer Weitergabe der Ergebnisse an andere Bearbeiter einen größeren Suchvorgang und damit einen hohen Arbeitsaufwand verursachen.

Abb. 5-52: Lotus Ami Pro – Ergebnis eines Dokumentenvergleichs

vergleich" eine hilfreiche Funktion aufrufen. Hierbei wird ein gerade offenes Dokument mit einem beliebig ausgewählten, noch nicht geöffneten Dokument verglichen. Im Vergleichsvorgang wird dann identischer Inhalt unverändert in Schwarz dargestellt. Alle **Abweichungen** werden dann in anderer Farbe und durchstrichen in das geöffnete Dokument eingefügt (Abb. 5-52). Diese Funktion

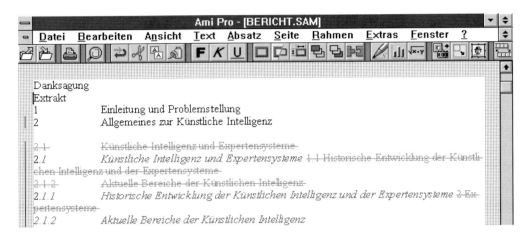

ist von besonderem Nutzen, wenn z. B. **mehrere Bearbeiter an einem Dokument** und möglicherweise auch parallel zueinander tätig sind. Verschiedene Versionen und Varianten können so auf einfache Weise mit all den Veränderungen, Ergänzungen und Erweiterungen zusammengezogen werden und dann in ein neues Dokument einfließen.

Nachdem der gesamte Text erstellt oder Einfügungen vorgenommen wurden, ist es bei komplexen Publishing-Dokumenten meist notwendig, Verweise, Literaturquellen und verschiedene **Verzeichnisse** anzulegen. Hierzu bietet das Programm unter dem Menüpunkt „Extras" u. a. die Funktionen „Fußnoten..." und „Inhaltsverzeichnis, Index..." an. Allgemein ist es möglich, **Fußnoten** zu jedem beliebigen Zeitpunkt einzufügen, z. B. schon während der Texterfassung oder auch erst nach Abschluß der Erfassung. Will man Fußnoten einfügen, aktiviert man an der entsprechenden Textstelle das Menü, was zum Fußnotenfenster (Abb. 5-53) mit der Wahl von Einfügen, Bearbeiten und den Fußnotenoptionen (Abb. 5-54) führt. Eine **Numerierung der Fußnoten** ist dabei entweder seitenweise oder für ein ganzes Dokument möglich. Letzteres ver-

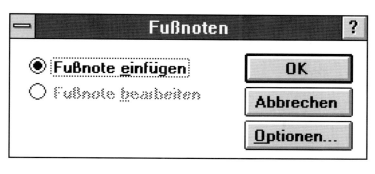

Abb. 5-53: Lotus Ami Pro – Auswahlfenster „Fußnoten"

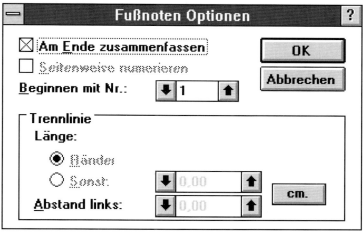

Abb. 5-54: Lotus Ami Pro – Fenster „Fußnoten Optionen"

sammelt dann alle Fußnoteninhalte am Ende des Dokumentes. Die Verwaltung und **Aktualisierung** nach Änderungen **von Fußnoten** wird automatisch durchgeführt.

Die Erstellung eines Index- und Inhaltsverzeichnisses sollte möglichst als letzter und abschließender Arbeitsschritt vorgenommen werden, da eine **Aktualisierung von Verzeichnissen** nicht automatisch durchgeführt wird. Dies bedeutet ein wiederholtes Generieren schon erstellter Verzeichnisse, wenn sich der Dokumentumfang ändert (sei es durch Entfernen oder Hinzufügen von Seiten). Es bedeutet ebenfalls ein Wiederholen, wenn sich Seiten inhaltlich verändern, z. B. durch Umstellen oder Verschieben von Abschnitten. Grundsätzlich gliedert sich ein Erstellen von Indizes und Inhaltsverzeichnissen in zwei Phasen.

Als erstes sind alle Textstellen, welche im Verzeichnis erscheinen sollen, über das Menü „Bearbeiten" und hier mit den Funktionen „Text markieren" und „Index" (Abb. 5-55) zu kennzeichnen. Dieser erste Arbeitsschritt wird dann so oft wiederholt,

Abb. 5-55: Lotus Ami Pro – Menüpunkt „Extras" und „Index"

bis alle **Textstellen** ausgewählt, **markiert** und als Verzeichnisein-
trag kenntlich gemacht worden sind. Es folgt dann der zweite Ar-
beitsschritt mit dem eigentlichen **Generieren des Verzeichnisses**.
Dieser Vorgang wird über das Menü „Extras" und die Funktion
„Inhaltsverzeichnis, Index..." erreicht. Eine Aktivierung öffnet ein
Eingabefenster (Abb. 5-56), in welchem ein Verzeichnis oder In-

Abb. 5-56: Lotus Ami
Pro – Auswahlfenster
für Inhaltsverzeichnis
und Index erstellen

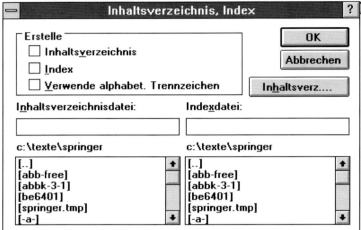

dex erstmals erstellt werden kann. Hierbei ist sowohl der Dateiname als auch das Verzeichnis anzugeben. Der Button „Inhalts-
verz..." öffnet ein weiteres Auswahlfenster (Abb. 5-57). Hier sind
dann **Verzeichnisangaben** möglich, z. B. über die Gliederungstiefe,
mitgeführte Seitennumerierung, Füllzeichen und Textausrichtung.

In jedem längeren Text oder komplexen Publishing-Dokument wird es notwendig, daß einzelne Passagen eigene Auszeichnungen erhalten. Spezifische Auszeichnungen können bedingt sein

Abb. 5-57: Lotus Ami
Pro – Auswahlfenster
zur Gliederung des
Inhaltsverzeichnisses

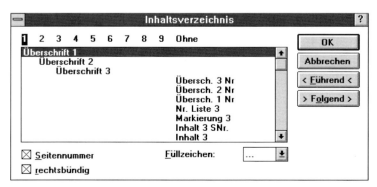

Abb. 5-58: Lotus Ami
Pro – Auswahlfenster
Zeilenabstand

durch den Seitenumbruch, aus didaktischen Gesichtspunkten oder
aufgrund des visuellen Eindruckes. Hier reichen dann die schon
vorgestellten allgemeinen Formatierungen von Absatz und Seite
nicht aus. Unter dem Menüpunkt „Text" können **Textauszeichnungen** in bezug auf Schriftart, Schriftausrichtung, Schrift-
einrückung oder Zeilenabstand (Abb. 5-58) vorgenommen werden.

Je nach Bedarf können abgespeicherte Zwischenergebnisse
als Fließtext oder auch schon mit Auszeichnungen und Formatierungen ausgedruckt werden. Während der kreativen Schaffensphase sind häufiger einmal Ausdrucke notwendig. Die begrenzte
Fläche des Bildschirms kann kaum einen Überblick über den inhaltlichen Textfluß und Aufbau eines Textes ermöglichen. Ein
Ausdruck auf Papier ist hier naheliegend, zumal dies ja auch das
letztendliche Trägermedium des fertigen Dokumentes ist. Dies
wird über den Windows-Druckmanager vorgenommen.

In der Menüleiste findet sich der Menüpunkt „Datei" mit der
Funktion „Drucken". Beim Aktivieren öffnet sich das **Druckfenster** (Abb. 5-59), welches über den Button „Optionen" Einstellungen der Druckoptionen ermöglicht (Abb. 5-60). Hier wird nicht
nur der Papiereinzug des Druckers festgelegt, sondern man kann
auch noch weitere Optionen anzuwählen, wie z. B. einen schnellen
Ausdruck („Ohne Bilder"), einen genauen Seitenstand („Schneidmarken"), Druck auf Formularen, Briefpapier etc. („Auf Vordruck
drucken") oder Druck in umgekehrt sortierter Reihenfolge („Um-
gekehrte Reihenfolge"). Der Button „Drucker" öffnet eine Verbindung, welche auch über den Menüpunkt „Datei" und „Druckerein-
stellungen" erreichbar ist. Hier können alle Parameter für den verwendeten Drucker (Abb. 5-61) eingestellt werden.

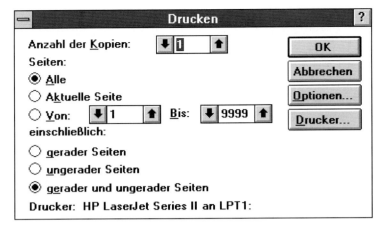

Abb. 5-59: Lotus Ami
Pro – Auswahlfenster
zum Drucken

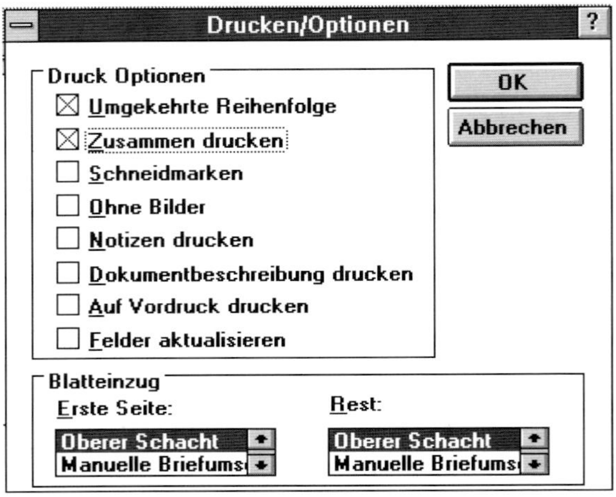

Abb. 5-60: Lotus Ami
Pro – Auswahlfenster
für Druckoptionen

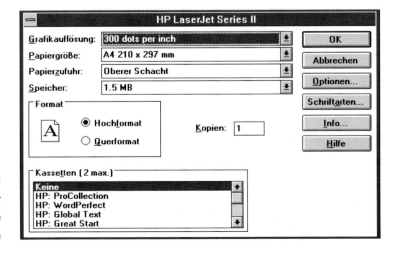

Abb. 5-61: Lotus Ami
Pro – Auswahlfenster
für Drucker-spezifische
Einstellungen

302

Ist der Text des Publishing-Dokumentes fertiggestellt und ist auch der Umbruch ausgeführt, so folgen jetzt die **Textkorrekturen**, ein meist langwieriger und zeitaufwendiger Vorgang. Hierzu werden nützliche Funktionen von fast allen Textverarbeitungs- und Layoutprogrammen angeboten. Bei Ami Pro wird unter dem Menüpunkt „Extras" (Abb. 5-62) u. a. eine Rechtschreibprüfung, eine Grammatikprüfung (leider nur für die Fremdsprache Englisch Abb. 5-63 und Abb. 5-64) und ein Thesaurus angeboten.

Die **Rechtschreibprüfung** bietet neben Deutsch auch noch amerikanisches und britisches Englisch (Abb. 5-65) an, wobei vom Anwender auch eigene Wörterbücher genutzt werden können. Die Qualität und Leistungsfähigkeit der verfügbaren Rechtschreibwörterbücher wird allgemein durch deren Umfang (Anzahl der darin enthaltenen Worte) sowie den verwendeten Fehlererkennungsmethoden bestimmt. Einfache Fehler wie Buchstabendreher („Extsa"

Abb. 5-62: Lotus Ami Pro – Menüpunkt für Extras

Abb. 5-63: Lotus Ami Pro – Auswahlfenster für Grammatikprüfung Englisch

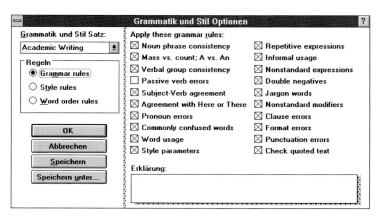

Abb. 5-64: Lotus Ami Pro – Auswahlfenster für Englische Sprachoptionen

303

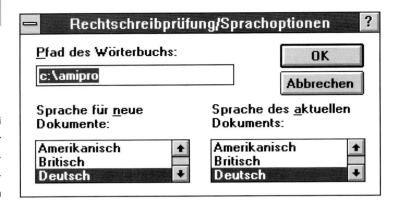

statt „Extras") etc. lassen sich leicht lokalisieren. Der Prüfvorgang
kann zusätzlich durch Optionen (Abb. 5-66) auch auf Wort-
doppelungen („Extras Extras"), auf Ziffern und auf Großschrei-
bung ausgedehnt werden.

Wurde in einem Text eine **Vielzahl von Fremdwörtern oder
Fachbegriffen** bzw. Zweisprachigkeit verwendet, so ist eine Rechtschreibprüfung im Standardablauf meist wenig erfolgreich. Es
werden dann zuwenig tatsächliche Fehler und zu viele noch unbekannte Wörter angezeigt. Hier kann man entweder ein spezielles, auch
selbsterzeugtes Anwenderwörterbuch benutzen oder man muß Textpassagen einzeln markieren und die markierten Passagen überprüfen.

Nicht nur bei der Textprüfung, sondern auch schon während
der kreativen Schaffensphase kann der angebotene **Thesaurus**
(Abb. 5-67) für Autoren eine gute Hilfe sein. Bei wissenschaftlichen Texten (wie in unserem Beispiel) sind Synonyme und Variationen aus Gründen der Klarheit, Eindeutigkeit und Unmißver-
ständlichkeit prinzipiell zu vermeiden.

Gelegentlich müssen **Tabellen** (z. B. von Meßdaten aus Kal-
kulationsblättern) aus separat gespeicherten Tabellen in einem

Thesaurus ?

Wort:
As

Ersetzen durch:
Fachmann

Variationen:
Fachmann
Größe
Könner
Spezialist

Synonyme:
Fachmann
Sachkenner
Kapazität
Professioneller
Fachkraft

Ersetzen
Anzeigen
Vorheriges
Abbrechen

Bedeutung:
1)

Abb. 5-67: Lotus Ami Pro – Thesaurus mit deutschen Synonymen und Wortvariationen

Tabelle erstellen ?

Spaltenanzahl: 5
Zeilenanzahl: 5

OK
Abbrechen
Layout...

Abb. 5-68: Lotus Ami Pro – Fenster für den Tabellenumfang

Text verwendet oder eingebunden werden. Hier sind dann genau die gleichen Aspekte wie bei einem Teximport zu beachten, d. h., die Tabellen müssen in einem geeigneten Datenformat gespeichert sein oder in dieses konvertiert werden. Auch hier sind Auswahlfilter in bezug auf ASCII-Textformat etc. zu berücksichtigen. Es ist dann zumeist kein großes Problem, eine Tabelle aus einer externen Datei in einen gerade zu bearbeitenden Text zu importieren und zu

plazieren. Häufig liegen die Daten einer Tabelle auch nur als Papierausdruck vor, dann ist es wesentlich sinnvoller, diese Daten mit der Ami Pro eigenen Tabellenfunktion zu erfassen.

Im Tabellenmodus öffnet sich zuerst ein Fenster, in dem der **Umfang** (Anzahl an Zeilen und Spalten) der Tabelle festgelegt wird (Abb.5-68). Über einen Schaltknopf (Button) kann man zu einem Fenster mit Einstellungen für das **Tabellenlayout** gelangen (Abb. 5-69).

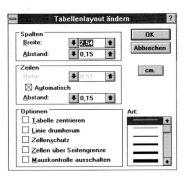

Tabellenlayout ändern ?

Spalten
Breite: 2,54
Abstand: 0,15

Zeilen
Höhe: 0,51
☒ Automatisch
Abstand: 0,15

Optionen
☐ Tabelle zentrieren
☐ Linie drumherum
☐ Zellenschutz
☐ Zellen über Seitengrenze
☐ Mauskontrolle ausschalten

OK
Abbrechen
cm.

Art:

Abb. 5-69: Lotus Ami Pro – Fenster für das Tabellenlayout

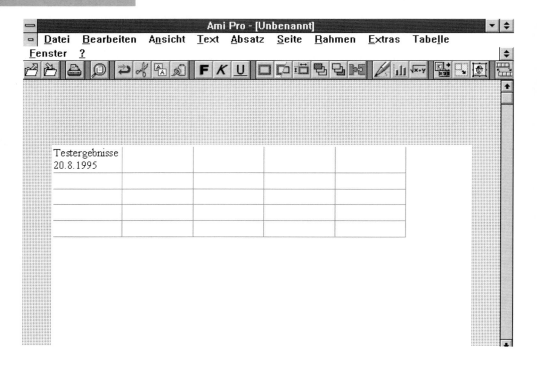

Abb. 5-70: Lotus Ami Pro – Arbeitsfenster für Tabellen

Abb. 5-71: Lotus Ami Pro – Menüpunkt „Formeleditor"

Beim Tabellenlayout lassen sich Zeilen- und Spaltenbreiten mit ihren Höhen und Abstände eingeben. Darüber hinaus können auch Umrandungen und deren Linienform variiert werden. Der Inhalt einer Tabelle wird dann ganz einfach wie normaler Text im **Tabellenfenster** (Abb. 5-70) eingegeben. Ergänzungen der Tabellen sind als Texte in dieser Tabellenstruktur zu erstellen.

Neben Tabellen kann es in wissenschaftlichen Texten auch notwendig sein, **Formeln** einzufügen. Hier wird ebenfalls unter dem Menüpunkt „Extras" ein Formeleditor angeboten (Abb. 5-71). Wird dieser aktiviert, so erscheinen zwei weitere Ikonzeilen am Bildschirm, welche eine Fülle von **Formelzeichen** enthalten und ihre Plazierung (Abb. 5-72) ermöglichen. Die Eingabe der Formeln kann in einem editoreigenen Bildschirmfenster oder auch direkt auf der Textseite (Abb. 5-73) erfolgen. Hierbei wird durch Anklicken eines Formelzeichens mit der Maus dieses Formelzeichen an der jeweiligen Position der Einfügemarke (auch „Cursor" genannt) plaziert. Notwendige Buchstaben in Formeln werden mit normalem Tastaturanschlag eingefügt.

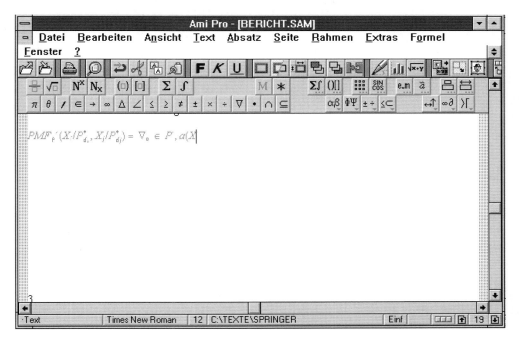

Abb. 5-72: Lotus Ami
Pro – Arbeitsfenster für
Formeln

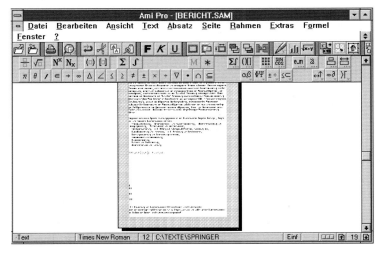

Abb. 5-73: Lotus Ami
Pro – Arbeitsfenster für
Formeln im Textmodus

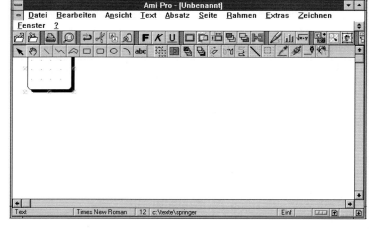

Abb. 5-74: Lotus Ami
Pro – Arbeitsfenster
zum Zeichnen

Während einer kreativen Schaffensphase können sich die bisher durchgeführten Abläufe in einzelnen Arbeitsschritten mehrfach wiederholen u. U. auch in einer ganz anderen Reihenfolge. Unterschiedliche Anforderungen an ein Publishing-Dokument können vielfältige Variationen der Reihenfolge der Arbeitsabläufe bewirken oder zur Steigerung der Arbeitseffizienz erforderlich werden.

In unserem Beispieldokument besteht jetzt noch die Aufgabe, Abbildungen und Zeichnungen aus einem vorhandenem Dateibestand einzubinden oder nachzubearbeiten. Für **einfache Strichzeichnungen** bietet Ami Pro unter dem Menüpunkt „Extras" und „Zeichnen" eine einfache Zeichenfunktion an. Hierbei erscheint ein Standardzeichenfeld und eine zusätzliche Ikonzeile am Bildschirm (Abb. 5-74). Für die Bearbeitung stehen dann die in Zeichenprogrammen üblichen Rechteck-, Kreis- und Linienfunktionen sowie Wahlmöglichkeiten von diversen Linienarten (Abb. 5-75) und Füllmustern (Abb. 5-76) zur Verfügung.

Abb. 5-75: Lotus Ami
Pro – Auswahlfenster
für Linienarten

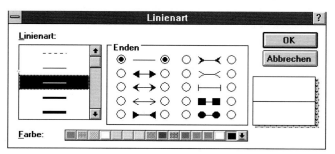

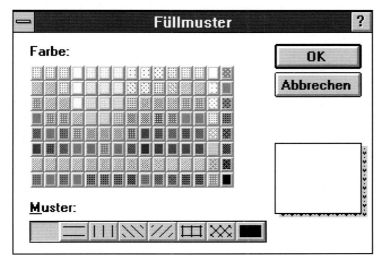

Abb. 5-76: Lotus Ami
Pro – Arbeitsfenster für
Füllmuster

Ein Import von Strichzeichnungen oder Abbildungen zur
Nachbearbeitung von schon bestehenden Dateien ist hier jedoch
nicht möglich.

Hinter dem Menüpunkt „Extras" und „Präsentationsgrafik"
verbirgt sich noch eine weitere, für wissenschaftliche Publishing-
Dokumente nützliche Funktion, es handelt sich um eine einfache
Diagrammfunktion. Die Daten für die **Diagramme** können z. B.
über die Windows-Zwischenablage aus anderen Programmen
übernommen werden. Ist die Zwischenablage leer (Abb. 5-77) so
wird automatisch ein Dateneingabefenster geöffnet (Abb. 5-78).
Sobald alle Daten eingeben worden sind (per „OK" oder per „RE-

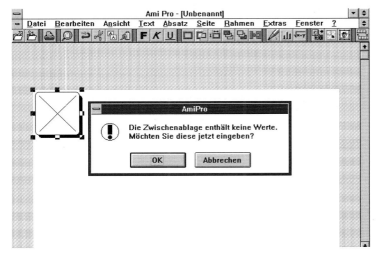

Abb. 5-77: Lotus Ami
Pro – Meldung über
Zwischenablage

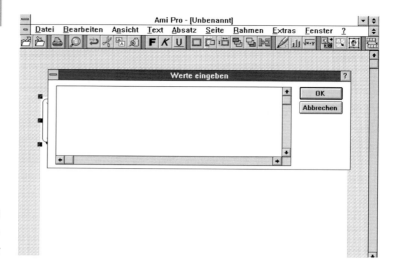

Abb. 5-78: Lotus Ami
Pro – Dateneingabe-
fenster

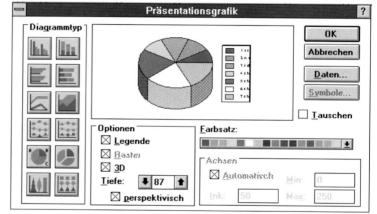

Abb. 5-79: Lotus Ami
Pro – Auswahlfenster
der Diagrammart

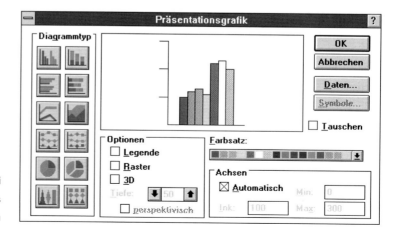

Abb. 5-80: Lotus Ami
Pro – Einfaches
Balkendiagramm

310

TURN"-Taste), erscheint das Diagrammauswahlfenster (Abb. 5-79). Je nach Art und Umfang der Daten, kann ein einfaches **Balkendiagramm** (Abb 5-80), ein 3-dimensionales Balkendiagramm mit perspektivischer Bildtiefe (Abb. 5-81), ein 3-dimensionales Kreisdiagramm mit perspektivischer Bildtiefe, ein 3-dimensionales Schichtdiagramm mit perspektivischer Bildtiefe (Abb. 5-82) oder auch ein einfaches Symboldiagramm angemessen sein. Die vielfältigen Kombinationsmöglichkeiten lassen hier dem kreativen Schaffensdrang und dem individuellen Geschmack viel Freiraum.

Abb. 5-81: Lotus Ami Pro 3-dimensionales Balkendiagramm

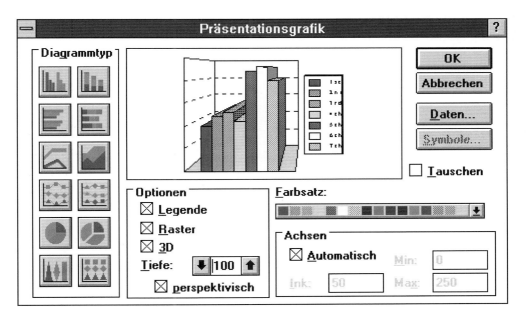

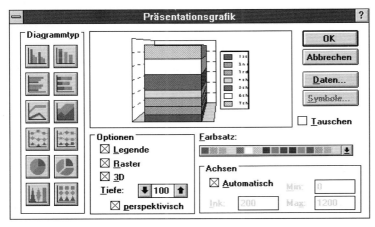

Abb. 5-82: Lotus Ami Pro 3-dimensionales Schichtdiagramm

311

5.2.2 Zeichnungen mit CorelDRAW!

In unserem Beispiel ist es nun noch notwendig, Abbildungen, die nur als Dateien im EPS-Datenformat und im GEM-Metafileformat vorliegen, nachzubearbeiten. Diese Abbildungen stammen aus einem speziellen Programm, in welchem nur diese und keine anderen Dateiformate generiert werden können. Das **Nachbearbeiten von Grafiken** wurde mit dem Grafikprogramm CorelDRAW! Version 3.0 durchgeführt. Nach dem Programmstart unter Windows ist eine neue Datei und ein leeres Arbeitsblatt am Bildschirm vorbereitet. Der Arbeitsbereich wird umgrenzt von den in Windows üblichen Menü- und Namenszeilen, System- und Vergrößerungsfeldern sowie den Rollbalken (Abb. 5-83). Die Zeichenwerkzeuge befinden sich auf der linken Bildschirmseite. In der unteren Bildschirmzeile ist eine Farbpalette, die dem gewählten Farbsatz und Farbraum entspricht.

Für die gestellte Aufgabe sind nicht alle Funktionen von CorelDRAW! notwendig, dementsprechend sollen hier nur die tatsächlich benutzen Funktionen vorgestellt werden. Zum **Öffnen und Importieren von Dateien**, was über den Menüpunkt „Datei" und „Importieren" möglich ist, wird das Dateienimportfenster (Abb. 5-84) geöffnet.

Abb. 5-83:
CorelDRAW! –
Bildschirmfenster nach
Programmstart

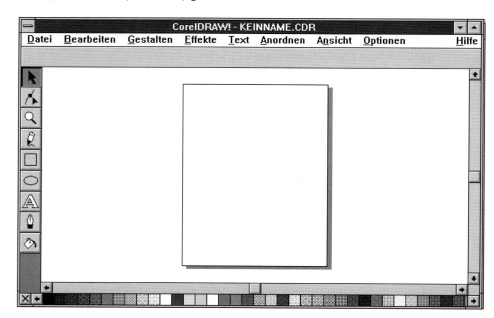

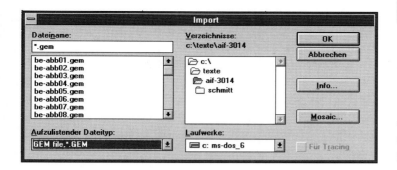

Abb. 5-84:
CorelDRAW! –
Dateiauswahlfenster

Hier können nun, wie bei allen Windows-Anwendungspro-grammen üblich, die Laufwerke bzw. Verzeichnisse nach bestimm-ten Dateien durchsucht werden. Mit **Formatfiltern**, basierend auf den drei Kennbuchstaben am Ende des Dateinamens, wird eine Vorauswahl eingestellt.

CorelDRAW! bietet hier auch ein Ausweichen in Mosaic, ei-nem **Verwaltungsprogramm für Bilddateien**, an. In Mosaic kön-nen ganze Bildverzeichnisse auf einmal am Bildschirm in verklei-nerter Form angezeigt und dadurch zu einer gezielten Auswahl verwendet werden (Abb. 5-85). Ist eine Datei ausgewählt worden, so wird der Importvorgang unmittelbar in einem Ablauffenster do-

Abb. 5-85:
CorelDRAW! –
Auswahlfenster von
Mosaic

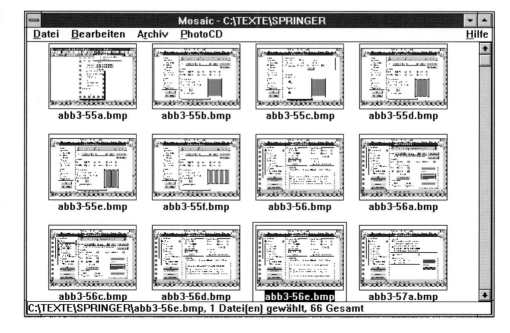

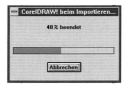

Abb. 5-86:
CorelDRAW! – Import-
Ablauffenster

kumentiert (Abb. 5-86). Der Import kann bei großen, umfangreichen Bilddateien (wie z. B. einer TIFF-Datei) durchaus längere
Zeit beanspruchen.

Falls eine bestehende CorelDRAW!-Zeichnung bearbeitet
werden soll, erfolgt dies über den Menüpunkt „Datei" und „Öffnen". CorelDRAW!-Dateien sind an der Endung des Dateinamens
„.CDR" zu erkennen. Das Fenster, in welchem spezifisch auf
CorelDRAW! ausgelegte **Datenformate** zur Auswahl angeboten
werden, weicht nicht nur durch eine Bildinhaltsvorschau von dem
Bildimport ab (Abb. 5-87).

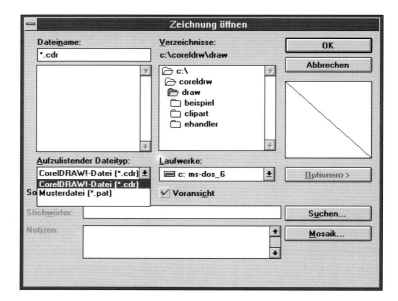

Abb. 5-87: CorelDRAW!
Auswahlfenster zum
Öffnen von Corel-
Dateien

Abb. 5-88:
CorelDRAW! –
Auswahlfenster zur
Seiteneinstellung

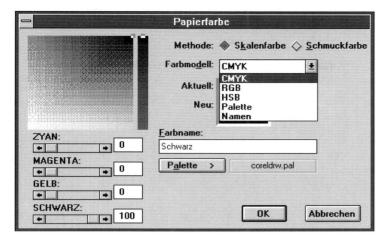

Abb. 5-89:
CorelDRAW!
Fenster mit CMYK
Einstellung

Im Gegensatz zu Textverarbeitungs- oder Layoutprogrammen bieten Zeichenprogramme andere Optionen für die **Standardseitenformatierung** an. Diese Einstellungen werden über den Menüpunkt „Datei" und „Seiteneinstellungen" erreicht. Es öffnet ein Fenster für Seiteneinstellungen mit verschiedenen Auswahlpunkten (Abb. 5-88). Diese Auswahlpunkte umfassen u. a. die Papiergröße und das Format. Ein wichtiger Aspekt verbirgt sich im Punkt Papierfarbe und wird angewählt (Abb. 5-89), um Voreinstellungen des Farbmodells *) sowie für den späteren Druck, z. B. den **CMYK-Farbsatz****), festzulegen. Sollen keine Skalenfarben bzw. Druckprozeßfarben sondern spezifische Farbsätze, sogenannte **Schmuckfarben**, benutzt werden, so steht hierzu z. B. der Pantone-Farbsatz (Abb. 5-90) zur Auswahl. Je nach Erforder-

*)Zu Farbmodellen und Farbräumen Näheres in Kap. 4
**)CMYK steht für den Farbsatz im Druck und besteht aus Cyan, Magenta, Yellow (Gelb) und Black (Schwarz)

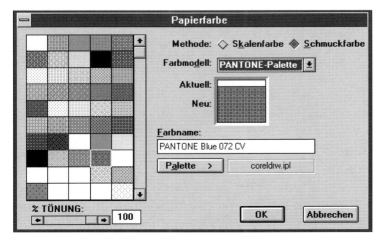

Abb. 5-90:
CorelDRAW! Einstellung für den Pantone-Farbsatz

nissen kann der Anwender aber auch über den Punkt „Palette" seinen eigenen Farbsatz generieren und dann bei Bedarf laden.

In unserem Fall wurde eine GEM-Datei (GEM für Graphics Environment Manager) importiert (Abb. 5-91), um eine **Zeichnungsbearbeitung** vorzunehmen. Nach dem Laden kann man die importierte Zeichnung als gesamtes Objekt (daher die umrahmenden viereckigen Punkte) bearbeiten, z. B., um weitere Linien, Felder und Texte hinzuzufügen. Man kann die Zeichnung jedoch auch in seine einzelnen Objekte zerlegen, um beispielsweise Teile zu entfernen, zu modifizieren oder zu ergänzen. Hierzu kann über den Menüpunkt „Anordnen" eine derartige Gruppierung vorgenommen oder auch aufgehoben werden.

Abb. 5-91:
CorelDRAW!
Arbeitsfenster mit
importierter Zeichnung

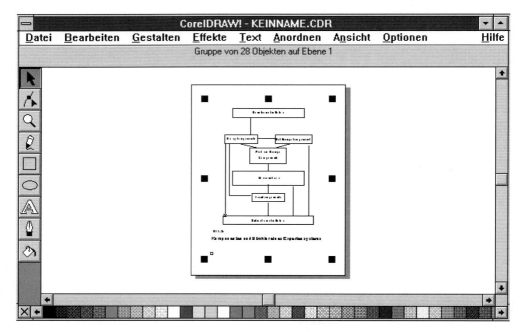

Ein Bearbeiten von Zeichnungen wird durch einige **Standardeinstellungen** wie z. B. die Vorgabe von Hilfslinien (Abb. 5-92), einem unterlegten Zeichnungsgitter (Abb. 5-93) wesentlich erleichtert. Diese Einstellungen erreicht man über den Menüpunkt „Ansicht" und „Gitter einrichten" bzw. „Hilfslinien einrichten". Über das gleiche Menüfenster kann man auch die Zeichnungsobjekte an diesem Gitter ausrichten und dadurch schnell eine gute Standgenauigkeit der Zeichnung erreichen.

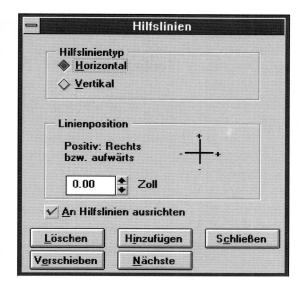

Abb. 5-92:
CorelDRAW!
Hilfslinienfenster

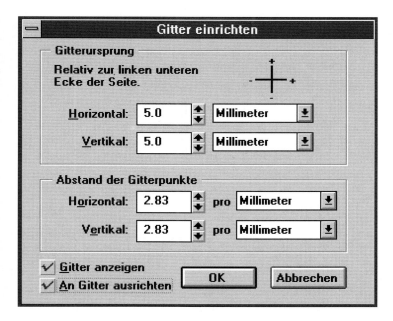

Abb. 5-93:
CorelDRAW!
Einrichten von
Zeichnungsgitter

Es ist bei Zeichnungen gelegentlich notwendig, **Texte einzufügen.** Dies kann über ein eigenes Textfenster (Abb. 5-94) erfolgen. Dieses Fenster wird über den Menüpunkt „Text" und „Roll-
up-Fenster" als zusätzliches Werkzeug in den Arbeitsbereich neben die Zeichnung gestellt.

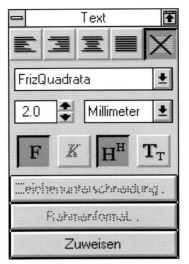

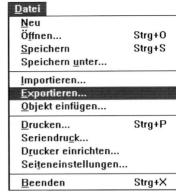

Abb. 5-94: CorelDRAW!
„Roll-up-Fenster" für Text

Abb. 5-95: CorelDRAW!
Menüpunkt „Datei" – „Exportieren"

Die allgemeine Bearbeitung der Zeichnung bieten dann die in Zeichenprogrammen üblichen Text-, Rechteck-, Kreis- und Linienfunktionen in der Werkzeugpalette an (s. Kapitel 2.6). Darüber hinaus befinden sich in der Menüleiste unter „Effekte" und „Gestalten" diverse Wahlmöglichkeiten zum Verändern von angewählten Bildobjekten (jedoch nur, wenn diese Bildobjekte vorher aktiviert worden sind).

Sind alle Änderungen abgeschlossen, so folgt die **Abspeicherung der Ergebnisse und deren Export** in ein anderes Datenformat. In unserem Beispiel kann das Programm Ami Pro weder Dateien im GEM-Format noch das CorelDRAW! eigene CDR-Datenformat importieren. Um eine **Dateikonvertierung** als einen zusätzlichen Arbeitsschritt zu vermeiden, muß man ein geeignetes Datenformat beim Speichern der Zeichnung auswählen. Es wird möglich über das Menüfenster „Datei" und „Exportieren" (Abb. 5-95). Im Auswahlfenster zeigt CorelDRAW! dann unterstützte und verfügbare Datenformate an (Abb. 5-96). Es handelt sich dabei um häufig anzutreffende Standardformate, z. B. CGM, EPS und TIFF, aber auch DOS typische Datenformate, wie Windows Bitmap (BMP) und Windows Metafile (WMF), sowie auch Apple Macintosh typische Formate, wie Mac Pict (PCT) und TARGA (TGA).

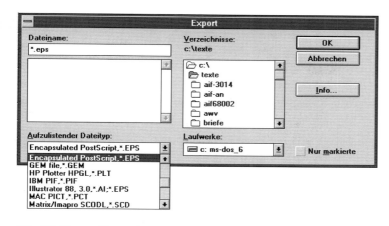

Abb. 5-96:
CorelDRAW!
Auswahlfenster für
Datenformate

Die **Wahl von Datenformat**, Dateiverzeichnis, Laufwerk und die
Eingabe des **Dateinamens** erfolgen in einem Exportfenster (Abb.
5-96).

Um die erstellten Dateien eventuell später auch für andere Publikationen oder Layoutprogramme verwenden zu können, empfiehlt
es sich den Dateiexport in das **Encapsulated PostScript Format
(EPS)** vorzunehmen. Das **EPS-Dateiformat** ist ein vektororientiertes Datenformat für Ausgabegeräte und mittlerweile ein
übliches Standardformat, weswegen es in unserem Beispieldokument verwendet wurde. Bei dieser Anwahl erscheint dann ein
weiteres Auswahlfenster (Abb. 5-97).

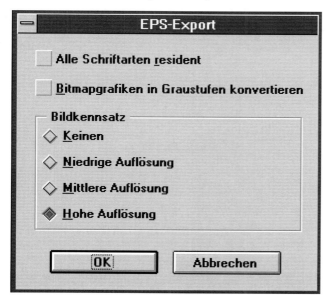

Abb. 5-97:
CorelDRAW!
Auswahlfenster für
EPS-Export

Abb. 5-98:
CorelDRAW!
Ablauffenster beim
Dateiexport

Verbleiben die Dateien in einem Netzwerk und sind entsprechend auch die Schriften verfügbar, so sind die Schriften nicht resident, d. h. als Bestandteil einer Datei beizufügen. Ist jedoch absehbar, daß die Dateien auf andere Rechnersysteme übertragen werden könnten (z. B. externe Weitergabe an ein Belichtungsstudio oder andere Betriebssysteme), so muß man die **Schriften resident** einer Datei beifügen. Den Ablauf eines Dateiexportes kann man dann direkt in einem eigenen Fenster verfolgen (Abb. 5-98).

Ein weiterer üblicher Dateistandard ist das **Tag Image File Format (TIFF)**, hier handelt es sich um ein bildpunktorientiertes Datenformat. Die Auflösungseinstellung ist hier von großer Bedeutung, da bei einem bildpunktorientiertes Datenformat der Datenbestand direkt von der Auflösung abhängig ist. Bei CorelDRAW! sind dazu entsprechende Einstellungen vorzunehmen (Abb. 5-99); welche geeignet sind, muß in jedem Einzelfall neu geprüft und abgewägt werden. Hierbei kann es z. B. auch notwendig sein, für eine spätere, modifizierende Nutzung der Bilddaten diese auch im CorelDRAW!-Format abzuspeichern. Dies hat seine Ursache auch darin, daß einmal im EPS-Format gespeicherte Daten nicht wieder von dieser Version des CorelDRAW! geladen werden können und somit keine spätere Bearbeitung mehr vorgenommen werden kann. Um diese Möglichkeit offenzuhalten, erfolgte daher über die Me-

Abb. 5-99:
CorelDRAW!
Auswahlfenster für
TIFF-Dateiexport

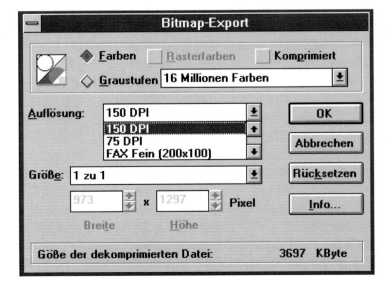

nüpunkte „Datei" und „Speichern unter" eine Dateisicherung. Im
Fall von „Speichern unter" ist es notwendig, daß der Zeichnung
ein Dateiname gegeben wurde und daß jeweils das gewünschte
Laufwerk und Verzeichnis aktiviert worden ist (Abb. 5-100).

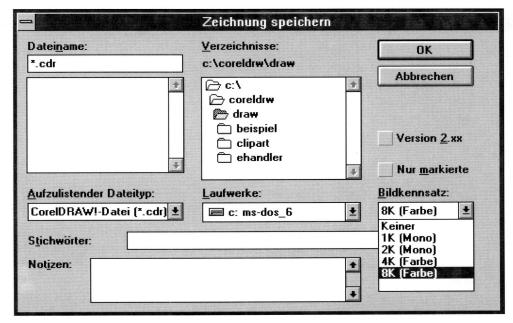

5.2.3 Einbinden von Abbildungen in Text

Abb. 5-100:
CorelDRAW!
Auswahlfenster zum
Dateispeichern

Nachdem alle Abbildungen fertiggestellt worden sind, ist eine
Rückkehr zum Text- und Layoutprogramm notwendig. Das Programm blieb während der gesamten Zeichnungsbearbeitung offen
und war lediglich zu einem kleinen Ikon im Windows-Fenster ge-
schrumpft worden.

Als nächstes kann das **Einfügen der Abbildungen** und ein **Umbruch**
im Publishing-Dokument erfolgen. In unserem Beispiel sollen die
Dateien nun direkt importiert werden. Der Import erfolgt in gleicher
Weise, wie dies schon mit Texten durchgeführt wurde, über den
Menüpunkt „Datei" und „Importieren" und dem Bildimportfenster
(Abb. 5-101). Da wir unsere Abbildungen im EPS-Dateiformat in
CorelDRAW! exportiert hatten, können diese nun über die Datei-
filter in dem entsprechenden Laufwerk und Verzeichnis aufgefunden

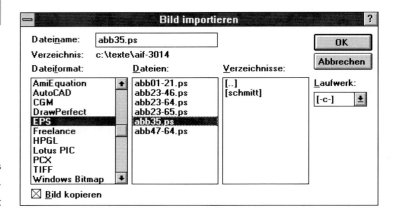

Abb. 5-101: Lotus
Ami Pro – Auswahl-
fenster für Bildimport

und geladen werden. Wegen der EPS-Dateien erscheint vor einem Import ein Warnhinweis darauf, daß die Bildinhalte nur auf einem

PostScript-fähigen Drucker aus-gedruckt werden können (Abb. 5-102). Dies bedeutet, daß Kontrollausdrucke auf nicht-PostScript-fähigen Geräten, wie z. B. Nadeldrucker und Plotter, keine Bilder enthalten. **Ausdrucke** auf solchen Ausgabegeräten sind in diesem Fall nur sinnvoll für Textkorrekturen. Die Überprüfung der Bildinformationen erfordert einen **PostScript Emulator**, der die PostScript-Dateien für nicht-

Abb. 5-102: Lotus Ami Pro – Warnhinweis bei Bildimport

PostScript-fähige Geräte umwandelt und einen Ausdruck ermöglicht. Alternativ muß man in solchen Fällen auch andere, von PostScript abweichende Dateiformate vorsehen.

Im Textablauf des Publishing-Dokumentes werden bei Ami Pro die Abbildungen direkt eingebunden. Dies führt je nach Platzbedarf der Bilder zu einem **automatischen Seitenumbruch** für das Dokument. Da aus CorelDRAW! exportierte EPS-Dateien in diesem Fall keine integrierte Bildschirmdarstellung aufweisen, können die Aussparungen für die einzubindenden Abbildungen nur anhand der Rahmenbegrenzung vorgenommen werden (Abb. 5-103). Diese Rahmenbegrenzung wird aufgrund der in der PostScript-Datei enthaltenen Definition, einer sogenannten Bounding

Box, vorgenommen (s. Abschnitt über PostScript-Datenformate Kap. 3.5.5). Dem Anwender steht es jedoch frei, den Rahmen an den Seiten und Ecken zu aktivieren und dann zum **Vergößern oder Verkleinern** aufzuziehen. Dabei kann auch ein direktes **Umfließen von Text** um die dazugehörige Abbildung vorgenommen werden.

Für die beiden Beispiele aus Kapitel 5.1 und Kapitel 5.2 läßt sich eine Fortführung zum Druckauftrag vorstellen. Der Leser und die Leserin können diese Fortführung in Kapitel 7 weiter verfolgen.

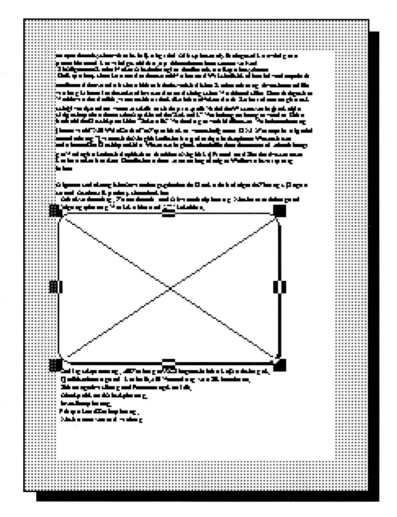

Abb. 5-103: Lotus Ami Pro – Rahmenbegrenzung für einzubindende Abbildungen

Kapitel 6

Publishing auf der Basis von Apple Macintosh

Die Systemumgebung auf der Basis von Motorola Prozessoren und mit Apple-Rechnern unter dem Betriebssystem System 7 ist im Computer Publishing durchaus üblich. Zudem ist diese Systemumgebung ein weitverbreiteter und im Bereich der digitalen Druckvorstufe üblicher Standard. Eine Systemkonfiguration, basierend auf Netzwerken (z. B. AppleTalk und Ethernet), ist wesentlich häufiger anzutreffen als ein Einzelplatzsystem, dies gilt nicht nur für technische und wissenschaftliche Aufgabenstellungen, sondern genauso für einfache Büroanwendungen. Darüber hinaus ist diese Systemkonfiguration auch im professionellen Publishing und im Verlagswesen weit verbreitet.

Als praxisorientiertes Beispiel soll an dieser Stelle der Ablauf von Musterdokumenten in direkter Anlehnung an die Beispiele der MS-DOS/Windows-Systemumgebung aus dem Kapitel 5 einbezogen werden. Das **Faltblatt** von Kapitel 5.1 ist, wie schon erwähnt, als eine einfache Büroanwendung, oder auch als ein Akzidenzauftrag anzusehen. Die exemplarische Umsetzung wird hier mit einem anderen Anwendungsprogramm vorgestellt und erlaubt Ihnen, dem Leser und der Leserin dieses Buches, einen Vergleich konzeptioneller Unterschiede der Programme. Diese Unterschiede betreffen funktionale Aspekte der Programme (textorientiert z. B. bei PageMaker und bildorientiert z. B. bei QuarkXPress) genauso, wie Aspekte der verwendeten Betriebssysteme und Benutzeroberflächen.

Im Kapitel 6.2 folgt dann ein Beispieldokument, welches zum einen ein **komplexes Publishing-Dokument** und zum anderen ein teildigital erstelltes Dokument repräsentiert. Es zeigt exemplarisch, wie ein komplexes Publishing-Dokument entstehen kann, wenn digitale Daten von mehreren Systemen zusammengeführt werden und welche Vorkehrungen getroffen werden müssen, um Dokumentteile konventionell einmontieren zu können.

In beiden Beispielen zeigt sich außerdem auch, daß die kreative Entstehungsphase eines Dokumentes schon sehr eng mit der Phase der produktionsorientierten Herstellung verbunden ist. Dementsprechend erfolgt ein fast nahtloser Übergang des Publishing-Dokument-Beispiels von Kapitel 5.2 zu den Arbeitsabläufen in Kapitel 8 Druckvorbereitungen.

6.1 Einfaches Publishing-Dokument

Die Arbeits- und **Auftragsbeschreibung** ergibt sich in Analogie zum Kapitel 5.1. Es handelt es sich um den gleichen 2-farbigen Akzidenzauftrag für ein Faltblatt zu einer Seminarankündigung. Der Text befindet sich als Text im Programm Works für Windows, weswegen eine Konvertierung von MS-DOS zum Macintosh System 7 vorzunehmen ist. Korrekturen sind nicht mehr notwendig,

Abb. 6-01: Satzspiegel für ein Faltblatt

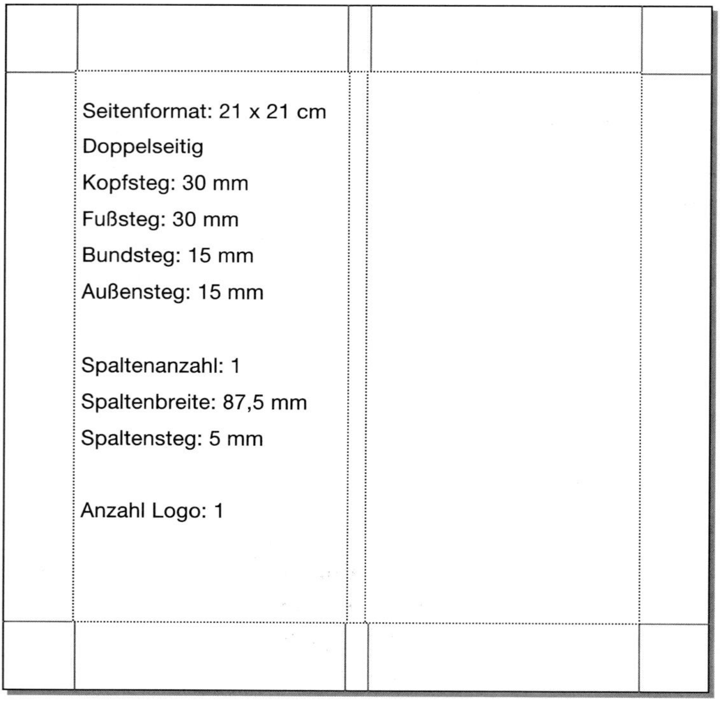

Seitenformat: 21 x 21 cm
Doppelseitig
Kopfsteg: 30 mm
Fußsteg: 30 mm
Bundsteg: 15 mm
Außensteg: 15 mm

Spaltenanzahl: 1
Spaltenbreite: 87,5 mm
Spaltensteg: 5 mm

Anzahl Logo: 1

deshalb kann das Layout sofort in QuarkXPress erstellt werden. Hier ist dann, wie schon vorher, zusätzlich noch ein Logo als EPS-Datei in die Gestaltung einzubeziehen.

Diese einfachen Publishing-Dokumente zeichnen sich aus durch einen

- geringen Textumfang,
- geringe Textstrukturanforderungen,
- geringen Anteil an Grafiken, Logos, Bildern etc. und
- einfache Anforderungen an Schriftauszeichnung, Layout und Seitenformatierung.

Nachdem Struktur, Kennzeichen (Abb. 6-01) und Arbeitsfluß (Abb. 6-02) vorgestellt wurden, kann die Arbeit aufgenommen

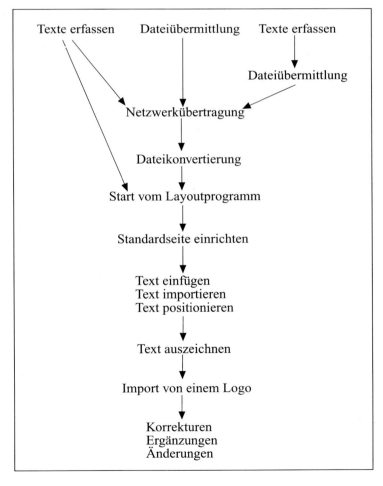

Abb. 6-02: Arbeitsfluß für das Faltblatt

werden. Nur wenn alle diese Informationen bekannt sind, ist ein effizienter Einsatz der Arbeitsmittel und Programme möglich.

In unserem Anwendungsbeispiel ist die **Texterfassung** bereits mit Microsoft Works für Windows ausgeführt worden. Diese betriebssystemübergreifende Arbeitsweise ist heute ein immer häufiger auftretender Fall, im besonderen Maß, wenn ein Text schon digital erstellt und korrigiert worden ist. Man spricht hier von **Mehrfachnutzung eines Textes**, wobei ein solcher Text, je nach Verfügbarkeit und Dateiformat, einfach mit dem entsprechenden Layoutprogramm (in unserem Beispiel QuarkXPress) aufbereitet werden kann. Da in unserem Beispiel die Erfassung unter dem Betriebssystem MS-DOS und der Benutzeroberfläche Windows vorgestellt wurde, kann dies hier übergangen werden (s. Kap. 5.1).

Abb. 6-03: Works für
Windows
Menüpunkt „Datei"
und „Speichern"

Als erstes muß nun der Text per **Dateiübertragung** auf einem Apple Macintosh oder PowerMac verfügbar sein.Damit dieser Vorgang möglichst problemlos ablaufen kann, ist zuerst die

Abb. 6-04: Works für
Windows
Auswahlfenster für
Dateiformate

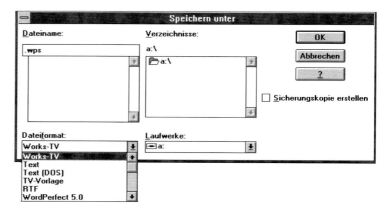

Abb. 6-05: Works für Windows
Auswahlfenster für Dateiformate

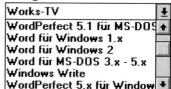

Abb. 6-06: Works für Windows
Auswahlfenster für Dateiformate

Datei in einem für das Layoutprogramm QuarkXPress geeigneten Datenformat abzuspeichern. Works für Windows bietet eine ganze Reihe von **Datenformaten** beim Speichern an. Erreichen kann man diese unter dem Menüpunkt „Datei" und „Speichern unter" (Abb. 6-03). Hier wird dann ein Wahl- und Eingabefenster (Abb. 6-04) geöffnet, welches unter dem Punkt „Laufwerke" ein Speichern auf Diskette ermöglicht und unter dem Punkt „Datenformate" eine Serie von ca. 29 Datenformaten zur Auswahl anbietet (Abb. 6-04 bis Abb. 6-06 zeigen einen Ausschnitt der möglichen Datenformate). In unserem Beispiel wird kein für QuarkXPress spezifisches Datenformat angeboten, und man muß deshalb ein Zwischenspeicherungsformat wählen. Da QuarkXPress für Macintosh ohne Probleme Word 4.0/5.0/6.0-Dateien importieren kann, bieten sich diese Formate für Macintosh an.

Die physikalische Übertragung auf einen anderen Computer bzw. auf ein anderes Betriebssystem ist auf zwei Wegen möglich: per **Datenträger** oder per **elektronischem Versand** in einem Netzwerk. Für den ersten Fall kann die Works-Datei auf einer Diskette gespeichert werden. Ein Speichern erfolgt entweder (Abb. 6-04) durch Anwahl des Diskettenlaufwerkes (in diesem Fall Laufwerk A) direkt aus Works oder wird mit Hilfe des Windows-Dateimanagers durch einen Kopiervorgang vom Festplattenverzeichnis auf das Diskettenlaufwerk vorgenommen (Abb. 6-07). Humorvolle Zeitgenossen sprechen hier wegen der zu überbrückenden Lauf-

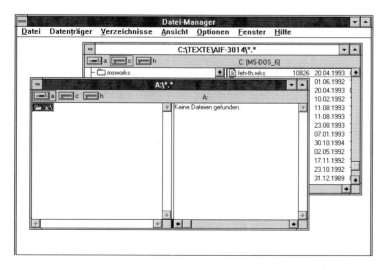

Abb. 6-07: Windows 3.1 – Arbeitsfenster des Dateimanagers

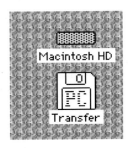

wege von einem Computer zu einem anderen gerne vom „Snicker-
Network" (zu Deutsch, von dem „**Turnschuh-Netzwerk**"). Allgemein können Apple-Computer mit den heute verfügbaren Laufwerken und mit dem System 7 alle 3 1/2-Zoll-Disketten des MS-
DOS-Betriebssystems erkennen. Hierdurch kann man im allgemeinen an Macintosh-Computern alle Dateninhalte von DOS-Disketten problemlos zugänglich machen. Gelegentlich kann es vorkommen, daß industriell vorformatierte DOS-Disketten an einem
Macintosh-Computer nicht erkannt werden. Hier hilft meist nur
ein **Nach- oder Neuformatieren** am Macintosh Computer. DOS-
Disketten machen sich dann mit einem entsprechenden Er-
kennungssymbol, „Ikon" genannt (Abb. 6-08), auf der Macintosh-
Benutzeroberfläche sichtbar. Diese Ikons können per doppelten
Mausklick als eigenes Fenster geöffnet werden. Der einfachste und
zeitlich schnellste Weg des Übertragens erfolgt meistens, wenn
man mittels der Maus das DOS-Disketten-Ikon in ein offenes
Verzeichnisfenster des Apple-Computers zieht, was automatisch
die Diskette für ein Kopieren vorbereitet (Abb. 6-09), und anschließend einen Kopiervorgang des Disketteninhaltes auf die
Festplatte auslöst (Abb. 6-10).

Der andere Weg eine Datei von Works für Windows an einem
Apple Macinstosh zugänglich zu machen, ist eine **Netzwerkübertragung**. Dies kann z. B. per AppleTalk- oder Ethernet-Ver-

Abb. 6-09: System 7
Ablauffenster für Datei
kopieren

Abb. 6-10: System 7
Ablauffenster für Datei
kopieren

bindungen erfolgen. Hierbei wird entweder ein Festplattenlaufwerk des MS-DOS-Computers für einen Zugriff von einem Apple-
Computer geöffnet, oder es wird die Works-Datei vom MS-DOS-
Computer auf einem Netzwerkserver abgelegt. Auf der Seite des
MS-DOS-Betriebssystems erscheint der Server dann als ein weiteres Laufwerk mit einem entsprechenden Laufwerksbuchstaben
und hat eine ähnliche Form, wie dies bereits in Abb. 6-07 vorgestellt worden ist. Anschließend steht diese Datei jedem Anwender
zur Verfügung. Zur Bearbeitung kann die Datei dann entweder auf
den lokalen Apple-Computer geladen und danach geöffnet werden,
oder man beläßt die Datei im Serververzeichnis und öffnet sie
dann direkt aus dem Netzwerkserver heraus. Diese beiden Verfahrensweisen sind in dieser Form allgemein üblich. Andere Netzwerke und Betriebssysteme können leicht abweichende Arbeitsschritte
aufweisen.

Bei einem **Apple-Computer** kann in einem Netzwerk ein
Serverzugriff über den Punkt „Auswahl" (Abb. 6-11) im sogenannten "Apfelmenü" vorgenommen werden. Das Fenster "Auswahl" (Abb. 6-12) wird eröffnet. Hier ist nun das Netzwerk anzuwählen, in unserem Beispiel durch Anklicken von „Ethernet".
Über das Ikon „AppleShare" erscheint das Wahlfenster „File Server" mit Zugriffsmöglichkeiten auf aktivierte Computer (Abb. 6-
13). Als letztes folgt ein Fenster mit der Computerkennung des
Fileserver sowie die übliche Paßworteingabe (Abb. 6-14). Danach
stehen alle Dateien in einem für Apple-Computer üblichen Datei-
fenster und unsere Textdatei ist
für den Import in QuarkXPress
verfügbar.

Je nach verwendeten Ver-
sionsnummern und Program-
men kann es hin und wieder
vorkommen, daß nach einem
Speichern von Dateien im
Word-Textformat und anschlies-
sendem Import z. B. in QuarkXPress, die Umlaute und/oder **Textauszeichnungen** verloren gegangen sind. Ob dies tatsächlich ein-
tritt, kann im Einzelfall von den gewählten Einstellungen, den jeweiligen Versionsnummern der Programme und den Einstellungen
des Betriebssystems oder der Benutzeroberfläche abhängen. In

Bei MS-DOS und Windows
sind die Bezeichnungen A
und B üblich für **Disketten-
laufwerke**. Die Kenn-
buchstaben C, D und E sind
hingegen gebräuchlich für
eingebaute bzw. extern
angeschlossene Festplat-
ten. Die Laufwerke H, I und
J sind zumeist Bezeichnungen für interne Laufwerke,
z. B. wenn eine Festplatten-
kompression verwendet
worden ist.
Beim Macintosh Betriebs-
system kann jeder beliebige
Name mit max. 32
Buchstaben für eine
Laufwerkskennung
verwendet werden. In Abb.
6-08, ist das interne
Laufwerk als "Macintosh HD"
bezeichnet.

Abb. 6-11: System 7
Auswahlfenster des
Apfelmenüs

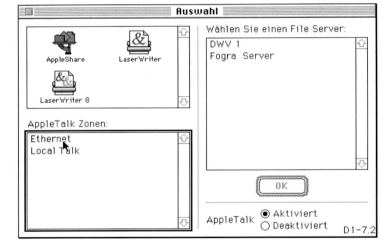

Abb. 6-12: System 7
Fenster für die
Serveranwahl

Abb. 6-13: System 7
Aktiviertes AppleShare
und verfügbare
Computer im Netzwerk

Abb. 6-14: System 7
Eingabefenster des
Paßwortes für den
berechtigten Zugang

solchen Fällen kommt man um einige Versuche und Testab-
speicherungen nicht herum. Es ist deswegen allgemein zu empfehlen, bei jeder neuen oder bisher noch nicht verwendeten Kombination von Anwendungsprogrammen deren Verträglichkeit zuerst zu
überprüfen. Damit bleiben zumindest die Sonderzeichen (wie
z. B. die deutschen Umlaute) bei einer Dateiübertragung erhalten.

In unserem Fallbeispiel sind in der Datei keine Auszeichnung
vorhanden gewesen. Ein **Auszeichnen** mit der Arbeitsphase im
Layoutprogramm eingeplant. Nachdem QuarkXPress gestartet
wurde, zeigt sich der Desk Top in individueller Konfiguration mit
den Standardwerkzeugen oder auch mit zusätzlichen Werkzeug-
feldern, z. B. für Farben, Überfüllung, Seitenlayout und Seitengestaltung (Abb. 6-15). QuarkXPress ist ein Layoutprogramm, das
wesentlich auf Bildimport ausgelegt ist, was an den Werkzeugen
und deren Funktionalität sichtbar wird. So wird exakte Bild-
positionierung und präzise, winkelorientierte Rotation von einem
eigenen Werkzeug (Abb. 6-15 unterste Leiste) unterstützt.

Abb. 6-15:

QuarkXPress

Arbeitsfenster mit den

Werkzeugpaletten

Im Arbeitsfluß unseres Beispielfaltblattes ist zuerst eine
Standardseite in QuarkXPress einzurichten. Über den Menü-

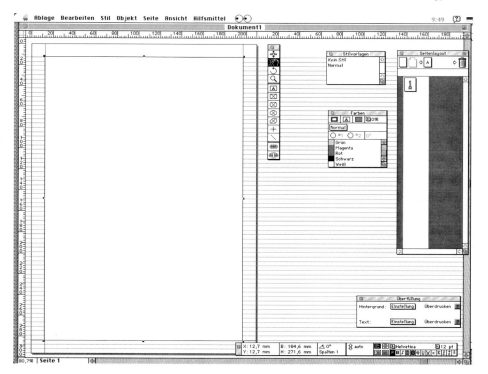

Abb. 6-16:
QuarkXPress
Menüpunkt für Datei
neuanlegen

punkt „Ablage" und „Neu" wird dazu eine neue Datei eingerichtet bzw. bei einer schon bestehenden Datei (z. B. nach Arbeitsunterbrechung) über den Menüpunkt „Öffnen" eine vorhandene Datei geöffnet (Abb. 6-16).

In unserem Fall, also bei einer neuen Datei, wird ein Fenster erscheinen, in welchem Standardvorgaben u. a. für ein DIN-A4-Dokumentformat stehen (Abb. 6-17). Entsprechend den **Spezifikationen des Beispieldokumentes** sind hier Festlegungen des Papierformates, der Formatlage (Breite und Höhe) sowie der Ränder- und Spalteneinteilung vorzunehmen (Abb. 6-18). Anschließend zeigt der Bildschirm eine leeres Musterblatt (Abb. 6-19).

Gelegentlich kann es sich ergeben, daß nachträglich ein Dokument in ein anderes **Seitenformat umgewandelt** werden muß. Dies ist kein Problem, da unter dem Menüpunkt „Ablage" und „Dokument einrichten..." eine Datei in einem geänderten Format auch nachträglich eingerichtet werden kann (Abb. 6-16). Die Änderungsmöglichkeit sind jedoch nur sehr begrenzt (Abb. 6-20).

Je nach Anzahl der Seiten eines Dokumentes erscheinen diese im Layoutfenster, wobei deren Plazierung entsprechend der **Seitenlage** jeweils rechts und links angeordnet ist (Abb. 6-21).

Standardseiten können als **Stilvorlagen** gespeichert und bei Bedarf aufgerufen werden und sind dann im Arbeitsbereich im Fenster „Stilvorlagen" abrufbar (Abb. 6-22). Nach diesen Vorbereitungsarbeiten kann nun das Einfügen des Textes beginnen. Zuerst muß mit dem Textwerkzeug aus der Werkzeugleiste (siehe Mauszeiger als Pfeil in Abb. 6-22) ein **Textfeld markiert** werden. In diesem Fall ist das Textfeld die erste Spalte der Seite. Daß die-

Abb. 6-17:
QuarkXPress
Bildschirmfenster mit
den Standardeinstellungen zum Seitenformat

Neu

┌─Papierformat─────────────────
○ US Brief   ⦿ A4   ○ 11" x 17"
○ US Lang   ○ B5   ○ Anderes
Breite: 210 mm   Höhe: 297 mm

┌─Spalteneinteilung─
Spalten: 1
-abstand: 4,233 mm

┌─Ränder─────────────
Oben: 12,7 mm   Links: 12,7 mm
Unten: 12,7 mm   Rechts: 12,7 mm
☐ Doppelseiten

☒ Autom. Textrahmen

[OK]   [Abbrechen]

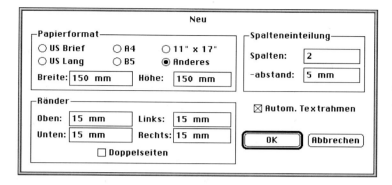

Abb. 6-18:
QuarkXPress
Bildschirmfenster mit
den Einstellungen zum
Seitenformat des
Faltblattes

Abb. 6-19:
QuarkXPress
Formatdarstellungen
des Arbeitsblattes

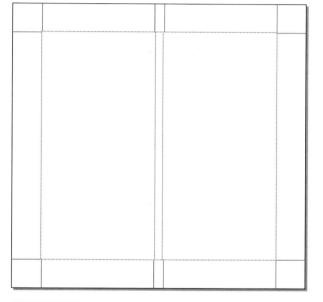

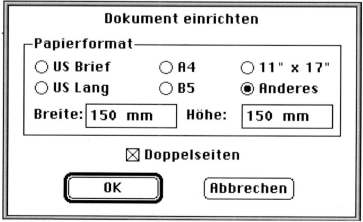

Abb. 6-20:
QuarkXPress
Auswahlfenster
Dokument einrichten

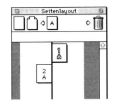

Abb. 6-21:

QuarkXPress Arbeits-

fenster mit Seitenlage

ses Feld aktiviert ist, erkennt man an den Rechtecken in der Linienmitte und an den Eckpunkten.

Nun kann man über den Menüpunkt „Ablage" und „**Text laden** ..." (Abb. 6-23) mit dem **Texteinlauf** beginnen. Es erscheint ein Fenster, in welchem das Fileverzeichnis auszuwählen ist (z. B. auf der internen Festplatte oder dem Fileserver). Danach ist die gewünschte Datei anzuwählen (Abb. 6-24). Anschließend wird diese Datei in die QuarkXPress-Datei eingefügt (Abb. 6-25). Mit Hilfe des Mauszeigers kann nun der Text in die Seitenspalten eingesetzt werden. Nach dem Texteinlauf erscheint das Bildschirmfenster mit dem **Rohtext**, d. h. noch ohne jegliche Auszeichnungen (Abb. 6-26).

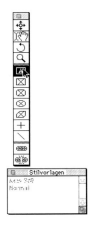

Abb. 6-22:

QuarkXPress

Arbeitsfenster für

Stilvorlage mit aktivem

Textimportfeld

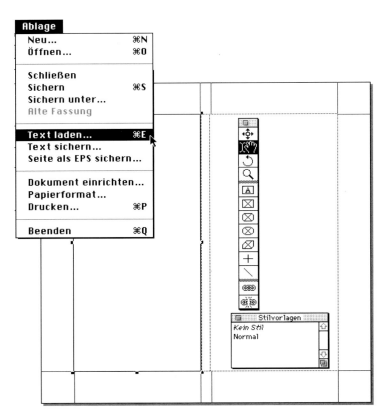

Abb. 6-23: QuarkXPress – Menüpunkt „Text laden..."

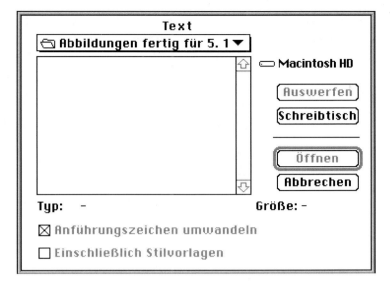

Abb. 6-24:

QuarkXPress
Auswahlfenster für
Datei zum Text laden

Abb. 6-25:

QuarkXPress Arbeits-
fenster mit Rohtext

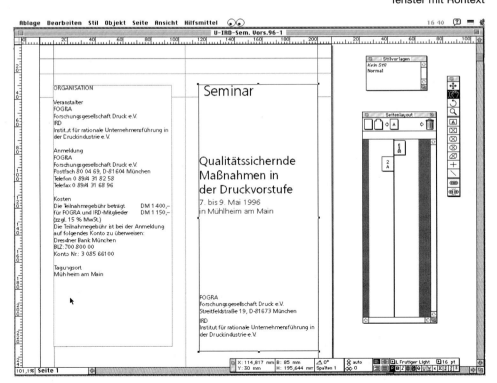

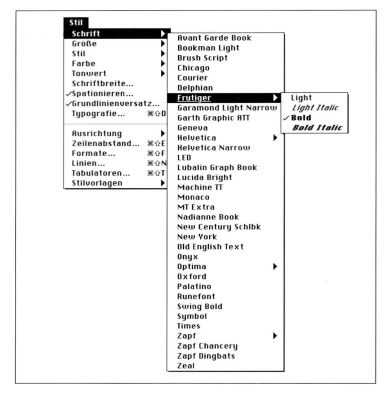

Abb. 6-26:

QuarkXPress Auswahl-

fenster für die Schriftart

Abb. 6-27:

QuarkXPress Arbeits-

fenster Typographie

Nun beginnt mit dem **Text Auszeichnen** eine der wichtigsten Arbeiten der Layoutgestaltung. Ein Vergleich mit entsprechenden Abschnitten vorheriger Kapitel zeigt, wie ähnlich diese Arbeitsschritte in den verschiedenen Layoutprogrammen (Kap. 3 und 5) sind. Sie umfassen wieder Auszeichnung von Worten, Textpassagen, Absätzen und Seiten. QuarkXPress bietet dies unter dem Menüpunkt „Stil" (Abb. 6-26) an. Hierbei können bei Bedarf Aus-

zeichnungen, z. B. Schriftart, Schriftgröße, Schriftstil und Schriftfarbe als **einzelne Arbeitsschritte** ausgeführt werden, wobei dann
jeweils deren spezifische Untermenüs aufklappen (Abb. 6-26 zeigt
ein Beispiel dafür). Es ist aber auch möglich, unter dem Menüpunkt „Stil" und „Typographie" (Abb. 6-26), **alle Arbeitsschritte
der Auszeichnung** (d. h. alle Punkte der oberen Menühälfte des
Stilfensters) auf einmal auszuführen. Dadurch eröffnet sich dann
ein Typographie-Auswahlfenster (Abb. 6-27). Werden Einstellungen unter dem Menüpunkt „Stil" vorgenommen, ohne daß ein
Textbereich vorher markiert wurde, so gelten diese als Grundeinstellungen bei einer Texteingabe. Für zu bearbeitenden Bereiche
ist dementsprechend zuerst ein **Markieren der Textstellen** vorzunehmen (kenntlich an der grauen Unterlegung der Textzeilen
in Abb. 6-28). Erst danach ist über die Menüs und Untermenüs die
gewünschte Schriftauszeichnung vorzunehmen (Abb. 6-28). Der
Menüpunkt „Stil" und „Typographie" deckt nur die wichtigsten
Punkte bei einer Auszeichnung ab. Weniger häufig benötigte
Aspekte betreffen Menüpunkte wie Ausrichtung, Zeilenabstand
etc. Die Anwahl dieser Menüpunkte ist gesondert vorzunehmen

Abb. 6-28:

QuarkXPress
Bildschirmfenster
während der Aus-
zeichnung

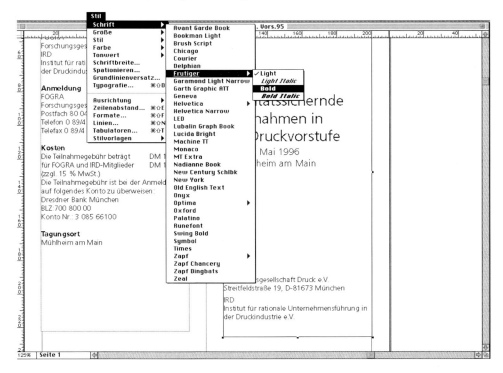

und führt in den meisten Fällen zu weiteren Auswahlfenstern mit einzelnen Abfragen wie z. B. beim Zeilenabstand (Abb. 6-29).

Abb. 6-29:
QuarkXPress
Eingabefenster für
Zeilenabstand

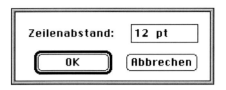

Vor einem Bilddatenimport, in unserem Beispiel von einem Logo, sollte auf jeden Fall eine **Sicherungsabspeicherung** erfolgen und ein möglichst sinnvoller Dateiname sowie ein geeignetes Verzeichnis ausgewählt werden (Abb. 6-30).

Abb. 6-30:
QuarkXPress
Eingabefenster für
Dateinamen

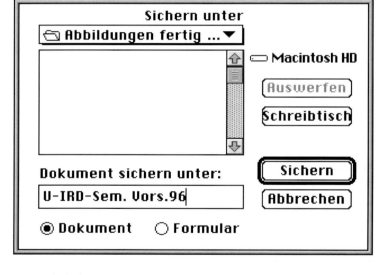

Wie beim Textimport muß zuerst ein **Rahmen** für den Platz des Bildes aufgezogen werden. Dieser Rahmen muß nicht die endgültige Form aufweisen und kann nachträglich noch angepaßt werden. Bei QuarkXPress ist dies für jedes Bild, jede Grafik oder Zeichnung, welche importiert werden soll, einzeln durchzuführen. Aus der **Werkzeugpalette** wird mit dem **Bild-Ikon** (Abb. 6-31)

Abb. 6-31:
QuarkXPress
Werkzeugleiste mit
aktivem Bildikon

ein Rahmen auf der Seite aufgezogen (Abb. 6-32). Erst wenn dieser Rahmen vorhanden und aktiviert ist, kann in dem Menü „Ablage" der Punkt „**Bild laden...**" (Abb. 6-33) angewählt werden. Ansonsten befindet sich an dieser Stelle der Punkt „**Text laden...**" (Abb. 6-34).

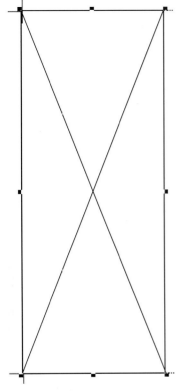

Ablage		
Neu...		⌘N
Öffnen...		⌘O
Schließen		
Sichern		⌘S
Sichern unter...		
Alte Fassung		
Bild laden...		**⌘E**
Text sichern...		
Seite als EPS sichern...		
Dokument einrichten...		
Papierformat...		
Drucken...		⌘P
Beenden		⌘Q

Ablage		
Neu...		⌘N
Öffnen...		⌘O
Schließen		
Sichern		⌘S
Sichern unter...		
Alte Fassung		
Text laden...		⌘E
Text sichern...		
Seite als EPS sichern...		
Dokument einrichten...		
Papierformat...		
Drucken...		⌘P
Beenden		⌘Q

Abb. 6-32: QuarkXPress Rahmen für Bild laden

Abb. 6-33: QuarkXPress Menüpunkt „Bild laden..."

Abb. 6-34: QuarkXPress Menüpunkt „Text laden..."

Dieser Menüpunkt „Bild laden..." wird aktiviert und eröffnet ein Auswahlfenster. Dieses Fenster stellt **Dateien** zur **Auswahl** mit Angabe von Namen (im Auswahlfenster – Abb. 6-35), Dateityp (unterhalb des Auswahlfensters – Abb. 6-35 und Abb. 6-36), die Dateigröße (Mitte unten) und eine **Bildvorschau** (rechtes Fenster – Abb. 6-36). Eine Vorschau des Bildinhaltes ist nicht immer möglich. So fehlt z. B. bei Dateien, deren Ursprung im MS-DOS-Betriebssystem liegen (Abb. 6-35), diese Ansicht. Aufgrund der Struktur der Dateien von Apple-Computern sind Ansichten in der Ressource einer Datei verfügbar (Näheres in Kap. 2.2). Diese Ressource fehlt bei einem Transfer von MS-DOS. Bei Dateien, die mit Programmen am Apple Macintosh entstanden sind, ist eine Vorschau auf den Bildinhalt möglich (Abb. 6-36).

341

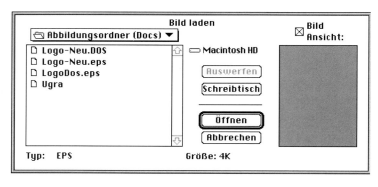

Abb. 6-35:
QuarkXPress
Auswahlfenster ohne
Vorschau auf zu
importierendes Bild

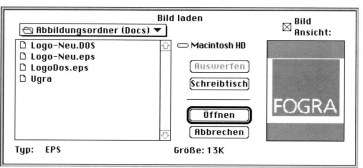

Abb. 6-36:
QuarkXPress
Auswahlfenster mit
Vorschau auf zu
importierendes Bild

Nach dem Import kann dann der Rahmen entsprechend dem Inhalt der Bilddatei bzw. den Abmessungen des Bildes angepaßt werden. So kann das Bildobjekt aktiviert werden, um dann z. B. den Rahmen um das Objekt weiter aufzuziehen Es ist auch möglich für das Bild innerhalb des Rahmens eine andere Position zu wählen (Abb. 6-37).

Stellt man fest, daß z. B. ein geladenes Bild in der Vorschau geeignet erschien, dann jedoch eine **ungeeignete Auflösung** aufweist, so ist dieses Bild zu entfernen. Eine **Löschoperation** kann über die Menüpunkte „Objekt" und „Löschen" vorgenommen werden (Abb. 6-38). Das zu entfernende Bildobjekt muß auch hierzu wieder aktiviert sein (Abb. 6-37).

Wenn keine **weiteren Bearbeitungen** in bezug auf Bild- und Textimport, auf Auszeichnungen und Formatierungen oder zur Plazierung in der Seite vorzunehmen sind, kann nun der aktuelle Stand von Text- und Bildinformationen im Faltblatt per Ausdruck am Laserdrucker überprüft werden. Einen **Ausdruck** erhält man über den Menüpunkt „Drucken" oder mit der entsprechenden Tastaturkombination. Bevor man jedoch einen Druckvorgang aus-

Abb. 6-37:
QuarkXPress –
Aktivieren von Bild- und
Textobjekten

Abb. 6-38:
QuarkXPress –
Menüpunkt zum
Löschen von Bild- und
Textobjekten

löst, sollten einige Einstellungen überprüft werden. Diese Einstellungen betreffen das angewählte Ausgabegerät, den eingestellten Druckertreiber, das Trägermaterial der Ausgabe und die Angabe, welche Datei gedruckt werden soll.

Da in unserem Beispiel erst später eine **Filmbelichtung** erfolgen soll, ist für eine **Laserdruckausgabe** zuerst unter dem Menüpunkt „Ablage" und „Papierformat" das Auswahlfenster zu öffnen. Hier sind alle Einstellungen von einer Film- auf eine Papierausgabe umzustellen (Abb. 6-39). Dies betrifft nicht nur den Punkt „Papier" sondern auch die Punkte „Druckerart", „Auflösung", „Papierbreite", „Papierversatz" und „Papierart". Ungenauigkeiten oder unrichtige Einstellungen an dieser Stelle können bei einem Laserdrucker seltener zu Problemen führen. Bei der Filmausgabe sind jedoch alle Parameter korrekt einzustellen, da es ansonsten zu kostenaufwendigen **Fehlbelichtungen** kommt.

Abb. 6-39:
QuarkXPress
Auswahl der
Papierformateinstellung

```
LaserWriter 8 Papierformat                    D1-8.1.1        ┌──────────┐
                                                              │    OK    │
                                                              └──────────┘
                      Papier:     [ Anderes ▼ ]               ┌──────────┐
                      Anordnung:  [ 1 Seite pro Blatt ▼ ]     │ Abbrechen│
                                                              └──────────┘
                      Größe:      [ 100 ] %                    ┌──────────┐
                                                              │ Optionen │
                      Format:     [图] [图]                     └──────────┘
                                                              ┌──────────┐
                                                              │  Hilfe   │
                                                              └──────────┘

Rasterweite:  [ 152 ]  (lpi)          Auflösung:     [ 1270 ] (dpi)
Druckerart:   [ Linotronic ]          Papierbreite:  [ 297,18 m ]
Papiergröße:  [     ]                 Papierversatz: [ 0 mm ]
Papierart:    ⦿ Papier ○ Film         Seitenabstand: [ 12,7 mm ]
                 □ PDF-Rasterwerte verwenden
```

Abb. 6-40: Apfel-Menü
für die Druckerauswahl

Als nächstes ist die **Druckerwahl** unter dem Apfelmenü „Auswahl" (Abb. 6-40) zu überprüfen. Hier öffnet sich das Auswahlfenster, in dem die Drucker, gegliedert nach Zonen (hier über Ethernet und Local Talk), angesteuert werden können (Abb. 6-41). Außerdem ist der Einsatz des korrekten Druckertreibers bzw. der richtigen PPD-Datei (Printer Page Description) sicherzustellen.

Sind Änderungen der Druckerart, des Druckertreibers oder des Druckerzugriffs über das Netzwerk vorgenommen worden, so erfolgt automatisch ein **Warnhinweis**, daß diese Änderungen auch ein Überprüfen des Papierformates erfordern (Abb. 6-42).

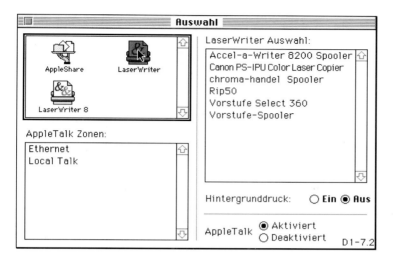

Abb. 6-41: Auswahl
ansprechbarer Drucker
und Belichter

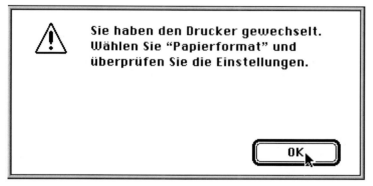

Abb. 6-42: Warnfenster
nach Ändern des
Druckers

Erst nach all diesen Überprüfungen und Änderungen kann
dann die Druckausgabe über den Menüpunkt „Ablage" und „Druk-
ken..." (Abb. 6-33) vorgenommen werden. In dem üblicherweise
erscheinenden Auswahlfenster (Abb. 6-43) können noch die
Druckoptionen überprüft und auch eingestellt werden.

Allgemein sollte der Ausdruck nicht nur auf den korrekten
Stand von Text und Logo überprüft, sondern auch alle anderen inhaltlichen Informationen nochmals kritisch durchgesehen werden.
Fehlende Sonderzeichen sind nach Datenübermittlung oder Datenkonvertierung ein häufiger Grund für Fehler. Entsprechend können
an dieser Stelle noch letzte **Hauskorrekturen** vorgenommen oder
auch technische, orthographische, inhaltliche und typographische
Fehler behoben werden.

345

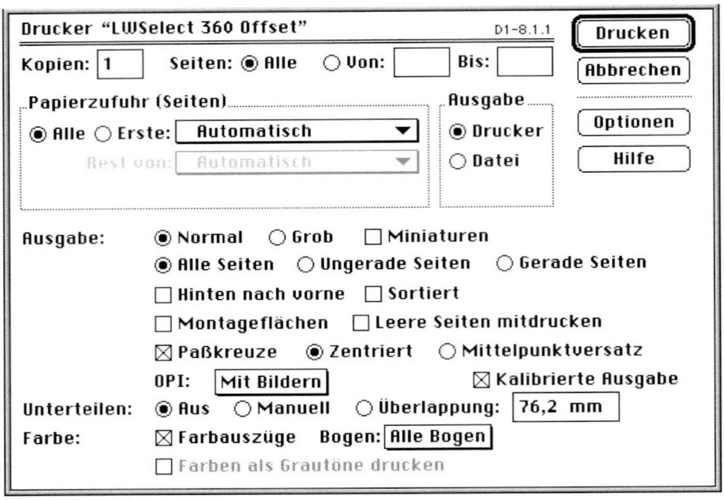

```
┌─────────────────────────────────────────────────────────────┐
│ Drucker "LWSelect 360 Offset"            D1-8.1.1  [ Drucken ]│
│ Kopien: [1]    Seiten: ⦿ Alle   ○ Von: [   ]  Bis: [   ]      │
│                                                    [Abbrechen]│
│ ┌Papierzufuhr (Seiten)─────────────┐ ┌Ausgabe─────┐          │
│ │ ⦿ Alle ○ Erste: [Automatisch  ▼] │ │ ⦿ Drucker  │[Optionen]│
│ │   Rest von: [Automatisch      ▼] │ │ ○ Datei    │          │
│ └──────────────────────────────────┘ └────────────┘ [ Hilfe ]│
│                                                               │
│ Ausgabe:    ⦿ Normal  ○ Grob  ☐ Miniaturen                    │
│             ⦿ Alle Seiten  ○ Ungerade Seiten  ○ Gerade Seiten │
│             ☐ Hinten nach vorne  ☐ Sortiert                   │
│             ☐ Montageflächen  ☐ Leere Seiten mitdrucken       │
│             ☒ Paßkreuze  ⦿ Zentriert  ○ Mittelpunktversatz    │
│             OPI: [Mit Bildern]          ☒ Kalibrierte Ausgabe │
│ Unterteilen: ⦿ Aus  ○ Manuell  ○ Überlappung: [76,2  mm]      │
│ Farbe:       ☒ Farbauszüge  Bogen: [Alle Bogen]               │
│              ☐ Farben als Grautöne drucken                    │
└─────────────────────────────────────────────────────────────┘
```

Abb. 6-43:
QuarkXPress – Aus-
wahlfenster der
Druckoptionen

6.2 Komplexes Publishing-Dokument

Unser Beispiel für ein **komplexes Dokument** ist eine Broschüre,
bestehend aus 12 Seiten Fließtext, mit 16 zum Teil auch farbigen
Abbildungen und Strichzeichnungen, welche einen unterschiedlichen Ursprung haben und verschiedene Datenformate aufweisen.
Hinzu kommt noch ein Umschlag und einige Abbildungen, die in
das Seitenlayout manuell einmontiert werden müssen. Das Dokument muß wegen unterschiedlicher Layoutformate für Umschlag
(Abb. 6-44) und Inhalt (Abb. 6-45) in zwei Dateien aufgespalten
werden.

6.2.1 Text erfassen mit Word für Macintosh

Der Text für dieses Publishing-Dokument existierte noch nicht und
war zuerst zu erfassen. Hierzu wird eine **neue Datei** erstellt. Dies
erfolgt über den Menüpunkt „Datei" und „Neu", wobei nach einem Mausklick sich das Arbeitsfenster mit einem leeren Arbeitsblatt (Abb. 6-46) öffnet.

Da in unserem Beispiel Layout und Text-/Bildintegration
später in PageMaker ausgeführt werden sollen, erübrigen sich an
dieser Stelle alle Festlegungen zu Formatierungen, Seitengestaltung und Schrift. Es ist ausreichend, in diesem Beispiel die

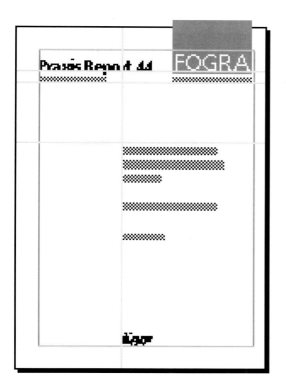

Abb. 6-44: Layout-
struktur des Titelblatts

Abb. 6-45: Layout-
struktur des Inhalts

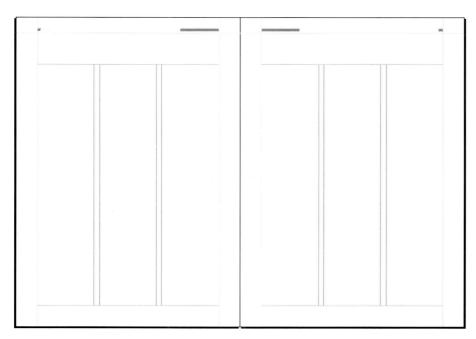

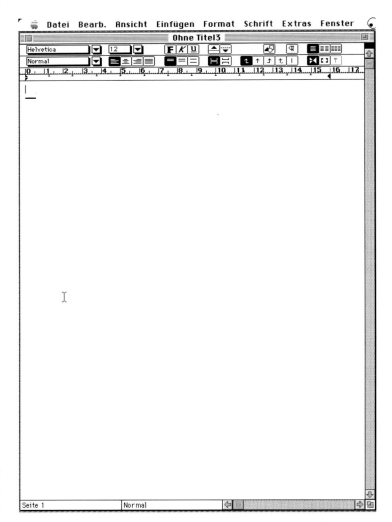

Abb. 6-46: Komplettes
Arbeitsfenster in Word
für Macintosh

Wordstandardformate zu übernehmen und während der Texterstellung weiter zu verwenden. Die hier von Word für Macintosh verwendete **Standardseite** läßt sich während der Texterfassung jederzeit über den Menüpunkt „Datei" und „Seite einrichten" modifizieren. Die jeweils aktuellen Parameter werden in einem eigenen Fenster angezeigt (Abb. 6-47).

Die **Seitenabmessungen** sind in diesem Fenster durch Anklicken des Format-Ikons (Abb. 6-48) sichtbar zu machen. Mit dem im gleichen Fenster befindlichen Schaltknopf „Dokument..." können in einem weiteren Auswahlfenster Eingaben für Ränder,

Abb. 6-47: Auswahlfenster zum Einrichten einer Seite

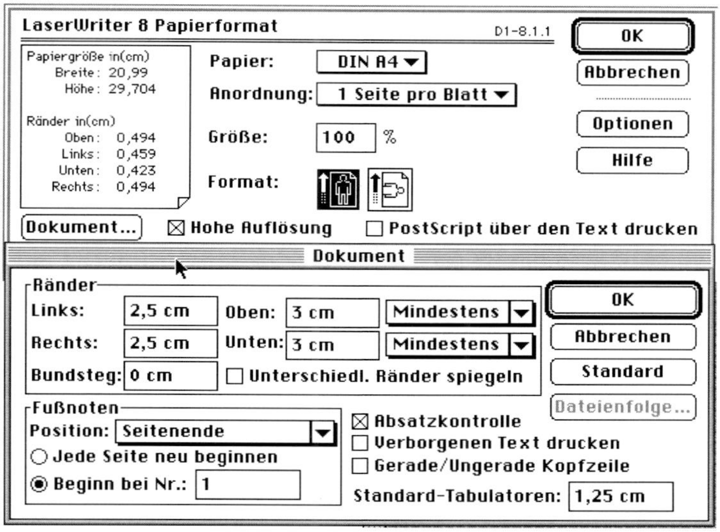

Abb. 6-48: Auswahlfenster für Papierformat und Seiteneinstellungen

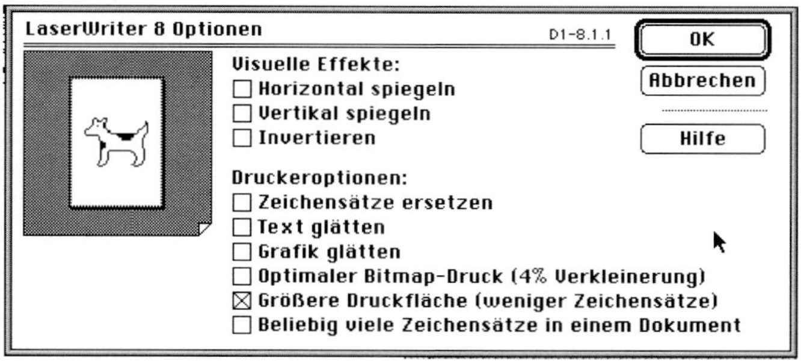

Abb. 6-49: Auswahlfenster für Druckeroptionen

Stege, Fußnoten, Absatzkontrolle, Tabulatoren und Seitennumerierungen vorgenommen werden (Abb. 6-48).

Mit dem Schaltknopf „Optionen" kann man dann noch **Druckeroptionen** und visuelle Effekte wie Invertierungen und Spiegelungen einstellen (Abb. 6-49). Je nach der verwendeten Betriebssystemversion und dem installierten Druckertreiber können in diesen Fenstern Abweichungen in Darstellung und Inhalt

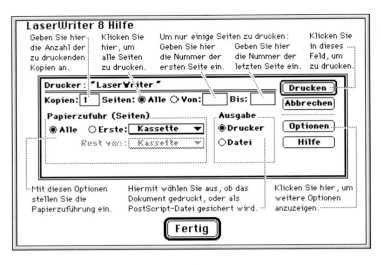

Abb. 6-50:

Informationsfenster der

aktiven Hilfefunktion

auftreten, was dem Benutzer dann über das aktive Hilfefenster in Form von ergänzenden Erklärungen vermittelt wird (Abb. 6-50).

Soll nach einer **Arbeitsunterbrechung** weitergearbeitet werden, so erfolgt die Fortsetzung nach einem Programmneustart über den Menüpunkt „Datei" und „Öffnen", woraufhin ein Auswahlfenster zum Anwählen von Laufwerken, Verzeichnissen und Dateien in einem Rollfenster erscheint. Je nach dem eingestellten Dateityp kann der Umfang der im Fenster angezeigten und zur Auswahl stehenden Dateien reduziert oder vergrößert werden. Wie unser Beispiel zeigt, wurde das Verzeichnis nach allen lesbaren Dateien durchsucht (Abb. 6-51). Deswegen werden nicht nur Word- und Textdateien, sondern auch Grafikdateien etc. angezeigt. Hat man die gewünschte Datei angewählt und den Schaltknopf „Öffnen" aktiviert, beginnt der Ladevorgang der Datei. Hat diese als Dateiformat nicht Word für Macintosh, so werden Word-Textfilter aktiviert, um eine **Umwandlung** der Datei in das Word für Macintosh-Format vorzunehmen. Ist die Zuordnung des Dateityps oder der Textart für Word eindeutig, erfolgt die Umwandlung automatisch, ist die Zuordnung nicht eindeutig möglich, erscheint ein Wahlfenster (Abb. 6-52) und erst nach entsprechender Wahleingabe durch den Benutzer geschieht die Umwandlung.

Kann man sich nach längeren Arbeitsunterbrechungen nicht mehr an den Dateinamen erinnern oder will man während der Bearbeitung eines Textes eine Datei mit einem bestimmten Inhalt einsehen, so kann man über den Menüpunkt „Datei" und „Dateimana-

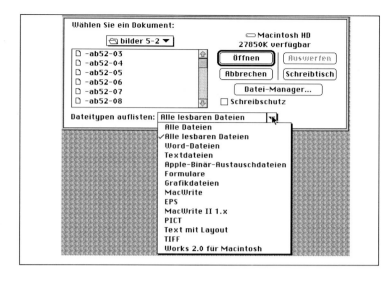

Abb. 6-51: Auswahl-
fenster zum Laden von
Dateien in unterschied-
lichen Dateiformaten

Abb. 6-52: Automati-
sche Text-
konvertierung

ger" ein **Suchfenster** erreichen. In diesem Fenster ist es möglich
gezielt nach Titel, Themen, Schlüsselwörtern oder Autoren ganze
Datenbestände in Laufwerksverzeichnissen und auch Netzwerkservern
absuchen zu lassen (Abb. 6-53). Es ist anzumerken, daß diese
Suchfunktion des Dateimanagers auch jederzeit beim Öffnen einer
Datei über den Schaltknopf „Datei-Manager..." (Abb. 6-51) zugänglich ist.

Hat man wie in unserem Beispiel einzelne geeignete Passagen eines schon vorhandenen Textes gefunden und will diese Passagen in den aktuellen Textfluß übernehmen, so kann dies auf zwei
Wegen erfolgen. Zum einen kann die Textpassage in der geöffneten Datei markiert und dann über den Menüpunkt „Bearb." und
„Kopieren" in die **Zwischenablage** kopiert werden. Im nächsten
Schritt wird im aktuellen Text die Schreibmarke an den gewünschten Punkt im Text bewegt und dann ebenfalls über den Menüpunkt
„Bearb." und „Einfügen" die Textpassage aus der Zwischenablage
an diese Textposition kopiert. Der zweite Weg ist über den Import
einer Datei möglich und ist besonders bei langen Textpassagen

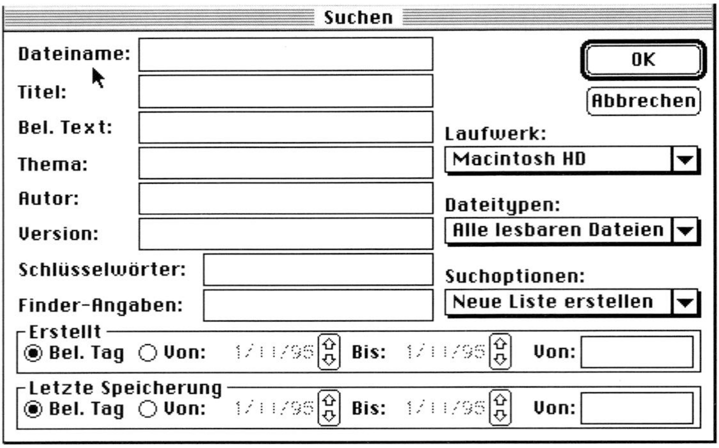

Suchen		
Dateiname:		OK
Titel:		Abbrechen
Bel. Text:		
Thema:		Laufwerk:
		Macintosh HD ▼
Autor:		Dateitypen:
Version:		Alle lesbaren Dateien ▼
Schlüsselwörter:		Suchoptionen:
Finder-Angaben:		Neue Liste erstellen ▼

Erstellt
◉ Bel. Tag ○ Von: 1/11/95 ⬍ Bis: 1/11/95 ⬍ Von:

Letzte Speicherung
◉ Bel. Tag ○ Von: 1/11/95 ⬍ Bis: 1/11/95 ⬍ Von:

Abb. 6-53: Auswahl-
fenster zur Dateisuche

oder bei kompletten Dateien mit Formatierungen, Text- und
Schriftauszeichnungen empfehlenswert. Solch eine **Einbindung**
wird über den Menüpunkt „Einfügen" und „Datei" eingeleitet. Im
nachfolgenden Auswahlfenster wird dann die entsprechende Datei
ausgewählt (wie schon in Abb. 6-51 gezeigt).

Das Erstellen und Bearbeiten komplexer Publishing-Dokumente wird kaum an einem Tag beendet werden. Deshalb sind
schon bei Beginn der Arbeiten einige Überlegungen zur **Datei-
und Versionenverwaltung** erforderlich, u. a. eine eindeutige
Namensgebungen für das Dokument und seine Bestandteile (s.
hierzu Kapitel 1 und 2). Der Dateimanager des Macintosh-Betriebssystems erleichtert dies durch natursprachliche Namenge-
bung von Dateien wesentlich, da maximal 32 Zeichen für einen
Dateinamen möglich sind. Dateiendungen, wie bei anderen Betriebssystemen zur Kennzeichnung erforderlich, sind hier bedeutungslos. Trotzdem sollte grundsätzlich ein eindeutiges und eigenes Arbeitsverzeichnis für ein Dokument bestehen. In diesem Verzeichnis sollten sich auch alle eingebundenen Dokumentteile, sei-
en es Abbildungen, Texte oder Tabellen, befinden. Eine gute
Dateiorganisation kann nach Arbeitsabschluß bei der Auslagerung, bei Sicherungskopien oder bei Weitergabe der Ergebnisse an
andere Bearbeiter einen größeren Such- und Arbeitsaufwand vermeiden.

Bei längeren und umfangreichen Dokumenten ist es ebenfalls
sehr empfehlenswert, die Standardeinstellungen des Betriebssystems und des Textverarbeitungsprogramms zu überprüfen und ge-

gebenenfalls für das Dokument anzupassen. In Word für Macintosh kann dies über den Menüpunkt „Extras" und „Einstellungen" erfolgen. Im Fenster **„Allgemeine Einstellungen"** (Abb. 6-54) können Vorgaben des Autorennamens, des Papierformates, der Maßeinheiten, des Seitenumbruchs und die Verwendung von typografisch korrekten Anführungszeichen eingestellt werden. Im Auswahlfenster „Ansicht Einstellungen" (Abb. 6-55) können Vorgaben für die Darstellung des Dokumentes, der Menüleiste und des Arbeitsfensters mit dem Dokument bestimmt werden. Beim

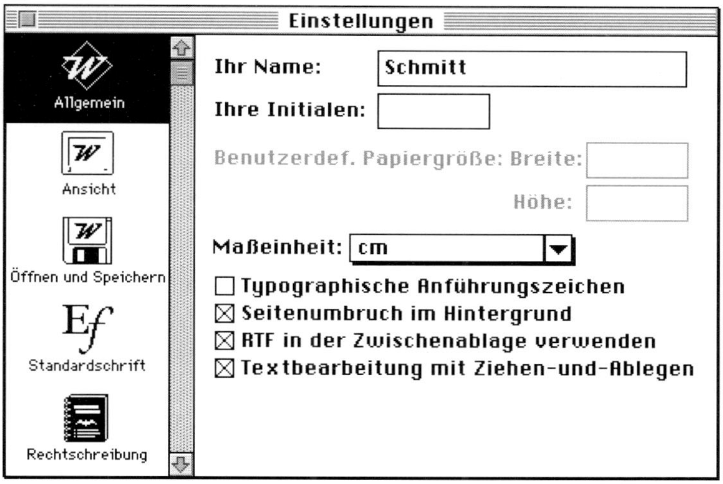

Abb. 6-54: Auswahlfenster für allgemeine Einstellungen bei Word für Macintosh

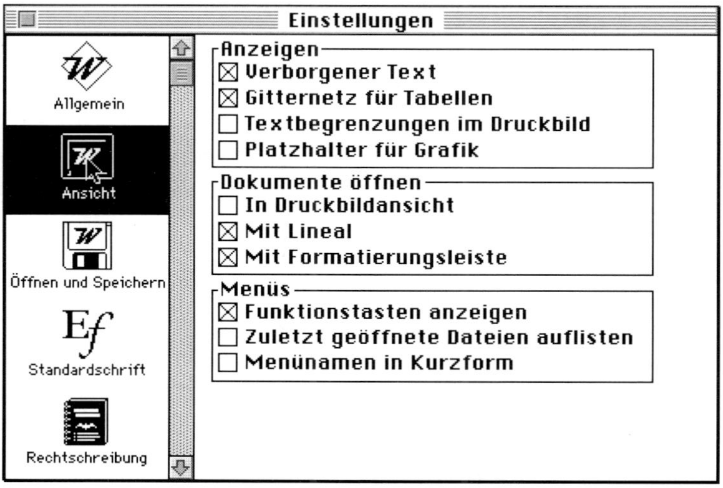

Abb. 6-55: Auswahlfenster für die Dokumentdarstellungen

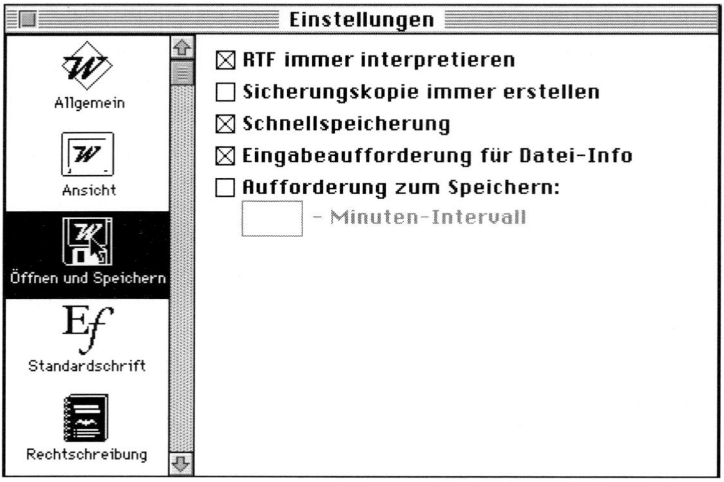

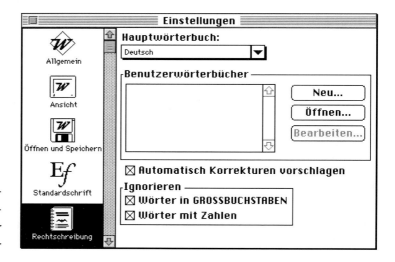

Abb. 6-56: Auswahl-
fenster für Standard-
einstellungen zum
Öffnen und Speichern
von Dateien

Abb. 6-57: Auswahl-
fenster für Standard-
einstellungen der
Wörterbücher

Auswahlfenster „Öffnen und Speichern – Einstellungen" (Abb. 6-56) stehen dann die wichtigen Funktionen für **Sicherungs- und Intervallspeicherung** zur Verfügung. In den Auswahlfenstern „Standardschrift – Einstellungen" und „Rechtschreibung – Einstellungen" können weitere nützliche Festlegungen zu Schriftarten und den zu verwendenden Wörterbüchern vorgenommen werden (Abb. 6-57).

Die Funktionen von **Rechtschreibung** und **Thesaurus** sind besonders in der kreativen Schaffensphase nützlich und können bei sprachlichen Zweifelsfällen eine schnelle Hilfestellung bieten,

z. B. durch das Ersetzen eines Wortes im gesamten Text (Abb. 6-58) oder durch Vorschläge von Synonymen. In der kreativen Schaffensphase ist auch eine Statistik des Textes sehr hilfreich (zu erreichen über den Menüpunkt „Extras" und „Statistik"), die über die reine Angabe der Seitenanzahl hinausgeht, um einen Überblick über den Textumfang zu bewahren oder auch um ein Gleichgewicht zwischen Haupttext und Fußnoten einzuhalten (Abb. 6-59).

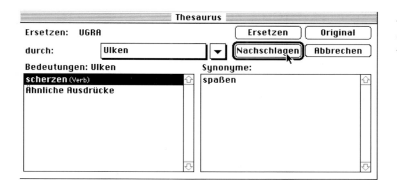

Abb. 6-58: Anwendungsbeispiel für den Thesaurus

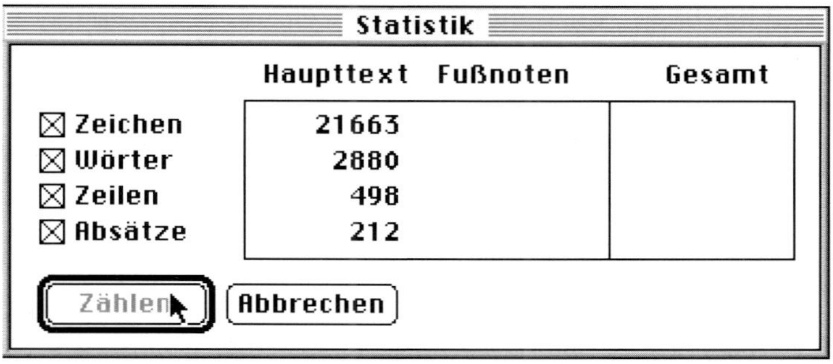

Abb. 6-59: Beispiel einer Textstatistik

Während der Texterstellung kann in kleinerem Umfang ein Text- bzw. Seitenumbruch sowie ein Auszeichnen von Schrift (z. B. als Fett- oder Kursivdruck) als Hilfe für den Bearbeiter erforderlich werden. Da von kleineren Auszeichnungen und einfachem Umbruch manches beim Übertragen von Word für Macintosh zum PageMaker nicht verloren geht, wurden einige dieser Arbeiten bereits während der Textentstehung vorgenommen. Hierbei handelte es sich um die unter dem Menüpunkt „Format" (Abb. 6-60) aufgeführten Funktionen der **Textauszeichnungen** für Zeichen- und Absatzformatierung sowie Schriftformate (Standard, Fett, Kursiv und Unterstrichen), die u. a. auch über die jeweiligen

Abb. 6-60: Auswahlmenü für Textauszeichnungen

355

Schaltfelder der Ikonleiste erreicht werden können. Detaileinstellungen zu Schriftart, Schriftgröße und Schriftschnitt können ebenfalls sowohl über einzelne Menüpunkte (unter „Schrift") als auch über die Auswahlfenster in der Ikonleiste eingestellt werden (Abb. 6-61). Solche Einstellungen können wiederum für den gesamten Text oder nur für einzelne markierte Textpassagen vorgenommen werden.

Abb. 6-61: Ikonleiste
mit gleichen Punkten
wie das Auswahlmenü

Wie schon in den Kapiteln bzw. Abschnitten 5.1, 5.2 und 6.1 vorgestellt, können auch bei Word für Macintosh bestimmte Funktionen wie „Suchen" und „Ersetzen", „Ansicht" (hier als Druckbild, Gliederung oder Normal bezeichnet), „Rechtschreibung" (über den Menüpunkt „Extras") und „Fußnoten" genutzt werden. Diese Funktionen haben leicht abweichende Bildschirmdarstellungen, doch ihre Verwendung läuft in ähnlicher Weise ab, wie dies schon an anderer Stelle gezeigt wurde.

Je nach Bedarf können abgespeicherte Zwischenergebnisse als Fließtext oder schon mit Auszeichnungen und Formatierungen ausgedruckt werden. Bei Word für Macintosh kann dies über den Menüpunkt „**Drucken**" und dem sich öffnenden Auswahlfenster für die Parameter (z. B. für Anzahl der Drucke) vorgenommen werden (Abb. 6-62). Voraussetzung ist dabei natürlich, daß unter dem Menüpunkt „Datei" und „Papierformat" und dem Auswahlfenster das entsprechende Druckformat und über das Apfelmenü und „Auswahl" die richtige Druckerart eingestellt wurde.

Abb. 6-62: Auswahl-
fenster zum Ausdruk-
ken auf Laserdruckern

| Drucker "LWSelect 360 Offset" | D1-8.1.1 | Drucken |

Kopien: 1   Seiten: ● Alle   ○ Von: [ ]   Bis: [ ]   Abbrechen

Papierzufuhr (Seiten)
● Alle ○ Erste: Automatisch ▼
Rest von: Automatisch ▼

Ausgabe
● Drucker
○ Datei

Optionen
Hilfe

Abschnittsumfang: Von: 1   Bis: 1
☐ Verborgenen Text drucken   ☐ Nur Markiertes drucken
☐ Nächste Datei drucken   ☒ Von hinten nach vorne drucken

Abb. 6-63: Auswahlfenster zum Speichern eines Benutzerwörterbuches

Ist der gesamte Text fertig, können nun **Textkorrekturen** erfolgen. Für eine schnelle Prüfung auf einfache Fehler steht bei Word für Macintosh unter dem Menüpunkt „Extras" eine Rechtschreibprüfung, eine Grammatikprüfung und ein Thesaurus bereit (Abb. 6-58). Für die Rechtschreibprüfung können vom Anwender auch eigene Wörterbücher erzeugt, gespeichert (Abb. 6-63) und genutzt sowie schon vorhandene Wörterbücher erweitert werden.

6.2.2 Zeichnungen erstellen

Neben den reinen Texten besteht ein Publishing-Dokument auch meist aus verschiedensten **Bildinhalten** (Strichzeichnungen, Halbtonbilder etc.), und da diese in der kreativen Schaffensphase meist parallel zum Text (dann meist als Skizzen, Grafiken und Zeichnungen) entworfen werden, kann hier dann auch ein integriertes Text- und Grafikprogramm (z. B. Word 6.0 oder Word Pro 96) sehr hilfreich sein.

Auch für ein **Einbinden von Zeichnungen** in ein Publishing-Dokument gibt es verschiedene Verfahrenswege. Man kann Zeichnungen mit integrierten Textverarbeitungsprogrammen oder mit speziellen Zeichenprogrammen erstellen. Hierbei kann man dann die Zeichnungen noch in der kreativen Schaffensphase in den Text einbinden oder die Zeichnungen erst später in der produktionsorientierten Phase in das Layout einführen. Welchen Weg man geht, hängt von der einzelnen Aufgabenstellung ab.

Zeichnungen mit Word für Macintosh zu erstellen ist kein Problem, wenn es sich lediglich um einfache Strichzeichnungen

Einfügen

Seitenwechsel	⇧~
Abschnittswechsel	⌘~
Tabelle...	
Fußnote...	⌘E
Datum	
Symbol...	
Eintrag Index	
Index...	
Eintrag Inhaltsverzeichnis	
Inhaltsverzeichnis...	
Positionsrahmen...	
Datei...	
Grafik	
Objekt...	

Abb. 6-64: Auswahl-
menü zum Einfügen
einer Grafik

handelt. Im Textfluß kann an jeder beliebigen Stelle bei Word für
Macintosh über den Menüpunkt „Einfügen" und „Grafik" (Abb. 6-
64) entweder eine Grafikdatei importiert werden oder eine neue
Grafik mit Hilfe einer einfachen integrierten Grafikfunktion erstellt werden. In dem sich öffnenden Auswahlfenster (Abb. 6-65)
werden hierzu entweder geeignete Dateien in Grafikformaten wie
EPS etc. angewählt oder über den Schaltknopf „Neue Grafik" wird
ein Grafikfenster geöffnet. In diesem Grafikarbeitsfenster kann
man nun die üblichen Werkzeuge wie Linien, Flächen, Kreise und
Bogenelemente sowie Fülloperationen und Texteinfügungen
durchführen (Abb. 6-66). Dabei sind auch Linienarten, Linien-
spitzen, Objektdrehungen und diverse Füllmuster in eigenen Auswahlfenstern einzustellen. Dieses **Grafikwerkzeug** eignet sich
sehr gut, wenn man in der kreativen Schaffensphase Skizzen in einen Textablauf einbauen möchte, z. B. als Erinnerung, um später
entsprechende Abbildungen mit anderen Programmen zu erstellen

Abb. 6-65: Auswahl-
fenster zum Laden
einer Grafik

Abb. 6-66: Integriertes
Zeichnungswerkzeug
in Word für Macintosh

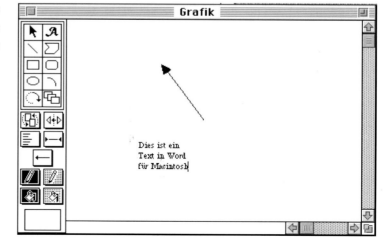

und einzufügen. Die jeweils erstellte Zeichnung erscheint nach Beendigung der Grafikfunktion im Text in einer WYSIWYG -Darstellung (**WYSIWYG** steht für What You See Is What You Get), wobei die Schreibmarke als Linie entsprechend der Höhe der Zeichnung erscheint (Abb. 6-67).

In unserem Publishing-Beispiel sollte das **Layout** mit dem PageMaker für Macintosh erstellt werden. Weil aber ein Import von Word-Texten mit eingebundenen Zeichnungen Probleme beim PageMaker auslöst, kann die integrierte Grafikfunktion von Word nicht verwendet werden. In dem Publishing-Dokument war es jedoch erforderlich, eine Strichzeichnung mit Pfeilen und Text für

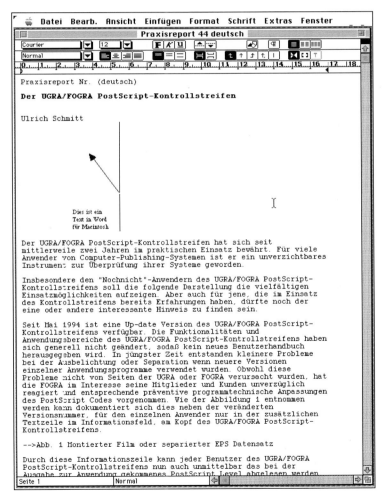

Abb. 6-67: Arbeitsfenster im Layoutmodus mit einer integrierten Grafik

Datei

Neue Datei	⌘N
Datei öffnen...	⌘O
Datei schließen	
Speichern	⌘S
Speichern unter...	⇧⌘S
Alte Fassung	
Vorgaben wählen...	
Ausgabe-Optionen...	
Seite einrichten...	
Drucken...	⌘D
Positionieren...	⇧⌘D
Exportieren...	⌘E
Fetch™-Info...	
Beenden	⌘Q

Abb. 6-68: Auswahl-
menü „Datei öffnen"

Abb. 6-69: Komplettes
Arbeitsfenster beim
Zeichenprogramm
Freehand 4.0

eine Prozeßketten-Darstellung einzubinden. Da die zu verwenden-de PageMaker-Version über keine einfach zu handhabende Linien-funktion verfügt, die z. B. auch Pfeilspitzen an Linien zuläßt, muß-te diese Zeichnung in einem separaten Zeichenprogramm erstellt werden.

Zeichnungen mit dem Programm Freehand lassen sich re-lativ einfach erstellen und sind anschließend, z. B. als EPS-Datei gespeichert, problemlos in Layoutprogramme wie PageMaker ein-zubinden. Nach einem Programmstart erscheint bei nahezu allen Freehand-Versionen zuerst ein leerer Bildschirm. Über den Menü-punkt „Datei" muß man dann entweder eine „neue Datei" anlegen oder eine schon vorhandene „Datei öffnen" (Abb. 6-68). Erst da-nach erscheint ein Arbeitsfenster (Abb. 6-69), das entsprechend der individuellen Konfiguration, nur einzelne Zeichenwerkzeuge

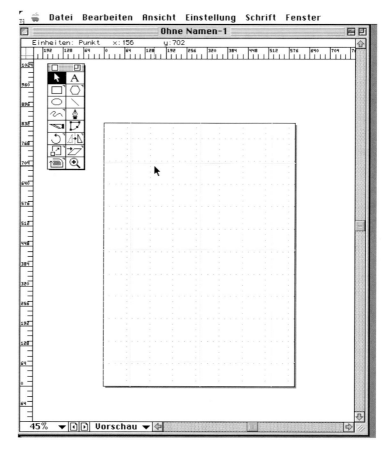

zeigt (Abb. 6-69) oder alle unter dem Menüpunkt „Fenster" markierten (Abb. 6-70) und verfügbaren Werkzeuge darstellt (Näheres hierzu in Kapitel 3.4 Anwendungsprogramme).

In unserem Beispiel ist die für das Publishing notwendige Abbildung mit einigen Linien und Pfeilspitzen sowie dem eingebundenen Text zusammen mit der erforderlichen Schriftauszeichnung schnell erstellt (Abb. 6-71). Das Speichern der Datei im EPS- bzw. **PostScript-Datenformat** kann dann über den Menüpunkt „Datei" und „Speichern unter" oder über den Menüpunkt „Exportieren" erfolgen. Um eine Zeichnung in ein Layoutprogramm zu integrieren, kann man diese Zeichnung aus Freehand auch über die Macintosh-Zwischenablage direkt in eine PageMaker-Layoutseite einfügen. Der Weg über die Zwischenablage ist hierbei sehr schnell und bequem, da die vielfältigen, mit Speichern und Importieren verbundenen Arbeitsschritte entfallen können. Es ist jedoch zu beachten, daß auf diesem Weg die in PageMaker eingebundenen Dateien im PageMaker selbst nicht mehr verändert oder editiert werden können.

Abb. 6-70: Wahlfenster der Werkzeuge bei Freehand 5.0

Abb. 6-71: Arbeitsfenster mit dem kompletten Satz an Werkzeugen bei Freehand 5.0

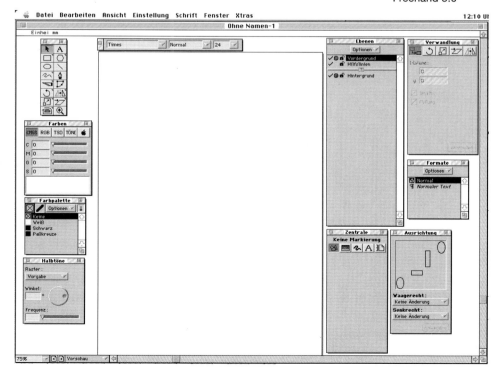

6.2.3 Screenshots

Zusätzlich zum Text waren in unserem Publishing-Dokument auch eine Reihe von Bildschirmdarstellungen als sogenannte **Screenshots** notwendig. Solche Bildschirmdarstellungen können bei nahezu allen Betriebssystemen und meist ohne große Komplikationen erzeugt werden.

Beim Apple System 7 ist dies zum einen über die integrierte Funktion des Betriebssystems und zum anderen mit Hilfe von Shareware-Programmen wie z. B. Flash-It möglich. Die **Betriebssystemfunktion** liefert eine Datei des gesamten Bildschirms als PICT-Datei, wenn dies über die Tastenkombination „Shift" „Propeller" „3" ausgelöst wird. Die Datei wird dann im aktuellen Verzeichnis oder auf dem Desktop abgelegt (Abb. 6-72) und kann mit Bildbearbeitungsprogrammen wie z. B. Photoshop weiterverarbeitet werden. Für die spätere Nutzung von Screenshots ist zu beachten, daß die Monitoreinstellung im System auf maximal 256 Farben festgelegt ist. Sind mehr Farben eingestellt werden entweder die PICT-Dateien sehr umfangreich oder es gibt Fehlermeldungen wegen zu geringem RAM-Speicher.

Shareware-Programme, wie z. B. Flash-It, bieten hier etwas weitergehende Funktionalitäten an (Abb. 6-73), so können u. a. Ausschnitte festgelegt und dann, mit Dateinamen versehen, gezielt in Verzeichnissen abgelegt werden. Solche Programme werden allgemein als Kontrollfelder im Systemordner plaziert (Abb. 6-74) und stehen so jederzeit nach dem Start des Computers über die jeweiligen Tastaturkombinationen bereit. Die Bildschirmdarstellun-

Abb. 6-72: Screenshot Datei von System 7

Abb. 6-73: Programmfunktionen für Screenshots

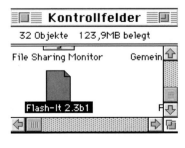

Abb. 6-74: Shareware-Programm für Screenshots

gen liegen im Falle von Flash-It als Dateien im PICT-Dateiformat vor und können ebenfalls über Bildbearbeitungsprogramme weiterverarbeitet werden.

Bei **UNIX-Betriebssystemen** gibt es ähnliche Hilfsprogramme wie Flash-It, die entsprechend der Vielfalt von UNIX-Varianten jeweils über unterschiedliche Befehle und Tastaturkombinationen aktiviert werden können. Exemplarisch sei hier das beim NEXTSTEP-Betriebssystem integrierte Tool „Grab.app" vorgestellt. Das Screenshot-Werkzeug wird in einem eigenen Menüpunkt aktiviert, was sich in der oberen rechten Bildschirmecke durch ein Kamerasymbol bemerkbar macht. In einem Menüfenster kann man dann bestimmen, ob ein einzelnes Fenster, ein Bildschirmbereich oder der gesamte Bildschirm als Screenshot erfaßt werden soll (Abb. 6-75). Die Screenshots werden dann als Dateien im TIFF-Datenformat abgespeichert und können wiederum mit Bildbearbeitungsprogrammen weiterverarbeitet werden. In unserem Beispiel des Publishing-Dokumentes handelte es sich um einen Screenshot, der von einer Sun SPARC 10 und dem Betriebssystem Sun Solaris mit Display-PostScript stammte. Dieser Screenshot

Abb. 6-75: Desktop und Fileverzeichnis des NEXTSTEP Betriebssystems

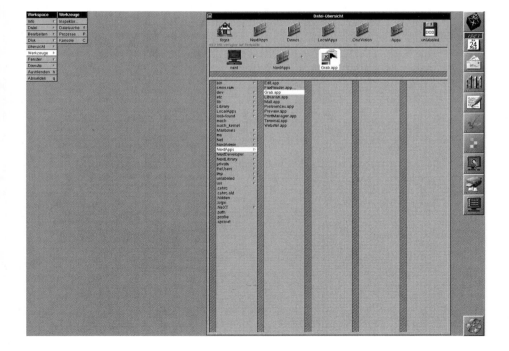

wurde mit Hilfe des dort verfügbaren PageView erzeugt und dabei im PostScript-Datenformat abgespeichert.

In unserem Beispiel war es notwendig auch Screenshots aus der MS-DOS-Systemwelt in das Macintoshbasierte Dokument zu übernehmen, weswegen dieser Aspekt hier vorgestellt werden muß. Beim **MS-DOS-Betriebssystem** und mit Windows als Benutzeroberfläche gibt es eine Anzahl an **Shareware-Programmen** (z. B. Snagit) für die Erstellung von Screenshots. Die einfachste Möglichkeit, um Screenshots sowohl bei Windows 3.1 als auch bei Windows NT und beim Windows 95 herzustellen, ist die Funktionstaste „Drucken" bei DOS-kompatiblen Computern. Drückt man diese Taste (zu einem beliebigen Zeitpunkt beim Ablauf eines Anwendungsprogramms), so wird unmittelbar der Bildschirminhalt in den Zwischenablage von Windows kopiert. Ein Ausdrucken des Bildschirminhaltes wird durch diese Taste nicht ausgelöst.

Zugriff auf den **Inhalt der Zwischenablage** erhält man unter den verschiedenen Windows-Versionen (dank DDE und OLE) bei nahezu jedem **Anwendungsprogramm**. So kann man solche Screenshots z. B. direkt einfügen in Textprogramme wie Word für Windows (an der Position der Schreibmarke), in Zeichenprogramme wie Freehand, CorelDraw und Micrografx Designer (jeweils als Bild) oder in Layoutprogramme wie PageMaker (an der Position der Schreibmarke). In all diesen Programmen ist lediglich über den Menüpunkt „Bearbeiten" und „Einfügen" der aktuelle Inhalt der Zwischenablage unmittelbar einzufügen. Da es bei manchen der genannten Anwendungsprogramme keine **Bearbeitungsmöglichkeiten** der Screenshots gibt, kann man sich hier auch mit dem Malprogramm Paintbrush (bzw. MS-Paint bei Windows 95) behelfen, das in allen Windows-Versionen verfügbar ist. Um bei diesem Programm aber immer den gesamten Inhalt des Zwischenspeichers und nicht nur den gerade in das Bildschirmfenster von Paintbrush passenden Teil des Screenshots zu kopieren, bedarf es eines kleinen, undokumentierten Kunstgriffes.

Nachdem der Bildschirminhalt in die Zwischenablage kopiert wurde, öffnet man sofort **Paintbrush** (Abb. 6-76) und vergrößert mit der Tastenkombination „Strg" + „L" (oder über den Menüpunkt „Ansicht" und „Verkleinern" der Bildansicht) den Darstellungsbereich des Arbeitsfensters auf das Maximum. Benutzt man in diesem Darstellungsmodus nun die Tastenkombination „Strg" +

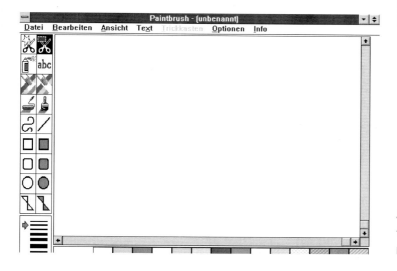

Abb. 6-76: Arbeits-
fenster von MS-Paint
bzw. Paintbrush

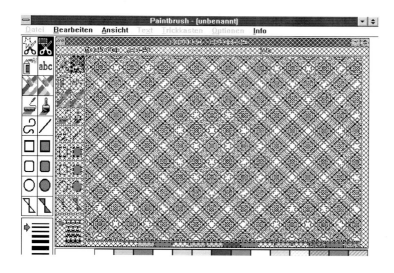

Abb. 6-77: Einfügen
des Inhaltes aus der
Windows-Zwischen-
ablage in Paintbrush

„V" (oder Menüpunkt „Bearbeiten" und „Einfügen") einmal, so erhält man ein Linienraster im Arbeitsfenster, wiederholt man diese
Tastenkombination („Strg" + „L") unmittelbar nocheinmal, so erscheint unter dem Linienraster das Bild der Zwischenablage (Abb.
6-77). Kehrt man nun zur normalen Bilddarstellung (z. B. per
„ESC"-Taste) zurück, so erscheint der Screenshot ohne Raster-
überlagerung und kann bearbeitet werden. Nach einer eventuellen
Bearbeitung kann man den Screenshot als **Bitmap-Datei** (Abb. 6-78)

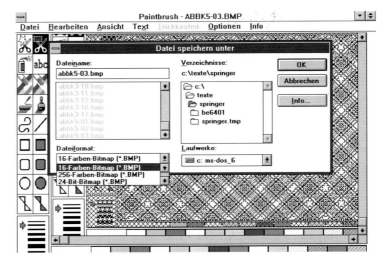

Abb. 6-78: Abspei-
chern des Bildes als
Bitmap-Datei

speichen. Einer weiteren Bearbeitung des Screenshots mit anderen Programmen wie Photoshop oder einem Transfer auf andere Betriebssysteme (z. B. zum System 7) stehen keine Hindernisse mehr im Weg.

6.2.4 Bildbearbeitung von Vorlagen

Abb. 6-79: Menüpunkt
zur Umwandlung von
RGB-Bilddaten in
Graustufen-Bilddaten

In unserem Beispiel des komplexen Publishing-Dokumentes sollen Abbildungen, die von verschiedenen Programmen und Betriebssystemen stammen, in einem Layout mit PageMaker eingebunden werden. PostScript-, TIFF- und PICT-Dateiformate stellen für PageMaker grundsätzlich kein Hindernis dar und können problemlos eingefügt werden. Trotzdem wurde vor dem Einbinden der Bilder noch eine **Bildbearbeitung** eingeschoben. Dieses hatte mehrere Gründe: Alle Screenshots waren in dem für Monitortypischen **RGB-Farbraum** erzeugt worden und sollten aber für den späteren Druck im **CMYK-Farbraum** vorliegen. Alle Screenshots wiesen als pixelorientierte Daten eine relativ hohe Dateigröße auf und eine Datenkompression war wünschenswert. Alle Screenshots wiesen einzelne Bereiche auf, die entfernt oder verändert werden mußten (z. B. ungewünschte Bildränder). Einige Screenshots enthielten schwarze Linien, welche sich nach der RGB-CMYK Umwandlung aus allen vier Farben zusammensetzten und bei Filmmontage und Druck beträchtliche Probleme bei der Passergenauigkeit verursachen konnten. Aus all diesen Gründen war bei jedem Screenshot eine Bildbearbeitung vorzunehmen, sie erfolgte mit **Photoshop**.

Abb. 6-80: Warnung vor nicht umkehrbaren Datenverlust

Die durchzuführenden Bearbeitungschritte waren bei jedem Screenshot gleich und bestanden aus dem Öffnen der Datei (über die Menüpunkte „Datei" und „Öffnen" sowie der Wahl im Verzeichnisfenster). Über den Menüpunkt „Modus" wurde dann eine **Farbraum-Konvertierung** von RGB nach CMYK oder eine Umwandlung in Graustufen vorgenommen (Abb. 6-79). Da bei der Umwandlung in Graustufen die Farbinformationen in der Datei dauerhaft verloren gehen, erscheint vor einer Umwandlung jeweils ein Warnfenster (Abb. 6-80). Als nächstes wurden einzelne Screenshot, mit dem Freistellwerkzeug auf die gewünschte Bildgröße bzw. auf wichtige Bereiche reduziert (Abb. 6-82) sowie mit dem Radierwerkzeug (Abb. 6-81) an einzelnen Stellen bereinigt.

Abb. 6-81: Aktiviertes Radierwerkzeug

Der Abschluß bestand dann im Speichern der Screenshots als Datei unter der Abbildungsnummer und mit einem einheitlichen Dateiformat, dem **TIFF-Datenformat**. Das TIFF-Format wurde

Abb. 6-82: Arbeitsfenster mit aktivem Werkzeug zum Freistellen von Bildbereichen

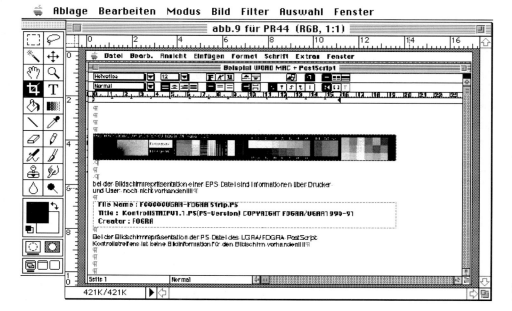

aus Gründen einer homogenen Archivierung, wegen des Vorliegens der Screenshots in einem bildpunktorientierten Datenformat und wegen der in Photoshop vorhandenen, verlustfreien LZW-Komprimierung gewählt. Wäre zum Zeitpunkt der Umwandlung absehbar gewesen, daß später ein digitales Publishing-Dokument erstellt werden müßte, so wäre es ökonomischer gewesen, statt dem TIFF-Format das für **Online-Netzwerke** (wie Compu-Serve, Internet und WWW) gebräuchlichere **GIF-Format** zu verwenden. In diesem Falle hätte man sich die für Online-Dokumente notwendige Konvertierung der Bilddateien ersparen können.

6.2.5 Layout der Broschüre

Nach Abschluß der kreativen Vorarbeiten zu den Texten, Strichzeichnungen und Abbildungen sowie den erforderlichen Autorenkorrekturen, kann nun das Layout der Broschüre mit PageMaker begonnen werden. Hierbei sind wegen des unterschiedlichen **Satzspiegels** beim **Umschlag** und beim **Innenteil** der Broschüre zwei getrennte Arbeitsschritte notwendig. Da bei PageMaker diese Parameterangaben für die ganze Datei gelten, müssen Inhalt und Umschlag der Broschüre in zwei Teile bzw. Dateien aufgespalten und erstellt werden.

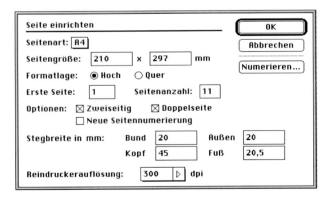

Abb. 6-83: Auswahlfenster mit
den Parametern zum Einrichten
des Titelblattes

Abb. 6-84: Seitendarstellung

Nach dem Start von PageMaker wird unter dem Menüpunkt „Ablage" und „Neu" eine neue Datei für den Umschlag angelegt. Dabei erscheint ein Fenster, in welchem nun die genauen Festlegungen der Papiergröße, der Formatlage, dem Satzspiegel etc. vorzunehmen sind. Die für den Umschlag geltenden Parameter sind in Abb. 6-83 dargestellt. Anschließend zeigt der Bildschirm ein leeres **Musterblatt**. Da nur das Deckblatt und die erste Innenseite gestaltet werden, enthält die Datei insgesamt nur zwei Seiten. Für die spätere Plazierung von Titelzeilen, Logo und Schriftzüge sind

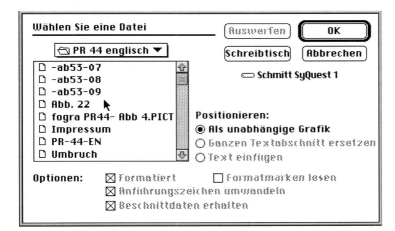

Abb. 6-85: Auswahlfenster zum Positionieren von Text- und Bilddaten

einige zusätzliche Hilfslinien einzusetzen und am Bildschirm ist das in Abbildung 6-84 gezeigte Musterblatt zu sehen.

Beim Umschlag sind nur wenige Seitenkomponenten einzufügen. Diese haben jedoch genau vorgegebene Positionen auf der Seite, weswegen es sich um eine **Bild-vor-Text-Situation** handelt, d. h., es müssen zuerst die Logos eingefügt werden. Erst danach können die Textteile plaziert werden. Dies bedeutet, daß zuerst über die Menüpunkte „Datei" und „Positionieren" das Fenster zur Dateiauswahl (Abb. 6-85) geöffnet wird. Nach Bestätigen der Auswahl, führt ein Importablauffenster zu einem mausgeführten Bildzeigesymbol (Abb. 6-86). Nach einem Mausklick erhält das Logo seinen vorläufigen Platz auf der Seite. Größenanpassungen an dem Logo können durch Angreifen eines Eckpunktes oder einer Seitenlinie des Logos vorgenommen werden. Proportionale Veränderungen können nur bei gedrückter „Shift"-Taste erreicht wer-

Abb. 6-86: Ikon beim Positionieren von PICT- und TIFF-Bildern

Abb. 6-87: Ikon zum
weiteren Texteinlauf

den, wenn gleichzeitig mit dem Mauszeiger das Logo an einem
Eckpunkt angegriffen wird.

Im zweiten Schritt wird nun der Text für Titelblatt und Impressum eingefügt. Dies erfolgt ebenfalls über die Menüpunkte
„Datei" und „Positionieren" und dem Fenster zur Dateiauswahl.
Nach Bestätigen der Auswahl führt ein Importablauffenster zu einem mausgeführten Textzeigesymbol (Abb. 6-87), mit welchem

Abb. 6-88: Fertiger
Umschlag der
Broschüre

dann der **Texteinlauf** in der Seite vorgenommen wird, bis der gesamte Text plaziert ist.

Für Umschlag und Impressum kann die erforderliche Auszeichnung, z. B. Fettdruck, Kursivschrift, Schriftart und Schriftgrad, selbst
vorgenommen werden oder wie in diesem Fall, die Word-Datei als
Auszeichnung von Word für Macintosh direkt übernommen werden.
Bei einem geringen Textumfang, wie in unserem Beispiel, sind diese
Vorgänge schnell durchzuführen und es kann nach dem Abspeichern
und Ausdrucken beim Inhalt der Broschüre fortgefahren werden. Das
Arbeitsergebnis des Titelblattes zeigt die Abb. 6-88.

Die **Gestaltung des Inhaltes** erfordert eine neue Datei. Diese
wird über die Menüpunkte „Datei" und „Neu" erzeugt. Dabei er-

scheint wieder ein Fenster, in dem die genauen Festlegungen der Papiergröße, der Formatlage und des Satzspiegels vorzunehmen sind. Entsprechend den Vorgaben ergibt dies die in Abb. 6-89 dar-

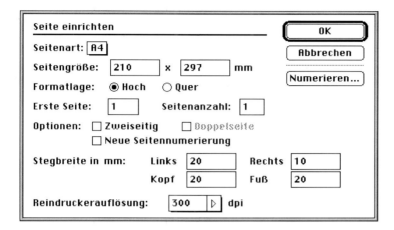

Abb. 6-89: Parameter des Seitenformates für den Inhalt der Broschüre

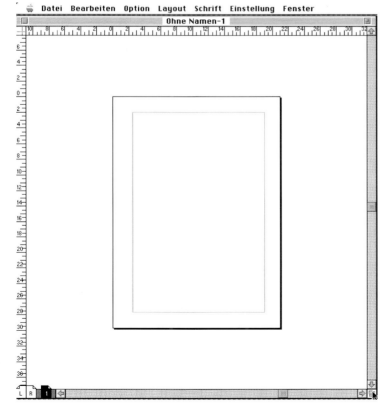

Abb. 6-90: Arbeitsfenster mit der ersten Seite

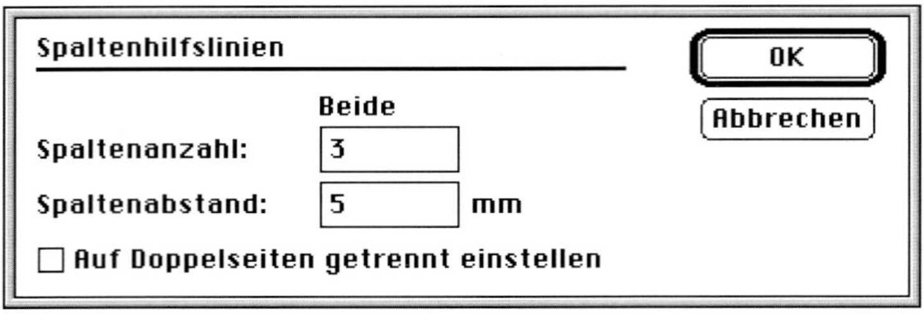

Abb. 6-91: Eingabe-
fenster für Spalten-
hilfslinien

gestellten Parameterangaben; anschließend zeigt das Arbeitsfenster ein leeres Musterblatt wie in Abb. 6-90.

Die **Standardseiten** erhalten als nächstes die Seitenelemente,
wie Linien und Seitenzahlen, jeweils nach linker und rechter Seite
getrennt. Es sind nun noch die Spaltenanzahl, die Spaltenabstände
und die Spaltenbreite über den Menüpunkt „Layout" und
„Spaltenhilfslinien" in dem gleichnamigen Fenster (Abb. 6-91)
einzugeben.

Als wichtigste Anforderung für den Inhalt der Broschüre, sollen die Abbildungen möglichst nahe an der jeweiligen Textstelle
plaziert sein, da der technische Inhalt dann leichter erfaßt werden
kann. Es handelt sich hierbei um die **Text-vor-Bild-Situation**,
d. h. es sollen die Abbildungen vom Text umflossen werden. Somit
ist zuerst der Text zu positionieren. Dies erfolgt wie beim Umschlag über die Menüpunkte „Datei" und „Positionieren". Der
weitere Ablauf entspricht im wesentlichen den Ausführungen, die
bereits beim Umschlag zum Text- und Bildimport vorgestellt wurden.

Die 3spaltige Seiteneinteilung in Kombination mit Blocksatz,
bereitet jedoch einigen Aufwand, bis der **Umbruch** steht. Würde
hier ein Rauhtext (mit geringem Flatterrand des Textes) verwendet
werden, wäre der Arbeitsaufwand erheblich geringer und entsprechend leichter auszuführen. Durch die gegebene Spaltenbreite und
dem Blocksatz finden sich im gesamten Textfluß Passagen mit ungünstiger Worttrennung; dies erfordert nach dem Plazieren der Abbildungen eine Anpassung u. a. von Worttrennungen und eventuell
von Laufweiten und Buchstabenbreiten. Diese Vorgänge sind als
letzter Arbeitsschritt und dann jeweils für jede Seite und beginnend mit der ersten Seite durchzuführen.

Das **Positionieren der Abbildungen** und der unterschiedlichen Darstellungen (hier: ein PostScript-Kontrollstreifen) als EPS-

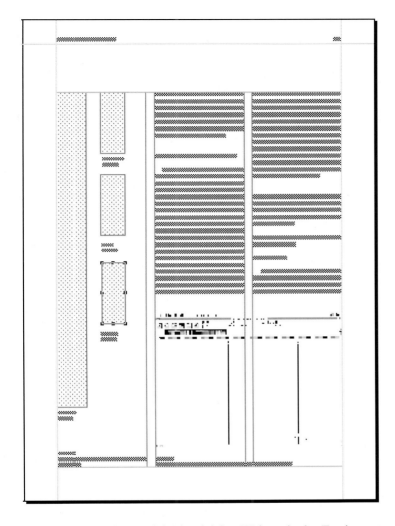

Abb. 6-92: Bildschirmdarstellung mit
Platzhalter für manuell
einzumontierende
Filmteile

Datei auf den Seiten, erfolgt in gleicher Weise wie der Textimport
und bedarf keiner weiteren Ausführungen. Die jeweiligen Bilddarstellungen sind nach dem Import lediglich in ihrer Position und
ihrem Größenformat dem Seiten- und Spaltenformat anzupassen.
Für jene Seitenteile, welche erst nach Filmausbelichtung in der
herkömmlichen Montage auf den Seiten erscheinen, sind während
der Layout- und Umbrucharbeiten jeweils Platzhalterfelder in der
genauen Größe der Montageteile in den Seiten einzusetzen. Diese
Platzhalterfelder erreicht man z. B. durch gerasterte Rahmen (Abb.
6-92) und mit Hilfe des Rahmenwerkzeugs in PageMaker. Nach
Beendigung der Layoutarbeiten und vor einer Filmbelichtung

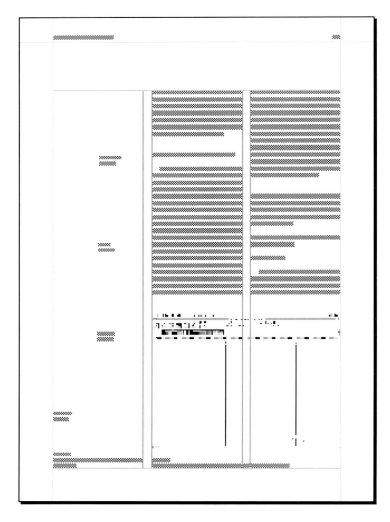

Abb. 6-93: Seitengestaltung fertig für Filmbelichtung (für die manuelle Montage wurden die Platzhalter entfernt)

müssen diese Platzhalterfelder jedoch komplett aus den Seiten entfernt werden (Abb. 6-93).

Kapitel 7

Druckvorbereitung von Publishing-Dokumenten

Die Kapitel 5 und 6 waren auf den kreativen Schaffensprozeß von Publishing-Dokumenten ausgerichtet. In diesem Kapitel soll der Schritt in den **Produktionsprozeß** unternommen werden. Es wurde in den vorausgehenden Kapiteln schon deutlich, daß sich das kreative Schaffen von Autoren, Designern und Gestaltern immer stärker mit den professionellen Tätigkeiten und Arbeitsabläufen von Typographen, Setzern und Scanneroperatoren vermischt. Eine klare Trennung und Untergliederung in einzelne Sparten, in eindeutige Berufsbilder oder in eigenständige Tätigkeiten ist bei den Arbeitsabläufen mit den verfügbaren Anwendungsprogrammen des Computer Publishing kaum noch möglich. Die Übergänge zwischen den Arbeitsbereichen sind heute fließend.

In ähnlicher Weise entwickelt sich auch ein Trend bei der Produktion von gedruckten Publishing-Dokumenten, wo es ebenfalls zu einem weiteren Verschmelzen der herkömmlichen, sehr unterschiedlichen Arbeitsabläufe der Produktion mit denen des kreativen Schaffens kommt. Nicht nur eine Veränderung von Film- und Plattenherstellung, von Druck und Druckweiterverarbeitung wird bei gedruckten Publishing-Dokumenten erfolgen. Darüber hinaus wird es mit den verfügbaren Anwendungsprogrammen ohne weiteres technisch möglich sein, daß ein Autor ein Buch in der kreativen Schaffensphase seitengenau, komplett mit Auszeichnungen, Abbildungen und Umbruch erstellt. Es ist heute keine Utopie mehr, daß die Ergebnisse des kreativen Schaffens in der **digitalen Prozeß-kette** unmittelbar auf einer digitalen Druckmaschine ausgedruckt und diese Drucke in einer Verarbeitungsstation buchbinderisch fertiggestellt werden. In einer digitalen Prozeßkette entfallen Arbeitsschritte und Zwischenprodukte wie Film- und Plattenbelichtungen, Montage- und Makulaturbögen etc., und es wird auch möglich sein, nur noch die gerade benötigte Auflage zu produzieren. Das Zauberwort hierzu heißt print-on-demand, Drucken entsprechend der Nachfrage.

In dieser **Produktionsphase** gibt es einige wesentliche Aspekte zur Druckvorbereitung, die im einzelnen genauer vorgestellt werden sollen. Diese sind:

– Eingangskontrolle digitaler Daten,
– Überfüllen von Bildern,
– digitale Montage und Bogenausschießen,
– Farbseparation,
– digitale Prüfandrucke (Proofs).

Eine generalisierte Übersicht über die **Arbeitsabläufe dieser Produktionsphase** ist in Abb. 7-01 aufgezeigt.

Abb. 7-01: Workflow für Filmherstellung, Montage, Kopie und Druck

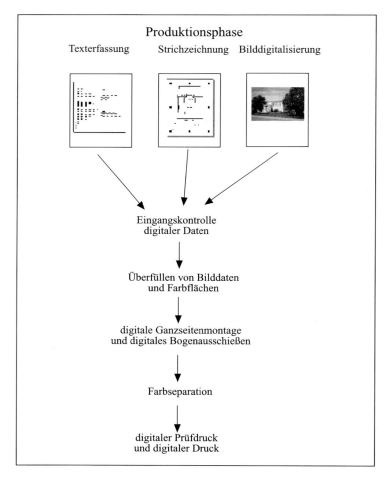

7.1 Eingangskontrolle digitaler Daten

Unser Beispiel ist hier wieder die Broschüre aus Kapitel 6.2, deren Inhalt sich mit einem digitalen Kontrollmittel für die Qualitätssicherung an PostScript-Belichtern befaßt. Diese Thematik eines digitalen Kontrollmittels macht es erforderlich, daß u.a. unterschiedliche Belichterauflösungen, -einstellungen und -typen mit dem gleichen Kontrollmittel dokumentiert werden. Eine seitenglatte Filmbelichtung aller Dokumentseiten (z.B. in verschiedenen Rasterungen oder Auflösungseinstellung auf einer Seite) ist nicht möglich, da dann nur an einem Belichter und mit nur einer Einstellung des Belichters die Filme erstellt werden könnten. Entsprechend sind, wie schon beschrieben, anhand von Platzhaltern bzw. Markierungen innerhalb des Dokumentes für die später einzupassenden und konventionell zu montierenden Seitenelemente und Kontrollstreifen freie Bereiche geschaffen worden.

In der **teildigitalen Prozeßkette** erfolgt mit dem Ende der kreativen Schaffensphase meistens auf irgendeine Weise eine Weitergabe der Arbeitsergebnisse an einen anderen Bearbeiter. So kann z.B. ein Autor sein digital verfaßtes Werk an den Verlag und dessen Lektoren weiterreichen. Es kann auch die digitale Weitergabe einer lektorierten, redigierten und abgeschlossene Publikation an die technische Arbeitsvorbereitung betreffen. Es kann sich jedoch auch um die Weitergabe der belichteten Filme von einem

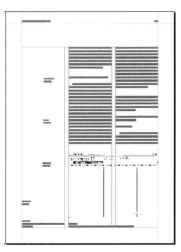

Abb. 7-02: Bildschirmdarstellung vom fertigen Layout eines Dokumentes

Belichterstudio an einen Druckbetrieb handeln. Die Varianten einer Übergabe in der teildigitalen Prozeßkette sind vielfältig. Soweit diese Übergabe konventionelle Materialien betrifft, können herkömmliche Prüfmittel angewendet werden. Durch **Kontrollmittel** ist es möglich, daß diese Übergabe und damit der Schnittpunkt zwischen zwei Arbeitsschritten eindeutig überwacht und Qualitätsverluste vermieden werden können. Grundsätzlich sind Schnittpunkte in einer Prozeßkette, unabhängig ob teildigital oder digital, optimale Ansatzpunkte für den Einsatz von **qualitätssichernden Maßnahmen**. In dem Bereich der digitalen Prozeßkette gibt es jedoch im Gegensatz zur konventionellen Prozeßkette nicht so klare Schnittpunkte. Digital vorliegende Daten sind nicht so einfach zu überprüfen wie ein belichteter Film oder eine Druckplatte, deshalb sind andere Kontrollmittel notwendig (Näheres in Kapitel 4.5) und andere Schnittpunkte festzulegen. Die Freigabe zum Druck bildet z.B. einen sehr guten Ansatzpunkt, um mit relativ preiswerten Mitteln, wie z.B. farbigen oder schwarzweißen Laserausdrucken, den aktuellen Arbeitsstand zu dokumentieren. Bei digitalen Datenbeständen reicht diese Kontrolle, z.B. bei qualitativ hochwertigen Druckanforderungen, jedoch nicht immer aus. Daher ist eine durchgehende und einheitliche Datenorganisation und eine Eingangsprüfung von Daten erforderlich.

7.1.1 Datenorganisation

Grundsätzlich ist die Prüfung angelieferter Datenbestände und eine übersichtliche **Datenorganisation** ein ganz wichtiger Aspekt, dem nicht erst bei der Vorbereitung zum Druck, sondern schon in der kreativen Schaffensphase große Aufmerksamkeit gewidmet werden sollte. In der kreativen Schaffensphase ist dies wichtig, um Mehrarbeit, z.B. bedingt durch Wahl von ungeeigneten Datenformaten zu vermeiden. Spätestens beim Übergang in die Produktionsphase ist dieser Aspekt der Datenorganisation als Teil der Qualitätssicherung, beispielsweise im Rahmen der ISO 9000, unabdingbar.

Beim Apple-Betriebssystem ist die **Eingangkontrolle** angelieferter Datenbestände über den System Finder sehr einfach. Nach dem Systemstart sind sofort alle Datenträger unmittelbar zu-

Abb. 7-03: Ikons als Beispiele von verfügbaren Laufwerken

greifbar. Verfügbare Datenträger sind als Ikons im Bildschirmfenster sichtbar (Abb. 7-03) und weisen je nach Datenträger eigene Symbole auf. Üblicherweise sind an einem Macintosh-Computer u.a. die interne Festplatte (Abb. 7-03 – Macintosh HD), externe Server Laufwerke (Abb. 7-03 – Digi-Keile), das interne Diskettenlaufwerk (Abb. 7-03 – PC untitled) und ein Wechselplattenlaufwerk (Abb. 7-03 – Schmitt #4) verfügbar. Über den Menüpunkt „Inhalt" der Finder-Menüleiste (Abb. 7-04) kann die Darstellung des Verzeichnisfensters von Symbolen (Abb. 7-06) auf Text (Abb. 7-05) umgestellt und z.B. nach Erstellungsdatum der Dateien, nach Dateinamen oder Dateigröße sortiert werden. Eine Textdarstellung kann dann über den Menüpunkt „Fenster drucken" der Finder-Menüleiste (unter „Ablage" zu finden) ausgedruckt werden, wobei Inhalte der Unterverzeichnisse durch anklicken des „>" vor einem Verzeichnis aufgeklappt werden können (Abb. 7-05).

Inhalt
Nach Minisymbolen
✓ Nach Symbolen
Nach Name
Nach Größe
Nach Art
Nach Datum

Abb. 7-04: System 7
Finder – Menüpunkt
Inhalt

Abb. 7-05: Verzeichnis
in Textdarstellung

Abb. 7-06: Grund-
struktur eines
Verzeichnissystems
bei Auftragsbeginn

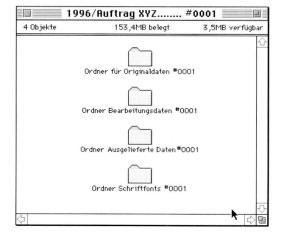

Bei nahezu jedem größeren Publishing-Dokument entstehen eine Vielzahl von verschiedensten Dokumenten- und Dateiarten sowie eine große Anzahl an Dateien. In solchen komplexen Publishing-Dokumenten empfiehlt es sich, eine straffe Organisation der Verzeichnisse und Datenbestände vorzunehmen. Das bedeutet zum einen, daß für jeden Auftrag ein eigenes Hauptverzeichnis erzeugt werden sollte, zum anderen, daß weitere Unterverzeichnisse z.B. für angelieferte, bearbeitete und weitergegebene Dateien angelegt werden sollten (Abb. 7-06). Wesentlich ist hierbei, daß alle ursprünglich erhaltenen **Originaldaten** während des gesamten Bearbeitungsvorganges in einem eigenen Dateiverzeichnis, z.B. im Unterverzeichnis mit dem Namen „Originaldaten" oder „Ursprungsdaten", abgelegt und dort bereitgehalten werden (Abb. 7-06). Dieser Ordner mit den unveränderten Originaldaten ermöglicht während der Bearbeitungsphase, z.B. bei irrtümlichen Veränderungen, immer einen schnellen Zugriff auf die Originaldaten. Zudem schont dieses Verfahren die jeweiligen, sicher verwahrten, originalen Datenträger.

Nach dem Ablegen in das Verzeichnis der Originaldaten erfolgt in einem weiteren Kopiervorgang ein Übertragen dieser Daten in das **Bearbeitungsverzeichnis** (Abb. 7-06). Mit diesen Daten können nun ohne Sorge vor unerwünschten Veränderungen alle erforderlichen Bearbeitungen (Bildanpassungen, Belichter- und

Ordner Ausgelieferte Daten #0001

Ordner Schriftfonts #0001

Abb. 7-07: Ordner für Auftragsdateien und für verwendete Schriftfonts

Abb. 7-08: Schriftenordner im Systemverzeichnis mit Schriftfonts für Bildschirm- und Druckerausgabe

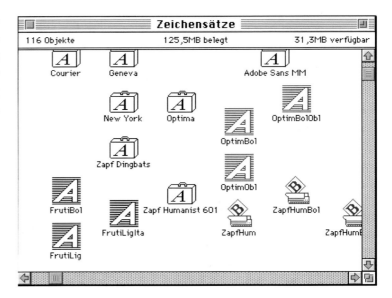

Druckertreibereinstellungen etc.) vorgenommen werden. Sind die Ergebnisse zufriedenstellend, so werden alle Verzeichnisse, aber nur die erforderlichen Dateien der Endfassung (d.h. keine Zwischenfassungen oder Vorversionen) in einem Verzeichnis z.B. mit der Bezeichnung „Ordner ausgelieferter Daten ..." (Abb. 7-07) übertragen oder umkopiert. Da es innerhalb eines Ordners oder Verzeichnisses beliebig viele weitere Ordner oder Verzeichnisse geben kann, sollte diese Funktionalität zur Strukturierung von Datenbeständen genutzt werden. In einem Ordner mit dem Endstand der Daten oder in Ergänzung dazu sollte auch ein Ordner für die in den Dateien verwendeten und für einen Druck erforderlichen Schriftfonts erstellt werden (Abb. 7-07). Sowohl für eine **Archivierung** als auch für eine Weitergabe der Datenbestände (z.B. Rückgabe an den Auftraggeber oder Weitergabe an einen Druckbetrieb soweit dies im Rahmen des Urheberechtes gestattet ist) sind die richtigen Schriftfonts wichtig, um das gewünschte Druckergebnis auch zu einem später Zeitpunkt zu erzeugen. Die jeweiligen Schriftfonts befinden sich im Systemordner des Apple-Betriebssystem in dem Verzeichnis „Fonts" und in „Zeichensätze" (Abb. 7-08).

7.1.2 Prüfung auf Seitenstandrichtigkeit

Nach der Datenorganisation ist die **Prüfung auf Standrichtigkeit** der Seite vor einer Druckausgabe der nächste sehr wichtige Aspekt, welcher unbedingt durchgeführt werden sollte. Erfolgt die weitere Bearbeitung, z.B. die Filmherstellung, über ein Netzwerk wie LAN (Local Area Network) oder WAN (Wide Area Network), so sind in der Regel Probleme aufgrund fehlender Schriftfonts, fehlender Abbildungen etc. eher selten. Bei einem Dokument, welches sich in seinem ursprünglichen Verzeichnis befindet, bleiben alle **Verbindungen** z.B. zu Dokumentdateien und Schriftfonts erhalten. Wird jedoch das Publishing-Dokument auf Datenträger umkopiert (z.B. in komprimierter Form auf Disketten, Wechselplatten, Magnetbänder oder magnetooptischen Platten), so hat sowohl der Versender als auch der Empfänger der Datenträger sicherzustellen, daß das Publishing-Dokument vollständig, unbeschädigt und bei Kompression bzw. Dekompression ohne

Qualitätsverluste übermittelt wird. Bei einer Übetragung eines Dokumentes in Form von EPS- oder PDF-Dateien hat der Empfänger und der nachfolgende Bearbeiter wenig **Korrektur-möglichkeiten**. Bei Apple System 7 sowie in der DOS-Windows-Betriebssystemwelt besteht allgemein die Möglichkeit, den Dateiinhalt auf Vollständigkeit durch einen Laserausdruck (farbig oder S/W) zu überprüfen. Sind hierbei Abweichungen von mitgelieferten **Kontrollausdrucken** (z.B. auf Laserdruckern oder Proof-Systemen) des Auftraggebers festzustellen, kann es zu einer ganzen Reihe von Rücksendungen kommen. Verfügt der Empfänger oder Bearbeiter über die gleichen Anwendungsprogramme wie der Auftraggeber, so kann diese Problematik der fehlenden Datei-, Dokument- oder Seitenkomponenten dadurch wesentlich vereinfacht werden, daß nur die fehlenden oder fehlerhaften Komponenten nachgeliefert werden. Ein mehrfaches Erstellen von ganzen Dokumentkopien und deren wiederholtes Versenden kann dann entfallen.

In der UNIX-Betriebssystemwelt (z.B. unter der Benutzeroberfläche Sun Open Look oder bei NEXTSTEP) steht heute als

Abb. 7-09: EPS-Datei
Darstellung und
Editierbarkeit bei
OneVision unter
NEXTSTEP

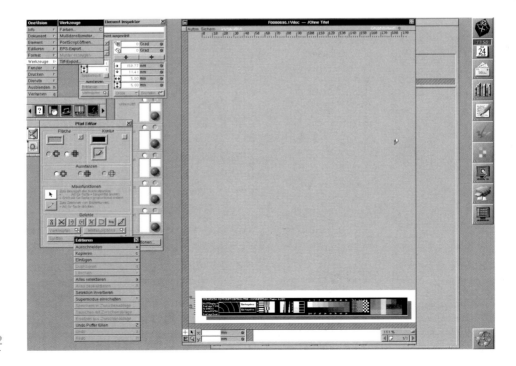

Kontrollmittel **Display-PostScript** zur Verfügung. Durch Display-PostScript kann ein Dateninhalt bereits am Bildschirm auf Position und Vollständigkeit überprüft werden, dies ist dann jedoch nur in der Auflösungsqualität des Bildschirms möglich. Solch eine Kontrolle erspart zumindest bis zu einem gewissen Grad kostenintensive Kontrollausdrucke (Abb. 7-09). Durch Display-PostScript ist bei einigen Anwendungsprogrammen auch ein nachträgliches Editieren von PostScript-Dateien möglich, ohne daß hierzu die Originale oder Ursprungsdateien benötigt werden.

In unserem gewählten Beispiel für einen Praxisreport bleiben wir jedoch in der Apple-Betriebssystemwelt. Die erstellte Umbruchdatei wird nun per Doppelklick aktiviert und dabei das Layoutprogramm PageMaker 5.0 für Macintosh geöffnet (Abb. 7-10). Sollten während dieses Ladevorganges Schriften (Abb. 7-11) oder Dokumentbestandteile (Abb. 7-12) auf dem Datenträger oder Netzwerkrechner fehlen, so wird dies durch entsprechende **Warnhinweise** sichtbar gemacht. Grundsätzlich können solche Fehlermeldungen schon frühzeitig vermieden werden, wenn in einem straffen Dateimanagement alle notwendigen Dateien in einem

Abb. 7-10: PageMaker Arbeitsfenster mit dem Beispieldokument

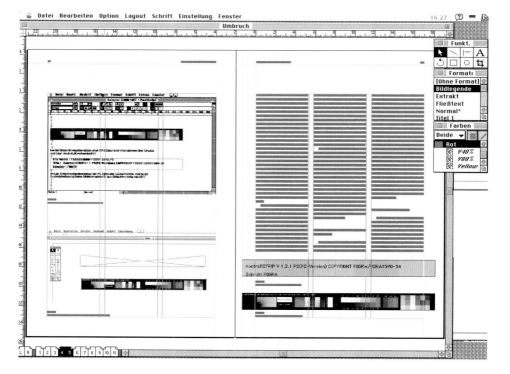

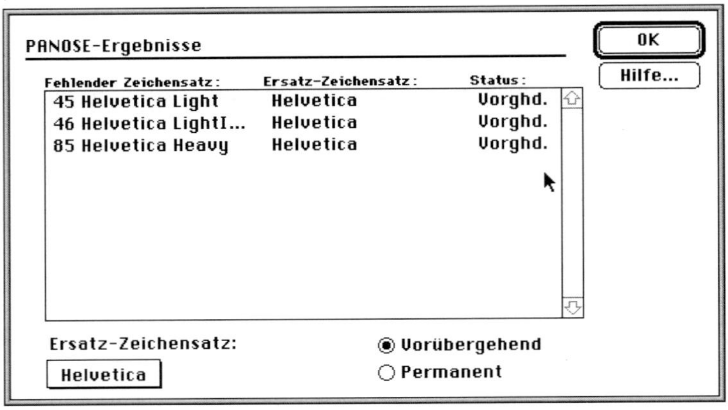

Abb. 7-11: Warnhinweise beim Fehlen von Schriftfonts

Abb. 7-12: Warnhinweise beim Fehlen von Abbildungen oder Texten

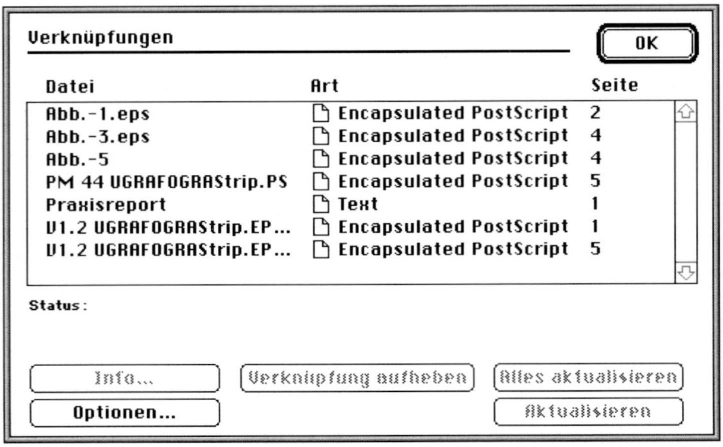

Abb. 7-13: Kontrolle von bestehenden Verknüpfungen eines Dokumentes

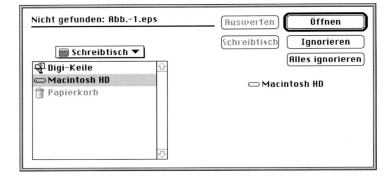

Hauptverzeichnis und notfalls mehreren Unterverzeichnissen gemeinsam abgelegt worden sind. Dann erfordert das Erzeugen eines
versandfertigen Datenträgers (Diskette, MOD, Wechselplatte etc.)
lediglich ein Verschieben des Hauptverzeichnis-Ikons auf diesen
Datenträger (bei Apple-Macintosh und SUN Open Look direkt, bei
DOS-Windows über den Dateimanager) oder in das Verzeichnis
des jeweiligen Netzwerkrechners.

Zur **Kontrolle** kann bei manchem Anwendungsprogramm
auch über den Menüpunkt „Datei" und „Verknüpfungen" die jeweilige Art und der Umfang der **Verknüpfungen** des Publishing-
Dokumentes überprüft werden (Abb. 7-13). Ein solcher Abgleich
mit den Dateien auf einem versandfertigen Datenträger nimmt
meist nur wenige Minuten in Anspruch und kann aufwendige Zeit-
verzögerungen und Termingefährdungen leicht verhindern.

7.1.3 Prüfung auf korrekte Ausgabe von EPS-Dateien

Die **Vorschau** oder **Standrichtigkeit** der Bestandteile eines Publishing-Dokumentes am Bildschirm oder in einer Laserdruckerausga-
gabe bietet zumeist keine ausreichende Sicherheit darüber, daß
dieses Dokument auch an einem Belichter, einem Digitalproof
oder einer digitalen Druckmaschine richtig ausgegeben wird. Für
Anwender, die an das Apple-Betriebssystem gebunden sind und
dabei mit dem Problem von fehlerhaft oder unvollständig angelieferten PostScript-Dateien konfrontiert werden, bleibt das
Editieren von PostScript-Daten ein weiteres, wichtiges Anliegen.

Man kann heute den PostScript-Datenbestand eines Publi-
shing-Dokumentes mit dem Adobe Acrobat Distiller in eine **PDF-
Datei** umwandeln und dabei eventuelle Fehlermeldungen über den
PostScript-Code als Warnhinweise für Ausgabeprobleme auswer-
ten. Der Arbeitsablauf ist dabei durch Aktivieren des Adobe
Acrobat Distiller und Öffnen einer PostScript-Datei über den
Menüpunkt „Ablage" und „Öffnen" relativ unkompliziert. Ein im
Apple-Betriebssystem übliches Dateiauswahlfenster zeigt alle aus-
gefilterten, geeigneten Dateien an. Nach Anwahl erfolgt die Um-
wandlung der Datei unmittelbar und automatisch (Abb. 7-14). Das
Ergebnis der Umwandlung und eventuelle Fehlermeldungen wer-

Abb. 7-14: Ikon des
Umwandlungs-
protokolls einer PDF-
Datei

385

```
============ Umbruch von PR44.pdf.log ============
%%[ Error: undefined; OffendingCommand: pdfmark; ErrorInfo: DOCINFO ]%%

Stack:
/DOCINFO
(Adobe PageMaker 6.0)
/Creator
()
/Keywords
()
/Subject
(Fogra)
/Author
(Umbruch von PR44)
/Title
-dict-


%%[ Flushing: rest of job (to end-of-file) will be ignored ]%%
```

Abb. 7-15: Inhalt eines
Fehlerprotokolles

den in einem eigenen Fenster angezeigt (Abb. 7-15). Diese Fehlermeldungen können dann beurteilt und deren Auswirkung auf die
jeweils beabsichtigte Ausgabeform berücksichtigt werden. Es ist
jedoch zu beachten, daß der Adobe Acrobat Distiller nach einer
Fehlermeldung den Umwandlungsvorgang abbricht. Man kommt
deswegen nicht zu einer kompletten Liste von Fehlermeldungen
bei einer Datei. Erhält man keinerlei Fehlermeldungen, so erlaubt
dies zumindest die Schlußfolgerung, daß die jeweilige Datei im
Prinzip keine Ausgabeprobleme auslösen dürfte.

Hat man jedoch Fehlermeldungen erhalten, so kann man diesen Meldungen weiter auf den Grund gehen, was mit einem
PostScript-Texteditor wie z.B. Lasertalk von Symantec möglich
ist. Man erhält die PostScript-Datei in einem lesbaren ASCII-Code
(Abb. 7-16). Über die Menüpunkte „File" und „Open" kann man
den PostScript-Code interpretieren lassen und Fehler wie z.B. falsche oder fehlende Definitionen werden mit einem Markierungs-
pfeil an der entsprechenden Stelle angezeigt. Diese Editoren bieten
sich in der Regel an für Anwender mit fundierten Kenntnissen der
PostScript-Programmiersprache. Für weniger versierte Anwender
werden diese Editoren nicht so geeignet sein.

Kann man Ausgabefehler in einer PostScript-Datei nicht beheben und ist die Beschaffung von korrekten Originaldaten nur

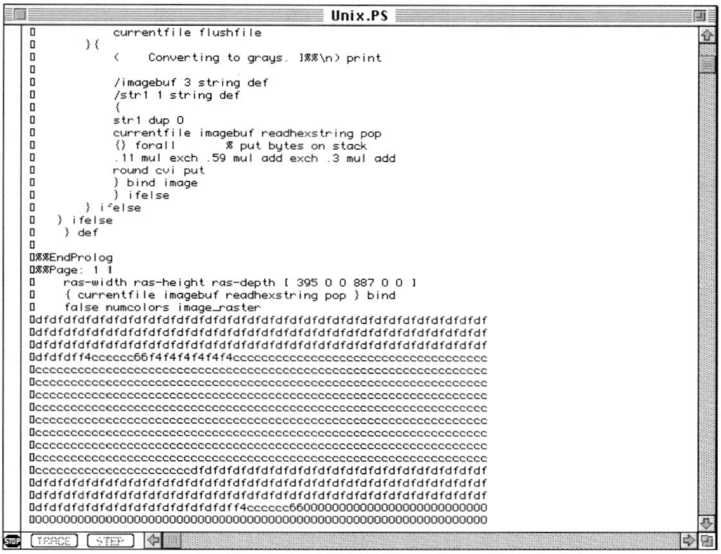

```
═══════════════════════ Unix.PS ═══════════════════
              currentfile flushfile
        } {
              {     Converting to grays.  ]%%\n} print

              /imagebuf 3 string def
              /str1 1 string def
              {
              str1 dup 0
              currentfile imagebuf readhexstring pop
              {} forall        % put bytes on stack
              .11 mul exch .59 mul add exch .3 mul add
              round cvi put
              } bind image
              } ifelse
        } ifelse
        } def

%%EndProlog
%%Page: 1 1
      ras-width ras-height ras-depth [ 395 0 0 887 0 0 ]
      { currentfile imagebuf readhexstring pop } bind
      false numcolors image_raster
dfdfdfdfdfdfdfdfdfdfdfdfdfdfdfdfdfdfdfdfdfdfdfdfdfdfdfdf
dfdfdfdfdfdfdfdfdfdfdfdfdfdfdfdfdfdfdfdfdfdfdfdfdfdfdfdf
dfdfdfdfdfdfdfdfdfdfdfdfdfdfdfdfdfdfdfdfdfdfdfdfdfdfdfdf
dfdfdfdff4cccccc66f4f4f4f4f4cccccccccccccccccccccccccccc
ccccccccccccccccccccccccccccccccccccccccccccccccccccccc
ccccccccccccccccccccccccccccccccccccccccccccccccccccccc
ccccccccccccccccccccccccccccccccccccccccccccccccccccccc
ccccccccccccccccccccccccccccccccccccccccccccccccccccccc
ccccccccccccccccccccccccccccccccccccccccccccccccccccccc
ccccccccccccccccccccccccccccccccccccccccccccccccccccccc
cccccccccccccccccccccccccdfdfdfdfdfdfdfdfdfdfdfdfdfdfdf
dfdfdfdfdfdfdfdfdfdfdfdfdfdfdfdfdfdfdfdfdfdfdfdfdfdfdf
dfdfdfdfdfdfdfdfdfdff4cccccc6600000000000000000000000000
0000000000000000000000000000000000000000000000000000000
```

Abb. 7-16: Lasertalk Arbeitsfenster mit PostScript-Code und integrierten Bilddaten

schwer möglich, dann bleibt nur noch der Weg des Editierens der PostScript-Dateien.

7.1.4 Editieren von PostScript-Dateien

Muß eine angelieferte PostScript-Datei editiert werden und sind die Originaldaten nicht mehr oder nicht schnell genug verfügbar, so kann dies mit dem nützlichen **Shareware-Programm epsConverter** ermöglicht werden. Eine nicht-editierbare PostScript-Datei (Abb. 7-17) wird in Anwendungsprogrammen, als ein gesperrtes Feld dargestellt. Mit dem epsConverter kann eine Konvertierung in eine editierbare Datei (Abb. 7-18), entsprechend der einstellbaren Präferenzen (Abb. 7-19), durchgeführt werden. Anschließend ist es möglich, diese Datei direkt im Adobe Illustrator zu öffnen. Die Dateibestandteile sind dann sofort als Bildkomponenten sichtbar (Abb. 7-20). Es ist hierbei ganz wesentlich, daß es sich nicht nur um eine Platzhalterfunktion einer PICT-Datei in der Resource Fork des Apple-Betriebssystems handelt, sondern daß die Bildelemente beweglich und veränderbar sind (Abb. 7-21). Mit diesem Anwendungsprogramm werden auch ältere, archivierte PostScript-Datenbestände, bei denen die Kenntnisse über Inhalt oder Ur-

Abb. 7-18: Konvertieren einer PostScript-Datei in ein Adobe Illustrator Dateiformat

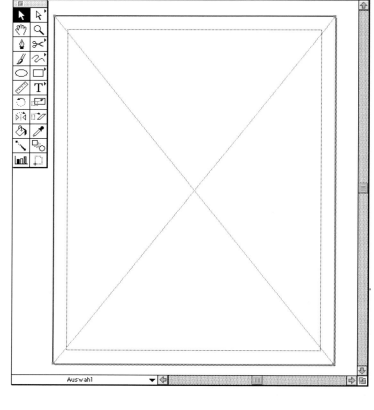

Abb. 7-17: Gesperrtes Feld nach Import einer nicht-editierbaren PostScript-Datei (hier in Adobe Illustrator)

Abb. 7-19: Einstellungen für die herzustellende Datei

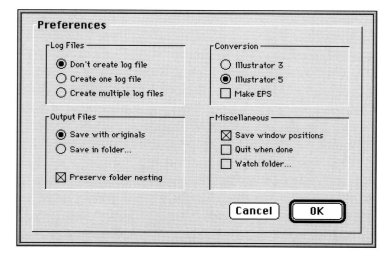

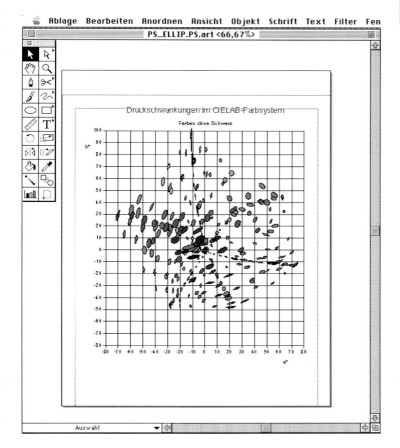

Abb. 7-20: Nach Konvertierung editierbare PostScript-Datei

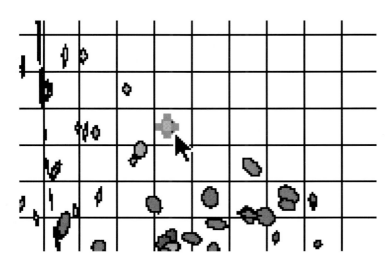

Abb. 7-21: Die Detailvergrößerung aus Abb. 7-20 zeigt ein aktiviertes Objekt, das jetzt verändert werden kann

sprung eventuell verloren gegangen sind, wieder wertvoll und aktualisierbar.

Zum Abschnitt 7.1 „Eingangskontrolle digitaler Daten" empfehlen sich weiterführende Informationen aus aktuellen Seminaren vom Institut für rationale Unternehmensführung in der Druckindustrie e.V. (IRD) und von der Forschungsgesellschaft Druck e.V. (FOGRA) [7.1], [7.2] sowie vom Bundesverband Druck E.V. [7.3], [7.4]. Bezüglich Datenkonsistenz und Datenformaten sind u.a. die Bücher von Born [7.5], [7.6] und Lipp [7.7] interessant. Zum Thema Datenkompression sind aktuelle Publikationen in Fachzeitschriften wie Page, c't – magazin für computertechnik, PrePress, Macwelt sowie einzelne Fachartikel wie u.a. [7.8], [7.9] anzuraten.

7.2 Überfüllen von Bilddaten

Ein weiterer wichtiger Aspekt in der digitalen Druckvorbereitung betrifft das Überfüllen von aneinandergrenzenden Farbflächen. Beim **Überfüllen** werden aneindergrenzende Farbflächen geringfügig vergrößert, um hierdurch ein sogenanntes Blitzen an den Flächengrenzen während des Druckens zu verhindern. Beim Blitzen handelt es sich um Passerabweichungen, die u.a. durch Schwankungen in Druckmaschinen- und Papier verursacht werden.

Für Überfüllungen können relativ preiswerte und einfache **Shareware-Programme** wie der EPS-Bleeder von Nathan Dickson, Spezialprogramme wie TrapWise von Adobe/Aldus oder in Anwendungsprogramme integrierte Funktionen wie QuarkXPress 3.31 verwendet werden. Welchen Weg man hierbei beschreitet, hängt wesentlich von den Aufgabenstellungen und der Häufigkeit von notwendigen Überfüllungen ab. Aus Kostengründen kann z.B. ein Shareware-Programm schon relativ effizient eingesetzt werden (Abb 7-22). Es ist jedoch zu beachten, daß hier die Benutzeroberflächen wie auch der Funktionsumfang nicht mit den Maßstäben **kommerzieller Anwendungsprogramme** verglichen werden sollte.

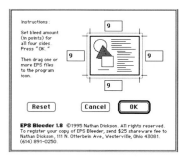

Abb. 7-22: Auswahlfenster und einziges Eingabefenster eines Shareware-Programms

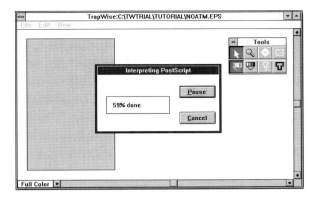

Abb. 7-23: Import und Umwandlung einer PostScript-Datei in einem kommerziellen Programm

Spezialprogramme wie Aldus TrapWise bieten gegenüber Shareware-Programmen zumeist weitere Funktionen und Optionen an. Wie bei den Shareware-Programmen werden hier PostScript-Dateien im EPS-Format benötigt. Nach der Auswahl und während des Ladens werden diese Dateien interpretiert und analysiert (Abb. 7-23). In einer **Bildvorschau** (in Graustufen oder in Farbe) können dann kritische Bereiche in Vergrößerungen gezielt betrachtet werden.

Mit Hilfe der Farbauswahl können u.a. auch einzelne **Farbauszüge** beurteilt und mit Meßwerkzeugen ausgemessen werden. In einem eigenen Bildschirmfenster kann man sowohl die Prozeßfarben wie auch die Sonderfarben und deren jeweilige **Flächendeckungsgrade** pro Farbe ablesen. Hier steht auch eine Funktion bereit, welche die Werte als Gesamtflächendeckung als angenäherte neutrale Farbdichte anzeigt (Abb. 7-24). Diese Meßwerte können in allen Vergößerungsgraden, in den Auszugsfarben und in allen Bildbereichen ermittelt werden.

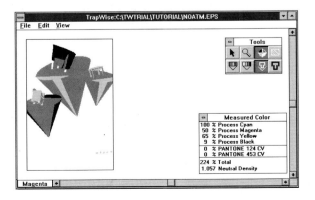

Abb. 7-24: Magentafarbauszug mit Farbdaten der Farbmischung

391

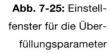

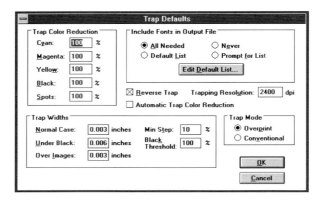

Abb. 7-25: Einstellfenster für die Überfüllungsparameter

Die vielfältigen **Überfüllungsparameter** werden in eigenen Auswahlfenstern, z.B. für Ausgabegerätauflösung und Überfüllungsbreite (TrapWidth), eingestellt (Abb. 7-25). Weitere Fenster stehen für Such- und Speicherpfade, Dateiformate und für die Überfüllung von hochaufgelösten **OPI-Abbildungen** bereit. Sind alle Parameter entsprechend den einzelnen Aufgabenstellungen und Zielsetzungen vorgenommen worden, kann ein Überfüllen entweder für einzelne gekennzeichnete Bereiche oder auch automatisiert für eine ganze Abbildung erfolgen (Abb. 7-26).

Abb. 7-26: Umwandlung der PostScript-Datei in eine PostScript-Datei mit Überfüllungsparametern

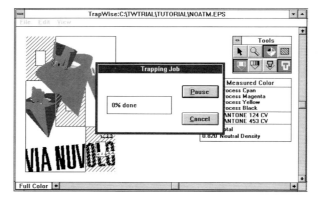

Abb. 7-27:
QuarkXPress 3.31
Überfüllung im eigenen
Fenster

Überfüllungsoptionen werden heute u.a. auch in **Anwendungsprogrammen** als integrierte Funktion angeboten, z.B. bei bei PageMaker 6.0 und QuarkXPress 3.31. Bei QuarkXPress 3.31 ist die Funktion Überfüllung zum einen als Werkzeug mit einem eigenen Fenster (Abb. 7-27) und zum anderen über die Menüpunkte „Bearbeiten" und „Farben..." zu erreichen. Beim Weg über die Menüpunkte kann man u.a. in dem sich öffnenden Fenster den

```
┌─────────────────────────────────────────────────────────────────┐
│              Überfüllung bearbeiten für Gelb                      │
│  Hintergrundfarbe      Vorgabe                                    │
│  ▢  Unbestimmt         Automatisch  ⇧    (   Automatisch    )     │
│  ▣  Blau               Automatisch                                │
│  ▣  Cyan               Automatisch        (   Überdrucken   )     │
│  ▣  Grün               Automatisch                                │
│  ▣  Magenta            Automatisch        ( Wert: ) [         ]    │
│  ▣  Rot                Automatisch                                │
│  ■  Schwarz            Automatisch  ⇩                             │
│                                           ( Sichern ) ( Abbrechen )│
└─────────────────────────────────────────────────────────────────┘
```

Abb. 7-28:
QuarkXPress 3.31
Einstellfenster zur
Überfüllung von
einzelnen Farben

Schaltknopf „Überfüllungen" anwählen. Dadurch können die Überfüllungsparameter in einem eigenen Fenster z.B. für jede Farbe und für einzelne, markierte Bildbereiche individuell festgelegt werden (Abb. 7-28). Will man bestimmte Überfüllungsparameter für ein gesamtes Dokument festlegen, so stellt man diese über die Menüpunkte „Bearbeiten" und „Vorgaben" in einem Fenster für Überfüllungsvorgaben ein (Abb. 7-29).

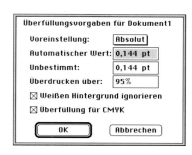

Abb. 7-29:
QuarkXPress 3.31
Überfüllungsoptionen
für ein ganzes
Dokument

Bei PageMaker 6.0 können **Überfüllungen** über die Menüpunkte „Optionen" und „Überfüllungsoptionen" erreicht werden. In dem sich öffnenden Fenster sind dann detaillierte Einstelloptionen angeboten (Abb. 7-30).

Zum Abschnitt 7.2 empfehlen sich allgemein Bücher zum Thema Bildbearbeitung wie u.a. von Gradl [7.10], Gosney und Dayton [7.11] sowie Bücher zum Thema Farbe und Farbausgabe wie von Nyman [7.12] und Nees [7.13].

```
┌──────────────────────────────────────────────────────────────────┐
│                    Überfüllungsoptionen                            │
│ ┌─Überfüllungseinstellungen────────────────┐    (     OK     )     │
│ │ □ Überfüllen für Satzdatei aktivieren     │                      │
│ │ ┌─Überfüllungsbreite──────────────┐       │    ( Abbrechen )     │
│ │ │   Vorgabe: [0,1 ]  mm           │       │                      │
│ │ │   Breite (Schwarz): [0,2 ]  mm  │       │    (   Farbe... )    │
│ │ └─────────────────────────────────┘       │                      │
│ │ ┌─Überfüllungswerte──┐  ┌─Schwarz-Attribut─────────────┐         │
│ │ │ Min. Farbdifferenz: [10 ] %         Grenzwert (Schwarz): [100 ] % │
│ │ │ Farbdiff. (Mittellinie): [70 ] %    Schwarz autom. überdrucken:   │
│ │ │ Textüberfüllung ab: [23,9] Pt       ⊠ Text unter [24 ] Pt         │
│ │                                       □ Linien                     │
│ │ □ Überfüllungen über importierten Objekten  □ Füllungen            │
│ └──────────────────────────────────────────────────────────────┘  │
└──────────────────────────────────────────────────────────────────┘
```

Abb. 7-30: Eingabefenster der Überfüllungsparameter bei PageMaker 6.0

7.3 Ausschießen im Druckbogenformat

Neben dem Überfüllen von Grafiken ist das **Ausschießen** im Druckbogenformat ein weiterer wichtiger Arbeitsschritt in der Druckvorbereitung eines Publishing-Dokumentes. Unter Ausschießen versteht man das standrichtige Positionieren der **Einzelseiten auf dem Ganzbogen**. Früher wurde dieser Vorgang von Hand per Klebemontage ausgeführt, heute erfolgt er digital am Rechner. Ein Ausschießen im Druckbogenformat kann auf verschiedenen Wegen erreicht werden. In der herkömmlichen und der teildigitalen Bogenmontage, wie im Falle der Broschüre, geschieht dies meist manuell, indem die belichteten Film- und Seitenteile zusammengeführt und auf einen Montagebogen fixiert werden. Bei der reinen digitalen Montage kann man hierzu mit speziellen Anwendungsprogrammen wie z.B. PressWise arbeiten oder sich auch integrierter Funktionen in Anwendungsprogrammen wie z.B. bei Framemaker 5 bedienen. Ebenso ist es möglich, mit Plug-ins zu arbeiten, wie diese z.B. bei Pagemaker 6.0 angeboten werden.

7.3.1 Bogenmontage mit Ausschießprogrammen

Spezielle **Druckbogen-Ausschießprogramme** gibt es für nahezu alle Betriebssysteme und von vielen Herstellern. Diese Programme weisen einen großen Nutzen auf, wenn ein verfügbarer Belichter in der Lage ist, das komplette Druckbogenformat auszubelichten. Allen Ausschießprogrammen gemeinsam ist, daß die Dateien, mit denen die **digitale Bogenmontage** ausgeführt werden soll, in der Bearbeitung komplett fertiggestellt sind, d.h. keine Korrekturen, keine Überfüllungen etc. mehr notwendig werden. Zusätzlich müssen alle Dateien direkt zugreifbar sein und im PostScript-Datenformat vorliegen. Die exemplarische Umsetzung erfolgt dann bei PressWise über den Menüpunkt „Datei" bzw. bei englischsprachigen Versionen, wie in den nachfolgenden Abbildungen verwendet, über „File". In diesem Menüfenster werden alle wesentlichen **Grundeinstellungen** vorgenommen (Abb. 7-31). Der oberste Menüpunkt erstellt ein neues Bogenausschießformat. Der zweite Menüpunkt erlaubt das Entfernen, Hinzufügen und Verändern der Reihenfolge von PostScript-Dateien in der Ausschießliste.

Abb. 7-31: Menüpunkt neues Ausschießformat

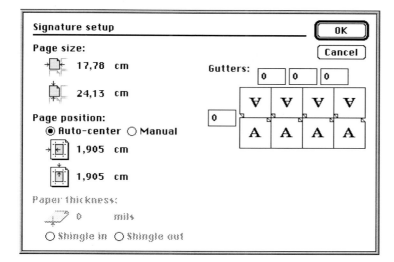

Abb. 7-32: Signatureinstellungen

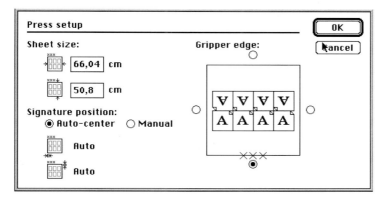

Abb. 7-33:
Druckbogenparameter

Im Fenster für die **Einstellungen der Signatur** (die Anordnung der Einzelseiten im Ganzbogen) können Seitenabmessungen
(Page size), Abstände zwischen Seiten (Gutters), Druckbogen-
Stegbreiten (Page position) und Papierdicke (Paper thickness) eingestellt werden (Abb. 7-32). Die Signatureinstellungen werden im
wesentlichen bestimmt vom Druckbogenformat.

Im Auswahlfenster „Press setup" werden die Einstellungen
für die **Druckbogenparameter** vorgenommen (Abb. 7-33). Anzugeben sind dabei Bogenformat in Breite und Höhe (Sheet size),
Greiferkanten (Gripper edge) und Signatur (Signatur position).

Für Ausschießformate, welche von **Falz- und Bindungsart**
abhängig sind, gibt es unter dem Menüpunkt „Layout" (Abb. 7-34)
und „Select template" eine ganze Reihe schon vorbereiteter Stan-

dardformate. Ob und welche dieser Formate im einzelnen Fall geeignet sind, kann durch individuelle Anforderungen bestimmt sein. Über diese Auswahlfunktion kann man jedoch verschiedene Varianten relativ schnell ausprobieren und sich am Bildschirm darstellen lassen. Ist keine der Varianten geeignet, kann entweder eine neue Variante (über „New template") erstellt oder eine bestehende Variante modifiziert (über „Edit template") werden. Das sich öffnende Fenster ermöglicht dann Änderungen der Anzahl der Reihen (Rows), Spalten (Columns) und Position (Sides) sowie der Falzungsart (Binding) und der Seiten pro Falzbogen (Pages per group) und dies jeweils alles für Bogenvorder- und Bogenrückseite (Abb. 7-35). Damit später die jeweilige Modifikation anwählbar wird, ist hierzu ein eigener, leicht verständlicher Name empfehlenswert.

Abb. 7-34: Auswahlfenster für Ausschießformate

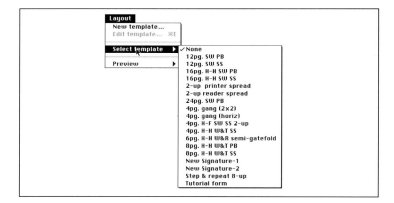

Abb. 7-35: Auswahlfenster für die Einstellung der Bindungsarten

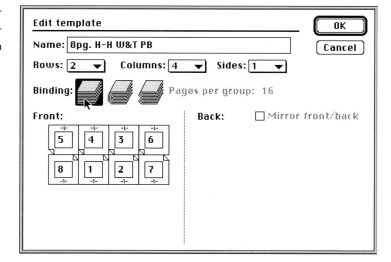

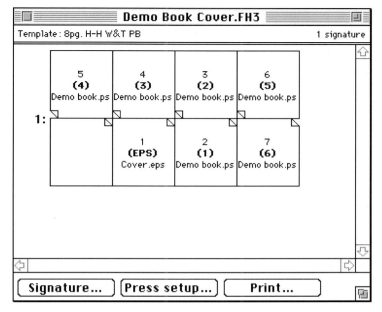

Abb. 7-36: Preview Fenster des Aus-schießformates

Das **Ergebnis aller Einstellungen** kann man in einem eigenen Bildschirmfenster und für jeden Druckbogen ansehen. Bei der Darstellung sind an den Seitenpositionen die entsprchenden Seitennummern mit dem Dateinamen angegeben (Abb. 7-36). Ist der erste Eindruck zufriedenstellend, dann empfiehlt es sich, die Druckbogen jeweils auszudrucken (bei DIN-A4-Laserdruckern in einem entsprechend verkleinerten Maßstab), was mit den kompletten Seiteninhalten der Dateien durchaus einige Zeit dauern kann, und anschließend von Hand die Bogen zu falten. Die entstandenen Falzbogenmuster kann man dann auf richtigen Stand und Reihenfolge von Seiten und Inhalt kontrollieren, bevor die Filme oder Druckplatten belichtet werden.

7.3.2 Bogenmontage in Anwendungsprogrammen

Heute sind immer mehr leistungsstarke Anwendungsprogramme verfügbar, die eine **digitale Druckbogenmontage** schon als **integrierte Funktion** besitzen. Diese Art der Bogenmontage ist dann z.B. über die Standardformate und Vorlagen anwählbar. Seiten- und Druckbogeneinstellungen sowie die jeweiligen Seitenbeschreibungen können über Menüpunkte verändert und den individuellen Erfordernissen angepaßt werden (Abb. 7-37 am Beispiel von Framemaker 5).

Verschiedene Anwendungsprogramme verfügen über eine digitale **Druckbogenmontage**, die über **Erweiterungen** (sogenannte Extensions) oder Funktionsergänzungen (sogenannte Plug-ins) aktiviert werden können. Die Funktionalitäten können hier etwas variieren und sind zumeist über eigene Menüpunkte zugänglich (Abb. 7-38).

Abb. 7-37:
Druckbogenformat in
Framemaker 5

Diese **Funktionsergänzungen** bieten einzelne Auswahlfenster mit Einstelloptionen für die Seitenmontage wie z.B. Druckbogenformat, Seitenfolge und Montagevorlagen an (Abb. 7-39).

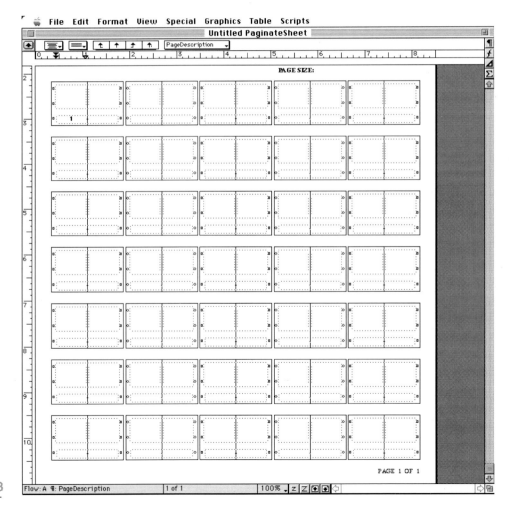

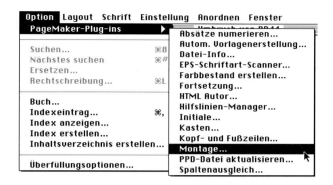

Abb. 7-38: Menüpunkt
für Überfüllung und
Plugin-Optionen in
PageMaker 6.0

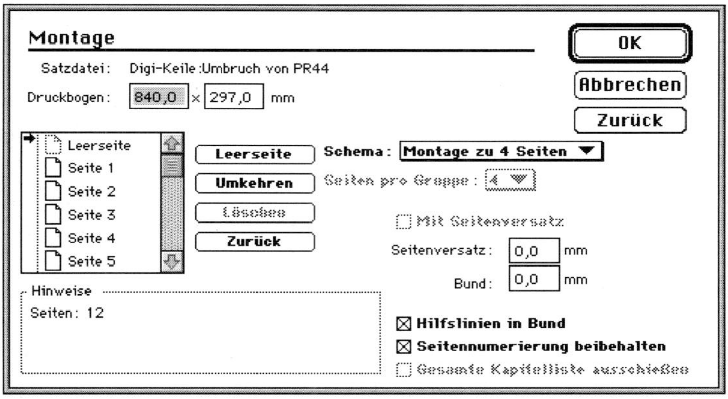

Abb. 7-39: Eingabe-
fenster für die
Auschießparameter

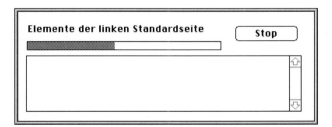

Abb. 7-40: Ablauf-
fenster während der
Zusammenstellung der
Druckbogen im
Auschießformat und
beim Erzeugen einer
PostScript-Datei

Während des Montageablaufes wird auch eine Überprüfung der
Verfügbarkeit von integrierten Dokumentteilen etc. durchgeführt,
bevor die Montagedatei erzeugt wird. Die digitale Montage wird
unmittelbar in eine belichtungsfähige PostScript-Datei ausgeführt
(Abb. 7-40) und kann z.B. über einen Laserausdruck auf Eignung
geprüft werden.

7.4 Farbauszüge

7.4.1 Farbauszüge mit Programmfunktionen

Nach dem Bogenausschießen kann die Film- oder Plattenbelichtung mit der notwendigen **Farbseparation** durchgeführt werden. Bei einer Farbseparation werden die farbigen Komponenten eines Druckbogens (farbige Flächen, Bilder, Zeichnungen etc.) in die einzelnen Farben der Druckmaschine aufgespalten. Hierdurch werden jeweils ein kompletter Druckbogen für Cyan, Magenta, Gelb und Schwarz erzeugt.

Abb. 7-41: Auswahlfenster für Dateien drucken

```
┌─────────────────────────────────────────────────────────┐
│ Datei drucken                              ( Drucken )    │
│ Drucker: LWSelect 360 Offset    ☐ Sortiert  (Abbrechen)   │
│ Art:  [LaserWriter Select 360]  ☐ Umg. Reihenfolge        │
│ Kopien: [1]                     ☐ Probedruck   ( Datei )  │
│ ┌ Umfang ─────────────────────────────────┐ ( Papier )  │
│ │ ○ Alle          Drucken: ◉ Beide         │              │
│ │                          ○ Gerade        (Optionen)     │
│ │ ◉ Seiten: [4]            ○ Ungerade       │             │
│ │ ☐ Leere Seiten drucken  ☐ Einzeln        │  ( Farbe )  │
│ └──────────────────────────────────────────┘             │
│ ┌ Buch ──────────────────┐  ┌ Formatlage ┐  ( Zurück )   │
│ │ ☐ Alle Satzdateien im Buch drucken                     │
│ │ ☐ Mit Papiereinstellungen jeder Datei                  │
└─────────────────────────────────────────────────────────┘
```

Abb. 7-42: Umstellung des Druckertreibers von Laserdrucker auf Filmbelichter

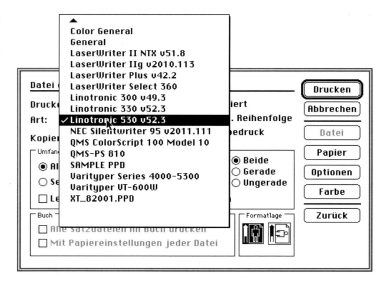

Viele Anwendungsprogramme bieten heute Funktionen für die Farbseparation an. Direkt nach der Freigabe zum Druck kann die Separation und Filmbelichtung durchgeführt werden. PageMaker bietet die Funktion der Farbseparation unter dem Menüpunkt „Datei" und „Drucken" an.

Wird ein Publishing-Dokument angeliefert, ist meist ein **Laserausdruck** beigefügt und demzufolge sind in der Datei häufig die Druckeinstellungen für einen Laserdrucker belassen worden. Solch eine Einstellung ist nicht für eine **Filmbelichtung** geeignet und muß entsprechend angepaßt werden. Korrekturen betreffen im allgemeinen nicht nur die Einstellungen des Druckertreibers in diesem Fenster (Abb. 7-41), sondern auch die Auswahl der zu druckenden Seiten, die Anzahl an Druckexemplaren, die Formatlage und die Reihenfolge, in welcher die Seiten erscheinen sollen. Einstellungen von Optionen, Farben und Papierformaten sind hier über die rechten Schaltfelder in eigenen Auswahlfenstern zu erreichen. In unserem Beispiel ist die Druckertreibereinstellung von Laserwriter auf Linotronic-Belichter über ein aufgeklapptes Auswahlfenster sehr einfach durchzuführen (Abb. 7-42).

Eine kurze **Überprüfung** der korrekten und dem Belichter angepaßten Einstellungen für die Ausgabe (erreichbar über das Schaltfeld „Optionen" Abb. 7-43) ist notwendig, um sicherzustellen, daß u.a. auch die „Druckzeichen" aktiviert wurden. Ein Kreuz im Feld „Druckzeichen" stellt sicher, daß Beschnittzeichen, Paßkreuze sowie Dichte- und Farbmeßfelder außerhalb der Dokumentseite mitbelichtet werden. Eine Aktivierung des Feldes für

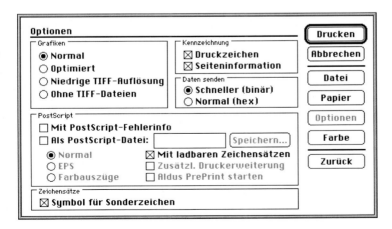

Abb. 7-43: Einstellfenster für die erforderlichen Druckoptionen

Seiteninformation fügt hier noch Farbauszugs- und Dateinamen sowie das Ausgabedatum auf jeder Belichtung hinzu. Es ist wichtig anzumerken, daß diese Kennzeichnungen nur sichtbar werden, wenn das Format des Ausgabematerials um ca. 2,3 cm breiter ist als jenes Maß, welches in der Datei als Seitenformat festgelegt wurde. Bei aktivierter Kennzeichnung und einem bei Laserdruckern üblichen DIN-A4-Papierformat darf demzufolge das eingestellte Seitenmaß 27,3 cm x 18,7 cm nicht überschreiten. Bei kompletten Druckbogenausgaben muß ein entsprechend großes Seitenformat zur Ausgabe verfügbar sein.

Nicht vergessen werden sollten auch die richtigen Einstellungen zur **Einbindung von Grafiken**. Bei Belichtung über ein OPI-fähiges Ausgabeprogramm (z.B. Aldus PrePrint) bedeutet dies, daß die TIFF-Dateien nicht eingebunden werden (Option „ohne TIFF-Dateien" aktiv), weil ansonsten nicht die im OPI-Server abgelegten, hochaufgelösten TIFF-Dateien, sondern die schlechter aufgelösten TIFF-Dateien für Vorschau oder Laserdrucker belichtet werden.

Sollen Farbauszüge nicht unmittelbar erstellt, sondern als Datei ausgegeben werden, z.B. um in einem Stapel- oder **Batch-Betrieb** über Nacht ausgeführt zu werden, so kann man im Fensterbereich „PostScript" die Option „Als PostScript-Datei" anwählen. In dem daneben liegenden Feld kann ein Dateiname für die PostScript-Datei eingegeben werden. Mit dem Schaltfeld „Speichern..." bestimmt man, in welchem Verzeichnis, Laufwerk oder Netzwerkbereich die Datei gespeichert werden soll. Die Option

Abb. 7-44: Einstellungen für die Farbseparation bei der Filmausgabe

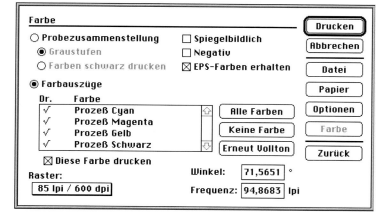

„Normal" erzeugt bei einem mehrseitigen Dokument eine übliche, zusammenhängende PostScript-Datei ohne Separation. Mit der Option „EPS" wird eine Datei erstellt (mit Namensendung „.EPS"), welche in andere Programme importiert werden kann, ein wichtiger Punkt, wenn z.B. mit diesem Dokument noch Druckbogen auszuschießen sind. Über die Option „Farbauszüge" erzeugt man schließlich eine OPI-kompatible **Separationsdatei** (meist kenntlich an der Namensendung „.SEP"). Diese Dateien können dann z.B. von Aldus PrePrint zum Drucken der Farbauszüge verwendet werden. Es ist jedoch auch möglich, PrePrint von diesem Fenster aus über einen Schaltknopf zu aktivieren.

Wichtige Einstellungen für die Farbauszüge kann man über das rechte Schaltfeld „Farbe" erreichen und in einem eigenen Fenster vornehmen (Abb. 7-44). Der Schaltknopf „Farbauszüge" muß aktiviert sein, andernfalls erhält man eine **Gesamtzusammenstellung** in gerasterten Grauabstufungen (wenn „Probezusammenstellung" aktiv ist). In einem Rollfenster kann man feststellen, welche Farben in einem Dokument definiert worden sind (z.B. Sonderfarben oder importierte Farben in PostScript-EPS-Dateien) und welche davon dann als Farbauszüge belichtet bzw. gedruckt werden sollen. In diesem Rollfenster kann man mit Hilfe des Rollbalkens einzelne Farben anwählen und mit dem Schaltknopf „Diese Farbe drucken" festlegen, ob diese Farbe gedruckt werden soll. In den Feldern „Raster", „Winkel" und „Frequenz" befinden sich die aktuellen Parameter für die angewählte Farbe. Die erfor-

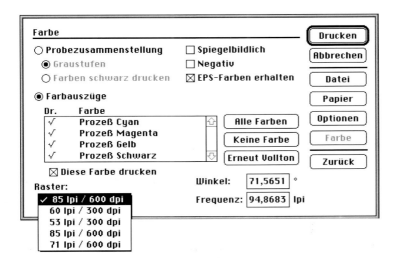

Abb. 7-45: Einstellungen für Rasterung beim Offsetdruck

derlichen Einstellungen orientieren sich zumeist an Standardwerten und stehen in Abhängigkeit zu dem aktiven **Druckertreiber** für das Ausgabegerät. Diese Werte können bei anderen Vorgaben oder Anforderungen auch frei verändert werden. Für die **Rasterauflösung** stehen meist nur die spezifischen Werte des Ausgabegerätes zur Wahl (Abb. 7-45).

Bei einer üblichen, **seitenrichtigen, positiven Filmausgabe** sind an den Schaltfeldern „Spiegelbildlich" und „Negativ" keine Einstellungen vorzunehmen. Sollen alle Volltonfarben, importierte Farben aus Grafiken und eventuelle Sonderfarben für die Farbseparation in die Druckprozeßfarben (Cyan, Magenta, Gelb und Schwarz) umgewandelt werden, so ist das Schaltfeld „EPS-Farben erhalten" zu aktivieren.

7.4.2. Farbauszüge mit Separationsprogrammen

Werden Dateien als unseparierte PostScript- oder EPS-Dateien angeliefert, so kann eine Belichtung oder Farbseparation nicht immer ohne weiteres aus einem normalen Layout- oder Anwendungsprogramm erfolgen. In unserem Beispiel bei PageMaker 5.0 wurde schon auf die Koppelung mit Aldus PrePrint hingewiesen. Weitere Gründe für einen Einsatz von **Separationsprogrammen** sind ein-

Abb. 7-46: Auswahlfenster von Dateien im Separationsprogramm

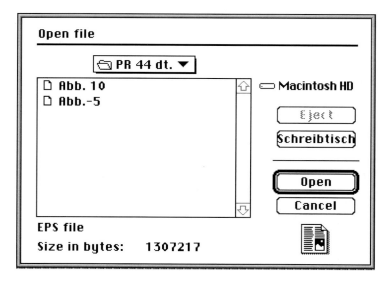

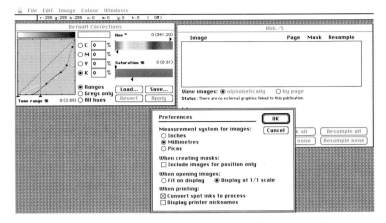

Abb. 7-47: Arbeits-
fenster in einem
Separationsprogramm

gebundene RGB-TIFF-Dateien oder qualitativ hohe Anforderungen an Rasterung und Filmausgabe.

Mit Separationsprogrammen ist es möglich, jede PostScript-
Datei als Farbauszug auf nahezu jedem Gerät auszugeben.
Separationsprogramme verfügen über eine **erweiterte Funktionalität**, um Dateien für die Filmbelichtung vorzubereiten und an einen Belichter zu übertragen. Nach dem Start des Programms ist
zuerst eine Datei unter Menüpunkt „File" und „Open" („Datei"
und „Laden" in der deutschen Version) in dem sich öffnenden Fenster (Abb. 7-46) auszuwählen.

Es zeigt sich dann ein Fenster mit Basisinformationen zu dieser Datei (im Hintergrund rechts oben von Abb. 7-47). Mit Hilfe
von weiteren Menüpunkten können
nun noch Veränderungen der
Gradationskurve als Farbanpassungen an den nachfolgenden Druck
vorgenommen (Abb. 7-47) oder
papier- und druckmaschinen-
spezifische Präferenzen verändert
werden (Abb. 7-48). Sind hier alle
Änderungen durchgeführt, so kann
unter dem Menüpunkt „Print"

Abb. 7-48: Druckma-
schinen-spezifische
Einstellungen

```
Press controls                    [ OK ]

Paper stock:     ✓ Coated              [ Cancel ]
                   Uncoated
☒ GCR:             Newsprint
                   Supercalendered
Gain compensation: 4,00           %
◉ Images only
○ Entire document
Total ink coverage: [290,00]  ▷  %
```

(„Drucken" in der deutschen Version) der Belichtungsvorgang aktiviert werden. Dabei erscheint dann wieder das übliche Druckfenster
(Abb. 7-49) mit der notwendigen Anpassung von Ausgabegerät-
wahl und Druckertreiber. Vorhandene Festlegungen in einer PostScript-
Datei, werden im unteren Bereich des Fensters angezeigt und sind

405

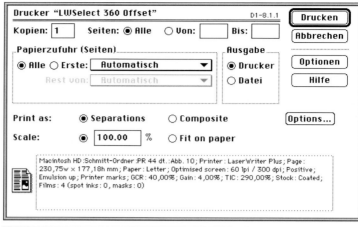

Abb. 7-49: Druckfenster im Separationsprogramm

Abb. 7-50: Auswahlfenster zum Einstellen von diversen Druckoptionen

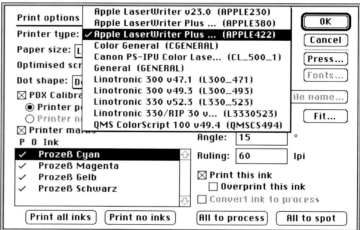

Abb. 7-51: Fenster mit Vorschau auf das Seitenformat

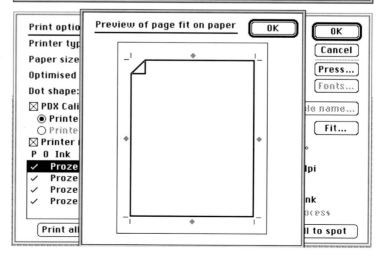

nur nach Aktivieren des Schaltknopfes „Options..." in einem weiteren Fenster zu verändern (Abb. 7-49).

In Analogie zu bisherigen Ausführungen bei PageMaker sind
hier der Drucker (printer type in Abb. 7-50), das Film- bzw.
Seitenformat (paper size), die Rasterung und Auflösung (opti-
mized screen) einzustellen. Darüber hinaus sind in diesem Fenster
auch die Veränderungen und Einstellungen von Rasterpunktformen, der Belichterkalibration (PDX calibration), die Ausgabe
als positiver oder negativer Film sowie die Ausgabe von Paßkreuzen und Markierungen (printer marks) vorzunehmen. Die Anwahl der Prozeßfarben und deren jeweilige Rasterung und Winkelung sowie ein Einpassen des Seitenformates in die Breite der
Filmausgabe (Schaltknopf „Fit..." in Abb. 7-51) kann hier ebenfalls durchgeführt werden.

Zum Abschnitt 7.4 empfehlen sich allgemein Bücher zum
Thema Bildbearbeitung wie u.a. von Gradl [7.10], Gosney und
Dayton [7.11] sowie Bücher zum Thema Farbe und Farbausgabe
wie von Nyman [7.12] und Nees [7.13]. Empfehlenswert sind
auch Ergänzungen und Broschüren zu verschiedenen Anwendungsprogrammen wie u.a. PageMaker [7.14], Micrografx Edition
der Kai Power Tools [7.15].

7.5 Digitaler Prüfdruck im Publishing

Beim Computer Publishing ist es wichtig, daß bei nahezu jedem
Arbeitsschritt während der Produktionsprozeßkette ein **Kontroll-
ausdruck** erstellt werden kann. Schon bei den frühen Arbeitsschritten wie der Bildbearbeitung sollte man einen Ausdruck haben, der möglichst identisch zum späteren Auflagendruck ist.
Prüf- und Kontrollausdrucke sind auch in der Phase der Druckvorbereitung von Bedeutung um u.a. Aussehen und Qualität des
Druckergebnisses vorhersehen zu können.

Digitale Prüfdrucksysteme (gelegentlich auch als Proof-
systeme bezeichnet) können bei richtiger Abstimmung auch als
Bildvorlage für die Farbabstimmung an der Druckmaschine eingesetzt werden. Wichtig ist, daß die Ausgabe in einem Prüfdruck-
system qualitativ gesichert und über ein geeignetes Color Mangement System gesteuert ist. Zu den digitalen Prüfdrucksystemen

zählen elektrofotografische Verfahren, Thermosublimationsdrukker, Inkjet-Verfahren und einzelne Farbkopierer.

Die Arbeitsabläufe sind bei den verschiedenen Verfahren jeweils sehr ähnlich und sollen hier exemplarisch an der Kombination PageMaker 6.0 und einem Tektronix Phaser 480X aufgezeigt werden. Zuerst ist wie bei einem normalen Ausdruck über das Apfelmenü ein Drucker auszuwählen (Abb. 7-52). In diesem Beispiel ist es der Tektronix Phaser 480X. Als nächstes kann über die Druckfunktion eines Anwendungsprogramms der Prüfdruck ausgelöst werden (Abb. 7-53).

Color-Management-
Systeme siehe
Kapitel 4

Um eine möglichst gute Anpassung von Bilddaten eines Scanners, der Monitordarstellung bei der Bildbearbeitung, eines Prüfandruckes und dem Druckergebnis zu erreichen, kann man

Abb. 7-52: Anwahl eines Druckers für digitale Prüfdrucke

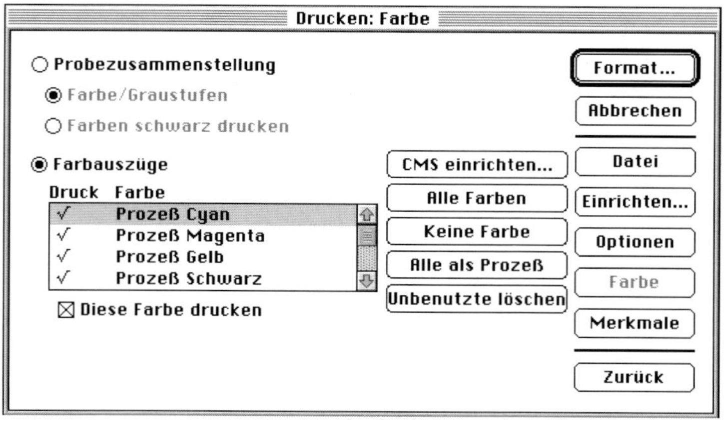

Abb. 7-53: Typische Einstellungen für einen digitalen Prüfandruck

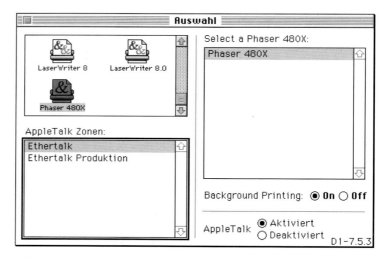

Color Management Systeme verwenden. Diese Funktionalität ist in einigen Anwendungsprogrammen integriert und ist dann im Auswahlfenster der Druckfunktion (Abb. 7-53) über den Schaltknopf „CMS einrichten..." zugänglich. Es öffnet sich ein Auswahlfenster, in welchem Einstellungen für die Profile der einzelnen Scanner, Monitore und Ausgabegeräte bereitgestellt werden (Abb. 7-54). Nach dem Einstellen der Farbprofile, besteht im weiteren Ablauf über verschiedene Druckfenster (Abb. 7-55 und Abb. 7-56) kein großer Unterschied zu einem Ausdruck mit einem üblichen PostScript-fähigen Laserdrucker.

Zum Abschnitt 7.5 empfehlen sich Veröffentlichungen u.a. von Traber [7.16] sowie Traber und Otschik [7.17].

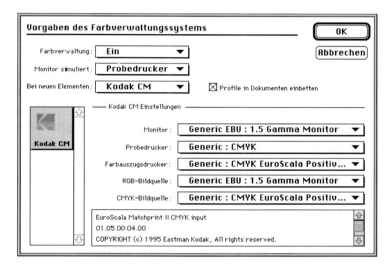

Abb. 7-54: Einstelloptionen für die Farbprofile eines Color Management Systems

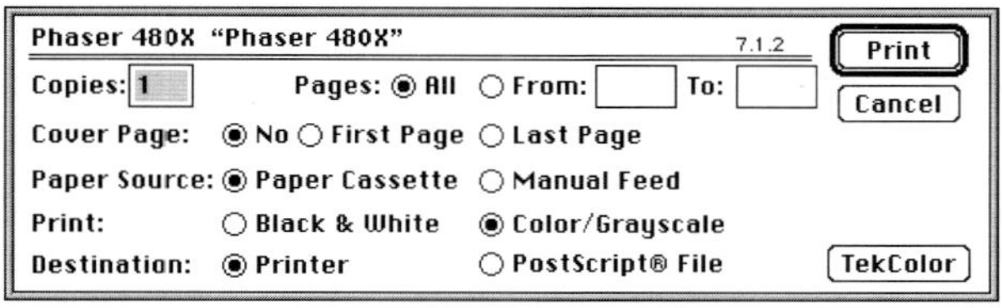

Abb 7-55: Auswahlfenster für den Prüfandruck

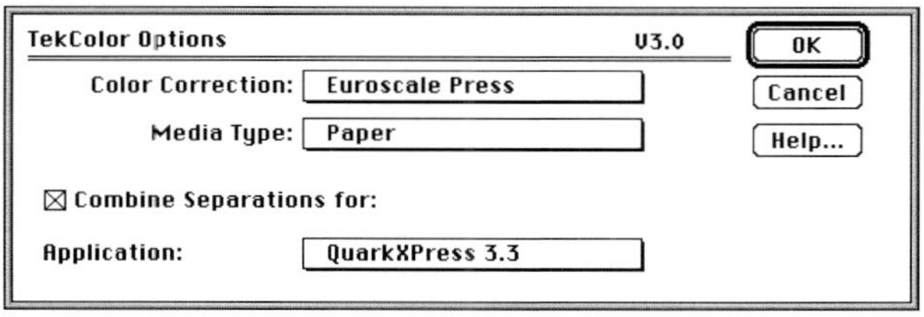

Abb. 7-56: Auswahlfenster für Optionen beim Tektronix Phaser 480X

Digitale Publishing-Produkte

D ie Welt der gedruckten Publishing-Produkte hat sich in den letzten Jahren in bezug auf die Herstellung und den Vertrieb deutlich gewandelt. Die Arten der Publishing-Produkte hingegen haben sich wenig verändert. Es gibt heute keine grundsätzlich neuen oder völlig andere gedruckte Publishing-Produkte, die aus der Einführung von Computern als Herstellungswerkzeug resultieren würden. Die Einführung von Computern als Medium und Werkzeug zum Vertrieb und Konsum von Publishing-Produkten hat jedoch eine ganze Reihe neuer Publishing-Formen möglich werden lassen. Die Welt von Internet, elektronischer Post (E-Mail und FAX-Mail), Disketten und CD-ROM mit Katalogen, Lexika, Spielen und Multimedia-Systemen ist hierbei wohl lediglich der Beginn von weiteren Entwicklungen auf diesem Gebiet.

Heute sind **drei Bereiche** von digitalen Publishing-Produkten sehr deutlich ausgeprägt. Dies ist zunächst der Bereich von digital erstellten, gedruckten Publishing-Produkten, die als **digitale Produkte auf Disketten oder CD-ROM** vertrieben werden. Heute sind Werkzeuge und Datenformate verfügbar, welche es ermöglichen, ein Druckprodukt ohne wesentliche Veränderungen auch als digitales Medium zu vertreiben.

Der zweite Bereich betrifft einen Vertrieb über **Online-Medien** (z. B. Internet, WWW etc.). Auch hierzu sind vielfältige Werkzeuge und Datenformate vorhanden, doch sind hier andere Rahmenbedingungen zu beachten als jene, die für gedruckte Publishing-Produkte gelten. Der dritte Bereich betrifft den Bereich der **Multimedia- und Hypermedia-Anwendungen**. Für den Bereich der Multimedia-Produkte muß angemerkt werden, daß diese Produkte oft relativ wenig Gemeinsamkeiten mit gedruckten Publishing-Produkten aufweisen und dadurch eine Umwandlung eines

bestehenden Dokumentes nahezu seiner Neuerschaffung gleich-
kommt. Hypermedia-Produkte lassen sich jedoch durchaus und
unter bestimmten Bedingungen an gedruckte Publishing-Produkte
annähern, und dadurch kann eine Umwandlung von Druckprodukten in Hypermedia-Produkte durchaus erfolgen.

8.1 Umwandlung gedruckter Produkte in Offline-Medien

Acrobat™ Exchange 1.0

Acrobat™ Distiller™

PDFWriter

Abb. 8-01: Acrobat
Ikons

Im Kapitel 6.2 wurde als Beispiel für ein **komplexes Publishing-
Dokument** ein Praxisreport über einen digitalen Kontrollstreifen
vorgestellt. Dieses Beispiel soll hier fortgeführt und dessen Umsetzung als ein digitales Dokument aufgezeigt werden. Für eine
Umsetzung in ein digitales Dokument bietet sich Adobe Acrobat
und das **PDF-Datenformat** an. Mit dem lizenzfreien Acrobat
Reader, der auf nahezu allen Betriebssystemen verfügbar ist, können PDF-Dokumenten eingesehen und auch relativ problemlos
ausgedruckt werden. Für die Erstellung von PDF-Dateien und deren Austausch über Betriebssystemgrenzen hinweg benötigt man
den Acrobat Distiller oder den PDF-Writer und Acrobat Exchange
(Abb. 8-01). Das Erstellen von PDF-Dateien ist heute auf mehreren Wegen möglich.

8.1.1 PostScript-Dateien in PDF-Dateien umwandeln

Ein Weg führt über einfache **PostScript-Dateien**, die mit den üblichen Anwendungsprogrammen (wie z. B. PageMaker 5.0 oder
QuarkXPress) erzeugt wurden oder auf andere Weise (z. B. durch
Konvertierung von anderen Betriebssystemen oder aus Datenbanken) entstanden sind. Um eine PDF-Datei zu erstellen, ist ein Arbeitsablauf in gleicher Weise vorzunehmen, jedoch mit dem wichtigen Unterschied, daß hier keine Farbseparation erstellt wird.
Über die üblichen Menüpunkte, die zum Drucken einer Datei erforderlich sind, erreicht man die diversen Auswahlfenster, um die
Details eines Druckauftrages einzustellen. Es ist hierbei zu beachten, daß für eine PDF-Datei im Fenster der Druckerauswahl die
richtige PPD (Printer Page Description) angegeben ist. Im allge-

meinen sind als Druckertreiber der LaserWriter oder PSPrinter und deren PPD-Files empfehlenswert. Im Falle von PageMaker und QuarkXPress ist hingegen mit dem spezifischen Acrobat-PPD ein besseres Ergebnis zu erreichen.

Beim System 7 sind die Einstellungen zum Druckauftrag vor allem im Fenster der **Druckoptionen** (Abb. 8-02) vorzunehmen. Bei der Festlegung der Parameter in diesem Fenster ist es wichtig, daß man

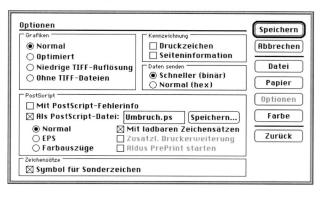

zum einen im Feld „Kennzeichnung" keine Druckzeichen (dies betrifft die Kontrollfelder, Beschnittzeichen, Paßkreuze usw.) und keine Seiteninformationen markiert sind. Solche Markierungen sind bei einer Druck- bzw. Filmausgabe wichtig, bei einem digitalen Publishing-Dokument nicht nur überflüssig, sondern auch sehr störend (Abb. 8-03). Zum anderen ist im Feld „PostScript" die Einstellung von „Farbauszüge" auf „Normal" umzustellen sowie „Als PostScript-Datei" zu markieren. In dem daneben stehenden

Abb. 8-02: Auswahlfenster für Druckoptionen

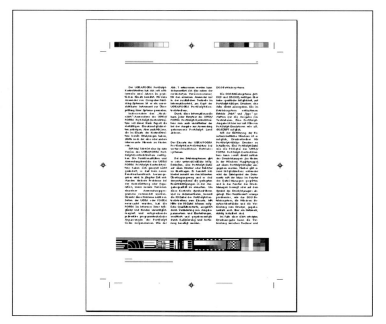

Abb. 8-03: Druckzeichen an einer Druckseite (Screenshot)

413

Eingabefenster kann dann der jeweilige Dateiname (hier „Umbruch.ps") angegeben und über den Schaltknopf „Speichern..." das notwendige Dateiverzeichnis und Laufwerk (Abb. 8-04) bestimmt werden. Im Auswahlfenster steht nach diesen Umstellungen statt dem Schaltknopf „Drucken" nun der Schaltknopf „Speichern" und über diesen löst man dann die Erstellung der PostScript-Datei aus (Abb. 8-05).

Der nächste Arbeitsschritt erfordert den Start des Adobe Acrobat Distillers (z. B. per doppeltem Mausklick auf das Programm-Ikon s. Abb. 8-01). Man erhält dann das Distiller-Status- bzw. Eröffnungsfenster (Abb. 8-06). Über die Menüleiste wählt man die umzuwandelnde **PostScript-Datei** an (Abb. 8-07) und gibt in einem weiteren

Abb. 8-04: Fenster zum Speichern einer Datei

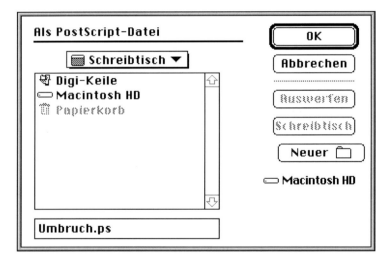

Abb. 8-05: Ablauffenster während dem Erstellen einer PostScript-Datei

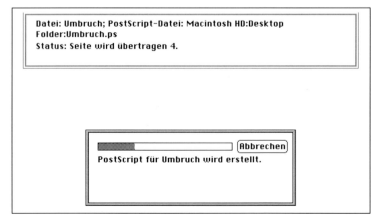

Abb. 8-06: Eröffnungsfenster des Acrobat Distillers noch ohne Aktivitäten

Abb. 8-07: Datei öffnen

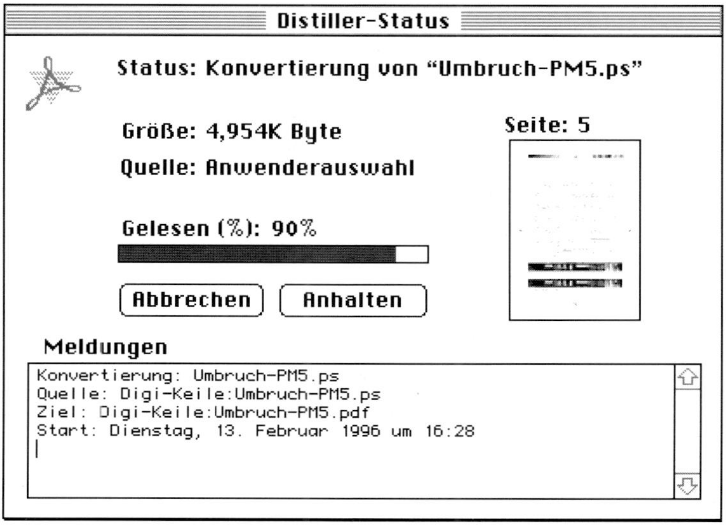

Abb. 8-08: Generieren der PDF-Datei (hier Seite 5 des PostScript-Dokumentes)

415

Fenster deren neuen Namen und das Dateiverzeichnis an. Je nach Umfang der PostScript-Datei und in Abhängigkeit von Netzwerk und Hardwareleistungfähigkeit kann dieser **Umwandlungsvorgang** einige Zeit in Anspruch nehmen. Der Ablauf kann dann seitenweise im Ablauffenster mit verfolgt werden (Abb. 8-08).

Treten keine **Fehlermeldungen** (z. B. durch fehlende Dokumentbestandteile, verlorene Verknüpfungen oder nicht vorhandene Schriftfonts) auf, kann das Umwandlungsergebnis anschließend

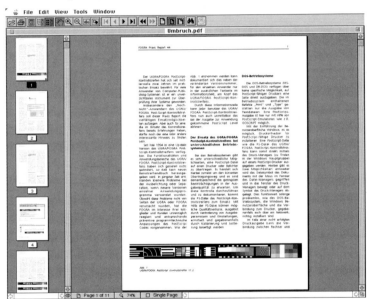

Abb. 8-09: PDF-Datei im Acrobat Reader unter System 7

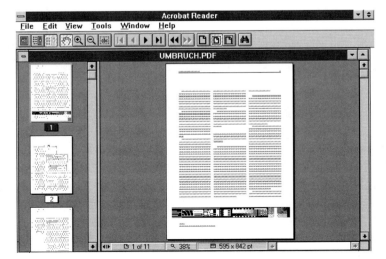

Abb. 8-10: PDF-Datei im Acrobat Reader unter MS-DOS/ Windows

unmittelbar z. B. mit dem Acrobat Reader eingesehen werden (für System 7 Abb. 8-09). Eine Übertragung auf andere Betriebssysteme ist problemlos möglich und zeigt gleiche Ergebnisse (für DOS/ Windows 3.1 Abb. 8-10). Es ist anzumerken, daß in diesem Beispiel eine Übertragung auf andere Betriebssysteme selbst per Diskette kein Problem mehr darstellt, da die Ausgangsdatei im PostScript-Dateiformat von nahezu 5 MByte auf nur noch 320 KByte im PDF-Dateiformat zusammengeschrumpft ist.

8.1.2 PDF-Dateien aus integrierten Systemen erzeugen

Ein weiterer Weg, um PDF-Dateien herzustellen, besteht im Einsatz von PDF-Funktionen in integrierten Anwendungsprogrammen, d. h. in Programmen, die neben Textverarbeitung auch die Text- und Bildintegrationen und Layout für komplexe Publishing-Produkte ermöglichen. FrameMaker 5 ist in dieser Programmkategorie ein typischer Vertreter. Ist ein Drucker über das Apfelmenü angewählt und im Netzwerk verfügbar, so kann auch hier über die Menüpunkte der Druckfunktion ein Auswahlfenster mit der Adobe Acrobat-Funktion zugänglich gemacht werden (Abb. 8-11). Integrierte Systeme wie FrameMaker bieten vielfältige Funktionalitäten wie z. B. Buchfunktionen für zu druckende Publishing-Dokumente an. Jedoch können diese für Druckprodukte wichtigen Funktionen bei digitalen Publishing-Produkten durchaus unerwünscht sein und lassen sich daher über den Schaltknopf

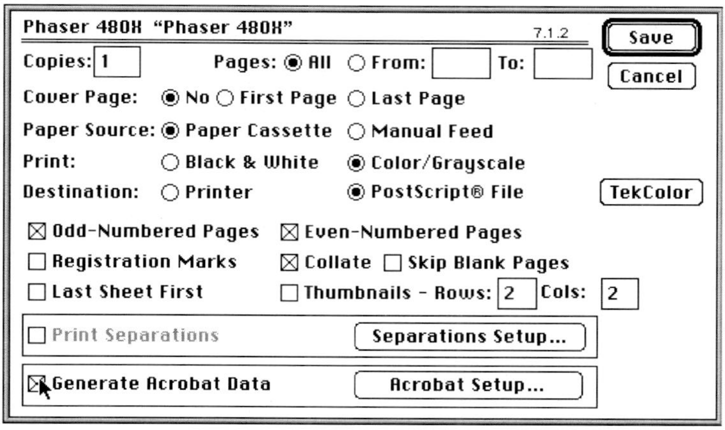

Abb. 8-11: Auswahlfenster zum Drucken einer Acrobat-Datei aktiviert

417

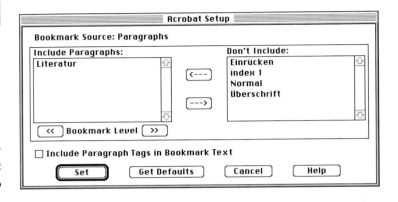

„Acrobat Setup..." im Druckfenster gezielt abschalten (Abb. 8-12). Im Druckfenster läßt sich dann über den Schaltknopf für das Speichern der Datei (in Abb. 8-11 als „Save") die Umwandlung starten. Es wird automatisch ein Fenster zur Eingabe eines Datei-namens geöffnet (Abb. 8-13) und anschließend druckt der Print-Monitor die PostScript-Datei im gewählten Verzeichnis aus (Abb. 8-14). Wie das Ikon der Datei dann verdeutlicht, handelt es sich noch nicht um eine PDF-Datei, sondern erst um eine PostScript-Datei (Abb. 8-15) und muß noch dem in Abschnitt 8.1.1 vorge-stellten Arbeitsablauf unterzogen werden. Nach der Durchführung steht dann eine PDF-Datei, kenntlich an dem entsprechenden Da-tei-Ikon, bereit (Abb. 8-16) und kann mit dem Acrobat Reader ge-öffnet werden.

Es ist an dieser Stelle anzumerken, daß man nicht nur den **Acrobat Distiller** (wie im vorgestellten Fall), sondern auch den **PDF-Writer** verwenden kann. Der wesentliche Unterschied liegt

Abb. 8-13: Fenster
zum Eingeben des
Dateinamens

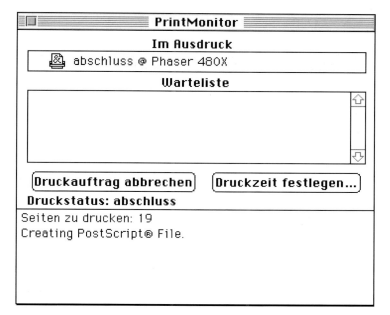

Abb. 8-14: Umwandlung der Layoutdatei im Print-Monitor

in der Fähigkeit des Acrobat Distillers, den Dateiumfang zu reduzieren, während der PDF-Writer hingegen lediglich eine Umwandlung ohne Dateireduktion ermöglicht. Wenn in Dateien umfangreiche Bildinformationen enthalten sind, dann ist der Acrobat Distiller im allgemeinen die bessere Lösung, zumal der Distiller zwischen Schwarzweiß- und Farbbildern unterscheidet und jeweils automatisch die günstigsten Kompressionen anbieten kann. Grundsätzlich weist der Acrobat PDF-Writer gegenüber dem Acrobat Distiller nur einen funktionalen Vorteil auf, über den der Distiller nicht verfügt: Der PDF-Writer kann TrueType-Schriftfonts einbinden. Der Acrobat Distiller bekommt solche Schriftfonts meist nicht zur Bearbeitung, da diese Schriftfonts bei der Umwandlung einer Datei in das PostScript-Format entsprechend angepaßt werden. In Fällen von seltenen oder speziell erzeugten TrueType-Schriftfonts kann es jedoch vorkommen, daß diese in einer PostScript-Datei eingebunden sind und dann vom Distiller nicht in der gewünschten Qualität umgesetzt und dargestellt werden. Nur in diesen Fällen ist eine PDF-Datei mit dem PDF-Writer zu erstellen.

Abschlußbericht als PDF .ps

Abb. 8-15: Ikon der FrameMaker PostScript-Datei

Abschlußbericht als PDF .pdf

Abb. 8-16: Ikon der FrameMaker PDF-Datei

8.1.3 PDF-Dateien mit neuen Programmen erzeugen

Mittlerweile sind am Markt verstärkt neue Versionen von Anwendungsprogrammen erschienen, welche nicht nur über die Druckfunktion, sondern mit eigenen Menüpunkten zur Erzeugung von PDF-Dateien ausgestattet sind. Dieser Herstellungsweg soll hier als weitere Möglichkeit mit PageMaker 6.0 als ein exemplarisches Beispiel aufgezeigt werden.

Über den Menüpunkt „Datei" und „Adobe-PDF erstellen..." (Abb. 8-17) wird ein entsprechendes Auswahlfenster zugänglich (8-18). Gegenüber den bisher vorgestellten Arbeitsabläufen bieten sich hier eine Vielzahl von Einstelloptionen an. Über den Schaltknopf „PDF-Optionen..." des Auswahlfensters kann man festlegen, ob Inhaltsverzeichnisse und Indizes mit der **PDF-Datei** verknüpft und mit Lesezeichen versehen werden sollen (Abb. 8-19). Zusätzlich können Definitionen für einen Artikel festgelegt sowie

Datei

Neue Datei...	⌘N
Datei öffnen...	⌘O
Letzte Satzdateien	▶
Datei schließen	⌘W
Speichern	⌘S
Speichern unter...	
Exportieren...	
Adobe-PDF erstellen...	
Alte Fassung	
Positionieren...	⌘P
Importieren	▶
Verknüpfungen...	⌘Ä
Datei einrichten...	
Drucken...	⌘D
Druckerformate	▶
Vorgaben wählen...	
Beenden	⌘Q

Abb. 8-17: PageMaker 6.0 Menüpunkt zum Erzeugen einer PDF-Datei

Abb. 8-18: Auswahlfenster zum Erzeugen einer PDF-Datei

Abb. 8-19: Auswahlfenster zum Einstellen der Datei-Optionen

420

Dokumentinformationen und auch eventuell vorhandene Notizen eingebunden werden.

Über den Schaltknopf „Kontrolle..." wird das Auswahlfenster „Steuerung" zugänglich (Abb. 8-20), in dem Einstellungen u. a. zur Seitengröße des Dokumentes, zum Speichern der Satz- und PDF-Dateien und zur Kontrolle von Dateikonflikten möglich sind.

Im Fenster „Adobe-PDF erstellen" (Abb. 8-18) kann im Feld „Arbeitsfluß" festgelegt werden, ob eine PostScript-Datei getrennt vorbereitet werden soll. Diese Datei kann dann nach den unter 8.1.1 vorgestellten Arbeitsschritten in eine PDF-Datei mit dem **Acrobat Distiller** umgewandelt werden. Dazu ist mit dem Schaltknopf „Wählen..." ein vom Acrobat Distiller „Überwachter Ordner" (Abb. 8-21) anzuwählen und hier über den Schaltknopf „Wählen Sie Distiller..." die verfügbare Distiller-Version zu kennzeichnen. Entscheidet man sich für eine direkte Umwandlung in das PDF-Format (ohne getrennte PostScript-Datei), so wird die Datei durch Aktivieren des Schaltknopfes „Erstellen..." gestartet.

Im Fenster „Adobe-PDF erstellen" (Abb. 8-18) sind im Feld „Arbeitsfluß" noch weitere wichtige Einstellungen vorzunehmen. Diese Einstellungen betreffen zum einen das Einbinden ladbarer Schriftfonts, was immer empfehlenswert ist, wenn man sicherstel-

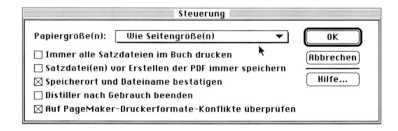

Abb. 8-20: Einstellfenster für die Ablaufssteuerung

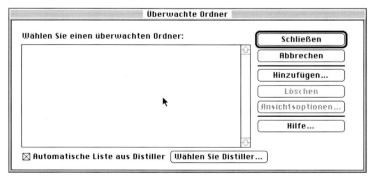

Abb. 8-21: Auswahlfenster für überwachte Ordner

len will, daß das Dokument mit der richtigen Schriftart auf allen Computern dargestellt wird. Zum anderen betreffen sie die Distiller-Optionen, welche man über den Schaltknopf „Bearbeiten..." und das Auswahlfenster „Distiller PDF-Optionen" (Abb. 8-22) erreicht. Die Standardeinstellungen sind in Abbildung 8-22 dargestellt und genügen in den meisten Anwendungsfällen. Die Optionen beziehen sich auf allgemeine Einstellungen und die Bilder. **Miniaturen** können das Auffinden von Dokumentbestandteilen erleichtern. Jede Miniaturdarstellung (auch **Thumbnail** genannt) bedeutet etwa 1000 bis 3000 Byte pro Seite zusätzlichen Speicherplatz und kann beträchtliche Umwandlungszeiten erfordern. Deswegen sollte diese Option nur eingesetzt werden, wenn hierdurch ein Vorteil für die Anwender erzielt werden kann. Um möglichst wenig Speicherplatz für die PDF-Datei zu benötigen, empfiehlt es sich, für Text und Grafiken die relativ verlustfreie **LZW-Komprimierung** beizubehalten und grundsätzlich alle Fonts als Subset einzubetten. Subsets werden eingestellt durch die Markierung „Alle Fonts einbetten". Hierbei werden die Zeichensätze nur mit den tatsächlich verwendeten Zeichen eingebunden. Ist die Option „Mit ladbaren Fonts" (Abb. 8-18) aktiviert und „Alle Fonts einbet-

Abb. 8-22: Wichtige Optionen für die Erzeugung einer PDF-Datei mit dem Distiller

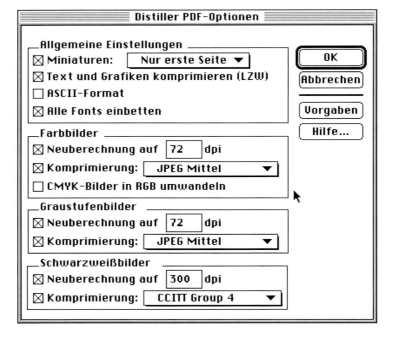

ten" nicht aktiviert, dann werden die kompletten Zeichensätze eingebunden, was einen wesentlich höheren Speicherbedarf verursacht. Sollten beim Einbinden Schriftfonts nicht gefunden werden, so wird dies durch Fehlermeldungen vom Distiller mitgeteilt. Bei den eingebetteten Bildern empfiehlt sich allgemein eine Neuberechnung der Auflösung in der normal üblichen Bildschirmauflösung von 72 dpi. Diese Neuberechnung kann bei umfangreichen Datenbeständen, z. B. bei gescannten Bildern in hoher Auflösung, eine beträchtliche Reduktion des Datenbestandes erreichen. Diese Option ist empfehlenswert, wenn eine PDF-Datei als elektronisches Dokument und nur bei ausschließlicher Nutzung an einem Computerbildschirm erstellt wird.

Soll eine PDF-Datei hingegen als **Austauschformat** verwendet werden, d. h. soll die Datei zu einem späteren Zeitpunkt oder von einem anderen Betriebssystem ausgegeben werden, dann dürfen solche datenreduzierenden Einstellungen nicht vorgenommen werden. In jenen Fällen sind entsprechend den später verwendeten oder beabsichtigten **Ausgabegeräten** angepaßte Einstellungen vorzunehmen (S/W-Laserdrucker z. B. 300 dpi, Farblaserdrucker 600 dpi oder Filmbelichter mindestens 2400 dpi). Außerdem ist bei Farbbildern zu beachten, daß eine Rückkonvertierung von CMYK nach RGB durchaus Farbveränderungen und Qualitätsverluste hervorrufen kann. Solche Qualitätsverluste können bei einer Bildschirmausgabe durchaus akzeptabel sein. Sollen diese Farbbilder zusätzlich später noch auf Farbdruckern oder per Farbseparation erneut nach CMYK transformiert und ausgegeben werden, so sind die Qualitätsverluste zumeist deutlich sichtbar. Die Option „CMYK-Bilder in RGB umwandeln" sollte dementsprechend wohl überlegt und nur bei ausschließlicher Bildschirmausgabe der PDF-Datei eingesetzt werden.

Zum bisherigen Abschnitt bieten Bücher zum Thema PostScript und PDF-Datenformat wie u. a. [8.1], [8.2], [8.3], [8.4] noch weitergehende Informationen.

8.1.4 PDF-Dateien als Publishing-Produkt

Im vorherigen Abschnitt wurden einige Aspekte des PDF-Dateiformates als Datenaustauschformat angesprochen. Es ist sehr wichtig, bereits beim Generieren der PDF-Datei eine klare Vorstellung über die spätere Nutzung oder den potentielle Anwender zu haben. Wie schon aufgezeigt und ausgeführt wurde, sind nur wenige Modifikationen an einer Datei bzw. einem gedruckten Publishing-Produkt erforderlich, um dieses als hardwareplattform- und betriebssystemübergreifendes digitales Dokument aufzubereiten. Soll eine PDF-Datei hingegen ausschließlich als endgültiges Publishing-Produkt zur Verwendung an einem Monitor erzeugt werden, so sind weitere wesentliche Aspekte zu beachten, die sich durch die Diskrepanz zwischen Druckseiten- und Bildschirmformat ergeben.

Sollen gedruckte Publishing-Produkte auf dem Weg der **digitalen Distribution** (Offline als Disketten oder CD-ROM, Online im Internet) verbreitet werden, so sind die Speicherkapazitäten der Medien als erstes zu beachten. Disketten weisen vor allem einen stark beschränkten Speicherplatz auf (heute 1,4 MByte) und eignen sich weniger, wenn in einer PDF-Datei umfangreiche Bildinformationen bzw. farbige Bilder enthalten sind. In solchen Fällen sind dann CD-ROMs eher geeignet (heute ca. 500 MByte Speicherplatz). Bei einer CD-ROM können jedoch die Zugriffs- bzw. Einlesezeiten deutlich länger als bei Disketten- oder Festplattenzugriffen sein. Diesen Nachteil kann man durch kleinere Dateigrößen und durch häufigere Zugriffe auf kleinere Dateien etwas kompensieren, jedoch nicht beheben. Für das Generieren von PDF-Dateien empfiehlt es sich, schon im Vorfeld über Zugriffszeiten und Dateigrößen konkrete Vorgaben zu entwickeln.

Bei der **Umwandlung** eines gedruckten Publishing-Produktes in ein digital zu konsumierendes Publishing-Produkt ist die Anpassung an die Bildschirmgröße der wichtigste Aspekt. Bei den heute üblichen und weitverbreiteten Bildschirmformaten von 14 Zoll sind alle Druckseitenformate, welche größere Abmessungen als das DIN-A5-Querformat (21 cm auf 14,8 cm) aufweisen, zumeist ungeeignet. Bei größeren Formatabmessungen wird die Druckseite am Bildschirm unleserlich durch eine zu geringe Schriftgröße, unübersichtlich durch eine zu große Informationsfülle und die Abbildungen zu kleinformatig oder unscharf (vergleiche Abb. 8-23und Abb. 8-24). Allgemein sollte an einem Bildschirm die ausgemessene Schriftgröße für Großbuchstaben 7 Punkt in der Höhe und 9 Punkt in der Breite nicht unterschreiten.

424

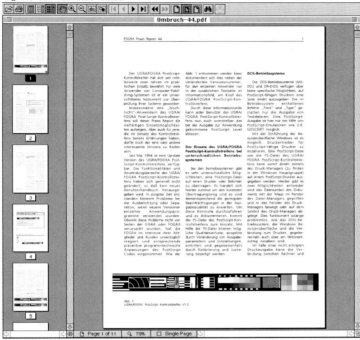

Abb: 8-23: Screenshot einer PDF-Datei im DIN-A4-Format

Abb. 8-24: Screenshot einer PDF-Datei im DIN-A5-Format

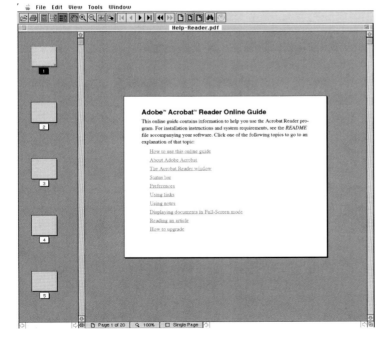

Umrechnung von
Punkt auf Millimeter

Schriftgröße:

7 pt = 2,47 mm

8 pt = 2,82 mm

9 pt = 3,17 mm

11 pt = 3,88 mm

22 pt = 7,77 mm

25 pt = 8,82 mm

Bei Verwendung von Unterlängen, Betonungszeichen etc. sind bis zu 11 Punkt in der Höhe erforderlich. In der praktischen Umsetzung bedeutet diese Mindestanforderung für eine DIN-A4-Seite im Hochformat (21 cm auf 29,6 cm), daß diese Seite am Bildschirm zumeist um mindestens 50% verkleinert wird. Deswegen darf jene über die **Auszeichungsfunktion** gewählte, kleinste Schriftgröße auf der Seite nicht unter 22 Punkt liegen. Weitere Verkleinerungen können auch bei einem DIN-A5-Querformat auftreten, wenn z. B. Laptop-Bildschirme mit nur 9 Zoll Größe verwendet werden. Allgemein sind deswegen bei digitalen Publishing-Dokumenten und besonders wenn man einem Benutzer ein ständiges Umschalten zwischen Dokumentvergrößerungen ersparen will, alle Schriftgrößen unter 25 Punkt Schrifthöhe und Schriftbreite zu vermeiden. Für ein gedrucktes Publishing-Dokument bedeutet dieses in der Regel, daß das Dokument neu formatiert und anschließend neu umbrochen werden muß.

Eine weitere allgemeine Forderung ist, daß der **Füllgrad** an einem Bildschirm nicht mehr als 50% betragen soll. Ist ein Bildschirm inklusive Schaltfelder, Ikons, Informationsleisten etc. mit einem höheren Anteil gefüllt, dann wird der Lesewiderstand deutlich größer, da eine Seite unübersichtlich wirkt. Ein Vergleich zwischen den Bildschrimdarstellungen (Abb. 8-23 und Abb. 8-24) macht deutlich, daß z. B. Schlagworte in einer Seite im DIN-A5 leicht zu erfassen sind (Abb. 8-24). Hingegen sind schon die fettausgezeichneten Zwischentitel in einem mehrspaltigen DIN-A4-Format (Abb. 8-23) nur noch schwer aufzufinden.

Um ein gedrucktes Publishing-Dokument in ein digitales Publishing-Dokument im PDF-Format umzuwandeln, sind den **Kompressionsverfahren** und der **Datenreduktion** bei den Bildern große Aufmerksamkeit zu schenken. Eine Neuberechnung mit der Bildschirmauflösung von 72 dpi bei Farb- und S/W-Bildern ist empfehlenswert. Will man sich einen zusätzlichen Seitenumbruch bei einem im DIN-A4-Format gedruckten Publishing-Dokument ersparen, sollte man dem Konsumenten die Option eines Laserausdruckes offenhalten. Man sollte in diesem Fall 300 dpi für alle Bildinformationen vorsehen. Hier ist allgemein die mittlere JPEG- sowie die CCITT-Group-4-Kompression eine Methode, um eine relativ gute Qualität bei gleichzeitig geringem Speicherplatzbedarf zu erzielen. Eine

PostScript-Datei mit ca. 5 MByte weist als PDF-Datei mit Bild-daten und ohne Kompression bei 72 dpi Auflösung 320 KByte (Abb. 8-25) auf.

Weitere wichtige Aspekte betreffen die **Hypertext-Funktionali-tät** des PDF-Datenformates. Hier entfernt sich nun ein digitales Publishing-Dokument deutlich von seinem gedruckten Ursprung. Hypertext-Funktionalität bedeutet für den Konsumenten einen Mehrwert, weshalb eine Publikation auf dem Bildschirm einer gedruckten vorgezogen werden könnte. Die Hypertext-Funktionalität löst die gewohnte lineare Struktur eines Druckproduktes auf und erlaubt vielfältige Verknüpfungen zwischen den Bestandteilen eines Dokumentes wie auch zwischen unterschiedlichen Dokumenten. Diese Funktionalität ist die Basis von Online- und Multimedia-Publishing-Produkten.

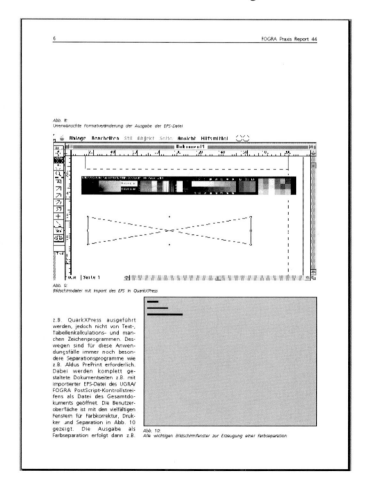

Abb. 8-25: Beispielseite bei 72 dpi Auflösung

8.2 Umwandlung gedruckter Produkte in Online-Medien

Mit dem PDF-Datenformat und der Umwandlung von gedruckten Publishing-Produkten ist nur ein kleiner Bereich des vielfältigen Spektrums heute möglicher digitaler Publishing-Produkte abgedeckt. Die Entstehung vom Internet und World Wide Web (kurz WWW genannt) hat weitere Publishing-Formen und Datenformate entstehen lassen. Die Umwandlung von gedruckten Publishing-Produkten für Online-Medien umfaßt zwei Aspekte, die technische Realisierung und die inhaltliche bzw. gestalterische Umsetzung, dabei sind einige Problembereiche zu beachten. Die Umwandlung für Offline-Medien (gezeigt am Beispiel der PDF-Dateien) stellt dagegen technisch und gestalterisch keine wesentlichen neuen Probleme oder Hindernisse dar.

8.2.1 Technische Umsetzung für Online-Medien

Prinzipiell geht es beim Publishing mit Online-Medien darum, daß Datenfiles erzeugt und auf einen Computer gespeichert werden um dann auf einen anderen Computer übertragen und genutzt zu werden. Bei diesem Grundprinzip ist es zunächst unerheblich, ob **Online-Publishing** mit einem kommerziellen Netzwerkanbieter wie CompuServe oder über das Internet, WWW oder einem anderen der heute verfügbaren Netze erfolgen soll. Wesentlich ist zuerst, die Informationen zu besitzen (d. h. u. a. auch, daß man über das **Copyright** verfügt) und diese in den geeigneten Datenformaten vorliegen zu haben. Erst diese gespeicherten Informationen, die bei Bedarf auf andere Computer übertragen werden können, machen Online-Publishing möglich.

Will man in Online-Netzwerken Publishing betreiben, so muß man sich über die eigenen Ziele und Aufgabenstellungen (in Anlehnung zum Kapitel 1) klar sein. Dies ist bei Online-Publishing von noch größerer Bedeutung als bei eher herkömmlichem Publishing von Druckprodukten. Da Online-Publishing (gelegentlich auch Telepublishing genannt) ein relativ neuer Bereich ist, sind hier auch vielfältige neue Produkte, Vertriebswege und Umsetzungsformen möglich. Zur Zeit weist das Online-Publishing eine hohe Dynamik auf, wodurch klare Märkte, Distributions-

Abb. 8-26:

Informationsfenster im
Netscape Navigator

wege und das Konsumentenverhalten noch nicht immer sicher identifiziert werden können. Diese Märkte und Vertriebswege können so unterschiedlich ausgestaltet sein, wie dies die Netzwerkformen, z. B. **Internet** (Abb. 8-26), WWW (**World Wide Web**) oder CompuServe (Abb 8-27) ermöglichen.

Abb. 8-27:

Informationsfenster im
CompuServe Browser

Es ist für ein erfolgreiches Online-Publishing ganz besonders wichtig, daß man sich im einzelnen Fall gründlich über das beabsichtigte Online-Segment informiert. Diese Erkundung bezieht sich auf die Online-Gemeinde als mögliche Kunden und Abnehmer wie auch auf Identifizierung von Konkurrenten und existierendem Service. Aus diesen Erkundungen, die man am besten

als Nutzer und sogenannter Netzsurfer vornimmt, kann man die eigenen Zielsetzungen, das mögliche Kundenpotential und das eigene Datenangebot in einer ersten Planungsphase bestimmen. Dieser Phase sollte sich eine intensive und kritische Analysephase anschließen, in welcher Anforderungen an Hardware, Software, Netzwerkanbindung und Personalbedarf zu definieren sind. Hierzu gehören auch sehr projektkritische Aspekte, wie das Überbrücken von fehlenden Kapazitäten bei Personal, Kapital und Datenbestand, sowie die Identifizierung von Abrechnungsmethoden und Verfahren, Sicherheitsmaßnahmen zum Schutz vor unberechtigten und unerwünschten Zugriffen auf die Datenbestände und angekoppelte Computer.

Des weiteren sind die **Mechanismen der Publikation**, d. h. die Planung der Publikation in bezug auf Informationsgestaltung, Datenvorbereitung, Indizierung von Daten und Strukturieren des eigenen Netzwerkservers, Planung von Aktualisierung der Datenbestände usw., festzulegen. Erst hiernach kann die Implementierung der Publikationen im Online-Service erfolgen.

Für die **Implementierung** ist eine Anbindung an die **Online-Netze** (zumeist über einen Netzwerkbetreiber oder Provider) vorzunehmen und ein eigener Computer als Netzwerkserver zu installieren. Für die Implementierungsphase gilt es, kontinuierlich den Inhalt des Servers mit aktuellen Indizes zu versehen. Während der sich anschließenden Wartungsphase ist es wesentlich, daß der Server konstant im gesamten Netzwerk registriert und in Betrieb gehalten wird. Weiterhin muß ständig überwacht werden, daß der Server funktionsfähig und erreichbar ist. Aller Investionsaufwand kann hier schnell zunichte gemacht werden, wenn der Server tagelang durch Systemfehler oder unbemerkt abgestürzt ist und dadurch nicht erreichbar ist. Gleiches gilt auch für falsche, fehlerhafte, unrichtige oder unvollständige Daten oder Datenlinks. Hier ist ein beachtlicher Aufwand bei der Auswertung der Serverperformance und auch bei der Kundenresonanz einzuplanen. Auf all diese Aspekte kann im Rahmen dieser Publikation nur hingewiesen werden.

Das WWW ist wegen seiner guten Grafikfähigkeiten, der Verfügbarkeit unter UNIX, Windows und Macintosh sowie seiner intuitiven Erlernbarkeit heute eines der akzeptiertesten Online-Netzwerke und zeichnet sich durch entsprechend hohe Zuwachsraten der Benutzerzahlen aus. Zusätzlich hat das WWW durch Hypertextlinks und die Koppelung an nahezu alle anderen Netzwerke weitere Vorteile aufzuweisen.

Um im WWW einen Server einzubinden, bieten verschiedenste Netzwerkanbieter Unterstützung und Leistungen gegen Kostenabrechnung an, damit der Server entsprechend dem im WWW üblichen HTTP (HyperText Transfer Protocol) erreichbar ist. Abhängig vom Netzwerkanbieter, erhält der Server seine Kennung und ist dann für Anfragen des **WWW-Browsers** erreichbar. Im allgemeinen läuft eine vereinfachte Darstellung einer Kontaktaufnahme bzw. Anfrage an den Server wie folgt ab: Ein Anwender trifft in einem Index oder Verzeichnis im WWW-Menü auf eine **URL** (Uniform Resource Locator), welche die Adresse z. B. einer Seite und die Kennung des Servers und dessen Protokollart enthält. Im nächsten Schritt wird vom Benutzer über sein Anwendungsprogramm diese Adresse gelesen und aktiviert, wodurch der Verbindungsaufbau eingeleitet wird. Der mit der Adresse und dem Verbindungsprotokoll (bei WWW ist dies **HTTP)** angesprochene Server akzeptiert die Verbindung und sendet die in der Adresse benannte Seite an den Anwender. In dieser Seite, bestehend aus einer Datei, ist ein Filename und ein Verzeichnis von weiteren verbundenen Seiten (Links) enthalten. Kann der Server die Daten nicht übermitteln, wird zumindest ein Fehlerkode mitgeteilt. Der Anwender kann die erhaltenen Seiten lesen, drucken und über die Links sich weitere Seiten senden lassen oder die Verbindung abbauen.

Beim Online-Publishing in einem **WWW-Server** wird heute zumeist das HTML-Datenformat verwendet. Andere Datenformate wie ASCII-Text, PostScript oder Acrobat sind möglich, jedoch aus verschiedensten Gründen zur Zeit noch weniger üblich. **HTML** (HyperText Markup Language) ist eine Methode, um einfachen Text zusammen mit strukturellen Gestaltungsinformationen zu versehen und dabei auch Verbindungen zu anderen Dokumenten und Dokumentbestandteilen (wie Strichzeichnungen, Halbtonbildern, Tönen und Videosequenzen) zu ermöglichen. HTML ist eine Variante des **SGML-Datenformates** (Standard Generalized Markup Language), welches in Deutschland vom Bundesverband Druck E.V. als StruktText seit einigen Jahren gefördert wird.

Um ein Publishing-Dokument im **HTML-Format** zu erstellen, kann man grundsätzlich zwei verschiedene Wege beschreiten. Zum einen kann man spezifische bzw. eigenständige HTML-Editoren benutzen, und zum anderen kann man integrierte Funktionen und Plugin-Module von Anwendungsprogrammen einsetzen. Welchen Weg man am besten beschreitet, hängt von den schon vorhandenen und verfügbaren Datenbeständen ab.

8.2.2 Eigenständige HTML-Editoren

Bei eigenständigen HTML-Editoren gibt es eine Vielzahl von Editoren, eine aktuelle Liste kann auf der Seite <http://www.w3.org/hypertext/WWWTools/Overview.html>

s. Kapitel 3.5 Computer-Datenformate

eingesehen werden. Das Angebot reicht hier von kostenloser Freeware für private Anwender (HTML-Assistant für Windows) über preiswerte Shareware (HTML-Editor für Macintosh) bis hin zu teuren Konvertierprogrammen, welche verschiedene Datenformate direkt ins HTML-Format umwandeln (Cyberleaf für UNIX und Windows).

Steht man ganz am Anfang und in der kreativen Schaffensphase, d. h., man hat noch keine Texte oder Datenbestände angesammelt, so kann ein einfacher **HTML-Edito**r durchaus geeignet sein, um erste Erfahrungen zu sammeln. Einfache HTML-Editoren weisen nach dem Start grundsätzlich zwei Möglichkeiten der Bildschirmdarstellung von Text auf. Es kann der Text im Layoutmodus, d. h. wie im Netzwerk vom Benutzer gelesen (Abb. 8-28) oder mit den Tags im **Editiermodus** (Abb. 8-29) dargestellt werden.

Je nach Editor und dessen Funktionalität lassen sich Schriftauszeichnungen wie Fettdruck, Unterstreichungen etc. über Schaltknöpfe in ähnlicher Form wie bei Textverarbeitungsprogrammen vornehmen (Abb. 8-30). Hypertextlinks zu anderen Dokumentteilen (innerhalb und außerhalb des gleichen Dokumentes) können über Linkfunktionen (hier Anchor genannt) hergestellt und an beliebiger Stelle in den Textfluß eingebaut werden (Abb. 8-30). Diese Integration kann in gleicher Weise auch mit URLs für externe und interne Serveradressen und über entsprechende Menüpunkte vorgenommen werden.

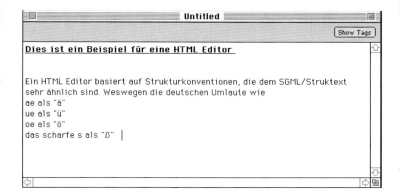

Abb. 8-28: HTML-
Editor im Layoutmodus

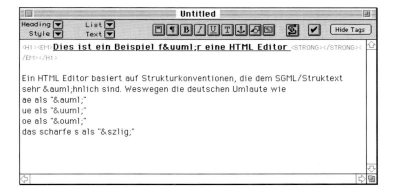

Abb. 8-29: HTML-
Editor im Textmodus
mit den Tags (HTML-
Auszeichnungen)

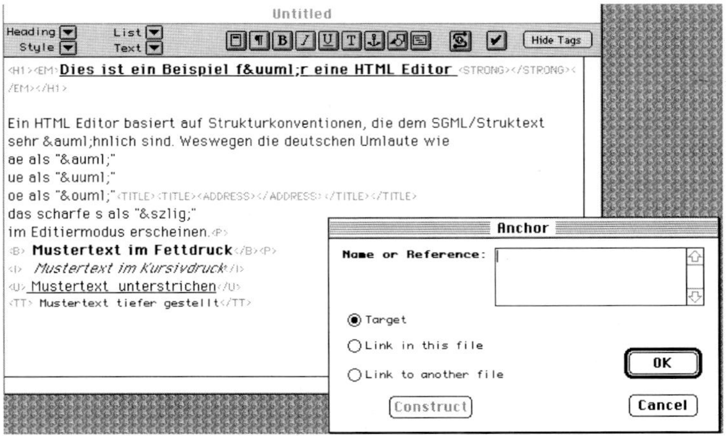

Abb. 8-30: Eingabe-
fenster für Hypertext-
links

Um einen schon bestehenden Text in einen HTML-Editor einzufügen, ist es zumeist notwendig, diesen Text von einem spezifischen Datenformat (wie z. B. Word 5.0, Works für Windows,
WordPerfect) in eine **RTF-Datei** (Rich Text Format) umzuwan-

deln (Abb. 8-31 und Abb. 8-32). Als RTF-Datei kann der Text dann in eigenständigen HTML-Editoren eingeführt und weiterverarbeitet werden. Will man diesen etwas umständlichen Weg vermeiden, so kann man auch den einfachsten Weg, das Kopieren aus der Zwischenablage, wählen. Hierbei gehen die Schriftauszeichnungen verloren, der ganze Vorgang ist jedoch in wenigen Sekunden auszuführen (Abb. 8-33). Sollen Grafiken und Bilder in einem Dokument eingebunden werden, so läßt sich dies ebenfalls über Hypertextlinks vornehmen, wobei zumeist Grafiken im **GIF-Datenformat** (Grafical Interchange Format) eingesetzt und von den meisten WWW-Browsern unterstützt werden. Wird eine umfangreiche Bilddatei in ein Dokument eingebunden, so sollte man berücksichtigen, daß bei hoher Netzwerkaktivität ein Ladevorgang sehr lange dauern kann. GIF-Datenformate lassen sich über Anwendungsprogramme wie Photoshop problemlos erzeugen und in HTML-Editoren einkoppeln.

Abb. 8-31: Word für Macintosh – Generieren einer RTF-Datei

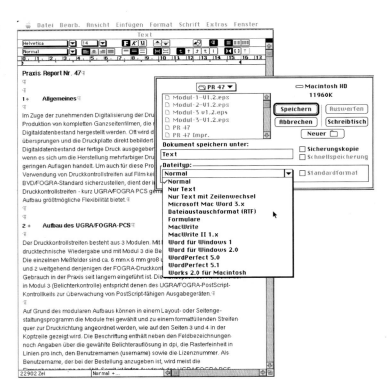

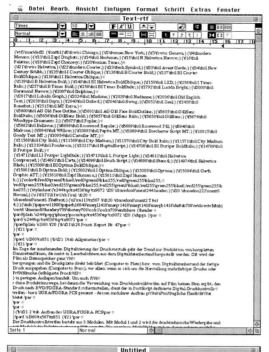

Abb. 8-32: Ergebnis der RTF-Umwandlung

Abb. 8-33: Ergebnis vom Kopieren aus der Zwischenablage in einen HTML-Editor

435

8.2.3 Integrierte HTML-Editoren und Plug-ins

Der zweite Weg, um zu einem Online-Publishing-Dokument im HTML-Format zu gelangen, ist die Nutzung von in Anwendungs- programmen **integrierten HTML-Editoren** und **Plug-ins**. Auf diesem Weg eröffnet sich eine komfortable Möglichkeit, ein Doku- ment nur einmal zu bearbeiten (mit Korrekturen etc.) und anschlie- ßend z. B. sowohl als gedrucktes wie auch als Online-Publishing- Dokument zu verwenden. Diesen Weg kann man immer dann pro- blemlos einschlagen, wenn die gestalterischen Aspekte dies zulas- sen (Näheres s. Kapitel 8.2.4).

Anwendungsprogramme wie z. B. PageMaker 6.0 verfügen über Plug-ins (Abb. 8-34), mit denen eine bestehende Datei bzw. ein Dokument unmittelbar auf Kompatibilität mit dem HTML-Format überprüft werden kann (Abb. 8-35). Treten Feh- ler oder Inkompatibilitäten auf, werden diese in einem geson- derten Fenster in detaillierter Form aufgelistet (Abb. 8-36), und die jeweilige Datei kann dann entsprechend der Auflistung mo- difiziert und angepaßt werden.

Abb. 8-34: Plug-ins in PageMaker 6.0

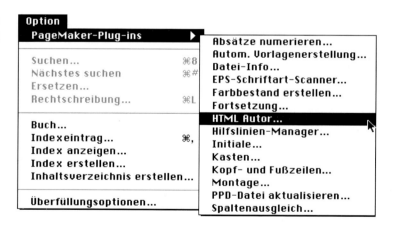

Abb. 8-35: Überprüfen der Satzdatei auf HTML-Kompatibilität

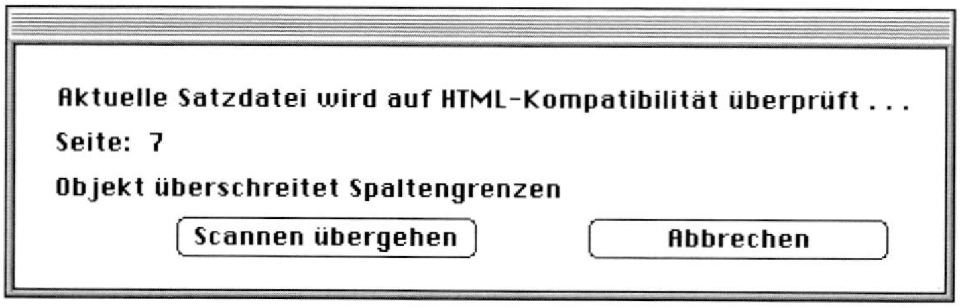

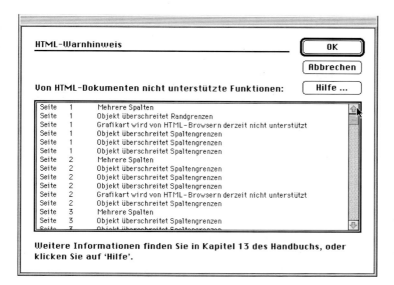

HTML-Warnhinweis

| OK |
| Abbrechen |

Von HTML-Dokumenten nicht unterstützte Funktionen:

| Hilfe ... |

Seite	1	Mehrere Spalten
Seite	1	Objekt überschreitet Randgrenzen
Seite	1	Grafikart wird von HTML-Browsern derzeit nicht unterstützt
Seite	1	Objekt überschreitet Spaltengrenzen
Seite	1	Objekt überschreitet Spaltengrenzen
Seite	1	Objekt überschreitet Spaltengrenzen
Seite	2	Mehrere Spalten
Seite	2	Objekt überschreitet Spaltengrenzen
Seite	2	Objekt überschreitet Spaltengrenzen
Seite	2	Objekt überschreitet Spaltengrenzen
Seite	2	Grafikart wird von HTML-Browsern derzeit nicht unterstützt
Seite	2	Objekt überschreitet Spaltengrenzen
Seite	3	Mehrere Spalten
Seite	3	Objekt überschreitet Spaltengrenzen
Seite	3	Objekt überschreitet Spaltengrenzen

Weitere Informationen finden Sie in Kapitel 13 des Handbuchs, oder klicken Sie auf 'Hilfe'.

Abb. 8-36: Liste der Fehlermeldungen nach einer Überprüfung auf HTML-Konformität

Allgemein gehen alle **HTML-Konverter**, integrierten HTML-Funktionen und Plug-ins von der Annahme aus, daß ein Dokument schon existiert und auf möglichst bequeme Weise in das HTML-Format umgewandelt werden soll. Der Vorteil hierbei ist, daß eine **HTML-Kompatibilität** sichergestellt werden kann. Leider werden dadurch jedoch die Möglichkeiten von Hypertextlinks in Online-Publishing-Dokumenten nicht genutzt, denn diese existieren in üblichen Texten nicht. Will man diese Hyperlinks nutzen, so muß hierzu wieder zu den HTML-Editoren zurückgekehrt werden und diese dann jeweils individuell in das jeweilige Online-Dokument eingefügt werden. Unter Beachtung dieser Einschränkung sind Plug-ins und integrierte Funktionen sehr nützlich, um z. B. einfache Umwandlungen und Massenarbeit zu erleichtern sowie Dokumente auf HTML-Kompatibilität zu überprüfen.

Im Falle vom PageMaker 6.0 und dem Plug-in HTML-Autor können auch die WWW- und Internet-Adressen (URLs) über ein eigenes Fenster eingegeben werden (Abb. 8-37). Der HTML-Autor überprüft dabei die Eingabe der Adresse syntaktisch und markiert das erste ungültige Zeichen der Eingabe. Das gleiche Eingabefenster kann auch genutzt werden, um Hypertextlinks innerhalb eines HTML-Dokumentes zu erzeugen und syntaktisch zu überprüfen.

8.2.4 Gestalterische Aspekte bei Online-Medien

Das HTML-Datenformat unterliegt zur Zeit einer rapiden weiteren Entwicklung in Funktionalität und Leistungsfähigkeit (u. a. für die Integration von Tabellen und von mathematischen Formeln), so daß alle nachfolgenden Ausführungen auf die Standardversion HTML 2.0 bezogen werden müssen. Die allgemeine Vorgabe beim Aufbau von HTML bestand darin ein Datenformat zu schaffen, in welchem Hypertext, Grafiken und Video in einem Dokument zusammengebunden und über weitverteilte Netzwerke verbreitet werden können. Hierbei berücksichtigte man gleichzeitig, daß sehr unterschiedlich konfigurierte und ausgestattete Computer diese Dokumente darstellen können müssen. Das Spektrum reicht

Abb. 8-37: Internet Adressen in einer HTML-Seite und der dazu gehörige Source-Code

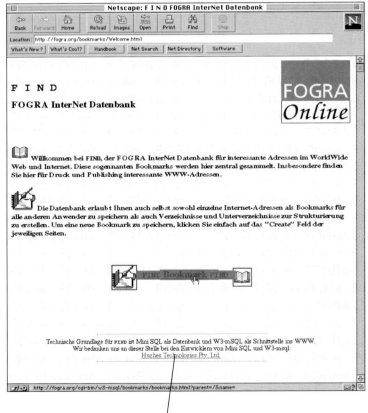

```
<A HREF="http://AusWeb.com.au/computer/Hughes/">Hughes Technologies Pty.
Ltd.</A>
<br>
</center>
```

heute noch von einfachen, zeichenorientierten Systemen wie einem VT100 Terminal (z. B. auf Basis des Lynx Editors) bis hin zu leistungsstarken, grafikfähigen Computern (z. B. mit dem Mosaic oder Netscape Editor).

Steigt man erstmals in das Medium der **Online-Dokumente** ein, so stößt man immer wieder auf den Begriff „Pages" (Seiten) z. B. als **„Home pages"** oder „Web pages" sowie auf sehr kryptisch wirkende Adreßnamen (wie <http://www.fogra.org/ Nachrichten/Vordrucke.html>). Die „Pages" oder Seiten haben in einem Online-Dokument nur noch sehr wenig gemeinsam mit dem Seitenbegriff wie dieser für gedruckte Publikationen oder für bildschirmorientierte Dokumente in Offline-Medien geprägt wurde. Da in Online-Seiten mit Hilfe von Scrollbalken (Abb. 8-38) gearbeitet werden kann, sind Seitenbegrenzungen in Höhe wie Breite nicht mehr relevant, denn der jeweilige Benutzer kann entsprechend seines Computerbildschirms ein Fenster beliebig vergrößern oder verkleinern. Jede „Page" in einem Online-Dokument kann daher aus einem beliebig langen Text bestehen und unterliegt aufgrund des dynamisch durchzuführenden **Seitenumbruchs** fast keinen Beschränkungen. Die Betonung liegt hier auf „fast keinen Beschränkungen", weil gerade die von Druckprodukten bekannten Formatierungen für Seiten- und Spaltenformate, Kolumnen- und Kolumnentitel, Randspalten usw. bei Online-Dokumenten auf-

Abb. 8-38: Internet Bildschirmseite unter Windows 95

grund des dynamischen Umbruches nicht mehr zulässig sind. Jede automatische Konvertierung von gedruckten Publishing-Dokumenten mit solch „starren" Formatierungen führt zu umfangreichen Fehler- bzw. Inkompatibilitätsmeldungen.

Adreßnamen (z. B. <http://www.fogra.org/Nachrichten/Vordrucke. html>) setzen sich zusammen aus dem Protokolltyp (hier „http"), der **Netzwerkadresse** des Servers (hier „www.fogra.org"), dem Dateiverzeichnis (hier „Nachrichten"), dem Dateinamen einer Bildschirmseite (hier "Vordrucke") und gegebenenfalls dessen Dateityp-Kennzeichnung (hier „.html").

Einfacher Text ist schnell mit Hilfe von HTML-Editoren oder Plug-ins zu generieren, wenn keinerlei **Formatierungen** im Text vorhanden sind (Abb. 8-39 zeigt Beispiele von ungeeigneten For-

Abb. 8-39: Ungeeignete Formatierung durch 3spaltigen Aufbau und Integration von EPS-Bilddaten

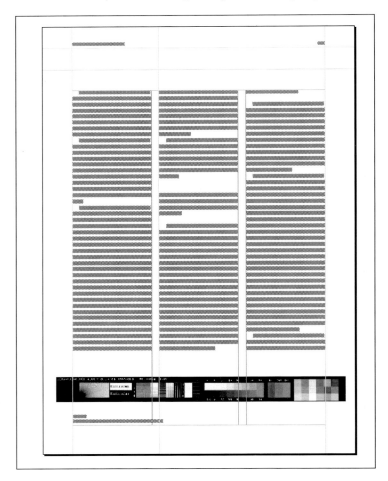

matierungen). Am schnellsten erhält man brauchbare HTML-Dokumente, wenn man auf nicht ausgezeichnete Texte aus der kreativen Schaffensphase zurückgreifen kann und diese als RTF-Dateien aus einem Textverarbeitungsprogramm in einen HTML-Editor importiert. Ein zweiter recht schneller Weg führt auch zum Ziel, indem man in bestehenden Dokumenten deren Formatierungen aufhebt und dann über die integrierten HTML-Funktionen diese Dokumente umwandelt (Abb. 8-40). Solch ein umgewandelter Text besteht in seiner Grundstruktur dann aus dem Titel (<Title>), dem Kopf (<Header>), dem Inhalt (<Body>) und der Adresse (<Address>). Der Umgang damit wird in Anwendungsprogrammen wie PageMaker 6.0 deutlich erleichtert, da HTML-Befehlssequenzen direkt integriert werden und man nur die Adressen selbst eingeben muß (Abb. 8-41).

Für einen späteren Nutzer sind Texte mit Grafiken gegenüber einem einfachen Text natürlich viel reizvoller und interessanter. Der wirkliche Reiz für Online-Publishing-Dokumente liegt jedoch bei den im Text vorhandenen Links zu anderen Dokumentteilen innerhalb eines Dokumentes sowie zu anderen Dokumenten, Servern oder Netzen. **Hypertextlinks** lassen sich innerhalb eines Dokumentes über zwei Formatierungsschritte zuteilen: Zuerst bestimmt

Abb. 8-40: Dokument umformatiert auf HTML-konformen einspaltigen Satzspiegel

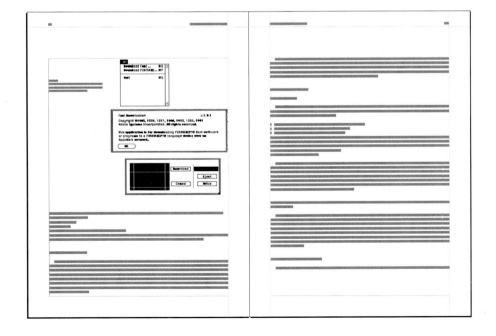

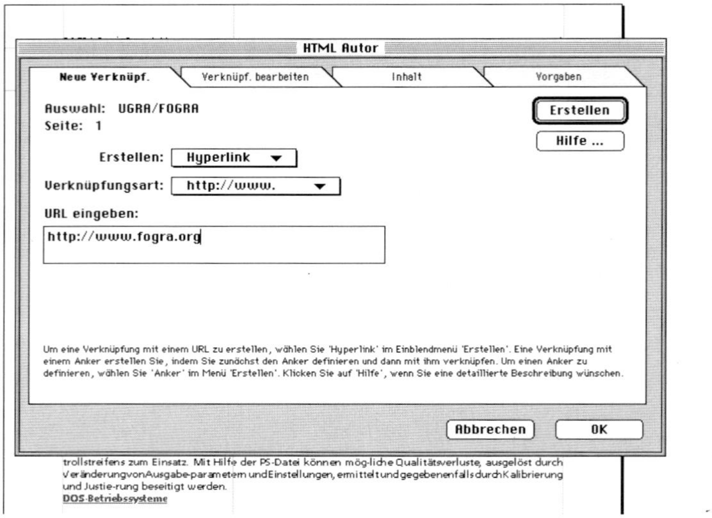

Abb. 8-41: Eingabe einer URL-Adresse in einem Text

man den Bereich des Dokumentes, welcher der Zielpunkte des Hypertextlinks ist, d. h. der Punkt an dem eine bestimmte Information vorhanden ist (hier „Nachrichten"). Dieser Zielpunkt wird auf der Ausgangsseite mit einem Ankerzeichen (einem sogenannten <A> Tag), einem Eröffnungsnamen (hier <A HREF= „Nachrichten">) und einem Schlußanker (</A>) versehen. Des weiteren muß der Text des Zielpunktes mit einem Ankerpunkt und dem Namen des Ausgangspunktes bzw. der Rückkehradresse sowie einem Schlußanker gekennzeichnet werden (</A>). Alternativ kann auch eine weitere Verzweigung auf andere Seiten (z. B. <A HREF = „Mittelstand.html">) einfügt werden. Zwischen diesen beiden Namensbereichen steht dann der Text, der am Bildschirm gezeigt wird, wenn ein Benutzer den Link aktiviert. Im zweiten Schritt sind die Zieladressen mit Ankerzeichen, Namen und Schlußankerzeichen zu versehen. Als Kennzeichnung des Linkzieles ist ein sogenanntes „pound" Zeichen (#) einzufügen. Dieses „pound" Zeichen ist ebenfalls bei der Rückkehradresse eines Zielpunktes einzugeben. Im Online-Dokument zeigt sich die Bildschirmdarstellung nur mit den inhaltlichen Texten (Abb. 8-44), während der

```
                    //fogra.org/
<TITLE>Homepage of FOGRA</TITLE> <body bgcolor = "FFFFFF" alink=#0000FF vlink=#FF0000>
<blink><B>+++Experimenteller Server im Aufbau, alle Angaben unverbindlich+++</B></blink>
<p>
<IMG SRC="FOGRA.gif" align = right>
<p>
<br>
<p>
<br>
<p>
<br>
<FONT COLOR=#FF0000><H1>Willkommen
<br>bei FOGRA Online!</H1></FONT>
<H4>Click here for the <A HREF="english_home.html">english version</A>!</H4>
<br>
Die FOGRA Forschungsgesellschaft Druck freut sich<br>
Ihnen die folgenden Unterst&uuml;tzungs-Dienste
rund um Druck und Publishing anbieten zu k&ouml;nnen:
<IMG SRC="colorbar.gif">  <P>
<H3>
<IMG SRC="new.gif" align=center>
<A HREF="Veranstaltungen/Sym96.html">Computer-Publishing Symposium vom 16.-18.
April1996</A>
<UL>
<li><A HREF="Nachrichten/Nachrichten.html">FOGRA-Nachrichten</A>
<li><A HREF="Projekte/Projekte.html">Projekte & Aktivit&auml;ten</A>
<li><A HREF="Veranstaltungen/Veranstaltungskalender.html">Veranstaltungskalender</A>
<li><A HREF="bookmarks/Welcome.html"><CODE>FIND:</CODE> FOGRA-Internet-Datenbank f&uuml;r
Adressen</A> (<A
HREF="http://www.fogra.org/cgi-bin/w3-msql/bookmarks/bookmarks.html?parent=/&name="><COD
E>FIND</CODE> direkt</A>)
<li><A HREF="Mitarbeiter/Mitarbeiterliste.html">Direktkontakt zu Ansprechpartnern</A>
<li><A HREF="Warehouse/Katalog.html">Produkt- und Dienste-Katalog</A>
<p>
<li><A HREF="About/FOGRAOnline.html">&Uuml;ber FOGRA Online</A>
<li><A HREF="About/FOGRA.html">&Uuml;ber die FOGRA</A>
<p>

</UL>
</H3>
```

Linkadresse der „Home page"

Ausgangspunkt des Links auf der „Home page" zur „Nachrichten page"

Abb. 8-42: Source Code am Ausgangspunkt

Abb. 8-43: Source Code am Endpunkt

```
                    Nachrichten.html
<TITLE>Nachrichten</TITLE> <body bgcolor = "FFFFFF" alink=#0000FF vlink=#FF0000>
<IMG SRC="../FOGRA.gif" align = right>
<pre>




</pre>
<H1>FOGRA-Nachrichten</H1>
<pre>

</pre>
Hier finden Sie aktuelle Mitteilungen der FOGRA an die &Ouml;ffentlichkeit.
<p>
<br>
<IMG SRC="../colorbar.gif">  <P>
<DL>
<p>
<DT>14.12.1995
<DD>Die FOGRA Mitteilungen mit vielen interessanten Beitr&auml;gen werden an die Mitglieder verschickt.<BR>
<p>
<STRONG>Aus den Mitteilungen:</STRONG><BR>
<UL>
<LI>FOGRA auf Draht im Internet - FOGRA-Online
<LI>Fortschritte f&uuml;r die Druckindustrie durch ISO-Normen
<LI>Alles umsonst! oder: Wann Gutachten abgelehnt werden
<LI>Der UGRA FOGRA-Digital-Druckkontrollstreifen
<LI>Der FOGRA-Service-Koffer
<LI>Fehler an Druckerzeugnissen - Ursachenfindung durch Rasterelektronenmikroskopie und R&ouml;ntgenmikroanalyse
<LI>Entwicklung von Pr&uuml;fmethoden zur Untersuchung neuer Rastersysteme
</UL>
<p>

<STRONG>Aus FOGRA-Aktuell Nr. 18</STRONG><BR>
<UL>
<LI><A HREF="Mittelstand.html">Forschungsf&ouml;rderung f&uuml;r den Mittelstand</A>
<LI><A HREF="Vordrucke.html">Vordrucke und Bildschirmmasken</A>
<LI><A HREF="Litdienstaufdisk.html">FOGRA-Literaturdienst jetzt auf Diskette</A>
<LI><A HREF="neueFOGRAVeroeffentl.html">Neue FOGRA-Ver&ouml;ffentlichungen</A>
</UL>
```

Weitere Ankerpunkte für zusätzliche Informationsseiten

443

Ausgangspunkt der Linkverbindung

Abb. 8-44: Bildschirmdarstellung in Netscape am Ausgangspunkt

Abb. 8-45: Bildschirmdarstellung am Zielpunkt

Zielpunkt der Linkverbindung und Linkadresse

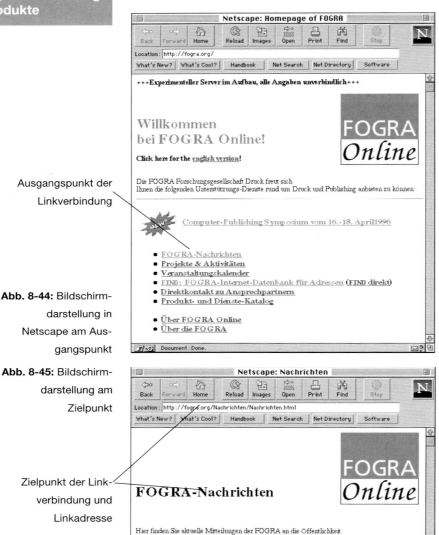

WWW-Browser die jeweiligen Textmarkierungen des Ausgangspunktes und die Textmarkierungen der Zielpunktes (Abb. 8-42)
auszuwerten hat. Die Abbildungen 8-42 und 8-44 sowie die Abbildungen 8-43 und 8-45 sind jeweils als Abbildungspaare des originalen Source Codes im Editiermodus und der Bildschirmdarstellung des Netscape-Browsers zu betrachten.

8.3 Elektronische Multimedia-Produkte

Neben den bisher vorgestellten Online- und Offline-Informations-
systemen gibt es seit einigen Jahren auch die **Multimedia-** und
Hypermedia-Systeme. Hier haben verschiedene Anwendungsprogramme eine hohe Akzeptanz und Verbreitung erreicht. Da deren
Konzepte und Rahmenbedingungen durchaus von den bisher vorgestellten digitalen Publishing-Produkten abweichen, soll exemplarisch deren Umsetzungsmöglichkeiten vorgestellt werden. Die
nachfolgenden Ausführungen basieren auf der Arbeit von Herrn
Dipl.-Phys. H. Pertler und seinen Ausführungen im FOGRA Forschungsbericht 3.296 „Hypermedia Lern- und Informationssystem
– Realisierung am Beispiel der Standardisierung des Offsetdruckverfahrens" [8.12]. Für die Zustimmung zur Verwendung der Ergebnisse und der Veröffentlichung in diesem Buch sei an dieser
Stelle Herrn Pertler herzlich gedankt.

8.3.1 Hypermedia mit HyperCard

HyperCard ist eines der Anwendungsprogramme, das als
Hypermedia-System einzuordnen ist. **HyperCard** existiert seit Beginn der Auslieferung der Macintosh-Rechner und hat seine Taug-
lichkeit gerade im schulischen Bereich und in einer Anzahl auch
kleinerer Applikationen [8.17] nachgewiesen. HyperCard ist
„kartenorientiert", d. h., der Benutzer hat nur die Information im
direkten Zugriff, die auf der gerade angezeigten „Karte" präsentiert wird. Die Größe dieser Karte kann aber bis weit über die heute üblichen Bildschirmgrößen reichen. Karten werden in Analogie
zu einem Karteikasten zu einem sog. „Stapel" zusammengefaßt,
der dann die Applikation bildet. Die Kartenorientierung erfordert

eine Gliederung der Informationen in überschaubare Einheiten. Sollte dies nicht möglich sein, können ein oder mehrere **Stapel** aufgerufen und präsentiert werden. Über die eingebaute Programmiersprache „**HyperTalk**" (s.u.) können die Stapel untereinander Informationen austauschen.

Die **Karten** besitzen einen Vordergrund, der nur für eine Karte gültig ist und einen Hintergrund, der für mehrere Karten gilt. Innerhalb eines Stapels sind mehrere Hintergründe zulässig. Das Erscheinungsbild der Karten kann über Textfelder in verschiedenen Formen und über „Buttons" (dies sind Kartenbereiche, die einen kurzen Text und/oder Miniaturgrafiken aufnehmen können) sowohl im Hinter- wie auch im Vordergrund gestaltet werden. Textfelder und Buttons können auf Benutzeraktionen wie Zeigen oder Klicken mit der Maus reagieren. Zusätzlich sind Grafiken auf dem Vorder- wie auf dem Hintergrund der Karte darstellbar. All diese Elemente können innerhalb der Entwicklungsumgebung erzeugt und plaziert werden, sind aber in Version 2.1 nur schwarzweiß darstellbar. Dies hat sich erst in der Version 2.2 geändert.

Die Interaktion der Applikation mit dem Anwender muß in aller Regel über sog. **Skripts** programmiert werden; zu HyperCard werden nur die notwendigsten Funktionen wie z. B. „Gehe zur nächsten/vorherigen Karte" als Skript vordefiniert mitgeliefert. Skripts sind Programmteile, ähnlich Unterprogrammen in Programmiersprachen wie BASIC, PASCAL oder C, die in der eingebauten Sprache „HyperTalk" erstellt werden. HyperTalk ermöglicht eine komplette Steuerung der Applikation, u. a. ist die gesamte Funktionalität der Entwicklungsumgebung mit enthalten. Dies führt allerdings zu einem gewaltigen Sprachumfang. HyperTalk enthält ca. 400 Schlüsselworte, die zusätzlich durch externe Funktionen, die in einer herkömmlichen Programmiersprache wie Pascal oder C kodiert sind, erweitert werden können. **HyperTalk** ist ereignis- und nachrichtenorientiert: Eine Reaktion der Applikation erfolgt nur auf eine Anwenderaktion oder auf eine "Nachricht", die von einem Skript abgeschickt wird. Skripts können jedem darstellbaren Element auf den einzelnen Karten zugeordnet werden.

Hypertext und **Hypermedia-Anwendungen** werden von HyperCard durch spezielle Eigenschaften unterstützt: Für Text existiert ein ausgezeichnetes Format, das dem Anwender (durch Unterstreichung s. Abb. 8-46) anzeigt, daß hier der Anker eines

Links zu sehen ist. Klickt man auf diesen Text, wird eine HyperTalk-Nachricht erzeugt. Auf dieser Grundlage kann dann ein Skript die weitere Ablaufsteuerung übernehmen. Bilder, Töne und Filme können durch Befehle innerhalb eines Skripts auf einer Karte oder unabhängig davon in einem separaten Fenster dargestellt und wieder entfernt werden. Die Verankerung eines Links an diesen Elementen ist ebenso durch ein zugeordnetes Skript, das z. B. auf einen Mausklick auf diese Elemente reagiert, möglich. Zusätzlich existiert ein Befehl zur Volltextsuche in allen Textfeldern der Karten eines Stapels, der das Suchen nach Stichwörtern und damit den Aufbau dynamischer Auswahlfelder erlaubt (Abb. 8-48).

Insgesamt gesehen ist HyperCard ein mächtiges Werkzeug zur Erzeugung von Hypermedia-Applikationen, wenn die Bereitschaft vorhanden ist, sich in die Programmiersprache HyperTalk einzuarbeiten.

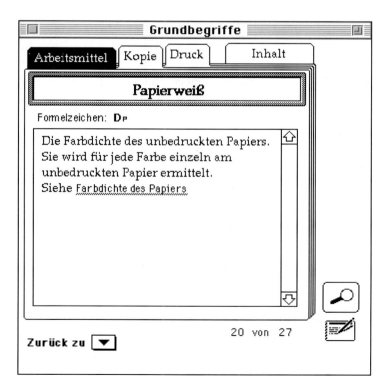

Abb. 8-46: Typisches Erscheinungsbild einer Karte in einem Hypercard-Stapel

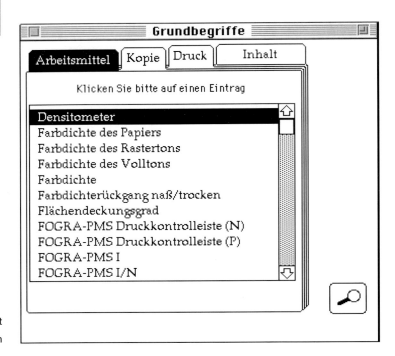

Abb. 8-47: Karte mit
Stichwörtern

8.3.2 Konzeption und Umsetzung einer Hypermedia-Applikation

Historisch ist das Standardisierungskonzept für den Offsetdruck aus einer langjährigen Reihe von Entwicklungsvorhaben der FOGRA entstanden. Die Basisinformationen und Regeln zur Standardisierung des Offsetdrucks wurden als kompaktes gedrucktes Handbuch [8.29] im Sinne eines Unterweisungsmaterials zusammengefaßt. Dieses Handbuch soll eine schrittweise Einführung des Standardisierungskonzepts in den Betrieb ermöglichen. Es ist in vier Abschnitte gegliedert, wobei Block A die für die Anwendung des Standardisierungskonzepts notwendigen Kontroll- und Arbeitsmittel beschreibt. In den Blöcken B und C ist für die betroffenen Prozeßstufen Plattenkopie, An- und Fortdruck beschrieben, welche Kontroll- und Hilfsmittel einzusetzen und welche Regeln und Arbeitsvorgänge einzuhalten sind. Abschnitt D enthält Antworten zu Übungsfragen der Abschnitte A bis C.

Zum überwiegenden Teil enthält das Handbuch nur Textinformationen. Insbesondere die Arbeitsanleitungen sind kaum durch erläuternde Grafiken oder Bilder ergänzt. Gerade letztgenannte Informationsträger können aber wesentlich zur Attraktivität eines computerunterstützten Lernsystems beitragen. Diese Elemente müssen daher von Grund auf neu in die Anwendung implementiert werden. Zum didaktischen Aufbau der Lerneinheiten dient das Vorgehen der Referenten und deren praktische Vorführung der Arbeitsanleitungen während der Seminare zur Einführung des Standardisierungskonzepts, die in der FOGRA abgehalten werden.

Für die **Implementierung** dieses **Hypermedia-Systems** wurden drei Bereiche als eigenständige HyperCard-Stapel entwickelt, wovon der Stapel „Grundbegriffe" exemplarisch mit den Funktionalitäten von Karten näher vorgestellt werden soll.

Im Stapel Grundbegriffe wurden die im Handbuch vorhandenen Grundbegriffe integriert. Jeweils ein Begriff ist auf einer Karte zu finden. Der Zugriff auf die Karten erfolgt wahlweise über eine Suchfunktion oder über ein Stichwortverzeichnis (Abb. 8-47), das in die drei Funktionsblöcke Arbeitsmittel, Kopie und Druck gegliedert ist. Durch einen Mausklick auf die oben sichtbaren Reiter ist jederzeit ein Wechsel zwischen den Stichwortverzeichnissen möglich. Ebenso ist jederzeit eine Volltextsuche innerhalb des Datenbestands gegeben. Diese Option ist durch Anklicken des Lupensymbols erreichbar. Den prinzipiellen Aufbau der Karten zeigt die Karte mit eröffneter Notizblockfunktion (Abb. 8-48). Oben ist der Titel zu sehen, der in dieser Form als Eintrag im Stichwortverzeichnis erscheint. Unterhalb des Titels wird, sofern vorhanden, das Formelzeichen für einzelne Definitionen ange-

Abb. 8-48: Beispiel für die Notizblockfunktion

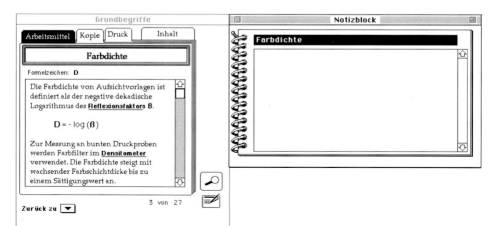

zeigt. Darunter befindet sich das Feld für die Erläuterung des Begriffs. Der unterstrichene Begriff ist der **Anker** eines **Hypertextlinks** zu der gleichnamigen Karte. Die Ausführung des Links wurde über ein für den Anwender unsichtbares Feld implementiert, in
dem für jeden Anker das Ziel eingetragen ist. Wird der Anker mit
der Maus angeklickt, erfolgt über diese Tabelle ein Sprung zur
Zielkarte. Über das Notizblock-Symbol wird das der Karte entsprechende Blatt des Notizblocks aufgerufen (Abb. 8-49). Das
Feld unter dem Titel dient zur Aufnahme der Anwender-
informationen. In jedes Feld können bis zu 16.000 Zeichen eingegeben werden. Über das Schließfeld kann der Notizblock jederzeit
wieder geschlossen werden, d. h., er ist dann für den Anwender
nicht sichtbar. Klickt der Benutzer auf den Button „Zurück zu",
kann er aus einer Liste alle Titel auswählen, die er sich seit dem
letzten Aufruf des Stichwortverzeichnisses angesehen hat. Diese
sog. „History"-Funktion erlaubt eine komfortable Rückkehr zur
Ausgangskarte, wenn mehrere Links verfolgt wurden.

Die **Suchfunktion** bietet eine Volltextsuche in allen Begriffser-
läuterungen. Die Suche ist sowohl nach einem Begriff (Abb. 8-49)
als auch nach zwei „über eine und/oder-Beziehung" verknüpften
Begriffen (Abb. 8-50) möglich. Der Button „Zurück" führt den Benutzer zu der Karte zurück, von der aus die Suchfunktion aufgerufen wurde. Wenn immer möglich, sind weitere Erklärungskompo-
nenten von den einzelnen Karten aus zugänglich. Abbildung 8-51
zeigt ein Beispiel für Formeln und deren direkte Berechnung,
wenn der Anwender die Dichtewerte eingibt und der Wert dann
entsprechend der Formel berechnet wird (Abb. 8-52). Ein weiteres
Beispiel zeigt das Filmsymbol (Abb. 8-53), über welches per
Mausklick eine in Macromedia Director erstellte Animations-
sequenz aufgerufen wird. Durch Anklicken der Textfelder werden
die entsprechenden Teile des schematisch dargestellten Ring-
spiegel-Densitometers farblich hervorgehoben und erklärt.

8.3.3 Multimedia-Anwendungen

Einen ganz anderen Ansatz, Informationen zu präsentieren, verfolgt Macromedia Director: Hier wird eine Entwicklungsumgebung angeboten, in der die Applikation in weitgehender Analogie

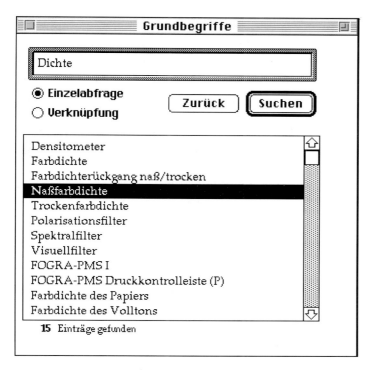

Abb. 8-49: Einzelabfrage in der Suchfunktion

Abb. 8-50: Verknüpfte Abfrage in der Suchfunktion

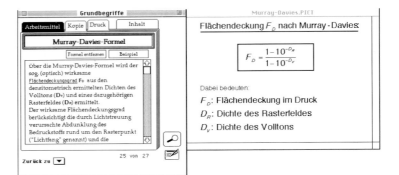

Abb. 8-51: Einbindung
von Grafikelementen

Abb. 8-52:
Berechungen auf einer
Karte

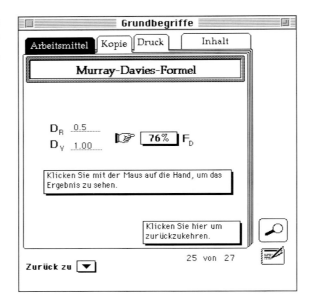

Abb. 8-53: Beispiel für
die Kombination von
HyperCard und
Macromedia Director

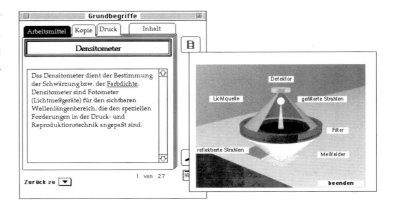

zum Entstehen eines Spielfilms erstellt wird. Grundlage ist ein Drehbuch (Abb. 8-54), in dem „Schauspieler" (Abb. 8-55) und deren Handlungen definiert werden, und eine „Bühne" (Abb. 8-56), auf der alle Vorgänge dargestellt werden. Das **Drehbuch** ist sequentiell organisiert, d. h., die Applikation ist in „Einzelbilder" aufgeteilt, die mit einer bestimmten Abspielrate aufeinanderfolgen (Abb. 8-54). Innerhalb eines Einzelbilds können verschiedene „Schauspieler" auf der „Bühne" präsent sein. Als **Schauspieler** (Abb. 8-55) können Textfelder, Grafiken oder komplette Filme eingebunden werden. Macromedia Director bietet in der Entwicklungsumgebung entsprechende Hilfsmittel an, um Textfelder (Abb. 8-57) und Grafiken zu erzeugen bzw. aus anderen Programmen zu importieren (Abb. 8-58). Für Tonsequenzen sind pro Einzelbild zwei „Tonspuren" reserviert, so daß musikalische Un-

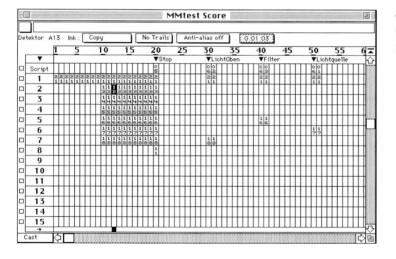

Abb. 8-54: Drehbuch unter Macromedia Director

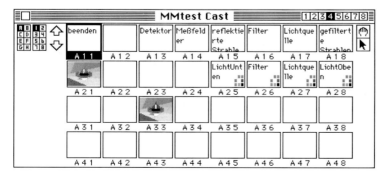

Abb. 8-55: Fenster der einzelnen Akteure bzw. Schauspieler unter Macromedia Director

453

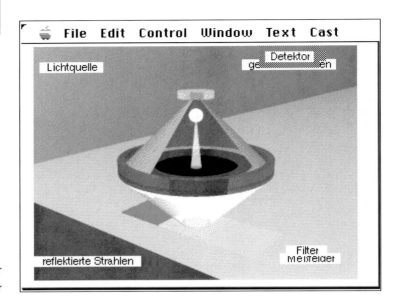

Abb. 8-57: Bühne unter
Macromedia Director

termalung bzw. sprachliche Ergänzungen zu den Bildern möglich
sind. Auf diese Weise sind **animierte Präsentationen** schnell zu
erstellen.

Eine Interaktion mit dem Anwender ist wie in HyperCard nur
durch den Einsatz einer Programmiersprache möglich, die hier
„Lingo" genannt wird. **Lingo** (Abb. 8-59) ist vom Aufbau her
HyperTalk sehr ähnlich, stellt aber im wesentlichen nur Sprach-

Abb. 8-58: Textein-
bindung in
Macromedia Director

	Text
A11	**beenden**
A12	
A13	Detektor
A14	Meßfelder
A15	reflektierte Strahlen
A16	Filter
A17	Lichtquelle
A18	gefilterte Strahlen
A21	
A22	
A23	
A24	
A25	
A26	
A27	
A28	
A31	
A32	
A33	
A34	
A35	

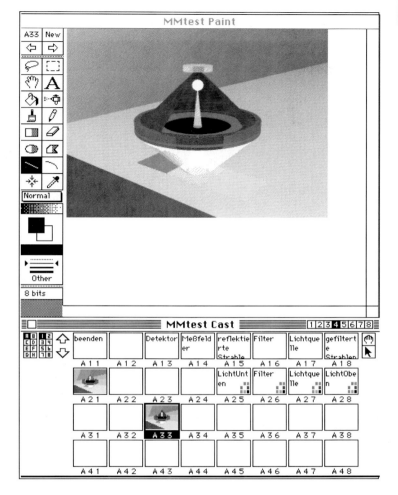

Abb. 8-58: Bildbearbeitung und die Akteurliste in Macromedia Director

elemente zur Verfügung, die den Ablauf des Drehbuchs steuern. Insbesondere fehlen die für Hypertext wichtigen Funktionen, den Anker eines Links eindeutig zu kennzeichnen, und die Möglichkeit der Volltextsuche.

Die Programmierung erfolgt auch hier über **Skripts**, die den Einzelbildern eines Drehbuchs wie auch einzelnen Schauspielern zugeordnet werden können. Eine Erweiterung des Sprachumfangs ist wie bei HyperTalk über externe Funktionen möglich. Diese Funktionalität wird in der Entwicklungsumgebung selbst schon dazu benutzt, um steuerbare externe Datenquellen, wie Videorecorder, Bildplatten und MIDI-Keyboard in die Anwendung zu integrieren. Als Besonderheit ist zu erwähnen, daß Macromedia

Abb. 8-59: Fenster
der Programmier-
sprache Lingo von
Macromind Director

Director standardmäßig eine HyperCard-Erweiterung beiliegt, über die komplette mit Macromedia Director erstellte Applikationen oder Teile davon unter Kontrolle von HyperCard abgespielt werden können.

Macromedia Director ist eher ein Multimedia-Entwicklungssystem mit Ergänzungen, die eine Interaktion über vordefinierte Entscheidungsbäume erlaubt. Im Gegensatz zu HyperCard ist Macromedia Director ein hervorragendes Werkzeug zum komfortablen Erstellen farbiger animierter Präsentationen.

Zum Themenbereich Umwandlung gedruckter Produkte in elektronische Medien empfehlen sich Bücher zum Thema SGML-Datenformat [8.5], [8.6] zum HTML-Datenformat [8.7], zum Publizieren im Internet [8.8], zu Hypertext [8.9], [8.10], [8.11], [8.12] [8.13] und Hypermedia [8.14], [8.15], [8.16] sowie zu gestalterischen Aspekten von digitalen Medien [8.14], [8.15], [8.16], [8.17], [8.18], [8.19], [8.20].

Zum Themenbereich Multimedia [8.21], [8.22], [8.23], Autorensysteme [8.24], [8.25] und CD-ROM [8.26], [8.27], [8.28] gibt es heute eine große Anzahl an Veröffentlichungen, welche nahezu alle Systeme und Konfigurationen abdecken.

Anhang

Abkürzungsverzeichnis

Alphabetische Liste im Buch verwendeter und im Computer Publishing
allgemein gebräuchlicher Abkürzungen

A

ANSI	American National Standards Institute
ASCII	American Standard Code for Information Interchange
AOL	America On Line
AT-PC	Advanced Technology Personal Computer
A/UX	Apple Unix

B

BASIC	Beginners All-purpose Symbolic Instruction Code
BetaCam	1/2 Zoll Kamera Recorder (Sony)
BIFF	Binary Interchange File Format
BIT	Binary digIT
Bit	BIT = Binary digIT
BMP	Windows Bitmap (Dateiformat)
BVD	Bundesverband Druck E.V.
Byte	Binary Term – besteht aus 8 Bit

C

C	Programmiersprache aus den Bell Labs
CAP (1)	Computer Assisted Publishing
CAP (2)	Computer Aided Publishing
CAP (3)	Computer Aided Planning
CCD	Charge-Coupled Device
CCITT	Comité Consultatif Internationale de Télégrafie et Téléphonie
CD	Compact Disc steht auch für Carrier Detect (Trägererkennung)
CD-I	Compact Disc-Interactive
CD-ROM	Compact Disc Read Only Memory
CDR (1)	Dateikennung für Corel Draw Dateien
CDR (2)	Call Detail Record
CEP	Coporate Electronic Publishing
CGA	Computer/Graphics Adapter
CGI	Computer Graphics Interface
CGM	Computer Graphics Metafile
CIE	Commision Internationale de l'Éclairage (Internationale Kommission für Beleuchtung)

CIELAB .... Algorithmus zum Farbraummodell der CIE
CIELUV .... Algorithmus zum Farbraummodell der CIE
CIEXYZ .... Algorithmus zum Farbraummodell der CIE
CIP .... Cataloging in Publication
CMM .... Color Matching Methode
CMS .... Color Management System
CMY .... Cyan-Magenta-Yellow
CMYK .... Cyan-Magenta-Yellow-blacK
COM (1) .... Communication Port bei MS-DOS
COM (2) .... Computer-Output-Microfilm
COM (3) .... Commercial Organization (Adresskürzel im Internet)
CON .... Console (logischer Gerätename bei MS-DOS)
CP .... Corporate Publishing
CPU .... Central Processing Unit (Mikroprozessor)
CPC .... Computer Print Control (Heidelberger Druckmaschinen AG)
CRD .... Color Rendering Dictionary
CRT .... Cathode Ray Tube (Kathodenstrahlröhre)

D

DAT .... Digital Audio Tape
DCA .... Document Content Architecture
DCS .... Document Color Separation
DDE .... Dynamic Data Exchange
DDL .... Data Defintion Language
DES .... Data Encryption Standard
DFÜ .... Datenfernübertragung
DIA .... Document Interchange Architecture
DIF .... Data Interchange Format
DIN (1) .... Deutsche Industrie Norm
DIN (2) .... Deutsches Institut für Normung e.V.
DIP .... Dual In-line Package
DKL .... Druckkontrolleiste
DKL-E .... Druckkontrolleiste-Endlosdruck
DKL-S .... Druckkontrolleiste-Siebdruck
DKL-Z .... Druckkontrolleiste-Zeitungsdruck
DLL .... Dynamic Link Library
DOC .... Dateikürzel für Textdokumente
DOS .... Disc Operating System
dpi .... Dots Per Inch (Punkte pro Zoll)
DSC .... Document Structuring Conventions
DTP .... Desk Top Publishing
DV-I .... Digital Vidio-Interactive
DXF .... Drawing Interchange Format

E

E-Mail .... Electronic Mail
EAN .... Europäische Artikel Numerierung
EBCDIC .... Extended Binary Coded Decimal Interchange Code
EBU .... European Broadcasting Union
ECP .... Electronic Corporate Publishing
EGA .... Enhanced Graphics Adapter
EIS .... Executiv Information Systems
EISA .... Extended Industry Standard Architecture
EMM .... Expanded Memory Manager

EMS .... Extended Memory Specification
EOF .... End Of File
EP .... Electronic Publishing
EPS .... Encapsulated PostScript
EPSF .... Encapsulated PostScript Fileformat
ESDI .... Enhanced Small Device Interface
(Standard für Datenträgerformate)
ETP ....Electronic Technical Publication

F
FAT .... File Allocation Table (MS-DOS)
FAX ....Facsimile
FIEJ   Féderation International des Editeurs de Journaux et Publication
FM .... Frequenzmodulation
FOGRA .... Forschungsgesellschaft Druck e.V.

G
GATF .... Graphic Arts Technical Foundation
GB ...... Gigabyte steht sowohl für 1000 wie auch 1024 Megabyte
Gbyte ...... Gigabyte steht sowohl für 1000 wie auch 1024 Megabyte
GEM .... Kürzel für Dateiformat des Graphics Environment Manager
GIF .... Grafic Interchange Format
GKS .... Graphic Kernel System
GML .... General Markup Language
GPIB .... General Purpose Interface Bus
GUI .... Graphical User Interface

H
HD .... High Density
HDTV .... High Defintion Television
HGC .... Hercules Graphics Card
Hi8 .... VHS Video Format
HIRes .... High Resolution
HKS .... Farbfächer – eingetragenes Warenzeichen der Firmen
Hostmann-Steinberg, Kast+Ehinger, Schmincke
HLS .... Hue-Lightness-Saturation (Farbraum)
HP-GL .... Hewlett-Packard Graphics Language
HP-GL2 .... Hewlett-Packard Graphics Language 2
HPIB .... Hewlett Packard Interface Bus
HQS .... High Quality Screening
HSB .... Hue-Saturation-Brightness (Farbraum)
HSV .... Hue Saturation Value (Farbsättigungswert)
HTML .... Hypertext Markup Language
HTTP .... Hypertext Transfer Protocol

I
I/O .... Intput/Output
IBM .... International Business Machines
ICC .... International Color Consortium
ID .... Image Data
IDE .... Integrated Device Electronics
IEEE .... Institute of Electrical and Electronical Engineers
IFD .... Image File Directory
IFIP .... International Federation of Information Processing

IFRA .... INCA-FIEJ Research Association
IGES .... Initial Graphics Exchange Specification
IRD .... Institut für Rationale Unternehmensführung in der
Druckindustrie e.V.
INCA .... International Newspaper and Color Association
IS .... Irrational Screening
ISBN .... International Standard Book Number
ISDN .... Integrated Service Digital Network
ISO .... International Organisation for Standardization
ISO 9000 .... Normengruppe für Qualitätssicherung
ISO 9660 .... Format Standard für CD-ROM
ISO/OSI .... International Organisation for Standardization Open
Systems Interconnection
ISSN .... International Standard Serial Number

J
JPEG .... Joint Photographics Expert Group

K
k .... Kilo.. steht für 1000
K .... Kilo.. steht für 1024
kB .... KiloByte (steht für 1000 Byte)
KB .... Kilobyte (1024 Byte)
Kbit .... Kilobit (1024 Bit)
Kbyte .... Kilobyte (1024 Byte)
KKS .... Kontaktkontrollstreifen

L
LAN .... Local Area Network
LCD .... Liquid Cristal Display
LED .... Light Emitting Diode
LoRes .... Low Resolution
LPT .... Line Printer Port (Logischer Gerätename bei MS-DOS)
LZW .... Kompression nach Lempel, Ziv, Welch

M
MacOS .... Macintosh Operating System
Mb .... Megabit (1.048.576 Bit)
Mbit .... Megabit (1.048.576 Bit)
MB .... Megabyte (1.048.576 Byte)
MByte .... Megabyte
MDA .... Monochrome Display Adapter
MFS .... Macintosh File System
MIDI .... Musical Intrument Digital Interface
MIPS .... Millions of Instruction Per Second
MIS .... Management Information Systems
MMU .... Memory Mangement Unit
MOD .... Magneto Optical Disk
MS-DOS .... Microsoft Disc Operating System

N
NCR .... No Carbon Required (Durchschreibpapier)
NLQ .... Near Letter Quality
NTFS .... Windows NT File System

NTSC .... National Television System Comitee

O
OCR .... Optical Character Recognition
OD .... Optical Disc
ODA .... Open Document Architecture
OEM .... Original Equipment Manufacturer
OLE .... Object Linking and Embedding
OP (1) .... Office Publishing
OP (2) .... Optical Publishing
OPI .... Open Prepress Interface
OS .... Operating System
OS/2 .... Operating System 2

P
PAL .... Phase Alternating Line
PC .... Personal Computer
PCI .... Peripheral Component Interconnect
PCL .... Printer Control Language
PCMCIA . Personal Computer Memory Card International Association
PCT .... Macintosh Picture Format
PCX .... Grafik Datenformat von ZSOFT
PDA .... Personal Digital Assistant
PDF .... Portable Document Format
PDL .... Page Description Language
Photo CD .... Photo Compact Disc
PGA .... Professional Graphics Adapter
PICT .... Apple Macintosh Bitmap-Grafikformat
PIN .... Personal Identification Number
PLZ .... Postleitzahl
PM4 .... Dateiendung von PageMaker 4 Dateien
PMS (1) .... Pantone Matching System (Pantone)
PMS (2) .... Präzisionsmeßstreifen (FOGRA)
PMS-Z ....
          Präzisionsmeßstreifen Zeitungsdruck (FOGRA)
POS .... Point Of Sale
POSIX .... Posrtable Operating System Interface
PPD .... Printer Page Description
PPM .... Page Per Minute
PS .... PostScript
PRN .... Printer (logischer Gerätename MS-DOS)

R
R/W .... Read/Write
RAM .... Random Access Memory
RGB .... Rot-Grün-Blau (Farbraum)
RGB-TIFF .... Rot-Grün-Blau Tag Image File Format
RIFF ....Raster Image File Format
RIP .... Raster Image Prozessor
RISC .... Reduced Instruction Set Computing
ROM .... Read Only Memory
RTF .... Rich Text Fileformat

S

SAA .... System Application Archtecture
SCID .... Standard Colour Image Data
SCSI .... Small Computer System Interface
SEP .... Kürzel für Farb-SEParierte Dateien
SGML .... Standard Generalized Markup Language
SNA .... System Networks Architecture
SPARC .... Scalar Processor ARChitecture
SQL .... Structured Query Language
S-VHS .... Super Video Home System
S/W .... Schwarzweiß
SWOP .... Specification for Web Offset Publications

T
TARGA .... Datenformat von TrueVision
TCP/IP .... Transport Control Protocol/Interface Program
TGA .... TARGA Graphics Adapter (Dateikürzel)
TIFF .... Tag Image File Format
TIGA .... Texas Instruments Graphic Architecture
TOF .... Top Of File
TTY .... Teletypewriter
TXT .... Text (Kürzel für Textdateiformat)

U
UCR .... Under Color Removal
UGRA .... Verein zur Förderung wissenschaftlicher Untersuchungen
in der graphischen Industrie
URL .... Uniform Resource Locator

V
VDT .... Video Display Terminal
VGA .... Video Graphics Array
VT-100 .... Video Terminal von Digital Equipment

W
WAN .... Wide Area Network
WMF .... Windows (3.x) Metafile Format
WORM .... Write Once, Read Many
WPS .... Dateikürzel für Works Textdateien
WWW .... World Wide Web
WYSIWYG .... What You See Is What You Get

Literaturverzeichnis

Quellen und weiterführende Literatur zum
Kapitel 1

[1.0]   Brües, S.; Schmitt, U.: Ein digitales Qualitäts- und Prozeßkontrollsystem
        für die Druckindustrie. Mainz: VDD Jahrestagung „Qualitätssiche-
        rung im Druckmaschinenbau und in der Druckindustrie", 1992.
[1.1]   Baeseler, F.; Heck, B.: Desktop Publishing. Hamburg/New York: McGraw-
        Hill, 1987.
[1.2]   Brües, S.: Desktop Publishing in der Druckindustrie. Wiesbaden:
        Bundesverband Druck E.V., 1992.
[1.3]   Wenke, H.-G. (Hrsg.): Office Publishing – Informationsgestaltung in
        Verwaltung und Büro.Baden-Baden: FBO Fachverlag für Büro- und
        Organisationstechnik, 1987.
[1.4]   Dauer, L.; Hecht, Th.; Kuron, R., Schmitt, U.; Schnitzler, Th.; Has,
        M.: Verteiltes Publizieren. München: FOGRA Forschungsbericht 64.014,
        1995.
[1.5]   Kredel, L.: Computer Publishing – Entwicklungen und Perspektiven.
        In: FOGRA Seminar – Grundlagen des Computer Publishing, 1990.
[1.6]   Toffler, A.: Machtbeben – Powershift – Wissen, Wohlstand und Macht
        im 21. Jahrhundert. Düsseldorf/Wien: Econ Verlag, 1990.
[1.7]   DUDEN – Bedeutungswörterbuch. Mannheim: Bibliographisches Institut
        AG, 1980.
[1.8]   Webster's New Universal Unabridged Dictionary. New York: New
        World Dictionary / Simon&Schuster, 1980.
[1.9]   Die deutsche Druckindustrie in Zahlen 1994. Wiesbaden: Bundes-
        verbandes Druck E.V., 1995.
[1.10] Geschäftsfelder Vorstufe – Expertenband Medien-Integration –
        Dienstleistungen. Wiesbaden: Bundesverband Druck E.V., 1995.
[1.11] Schmitt, U.: Betriebssysteme: Qual der Wahl – Wo liegen die Unter-
        schiede, die Vor- und Nachteile verschiedener Systemwelten.In: BVD
        Tagungsband Kleinoffsetdruck, XVIII. Woche der Druckindustrie
        Saarbrücken, 1992
[1.12] Schmitt, U.: Die digitale Druckvorstufe. In: Seminarmanuskript, IRD/
        FOGRA Seminar „Qualitätssichernde Maßnahmen in Satz und Re-
        produktion", September 1994.
[1.13] Stiebner, E.D.: Bruckmann's Handbuch der Drucktechnik.München:
        Bruckmann Verlag, 1981.
[1.14] Rationalisierungshandbuch für Mittel- und Kleinbetriebe der Druck-
        industrie. Frankfurt am Main: Institut für rationale Unternehmens-
        führung in der Druckindustrie e.V. (IRD), 1990.

[1.15] Leustenring, C.; Meinecke, K. M.: Hinweise zur Datenübernahme –
        Checklisten für Text-, Bild- und Ganzseitendaten. Wiesbaden: Bun-
        desverband Druck E.V., T+F, 1994.
[1.16] Linke, E.; Schmitt, U.; et al: AWV Schrift: Vordrucke auf Bildschirm
        und Papier – Entwicklung, Gestaltung, Nutzung. Golm: Brandenbur-
        gische Universitätsdruckerei und Verlagsgesellschaft, 1995.
[1.17] Plenz, R.: Druck-Planer – Organisatorische Tips und Checklisten
        zur Durchführung aller Werbedrucksachen und Buchproduktionen.
        Hamburg: Design und Typografie, 1993.
[1.18] FOGRA Seminar Grundlagen der Druckverfahren. München: FOGRA
        Institut, 1995.

Quellen und weiterführende Literatur zum Kapitel 2

[2.1]   DIN 16518 Klassifikation von Schriften. Berlin: Beuth Verlag, 1964.
[2.2]   Mehnert, W.: Ratgeber für das Buchdruckgewerbe. Stuttgart: O. Blersch
        Verlag, 1963.
[2.3]   DIN 5008 – Regeln zum Maschinenschreiben. Berlin: Beuth Verlag,
        1987.
[2.4]   Publikation und Dokumentation 1: Gestaltung von Veröffentlichun-
        gen; terminologische Grundsätze, Drucktechnik.
        Berlin: DIN Taschenbuch 153, Beuth Verlag, 1989.
[2.5]   DIN 1422 Teil 1 bis Teil 4 – Veröffentlichungen aus Wissenschaft,
        Technik, Wirtschaft und Verwaltung. Berlin: Beuth Verlag, 1983-1986.
[2.6]   DIN ISO 11180 – Postal addressing – Postanschriften. Berlin: Beuth
        Verlag, 1995.
[2.7]   DIN 676 – Geschäftsbrief – Einzelvordrucke und Endlosvordrucke.
        Berlin: Beuth Verlag, 1995.
[2.8]   DIN 16511 – Korrekturzeichen. Berlin: Beuth Verlag, 1987.
[2.9]   DIN 1502 und Beiblätter – Regeln für das Kürzen von Wörtern in
        Titeln und für das Kürzen von Titeln von Veröffentlichungen. Berlin:
        Beuth Verlag, 1955-1984.
[2.10] DIN 1505 Teil 1 – Titelangabe von Dokumenten: Titelaufnahme von
        Schrifttum.
        DIN 1505 Teil 2 – Titelangabe von Dokumenten: Zitierregeln.
        DIN 1505 Beiblatt 1 – Titelangabe von Dokumenten: Abkürzungen.
        Berlin: Beuth Verlag, 1978-1984.
[2.11] DIN 2330 – Begriffe und Benennungen: Allgemeine Grundsätze.
        Berlin: Beuth Verlag, 1979.
[2.12] DIN 2331 – Begriffsysteme und ihre Darstellung.
        Berlin: Beuth Verlag, 1980.
[2.13] Born, G.: Referenzhandbuch Dateiformate – Grafiken, Text, Daten-
        banken, Tabellenkalkulation. Bonn: Addison-Wesley, 1992.
[2.14] Born, G.: Noch mehr Dateiformate – Neue Datenformate für Grafik,
        Text, Tabellenkalkulation und Sound. Bonn: Addison-Wesley, 1995.
[2.15] Lipp, Th. W.: Die große Welt der Grafikformate – Grafikprogrammierung
        unter Windows und Windows NT. München: Synergy-Verlag, 1994.
[2.16] Der Duden in 10 Bänden. Mannheim: Bibliographisches Institut, 1963-
        1995.
[2.17] Luidl, Ph.: Desktop Knigge – Setzerwissen für Desktop-Publisher.
        München: te-wi Verlag, 1988.

[2.18] Luidl, Ph.: Typografie – Herkunft Aufbau Anwendung.
Hannover: Schlütersche Verlagsanstalt, 1989.

[2.19] Baumann, H. D.; Klein, M.: Desktop Publishing – Typografie und Layout.
Niedernhausen: Falken-Verlag, 1990-92.

[2.20] Siemoneit, M.: Typographisches Gestalten – Eine Einführung in die
typographische Praxis. Altenholz: asp - Studio für angewandte Satztechnik,
1988.

[2.21] Gulbins, J.; Kahrmann, C.: Mut zur Typographie – Ein Kurs für DTP
und Textverarbeitung. Heidelberg/Berlin: Springer-Verlag, 1992.

[2.22] Stiebner, E. D.; Huber, H.; Zahn, H.: Ein Schriftmusterbuch:
Schrift+Zeichen. München: Bruckmann (Novum Press), 1981.

[2.23] Stiebner, E. D.; Urban, D.: Initiale + Bildbuchstaben.
München: Bruckmann (Novum Press), 1989.

[2.24] DIN 16518 – Klassifikation von Schriften. Berlin: Beuth-Verlag, 1964.

[2.25] DIN 16507 – Typographische Maße. Berlin: Beuth-Verlag, 1954.

[2.26] DIN 16507 Teil 2- Drucktechnik: Typographische Maße und Begriffe.
Berlin: Beuth-Verlag, 1984.

[2.27] DIN 15 Blatt 1 – Linien in Zeichnungen: Linienarten, Linienbreiten,
Anwendung.
DIN 15 Blatt 2 – Linien in Zeichnungen: Anwendungsbeispiel.
Berlin: Beuth-Verlag, 1967.

[2.28] DIN 16 Blatt 1 – Schräge Normschrift für Zeichnungen: Allgemeines,
Schriftgrößen.
DIN 16 Blatt 2 – Schräge Normschrift für Zeichnungen: Mittelschrift.
DIN 16 Blatt 3 – Schräge Normschrift für Zeichnungen: Engschrift.
Berlin: Beuth-Verlag, 1967.

[2.29] DIN 19 Blatt 1 – Senkrechte Normschrift für Zeichnungen: Allgemei-
nes, Schriftgrößen.
DIN 19 Blatt 2 – Senkrechte Normschrift für Zeichnungen: Mittel-
schrift.
DIN 19 Blatt 3 – Senkrechte Normschrift für Zeichnungen: Engschrift.
Berlin: Beuth-Verlag, 1967.

[2.30] DIN 406 Teil 1 – Maßeintragungen in Zeichnungen: Arten.
DIN 406 Teil 2 – Maßeintragungen in Zeichnungen: Regeln.
DIN 406 Teil 3 – Maßeintragungen in Zeichnungen: Bemaßungen
durch Koordinaten.
DIN 406 Teil 4 – Maßeintragungen in Zeichnungen: Bemaßungen für
die maschinelle Programmierung.
Berlin: Beuth-Verlag, 1975-1981.

[2.31] DIN 461 – Graphische Darstellungen in Koordinatensystemen. Berlin: Beuth-Verlag, 1973.

[2.32] DIN 1301 Teil 1- Einheiten: Einheitennamen, Einheitenzeichen.
DIN 1301 Teil 2- Einheiten: Allgemein verwendete Teile und Vielfache.
DIN 1301 Teil 3- Einheiten: Umrechnungen für nicht mehr anzuwen-
dende Einheiten. Berlin: Beuth-Verlag, 1979-1985.

[2.33] DIN 1302 – Allgemeine mathematische Zeichen und Begriffe.
Berlin: Beuth-Verlag, 1980.

[2.34] DIN 1303 – Vektoren, Matrizen, Tensoren: Zeichen und Begriffe.
Berlin: Beuth-Verlag, 1987.

[2.35] DIN 1304 Teil 1- Formelzeichen: Allgemeine Formelzeichen.
Berlin: Beuth-Verlag, 1989.

[2.36] DIN 1305 – Masse, Kraft, Gewichtskraft, Gewicht, Last: Begriffe.
Berlin: Beuth-Verlag, 1977.

[2.37] DIN 1306 – Dichte: Begriffe. Berlin: Beuth-Verlag, 1971.

[2.38] DIN 1313 – Physikalische Größen und Gleichungen: Begriffe, Schreibweisen.Berlin: Beuth-Verlag, 1978.

[2.39] DIN 1314 – Druck: Grundbegriffe, Einheiten. Berlin: Beuth-Verlag, 1977.

[2.40] DIN 1315 – Winkel: Begriffe, Einheiten. Berlin: Beuth-Verlag, 1982.

[2.41] DIN 1319 Blatt 1 – Grundbegriffe der Meßtechnik: Messen, Zählen, Prüfen.
DIN 1319 Blatt 2 – Grundbegriffe der Meßtechnik: Begriffe für die Anwendung von Meßgeräten.
DIN 1319 Blatt 3 – Grundbegriffe der Meßtechnik: Begriffe für die Unsicherheit beim Messen und für die Beurteilung von Meßgeräten. Berlin: Beuth-Verlag, 1971-1981.

[2.42] DIN 1345 – Thermodynamik: Formelzeichen, Einheiten. Berlin: Beuth-Verlag, 1975.

[2.43] DIN 1357 – Einheiten elektrischer Größen. Berlin: Beuth-Verlag, 1971.

[2.44] DIN 1338 – Formelschreibweise und Formelsatz.
DIN 1338 – Formelschreibweise und Formelsatz – Form der Schriftzeichen.
DIN 1338 – Formelschreibweise und Formelsatz – Ausschluß in Formeln.
DIN 1338 – Formelschreibweise und Formelsatz – Formeln in maschinenschriftlichen Veröffentlichungen. Berlin: Beuth-Verlag, 1977-1983.

[2.45] DIN 11042 Teil 1 – Instandhaltungsbücher: Bildzeichen, Benennungen. Berlin: Beuth-Verlag, 1978.

[2.46] DIN 30600 – Bildzeichen Übersicht. Berlin: Beuth-Verlag, 1977.

[2.47] Gradl, W.: Professionelles Imaging. Heidelberg/Berlin: Springer-Verlag, 1996.

[2.48] Dayton, L.; Davis, J.: Photoshop-Praxis. Heidelberg/Berlin: Springer-Verlag, 1994.

[2.49] Welsch, N.; Stercken-Sorrenti, G.: Adobe Photoshop für Durchstarter. Heidelberg/Berlin: Springer-Verlag, 1996.

[2.50] Baumann, H. D.: Handbuch digitaler Bild- und Filtereffekte. Heidelberg/Berlin: Springer-Verlag, 1993.

Quellen und weiterführende Literatur zum Kapitel 3

[3.1] Dickschus, A.; Lindner, A.: Leitfaden Personalcomputer in der Druckindustrie. München: Hrsg. Verband der Bayerischen Druckindustrie E.V., 1990.

[3.2] Bjelland, H.: Create Your Own Desktop Publishing System.New York: Windcrest/McGraw Hill, 1994.

[3.3] Cavuoto, J.; Beale, S.: Guide to Desktop Publishing. Pittsburg: Grafic Arts Technical Foundation (GATF), 1992.

[3.4] Brune, M.; Otschik, G.: Untersuchung von Flachbettscannern für einfarbige Reproduktionen. Bundesverband Druck E.V., Wiesbaden, 1989.

[3.5] Lauenstein, W.; Meinecke, K.M.; Otschik, G.: Schwarz-Weiß-Scanner Geräte und Einsatzgebiete – eine Checkliste. Bundesverband Druck E.V., Wiesbaden, 1987.

[3.6] Blatner, D.; Roth, S.: Real World Scanning and Halftones. Berkley: Peachpit Press/Addison-Wesley Publishing, 1993.

[3.7] Hennings, H.: Die ganze Welt der Photo CD. Augsburg: Augustus Verlag, 1994.

[3.8]   Redaktion Druckspiegel: Publishing Spezial zum Thema Photo CD.
        In: Der Druckspiegel, September 1994.

[3.9]   Meissner, H.: Digitale Multimediasysteme. Berlin: Verlag Technik, 1994.

[3.10]   Kapp, M.: Digitale Dunkelkammer. Würzburg: Vogel Verlag, Chip Spezial,
        1995

[3.11]   Schläpfer, K.: Die digitale Fotografie: Das Kamera-Angebot heute.
        In: Deutscher Drucker. Nr.34, 1994.

[3.12]   Schnitzler, Th: Digitale Fotografie in Prepressbetrieben. München:
        FOGRA Forschungsbericht 10.035, 1996.

[3.13]   Giloi, W.K.: Rechnerarchitektur. Heidelberg: Springer-Verlag,1993.

[3.14]   Bähring, H.: Mikrorechner-Systeme. Heidelberg: Springer-Verlag, 1994.

[3.15]   Dörfler, M.: CD-ROM – Wissen für alle – Chip-Spezial. Nürnberg:
        Chip-Verlag, 1992.

[3.16]   Weber, U.: CD-ROM – Ein Handbuch für Einsteiger und Anwender.
        Aachen: Elektor-Verlag, 1994.

[3.17]   Caffarelli, F.; Straughan, D.: Publish Yourself On CD-ROM – Mastering
        Cds for Multimedia. New York/Toronto: Random House Electronic
        Publishing, 1992.

[3.18]   Richter, N.: Das große Laserdrucker Buch. Mannheim: Data-Becker,
        1990.

[3.19]   Thermosublimationsdrucker – manche mögens´s heiß. In: MACup,
        Nr. 3, 1994.

[3.20]   Digitaldruck im Vergleich – Sammeln Sie den „PrePress"-Testbogen.
        In: PrePress, Nr.5, 1995.

[3.21]   Brune, M.; Pertler, H.: Farbkopiergeräte in der Reproduktionstech-
        nik. Wiesbaden: Bundesverband Druck E.V. – FOGRA Forschungs-
        bericht 1.026, 1990.

[3.22]   Fritz, E.: Marktübersicht PostScript-Filmbelichter und PostScript-RIPs.
        In: Der Druckspiegel, Publishing Spezial, September 1995.

[3.23]   Desktop Dialog-Marktübersicht PostScript-RIPs – Futter für Image-
        setter. In: Desktop Dialog, Nr. 2/93.

[3.24]   DD-Jahrbuch der Druckvorstufe 1994/95. In: Deutscher Drucker, 1994.

[3.25]   Limburg, M.: Der digitale Gutenberg. Aachen: GSS Grafik-System-
        Service, 1994.

[3.26]   Weber, A.: Digitale Drucksysteme – eine aktuelle Bestandsaufnah-
        me. Wiesbaden: Bundesverband Druck E.V., T+F, 1994.

[3.27]   Traber, K.: Untersuchungen zur Anpassung von Digitalprüfdrucksystemen
        an den Offsetdruck. Wiesbaden: Bundesverband Druck E.V. – FOGRA
        Forschungsbericht 10.034, 1996

[3.28]   N.N.: Das Betriebssystem Handbuch für MS-DOS und PC-DOS. Microsoft
        Corporation, 1992.

[3.29]   N.N.: Microsoft Windows Handbuch Version 3.1. Microsoft Corpo-
        ration, 1991.

[3.30]   Knaster, S.: Die Geheimnisse der Macintosh-Programmierung. Bonn:
        Addison-Wesley, 1989.

[3.31]   Inside Macintosh Vol.6. Bonn: Addison-Wesley Publishing Co., 1992.

[3.32]   N.N.: Inside Macintosh Files. Bonn: Addison-Wesley Publishing Co.,
        1992.

[3.33]   Ruben, I.L.: ResEdit CODE Editor (@CODE RSSC) Version 2.4. Cupertino:
        Apple Developer CD, 9/92, Apple Computer, 1992.

[3.34]   Rosen, K.: UNIX System V, Rel. 4 – Grundlagen und Praxis. Mün-
        chen: te-wi Verlag GmbH, 1992.

[3.35]   Open Look – Graphical User Interface Functional Specifications. Reading:
        Addison-Wesley Publishing Co., 1990.

[3.36] Born, G.: Referenzhandbuch Dateiformate – Grafiken, Text, Daten-banken, Tabellenkalkulation. Bonn: Addison-Wesley, 1992.

[3.37] Born, G.: Noch mehr Dateiformate – Neue Datenformate für Grafik, Text, Tabellenkalkulation und Sound. Bonn: Addison-Wesley, 1995.

[3.38] Lipp, Th. W.: Die große Welt der Grafikformate – Grafikprogrammierung unter Windows und Windows NT. München: Synergy-Verlag, 1994

[3.39] N.N.: PostScript Language Reference Manual. 2nd Edition. Adobe Systems Incorporated. Reading: Addison-Wesley Publishing Co., 1990.

[3.40] PostScript A - Adobe Systems Inc.: PostScript – Einführung und Leitfaden. Bonn: Addison-Wesley, 1987.

[3.41] PostScript B - Adobe Systems Inc.: PostScript – Handbuch. Bonn: Addison-Wesley, 1988.

[3.42] PostScript C - Adobe Systems Inc.: PostScript – Programmiertech-niken. Bonn: Addison-Wesley, 1988.

[3.43] Reid, G.C.: Thinking in PostScript. Reading: Addison-Wesley, 1990.

[3.44] Braswell, F.M.: Inside PostScript. Berkley: Systems of Merritt&Peachpit Press, 1989.

[3.45] N.N.: Tag Image File Format Specification – Revision 5.0. Seattle/Redmond: Aldus Corp., Microsoft Corp., 1988.

[3.46] N.N.: Tag Image File Format. Greeley: Hewlett-Packard Company, 1988.

[3.47] N.N.: TIFF Revision 6.0. Seattle: Aldus Corp., 1990.

[3.48] DIN/ISO 8613 – Open Dokument Architecture (ODA) and Interchange Format. Berlin: Beuth Verlag, 1994.

[3.49] ISO 8879 – Information Processing – Text and Office systems – Standard Generalized Markup Language (SGML). Berlin: Beuth Verlag, 1987.

Quellen und weiterführende Literatur zum Kapitel 4

[4.1] Billmeyer, F.W.; Saltzmann, M.: Grundlagen der Farbtechnologie. Göttingen: Muster-Schmidt Verlag, 1993.

[4.2] FOGRA Seminar – Grundlagen der Farbmessung. München: FOGRA Institut, 1995.

[4.3] Nyman, M.: 4 Farben – ein Bild. Heidelberg/Berlin: Springer-Verlag, 1994.

[4.4] Traber, K.: Drucktechnische und farbmetrische Untersuchung von Andruck-Skalenfarben. Wiesbaden: Bundesverband Druck E.V., T+F, 1990.

[4.5] Schläpfer, K.: Farbmetrik in der Reproduktionstechnik und im Mehr-farbendruck. St. Gallen: UGRA – Verein zur Förderung wissenschaftlicher Untersuchungen in der grafischen Industrie, 1993.

[4.6] Nees, G.: Formel, Farbe, Form. Heidelberg/Berlin: Springer-Verlag, 1995.

[4.7] Standardisierung im Offsetdruck – Das wichtigste in Kürze. Wiesba-den: Bundesverband Druck E.V., T+F, 1992.

[4.8] Handbuch zur Standardisierung des Offsetdruckverfahrens. Wies-baden: Bundesverband Druck E.V., T+F, 1989.

[4.9] Färbungs-Standards – Papier- und Färbungsmusterbuch für Andruck und Auflagendruck. Wiesbaden: Bundesverband Druck E.V., T+F, 1989.

[4.10] Dolezalek, F.: Drucktoleranzen der Offsetstandardisierung. Wiesba-den: Bundesverband Druck E.V., T+F, 1992.

[4.11] Stokes, M.: ColorSync 2.2 Profile Format. Santa Clara, CA.: Apple Computer Inc., 1994.

[4.12] PostScript Level 2 - PostScript Language Reference Manual, 2nd Edition.Reading, MA.: Addison-Wesley Publishing Co.,1990.

[4.13] InterColor Profile Format Version 3.0. Santa Clara: International Color Consortium, 1994.

[4.14] Schnitzler, Th.; Schmitt, U.: Farbbildbearbeitungsprogramme in modularen Reprosystemen. Wiesbaden: Bundesverband Druck E.V., T+F, 1993.

[4.15] Traber, K.; Otschik, G.: Farbige Prüfbilder aus dem Datenbestand zur Kontrolle von Druck und Reproduktion. Wiesbaden: Bundesverband Druck E.V., T+F, 1991.

[4.16] Handbuch zum ProfileMaker Professional 2.0 für Apple ColorSync. Steinfurt: LOGO Kommunikations- und Drucktechnik GmbH, 1995.

[4.17] Schnitzler, Th.; Hecht, Th.; Has, M.: Kriterien zur Beurteilung von Color Management Systemen. München: FOGRA Forschungsbericht 64.010, 1996.

[4.18] Homann, J.-P.: Digitales Colormanagement – Farbe in der Publishing Praxis. Heidelberg/Berlin: Springer-Verlag, 1996.

[4.19] Hecht, Th.; Schnitzler, Th.: Verfahrensunabhängige Druckvorstufe. München: FOGRA Forschungsbericht 10.031, 1996.

[4.20] Haller, K.: Einfluß der Rasterpunktform auf die Übertragungsvorgänge bei autotypischen Druckverfahren. München: FOGRA Forschungsbericht 6.029, 1982.

[4.21] Fischer, W.: Rasterpunktmodell 1990. München: Fachhochschule Studiengang Druckereitechnik, 1991.

[4.22] Schnitzler, Th.; Brune, M.: Nichtperiodische Raster als Qualitätsmerkmal. München: FOGRA Symposium „Extra-Leistungen in Reproduktion und Druck", 1995.

[4.23] Pietzsch, R.; Dolezalek, F.: Frequenzmodulierte Feinraster in Kopie und Offsetdruck. Wiesbaden: Bundesverband Druck E.V., T+F, 1996.

[4.24] Screening Filters in Technische Informationen Linotype-Hell Nr. 7011. Eschborn: Linotype-Hell, 1993.

[4.25] Fink, P.: PostScript Screening. Reading: Adobe press, 1992.

[4.26] Blatner, D.; Roth, S.: Real World Scanning and Halftones. Chicago: Peachpit Press Inc., 1993.

[4.27] Fischer, G.; Scheuter, K.R.: Frequenzmodulierter Aufbau – Vergleich von autotypisch gerasterten Offsetlitho. In: Deutscher Drucker Nr. 5 und Nr. 9, 1984.

[4.28] Floyd, R.W.; Steinberg, L.: Adaptive Algorithm for Spatial Greyscale. In: Procedings SID, 17/2, 1976.

[4.29] Ulichney, R.: Digital Halftoning. Massachusetts: MIT-Press, 1993.

[4.30] Widmer, E.: UGRA/FOGRAVelvet Screen Version 1.5 - Benützeranleitung. St. Gallen: UGRA, 1995.

[4.31] Diamond Screening. In: Linotype-Hell technische Information 7010, 1993.

[4.32] Kirchgaesser, K.: Auch im farbigen Zeitungsdruck – Qualitätsverbesserung durch frequenzmodulierte Rasterung. In: Deutscher Drucker Nr. 11, 1994.

[4.33] Dolezalek, F.: Testformen und andere Kontrollmittel für Reproduktion, Kopie und Druck. Wiesbaden: Bundesverband Druck E.V., T+F, 1991.

[4.34] Dolezalek, F.; Schmitt, U.; Brune, M.: Übertragungsverhalten und Qualitätskontrolle beim Druck von filmlos hergestellten Formen. Wiesbaden: Bundesverband Druck E.V., T+F, 1994.

[4.35] DIN/ISO 12640: Graphic technology - Prepress digital data exchange - Standard colour image data (SCID). ISO/TC 130, 1995.

[4.36] DIN/ISO 12642: Graphic technology - Prepress digital data exchange – Input data for characterization of 4-colour process printing targets. ISO/TC 130, 1995.

[4.37] Schmitt, U.: Der UGRA/FOGRA PostScript Kontrollstreifen – Anleitung zum Gebrauch. München: FOGRA Praxis Report Nr. 44, 1994.

[4.38] Handbuch des UGRA/FOGRA PostScript Kontrollstreifen. München: FOGRA Institut, 1990.

[4.39] Schmitt, U.: Der UGRA/FOGRA-Digital-Druckkontrollstreifen - Modulkonzept als Basis für eine individuelle Kontrollstreifenkonfiguration. München: FOGRA-Mitteilung Nr. 151, 1995.

[4.40] Brune, M.; Schmitt, U.: Der UGRA/FOGRA-Digital-Druckkontrollstreifen – Anleitung zum Gebrauch. München: FOGRA Praxis Report Nr. 47, 1995.

Quellen und weiterführende Literatur zum Kapitel 7

[7.1]   Melaschuk, I.: Digitale Datenübernahme sicher gestalten. Frankfurt: IRD, 1996.

[7.2]   FOGRA/IRD Seminar – Seminarmanuskript „Qualitätssichernde Maßnahmen in Satz und Reproduktion". München/Frankfurt: FOGRA/IRD, 1996.

[7.3]   Referatemappe der Fachveranstaltung Druckvorstufe der XX. Woche der Druckindustrie. Wiesbaden: Bundesverband Druck E.V., 1994.

[7.4]   Leustenring, C.; Meinecke, K. M.: Hinweise zur Datenübernahme – Checklisten für Text-, Bild- und Ganzseitendaten. Wiesbaden: Bundesverband Druck E.V., 1994.

[7.5]   Born, G.: Referenzhandbuch Dateiformate – Grafiken, Text, Datenbanken, Tabellenkalkulation. Bonn: Addison-Wesley, 1992.

[7.6]   Born, G.: Noch mehr Dateiformate – Neue Datenformate für Grafik, Text, Tabellenkalkulation und Sound. Bonn: Addison-Wesley, 1995.

[7.7]   Lipp, Th. W.: Die große Welt der Grafikformate – Grafikprogrammierung unter Windows und Windows NT. München: Synergy-Verlag, 1994.

[7.8]   Nelson, M.; Gailly, J.-L.: The Data Compression Book 2nd Edition. New York: M&T Books / MIS:PRESS, 1996.

[7.9]   Dauer, L.: Bilddatenkompression – praktische Erfahrungen und Ergebnisse. Darmstadt: IFRA, 1995.

[7.10] Gradl, W.: Professionelles Imaging. Heidelberg/Berlin: Springer-Verlag, 1996.

[7.11] Gosney, M.; Dayton, L.: The Desktop Color Book. 2nd Edition. New York: M&T Books/MIS:PRESS, 1994.

[7.12] Nyman, M.: 4 Farben – ein Bild. Heidelberg/Berlin: Springer-Verlag, 1994.

[7.13] Nees, G.: Formel, Farbe, Form. Heidelberg/Berlin: Springer-Verlag, 1995.

[7.14] Arbeit mit Druckbetrieben – Broschüre zu Aldus Pagemaker 5.0/5.0/6.0, Aldus Freehand 4.0. Hamburg: Aldus, 1994.

[7.15] Kai Power Tolls 1.0 – Edition Micrografx. Carpinteria: HCS Software, 1995.

[7.16] Traber, K.: Untersuchungen zur Anpassung von Digitalprüfdrucksystemen an den Offsetdruck. Wiesbaden: Bundesverband Druck E.V., T+F, 1996.

[7.17] Traber, K.; Otschik, G.: Farbige Prüfbilder aus dem Datenbestand zur Kontrolle von Druck und Reproduktion. Wiesbaden: Bundesverband Druck E.V., T+F, 1991.

Quellen und weiterführende Literatur zum Kapitel 8

[8.1] PostScript Level 2 – PostScript Language Reference Manual, 2nd Edition. Reading, MA.: Addison-Wesley Publishing Co., 1990.

[8.2] Christmann, R.: Acrobat 2.1 – Your Personal Consultant. Emeryville: Ziff-Davis Press, 1995.

[8.3] Bienz, T.; Cohn, R.: Portable Document Format Reference Manual. Reading, MA.: Addison-Wesley, 1993.

[8.4] Handbuch zu FrameMaker Release 5. San Jose: Frame Technology Corp., 1995.

[8.5] Rieger, W.: SGML für die Praxis – Ansatz und Einsatz von ISO 8879. Berlin/Heidelberg: Springer-Verlag, 1995.

[8.6] Travis, B.; Waldt, D.: The SGML Implementation Guide. New York: Springer Publishing Co., 1995.

[8.7] Hoch-Steinheimer, P.: HTML - Veröffentlichen im Internet. Frankfurt a.Main: Verlag Harri Deutsch, 1995.

[8.8] Franks, M.: The Internet Publishing Handbook for World-wide Web, Gopher, and WAIS. Reading MA.: Addison-Wesley, 1995.

[8.9] Nelson, T.H.: Getting it out of our system. In: Information retrieval: a critical review. Washington D.C.: Thompson Books, 1967.

[8.10] Conklin, J.: Hypertext. In: Computer Nr. 10, 1987.

[8.11] Schmitt, U.: Ist Hypertext der Übergang von der einfachen Textverarbeitung zum persönlichen Informationsmanagement? München: FOGRA Mitteilung Nr. 143, 1991.

[8.12] Pertler, H.: Hypermedia Lern- und Informationssystem – Realisierung am Beispiel der Standardisierung des Offsetdruckverfahrens. München: FOGRA Forschungsbericht Nr. 3.296, 1994.

[8.13] Kuhlen, R.: Hypertext – Ein nicht-lineares Medium zwischen Buch und Wissensbank. Berlin/Heidelberg: Springer-Verlag, 1991.

[8.14] Jonassen, D.H.; Mandl, H.: Designing Hypermedia for Learning. Berlin/Heidelberg: Springer-Verlag, 1990.

[8.15] Howell, G.Th.: Building Hypermedia Applications - a Software Development Guide. New York: McGraw-Hill, 1992.

[8.16] Frei, H.P.; Schäuble, P. (Hrsg.): Hypermedia. Berlin/Heidelberg: Springer-Verlag, 1993.

[8.17] AWV-Schrift – Arbeitshilfen für anwenderfreundliche Bildschirm-Eingabemasken. Vordrucke 9. Eschborn: Arbeitsgemeinschaft für wirtschaftliche Verwaltung e.V., 1993.

[8.18] Linke, E.; Schmitt, U.; et al: AWV Schrift: Vordrucke auf Bildschirm und Papier – Entwicklung, Gestaltung, Nutzung. Golm: Brandenburgische Universitätsdruckerei und Verlagsgesellschaft, 1995.

[8.19] Brockmann, R.J.: Writing Better Computer User Documentation: From Paper to Hypertext. Version 2.0New York: John Wiley & Sons, Inc., 1990.

[8.20] Baumgartner, P.; Payr, S.: Wie lernen am Computer funktioniert. In: c´t – magazin für computertechnik, Heiser Verlag, Heft 8, 1994.

[8.21] Heinrichs, B.: Multimedia im Netz. Berlin/Heidelberg: Springer-Verlag, 1996.

[8.22] Fabian, D.; Fabian, G.: Multimedia-Projekte erfolgreich managen. Berlin/Heidelberg: Springer-Verlag, 1996.

[8.23] Stotz, D.: Computergestützte Audio- und Videotechnik: Multimediatechnik in der Anwendung. Berlin/Heidelberg: Springer-Verlag, 1995.

[8.24] Welsch, N.: Entwicklung von Multimedia – Projekten mit Macromedia Director und Lingo für Macintosh und Windows. Berlin/Heidelberg: Springer-Verlag, 1996.

[8.25] Dauer, L.: Prototypische Implementierung von Multimediaprodukten für den Einsatz in Verlagen, Druck- Vorstufenbetrieben. München: FOGRA Forschungsbericht 64.011, In Vorbereitung für 1997.

[8.26] Riempp. R.; Schlotterbeck, A.: Digitales Video in interaktiven Medien. Einführung und Anwendung für PC, Macintosh und CD-I. Berlin/Heidelberg: Springer-Verlag, 1995.

[8.27] Weber, U.: CD-ROM – Ein Handbuch für Einsteiger und Anwender. Aachen: Elektor-Verlag, 1994.

[8.28] Caffarelli, F.; Straughan, D.: Publish Yourself On CD-ROM – Mastering Cds for Multimedia. New York/Toronto: Random House Electronic Publishing, 1992.

[8.29] Handbuch zur Standardisierung des Offsetdruckverfahrens. Wiesbaden: Bundesverband Druck E.V., T+F, 1989.

Sachwortverzeichnis

PAGE – Kreation und Produktion digital

Die Monatszeitschrift zu Techniken und Trends in der visuellen Kommunikation

■ Zu den wichtigsten Aufgaben in unserer Kommunikationskultur zählen die Produktion und die grafische Gestaltung von Medien. Darüber berichtet PAGE. Unabhängig vom Rechnersystem und aktuell informiert Sie PAGE über computergestützte Werkzeuge, Trends und Methoden in der visuellen Kommunikation: vom Layoutprogramm bis hin zur digitalen Druckmaschine, von digitalen Schriften bis hin zum Online-Medium, von der digitalen Kamera bis hin zum Repro-Scanner. PAGE ist die Schnittstelle zum elektronischen Publizieren – für erfahrene, gestaltungsinteressierte PC-Anwender oder für Computereinsteiger und -profis aus den Bereichen Grafik, Produktion, Satz, Gestaltung, Illustration, Reprographie, Fotografie und Druck.

Trends und Trendmacher

Damit Sie wissen, was läuft. „Publisher" zeigt interessante Ideen rund ums Publishing und die Leute, die sie umsetzen; „Branche", der Wirtschaftsteil in PAGE, informiert über Hintergründe der Publishing-Branche.

Themen und Thesen

Damit Sie mitreden können.
PAGE-Titelgeschichten weisen
den Weg in die Zukunft und
regen zum innovativen Einsatz
des Computers in Gestaltung,
Kommunikation und Medien-
produktion an.

Visionen und Versionen

Damit Sie mit neuen Soft-
wares effizienter arbeiten.
In „Programme" sagen
wir Ihnen alles über neue
Softwares und testen deren
Eignung für Gestaltung
und PrePress-Produktion.

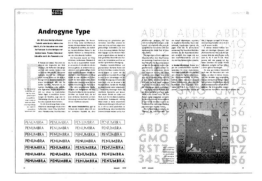

Typo und Design

Damit Sie neue Ideen für
sich nutzen können.
„Gestaltung" bringt Sie in Sachen
Typo auf Stand, diskutiert
Themen der visuellen Kommu-
nikation und liefert Step-by-
step-Anleitungen zu raffinierter
Gestaltung am Computer.

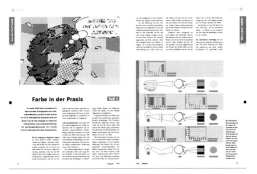

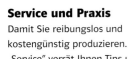

Service und Praxis

Damit Sie reibungslos und kostengünstig produzieren. „Service" verrät Ihnen Tips und Tricks, auf daß Sie reibungsloser produzieren und das Maximale aus Ihrem System herausholen. „Service" ist die Schnittstelle zwischen Kreation und Produktion.

Tests und Beratung

Damit Sie sinnvolle Investitions-entscheidungen treffen. Kompetente PAGE-Autoren unter-stützen Sie in „Systeme" bei der Gerätewahl und testen praxisbezo-gen interessante neue Produkte vom Scanner bis zum Drucker, die Ihnen den Arbeitsalltag erleichtern.

PAGE. Das Probeheft für Sie!

Fordern Sie noch heute ein Ansichts-exemplar von **PAGE** an – kostenlos und unverbindlich.
Sie sollten uns kennenlernen.
Fordern Sie aus diesem Grund umge-hend Ihr persönliches Ansichtsexem-plar einer aktuellen PAGE-Ausgabe an. Sie brauchen bei Ihrer Bestellung nur den Titel dieses Buchs zu vermerken, und schon geht bei uns die Post ab – mit Ihrem Probeheft von PAGE.

Schreiben Sie (Brief oder Postkarte) an

MACup Verlag GmbH
Leverkusenstraße 54
22761 Hamburg

Bitte übermitteln Sie uns Ihre genauen Absenderangaben (Name, Straße, Ort und Telefonnummer), damit wir Ihre Bestellung korrekt und zügig bearbei-ten können. Vielen Dank.

Wir wollen unsere Computerbücher noch besser machen!

Das können wir aber nur mit Ihrer Hilfe. Deshalb möchten wir Sie bitten, die Karte ausgefüllt an uns zurückzuschicken. Alle Kommentare und Anregungen sind willkommen.

Herzlichen Dank für Ihre Unterstützung.

[you]

Enter Springer. Enter Solution.

[sir]

user

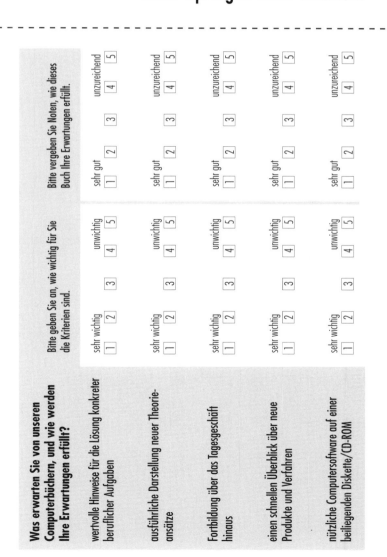

Was erwarten Sie von unseren Computerbüchern, und wie werden Ihre Erwartungen erfüllt?	Bitte geben Sie an, wie wichtig für Sie die Kriterien sind.					Bitte vergeben Sie Noten, wie dieses Buch Ihre Erwartungen erfüllt.				
	sehr wichtig				unwichtig	sehr gut				unzureichend
	1	2	3	4	5	1	2	3	4	5
wertvolle Hinweise für die Lösung konkreter beruflicher Aufgaben	1	2	3	4	5	1	2	3	4	5
ausführliche Darstellung neuer Theorieansätze	1	2	3	4	5	1	2	3	4	5
Fortbildung über das Tagesgeschäft hinaus	1	2	3	4	5	1	2	3	4	5
einen schnellen Überblick über neue Produkte und Verfahren	1	2	3	4	5	1	2	3	4	5
nützliche Computersoftware auf einer beiliegenden Diskette/CD-ROM	1	2	3	4	5	1	2	3	4	5

Springer
Computermedien

Enter Springer. Enter Solution.
Internet: http://www.springer.de

[you]

[sir]

user

Bitte freimachen
falls Briefmarke
zur Hand.

Absender

Name

Straße

PLZ/Ort

Wofür nutzen Sie dieses Buch?

☐ Berufliche Weiterbildung — Branche

☐ Studium — Fach

☐ Privat

☐ Semester

Antwortkarte

An

Springer-Verlag
Product Manager, Planung Informatik
Tiergartenstraße 17

D-69121 Heidelberg